좋은 정부와 정책 조응성

경험연구와 자료

좋은 정부와 정책 조응성
경험연구와 자료

인　쇄: 2013년　6월　22일
발　행: 2013년　6월　27일
지은이: 이현우·이지호·서복경·황아란·이덕로
발행인: 부성옥
발행처: 도서출판 오름
등록번호: 제2-1548호(1993. 5. 11)
주　소: 서울특별시 서초구 서초동 1420-6
전　화: (02) 585-9122, 9123 / 팩　스: (02) 584-7952
E-mail: oruem9123@naver.com
URL: http://www.oruem.co.kr

ISBN　978-89-7778-403-1　　93340

* 잘못된 책은 교환해 드립니다.
* 값은 뒤표지에 있습니다.

이 도서의 국립중앙도서관 출판시도서목록(CIP)은 서지정보유통지원시스템 홈페이지(http://seoji.nl.go.kr)와 국가자료공동목록시스템(http://www.nl.go.kr/kolisnet)에서 이용하실 수 있습니다. (CIP제어번호: CIP2013009371)

좋은 정부와 정책 조응성
경험연구와 자료

이현우 · 이지호 · 서복경 · 황아란 · 이덕로 지음

Good Government and Policy Correspondence:
Empirical Researches and Data

Hyeon-Woo Lee, Jiho Lee, Bok Kyung Seo,
Ah-Ran Hwang, Deokro Lee

ORUEM Publishing House
Seoul, Korea
2013

서문

시대적 조건에 따라 정치학자들의 고민도 달라진다. 한국의 정치학자들은 한때 민주주의 제도화를 당면과제로 여기고, 민주주의가 정착되면 많은 문제들이 해결될 것이라 기대하였다. 그러나 제도적 민주주의를 상당한 수준에서 이루었음에도 불구하고 국민들의 정치에 대한 불만은 여전히 높고 사회적 만족수준은 별로 높아지지 않았다. 물론 그 원인은 민주주의 이전과는 다르다는 점에서 새로운 과제의 등장으로 보아야 할 것이다. 이러한 문제의식을 공유한 몇몇 학자들이 모여 연구한 초기 결과가 이 책에 묶여 있다.

한국뿐 아니라 많은 민주주의 국가들이 실질적 민주주의를 성취하기 위해 복지확대정책에 중점을 두고 있다. 복지국가는 사회적 가치 및 재원과 기회의 재분배를 통해 삶의 여건을 개선시키려는 현대국가의 적극적 역할이라 할 수 있다. 따라서 복지정책은 사회의 분열을 막고 재분배의 목표를 달성시키는 수단이라는 점에서 중요하다. 한국사회는 고령화, 양극화 그리고 다문화화라는 새로운 국가적 과제에 당면하고 있으며, 이를 해결하기 위해 수많은 정책을 세우고 국가재원을 지원하고 있다.

　그런데 다수의 민주주의 국가에서 나타나는 현상 중 하나가 정책의 비효율성, 즉 정책에 소요되는 비용에 비해 정책결과에 대한 국민들의 만족도가 낮다는 점이다. 그 원인 중 가장 중요한 것이 그동안 수혜자 중심이 아닌 정책결정자 중심으로 정책결정과정이 이루어졌다는 사실이다. 기본적으로 정책수혜자 집단이 원하는 수요를 제대로 파악하지 못했을 뿐만 아니라 관료적 혹은 정치적 구조 속에서 정책이 결정되는 경우가 많았다. 또한 정부의 부처 간 협조 부족으로 중복되거나 필수적이지만 포함되지 않은 정책이 허다하였다. 이러한 결과는 수혜자들 중 특히 집단화되지 못해 제대로 목소리를 내지 못하는 취약한 계층에 대한 고려가 제대로 없었기 때문이다. 취약한 집단이 국가의 도움을 가장 절실히 원함에도 불구하고 다수의 정책결정과정을 분석해 보면 전문가와 관료로 이루어진 배타적 구성체가 정책의 대부분을 결정하고 있다. 뿐만 아니라 정책의 중복성도 심각한 문제로 지적된다. 결론적으로 이 책에 소개된 경험분석을 통해 확인할 수 있는 핵심적 발견은 정책결정의 출발점이 수혜자 중심으로 이루어져야 한다는 것이다.

　기존의 정책결정과정에 대한 분석과 대안으로 제시된 내용은 시민의 참여를 강조하는 거버넌스의 개념과 공유하는 바가 크다. 국가의 일방적 결정에 따른 정책수행이 아니라 정책수혜자 중심으로 정책이 형성되어 그들이 필요한 도움이 제공되고 아울러 부처별 협조 결여로 인한 정책의 중복성을 피할 수 있어야 한다. 더불어 거버넌스의 분석틀에서조차 고려되지 못하고 있는 집단화되지 못한 소수자들에 대한 적극적 의사수용이 중요하다는 것을 본 연구는 강조하고 있다.

　이 책에서 수록하고 있는 연구의 성과물은 한국학술진흥재단의 '한국사회기반연구사업' 중 소형에 해당하는 3년간의 축적된 결과물이다. 본 연구팀은 정책결정자인 관료와 국회의원을 포함한 국회관계자 그리고 수혜당사자들을 직접 인터뷰한 자료를 축적하고 있다. 뿐만 아니라 연구기간 3년 동안 매년 해당주제에 관한 국민의식조사를 실시하여 그 자료 또한 축적하고 있다. 본 연구팀에서는 국가지원으로 생성된 자료는 국민 모두에게 공개되어야 한다는 원칙을 따르고 있다. 본 연구를 통해 생성된 모든 자료를 좀 더 체계적으로 정리하여 일반인에게 제공할 수 있도록 데이터 베이스를 사용자 편의 중심으로 구성하였다. 본 연구팀이 소장한 자료를 원하는 학자나 일반인은 서강대학교 현대정치연구소의 홈페이지를 통해 제한 없이 사용할 수 있다.

　본 책의 구성은 크게 3분야로 나누어져 있다. 제1부에서는 본 연구를 시작하면서 연구주제에 대한 고민과 경험적 연구를 위한 분석틀을 제공하고 있다. 아울러 3년간의 기초연구가 종료되는 시점에서 그동안 축적된 지식과 자료를 기초로 연구주제의 일관성을 유지하면서 좀 더 폭넓은 경험자료를 축적하기 위한 청사진을 제시하였다. 2부는 그동안 본 연구팀이 생산한 자료를 바탕으로 한 학문적 연구의 결과물이다. 2년차까지의 성과물이 수록되어 있는데, 고령화와 양극화에 대한 수혜자와 정책결정자들의 괴리를 직접 분석하였고, 아울러 국민의식조사를 통해 각각의 주제에 대한 국민들의 태도 및 정책적 입장을 분석하였다. 제3부는 자료편이다. 고령자정책, 근로빈곤층정책 그리고 다문화정책이 어떻게 이루어졌는지를 일목요연하게 볼 수 있는 정책지도를 제시하였다. 그리고 정책결정집단에 속하는 전문가와 관료 및 국회관계자의 인터뷰 내용을 선별 예시하였다. 그리고 마지막으로 국민의식조사 결과를 간략하게 소개하였다. 부록에서는 고령자와, 근로빈곤층 연구에서 사용된 설문지와 응답자의 의식분포를 볼 수 있다. 그리고 이러한 주제의식과 연구를 통한 산학협력의 사례가 소개되어 있다. 본 연구팀이 가지고 있는 문제의식을 언론사와 공유하고 이를 기사화함으로써 사회적 과제를 발굴하는 작업이었다. 특히 그동안 관심의 대상이 되지 못했던 자영업자의 붕괴현상에 대한 우려와 방안마련을 촉구한 것은 산학협력연구의 좋은 예가 된다고 생각된다.

본 연구는 앞으로 더 넓은 연구는 심화와 확대의 과정을 거칠 것이다. 이러한 연구가 성과를 내기까지는 많은 노력들이 필요했다. 국가의 지원은 물론이고 연구자 개개인의 학자로서의 사명감과 진지한 노력이 수반되어야 했다. 그리고 이러한 성과가 하나의 책으로 출판되기까지는 도서출판 오름의 부성옥 대표를 비롯한 직원 여러분의 도움이 컸고, 깊이 감사드린다. 이제 이 성과물은 시작을 알리는 것에 불과하다. 앞으로 좀 더 체계적으로 좀 더 많은 인원과 비용이 투자되어 포괄적 연구로 확대되어 나갈 것을 기대해 본다.

2013년 6월
연구진을 대표하여
이현우

차례

제2부 **좋은 정부의 이론적 탐색**

제3부 경험연구자료

제10장 국민의식조사 기초통계

▌부록 │ 조사 설문과 응답 결과

■ SSK(한국사회과학발전방안연구) 설문조사

■ 산학협력연구(내일신문/현대정치연구소) 설문조사

▌색인 _457

제1장

정책 조응성에 기초한 좋은 정부의 연구의도 및 설계

이현우

I. 연구의 목적

한국학술지원재단의 "한국사회기반연구사업"의 일환으로 진행되는 본 연구의 목적은 한국이 당면한 문제일 뿐만 아니라 지구적 수준에서 직면하고 있는 고령화, 양극화, 다문화화의 문제가 정부 정책의 재구조화를 통해 개선될 수 있는 방안을 모색하고, 나아가 '좋은 정부'를 위한 지속가능한 연구체제를 구축하는 것이다.

2010년 한국사회가 안고 있는 핵심과제 가운데 하나는 '민주적으로 선출된 정부'가 세계사적 압력 속에서 발생하는 문제들을 해결하여 지속 가능한 사회와 한국인의 삶의 질을 보장할 수 있는 '능력'을 갖게 하는 것이다. 따라서 국민이 원하는 정책을 결정하고 집행할 능력을 가진 정부, 이것이 본 연구가 지향하는 '좋은 정부'의 모델이다. 본 연구는 좋은 정부를 위한 기존연구들에서 사용되어 온 '위로부터'의 접근과 일회성 연구의 한계를 극복하기

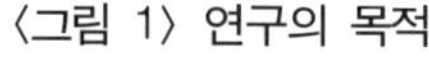

〈그림 1〉 연구의 목적

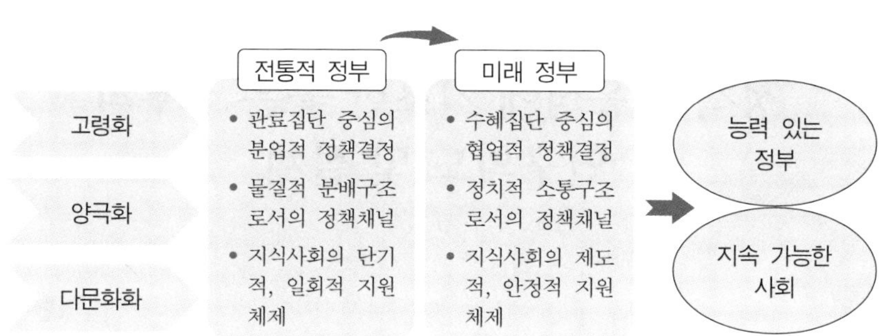

위해 '아래로부터의' 접근방법에 기초하여 장기지속적으로 연구범위를 확장하는 방식의 과제를 수행하고자 한다. 연구의 최종 목적은 〈그림 1〉에서 예시한 바와 같이 정책수혜 집단의 실제적 선호에 조응할 수 있는 정책채널을 구축하고 이를 바탕으로 행정부-의회-정책수혜집단의 관계를 전면적으로 재구성할 모델을 구축하여 한국정부와 사회의 미래비전을 제시하는 것이다.

1. 장기지속적인 '정부의 질' 연구 필요성

민주주의 정치체제에서 정부의 질(quality of government)을 고양시키는 문제는 이미 선진민주주의 국가에서는 오랫동안 관심의 초점이 되어 왔으며, 일회성 연구뿐 아니라 이를 특화한 연구프로젝트 및 전문기관이 활발하게 운영되고 있다(World Bank Institute Good Governance Project; Quality of Government Institute in University of Gothenburg; Asian Barometer 등). 예를 들어 스웨덴 고텐부르크 대학의 '정부의 질 연구소(Quality of Government Institute)'는 30여 명의 연구자들을 중심으로 스웨덴 정치제도의 작동에 관한 경험연구뿐 아니라 보건, 환경, 사회정책, 빈곤 등의 정책효과를 상시적으로 분석하고 있으며, 연구영역을 넓혀 정부의 질 관련 국가 간 비교연구 및 공동조사 작업을 수행하며 국제학술회의를 개최하고 있다. 또한 이 과정에서 정치학, 미디어, 여론조사, 공공정책학, 정치경제, 공공행정 및 공법분야의 전문가들과 협동연구를 수행하고 있다(http://www.qog.pol.gu.se).

한편 1996년부터 세계은행 연구소가 진행해 온 세계 거버넌스 지표(Worldwide Governance Indicators) 개발과 국가 간 비교연구는 정부의 질 연구와 관련해 더 이상 설명을 요하지 않을 만큼 중요한 획을 그었다. 이 연구소에서는 이전까지 각국 정부의 질에 관해 비교연구가 가능한 기준 및 지표가 없었던 점에 착안해 지표개발 작업에 돌입했고, 초기 개발자의 이름을 딴 "KK" 혹은 "KKZ"지표는 이후 발전을 거듭하여 정부의 질 연구에 준거를 제공하게 되었다. 또한 연구소는 '좋은 정부 프로젝트(Good Governance Project)'를 진행해 개별국가의 정부의 질을 높이기 위한 컨설팅 및 관련정보 제공으로 관련연구들을 활성화하고 있다(World Bank, 2007: 1-3). 이런 사례들은 민주주의 정치체제가 제도로 정착될수록, 더 나은 정부를 만드는 작업은 선출직 공직자나 정치엘리트들만의 과제일 수 없으며, 지식사회의 장기적이고 안정적 뒷받침이 있을 때 성공적일 수 있다는 것을 보여준다.

앞선 민주주의 국가들에서 정부의 질에 대한 관심이 이처럼 높아진 것은, 선출된 정부가 국민들의 요구에 부응하여 정책을 입안하고 결정하며 집행하는 환경에 심대한 변동이 초래되었기 때문이다. 현재의 세계는 끊임없이 그 지속 가능성에 대해 도전을 받고 있으며, 사회 구성원들은 그 도전들 속에서 항상적인 선호의 변동을 경험하고 기존정책과의 부적응 상태에 직면한다. 또한 정부는 선출직/임명직 공직자들과 정당 등 정치엘리트들의 능력만으로 사회변동의 속도에 비례한 정책의 반응성을 만들어내는 데 한계에 봉착했다. 그 간극을 메우는 데 지식사회의 제도화된 지원이 필수적이라고 판단한 것이다.

2. 정책환경의 변화와 정책채널 개발 필요성

세계 11위의 경제규모와 세계화의 물결 속에서 한국사회는 이미 선진 민주주의 체제가 직면한 사회변동의 파장 안에 깊숙이 들어와 있다. 이전에는 경험하지 못한 새로운 아젠다들이 등장하는데, 이를 해결하지 못한다면 경제뿐 아니라 정치적 위기마저 초래될 가능성마저 있다. 한국사회가 당면한 아젠다들은 한편으로는 선진국가들이 경험하는 일반적 문제이기도 하지만 다른 한편으로는 한국의 특수성을 감안하여 한국만의 정책적 대안이 필요한 것이라는 점에서 경험적 연구를 반드시 필요로 한다.

한국사회가 당면한 첫 번째 과제가 사회 고령화이다. 출산과 평균기대수명의 증대는 고령화사회를 야기하고 인구사회학적 차원에서 사회의 지속 가능성을 위한 새로운 전략을 요구한다. 한국사회의 경우 2016년이 되면 0~14세의 유소년인구보다 65세 인구가 더 많아질 것으로 예상되고, 한 세대가 지난 2050년에 이르면 65세 이상 인구가 전체인구의 38%를 차지할 전망이다(OECD FACTBOOK 2008, 〈GE1-3〉). 청년-중·장년-노년의 전통적인 라이프 사이클을 고려한 정책의 타당성이 저하되었음에도 불구하고 아직까지 일자리, 사회교육, 연금체제, 공공의료 등 핵심정책 영역을 포괄하면서 연속성이 보장되는 정책적 대안모델을 만들어내기는 여의치 않다.

둘째로 근로빈곤층의 문제이다. 세계적 수준의 시장구조 변동속도는 일국의 시장이 적응해 나가기에 너무나 급하고 빠르다. 세계화된 시장에 적응하지 못한 노동집단의 크기는 한국사회가 감당할 수 있는 수준을 넘어섰지만, 그들의 시장적 지위 및 정책선호는 너무나도 분절화되어 있어 정부의 정책으로 반영하기조차 어렵다. 유연화된 노동시장에서 40~50% 정도로 추산되는 비정규직 노동력은 그 직종, 작업환경, 소득수준이 천차만별이어서 정규직/비정규직이라는 단순 이분법으로는 정책적 그물망에 포괄되기 힘든 수준에 이르렀다.

마지막으로 외국인의 유입으로 인한 문제이다. 이미 한국 속에 깊숙이 들어와 있는 세계화의 진전은 사회문화적 차원에서 한국사회의 장기지속성을 추구할 수 있는 정책을 요구하고 있다. 현재 한국 체류 외국인은 120만 명에 이르고 이 가운데 80~90만 명 정도가 이주노동자이며 12만 명 정도가 결혼이주자들이다. 2010년 현재 결혼하는 10쌍 가운데 1쌍은 국제결혼이며 이주노동자의 숫자도 계속 늘어날 전망이다(김용필, 2010: 19).

이상에서 언급한 한국사회의 새로운 과제들은 각각 독립적인 것이 아니라 중첩적으로 연결되어 있다는 점에서 문제해결을 위한 방안모색의 어려움이 있다. 따라서 정책수립과 시행이라는 일련의 과정을 통괄할 수 있는 기본적 인식틀의 제시가 무엇보다 필요한 시점이다. 지금 한국사회가 목도하고 있는 사회변동은 사회의 지속 가능성을 위협할 뿐 아니라, 정부의 정책결정 환경을 어렵게 만들고 있다. 구체적으로 기업이익, 정규직 노동 등 전통적인 사회집단들은 상대적으로 조직되어 있고 정부는 정책형성 및 결정, 효과판별을 위해 필요한 정책채널을 특정할 수 있었다. 하지만 고령층이나 출산가능여성 등의 인구집단, 도시저소득층이나 차상위 계층, 저소득 비정규직 노동자 등의 경제 집단, 이주노동자나 국제결혼 이주여성 등의 다문화집단들은 정부가 이들의 선호를 반영하여 정책으로 입안하기 위해 가동할 수 있는 채널을 가지기 어려운 경우가 대부분이다. 더욱이 이 집단들은 사회변동의 효과를 중첩적으로 반영한다는 점에서 더 큰 어려움이 있다.

예컨대 한국보건사회연구원이 2011년 기준으로 OECD의 국가별 사회복지 현황을 분석한 보고서에 따르면, 우리나라의 노인 빈곤율은 45.1%로 가장 높았다. 2·3위인 아일랜드(30.6%), 멕시코(28.0%)와도 격차가 컸다. 노인 빈곤율이란 65세 이상 가구 중 소득이 중위 가구소득의 절반에 못 미치는 가구의 비율을 뜻한다. OECD 평균 노인 빈곤율이 13.5%인 점을 고려하면 우리나라의 빈곤 노인층은 평균적인 OECD 회원국의 3배가량인 셈이다. 이처럼 고령자 빈곤층은 연금, 일자리, 의료, 주거정책이 복합적으로 중첩되는 정책대상인 만큼 전통적인 정책범주로는 정책입안 및 정책효과 판단이 어려운 실정이다. 한국사회가 해결해야 할 문제와 정치환경을 도식화한 것이 〈그림 2〉이다. 그림에서 보는 바와 같이 정책환경의 변화는 정책에 대한 인식전환을 요구하며, 인식전환의 지체는 수요에 대한 정책부조화를 가져오

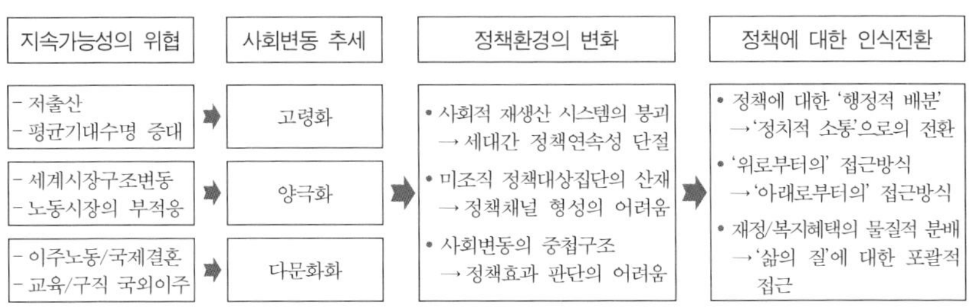

〈그림 2〉 정책환경의 변화와 정책인식의 전환

고 궁극적으로는 정치와 사회적 안정성을 해치게 된다.

위와 같은 조건에서 행정부와 의회는 전통적 정책범주의 프레임으로 위로부터 정책대상 집단에 접근하는 방식이 아니라, 정부의 능력을 필요로 하는 사회집단의 시각에서 정책적 요구를 아래로부터 추출하고 다양한 정책영역들을 연계시키는 새로운 정책채널을 구축해야 한다. 행정부 관료체제 중심의 기존 정책채널은 재정분배와 복지혜택이라는 물질적 배분에 중점을 두고 기획된 모델이다. 하지만 사회변동의 급격한 충격 속에서 해체된 현재의 사회집단들을 위해서는 '정치적 소통'에 중심을 둔 접근이 필요하다. 삶의 영역 속에서 무엇을 필요로 하는지, 그 필요를 충족할 방법이 물질적인 것인지 아니면 문화적이거나 의식 및 태도적인 것인지 등을 실증적으로 조사하고 그로부터 출발하는 정책결정방식에 대한 근본적 인식의 전환이 필요한 것이다. '정부는 국민의 요구에 대해 무엇을 알고 무엇을 알지 못하는가?'가 먼저 확인되어야 하며, 여기에서 출발해 행정부-의회-사회집단의 채널을 재구성하는 것이 본 연구의 목적이다.

3. '정부의 질' 인식의 필요성

본 연구가 정책에 대한 행정의 효율성을 넘어 정치적 접근을 강조하는 것은 '정부의 질'이 결국 민주주의 체제의 지속성과 능력을 결정짓는 핵심문제가 되고 있기 때문이다. 정치체제로서 민주주의가 작동하기 시작한 지 20여 년이 훨씬 넘어가면서, 한국사회는 선거를 통한 정부구성 원리를 제도로 정착시켰고 세계 다른 국가들과 비교할 때 상대적으로 순조롭게 선거민주주의를 안착시킬 수 있었다. 하지만 지난 20여 년간 대통령 선거의 투표율은 지속적으로 하락했고 국회의원 선거 투표율도 30%가량 낮아졌다. 각종 조사결과들은 행정부, 의회, 관료, 법원 등 한국 민주주의를 지탱하는 핵심기관들에 대한 국민의 신뢰도가 급속히 떨어지고 있다. 정부가 이처럼 국민들로부터 멀어지고 있는 것은 국민들이 선거민주주의 이상의 것을 요구하고 있다는 점을 명백히 보여주는 것이다.

지난 20여 년간 우리나라의 GDP 규모는 3.5배가 커졌고, 총 사회복지 지출은 GDP대비 3.1%에서 3배 이상 늘어났다. 하지만 정치참여는 반비례해서 줄어들었고 제도 밖 거리에서의 요구는 줄어들지 않았으며 정부제도에 대한 신뢰는 하락하고 있다. 기존의 정책 틀로써는 국민의 요구에 대한 반응성(responsiveness)를 높일 수 없는 지경에 이르렀다. 한편에서는 OECD 복지지출 규모와 비교하여 더 많은 물질적 혜택이 필요하다고 주장한다. 정부의 돌봄이 필요한 사회집단들에게 더 많은 물질적 혜택은 어떤 형태로든 '삶의 질'을 개선하는 데 기여할 수 있다는 판단에 근거한 것이다. 하지만 그러한 물질적 제공이 민주주의 발전의 충분조건이 되지 못한다는 것이 경험적으로 확인되고 있다. 역대 정부들 가운데 복지지출 규모가 큰 순서대로 국민들의 지지를 받은 것은 아니며, 그것이 더 나은 정치체제 안정성을 보장하지도 않았다.

문제는 국민들의 정치참여 하락속도와 그 정도가 민주주의 체제가 잘 작동할 수 있는 '적정 수준의 참여' 범위를 넘어섰다는 것이고, 정부제도의 채널 밖에서 문제를 해결하고자 하는 시도가 증가하고 있다는 점이다. 주기적으로 '운동의 정치', '거리의 정치'가 분출하는 것을 민주주의 체제가 건강하게 작동하는 신호라고 받아들일 수는 없다. 이혼율, 자살률이 OECD국가들 가운데 수위를 달리고 국가간 '삶의 질' 비교연구에서 점점 더 낮은 점수를 기록하고 있는 것은 '시민의 삶의 질을 개선하기 위해 존재하는 정부'의 정책결정 방식과 능력의 한계를 반증한다. 20대일수록 '삶의 질' 만족도가 높은 OECD 다른 나라들과 달리 한국에서는 연령대가 낮을수록 만족도가 낮게 나타나는 특이현상을 보이는 것도 한국사회의 전망을 어둡게 하는 징표다.

공식제도 수준에서 선거민주주의는 작동하고 있지만, 정치체제로서 민주주의의 내용은 불안정하며 국민의 '삶의 질' 만족도는 하락하고 있는 현재의 상황은 대안에 대한 전면적이고 근본적인 접근을 요구하고 있다. 사회구성원들의 정책선호를 실증적으로 확인하고, 정부의 과정과 제도를 총체적으로 재구성하며, 환경과 구조를 근본적으로 개선시켜 나가는 거대기획이 절실한 시점이다. 본 연구가 정책에 대한 정치적 접근의 중요성을 강조하는 이유도 여기에 있다. 현재의 문제는 기존에 작동하던 정책결정과 집행의 과정 안에서는 해결될 수 없으며, 정부 안과 밖을 새롭게 연계시키고 그 힘에 기초해 정부 안의 구조와 작동을 재구성하는 정치적 기획을 통해서만 대안을 찾을 수 있을 것이다.

II. 연구방향

1. 선행연구와의 차별성

인류가 만들어낸 가장 오래되고 지속적인 '좋은 정부' 모델은 민주주의다. 정치체제로서 근대 민주주의는 대표성(representativeness)을 가지고 선출된 정부이며 유권자에게 책임(accountability)을 지는 정치체제이다. 따라서 한 정치공동체의 민주주의의 질은 선출된 정부가 행하는 통치의 질(quality of government)과 직결된다. 하지만 20세기 후반부터 지구를 관통해 온

다양한 세계사적 변동들은 전통적 방식의 민주주의의 작동에 심각한 어려움을 야기하고 있다. 사회의 변동속도에 비해 선출된 정부들이 축적해 온 통치방식의 노하우와 관행들은 낙후되었고 자기혁신의 노력에도 불구하고 정책수요의 속도를 따라가지 못하고 있는 것이, 오늘날 전 세계 민주주의 체제가 당면하고 있는 공통의 문제다. 이런 맥락 속에서 등장한 것이 협치(governance) 모델과 참여민주주의 모델이다. 이 두 모델은 민주주의 정치체제의 문제를 서로 다른 방향에서 접근해 극복하고자 했다. 협치 모델은 사회와 분리된 위계적 권력의 행사로 정부의 작동을 바라보지 않고 사회 곳곳에 자발적으로 형성된 질서들과 수평적 연계를 구축함으로써 정부의 질을 높일 수 있다고 보았다(Sina Odugbemi & Thomas Jacobson, 2008: PartII, 93-159).

수직적 위계를 수평적 파트너십으로 대체하고 사회의 자발적 결사체들의 에너지를 흡수해 정부능력을 고양시키겠다는 발상은, 좋은 정부를 고민하는 사람들에게 매력적인 대안으로 받아들여졌다. 다른 한편에서 참여민주주의 모델은 대의제 민주주의에 내재한 '선출된 자와 선출한 자'의 간극을 더 많은 참여로 극복함으로써 정치체제의 질을 높이고자 했다. 주기적인 선거만으로는 정부와 사회의 간극을 줄이는 데 한계가 있으며, 일상적인 참여를 조직하고 기획함으로써 정부의 반응성을 높이려는 기획이 수반될 때 좋은 정부가 작동할 수 있다고 보았던 것이다(Barber, 1984: 117-138; Held, 1996: 235-265).

정부의 개방성을 높여 정부능력을 고양하려던 협치 모델과 아래로부터 참여의 압력으로 정부의 반응성을 높이려던 참여민주주의 모델은 서로 다른 방향에서 접근했지만, 현실에서 그 실천적 효과는 크게 다르지 않았다. 협치 모델에 참여할 수 있는 사회집단, 참여민주주의 모델에서 일상적 참여가 가능한 사회집단은 한 사회를 구성하는 전체 사회집단들 가운데 특정부분으로 수렴되었던 것이다. 일정 기준 이상의 정치적 자원을 가지고 정치적으로 활성화된 사회집단 구성원들은 협치 모델에서 정부에 접근할 수 있는 더 큰 채널을 확보할 수 있었고, 참여민주주의 모델에서 더 넓은 참여의 공간을 획득했다.

　그러나 대안모델들 속에서 상정하지 못한 소외된 집단문제가 있다. 여전히 정치적으로 활성화되지 못한 사회집단의 규모는 활성화된 사회집단 규모보다 훨씬 크다. 이들은 대안모델 속에서도 정부에 대한 접근 채널을 얻지 못하고 있고 참여의 광장에 나설 자원도 부족하다. 민주주의 정치체제에서 좋은 정부를 구현하려는 두 모델의 선한 의도는 의도하지 않은 효과를 낳았다. 스스로를 조직하지 못한 사회집단과 일상적 참여를 통해 각성되지 못한 시민들은 두 모델의 등장 이전보다 오히려 설 자리를 더욱 잃어갔다.

　행정부와 의회의 다양한 위원회에 직함을 가지고 정부의 행동을 일상적으로 감시하며 자치를 실현해 나가는 이상적인 시민의 모델은 정치공동체의 핵심정보에 접근할 자원과 시간 그리고 에너지가 뒷받침될 때에만 현실에서 실현 가능하다. 세계화의 급격한 변동에 적응하고 양극화 과정에서 누락되지 않으며 다문화사회의 장점을 누릴 수 있는 시민들만이 그렇지 못한 시민들보다 이러한 이상적 시민모델에 더 가까이 갈 수 있다. 그렇다면 대안모델이 구현된다 해도 사회약자의 문제는 여전히 해결되지 못한 채 남아있게 된다.

　정작 '좋은 정부'를 더 절실히 필요로 하는 것은 사회변동에 적응하지 못하고 스스로의 목소리를 대변할 조직이 없는 시민들이다. 본 연구가 최종적으로 목적하는 '좋은 정부'는 협치와 참여 범주에 이미 들어와 있는 사회집단 구성원들이 아니라 주변에 위치한 사회집단들이다. 이미 스스로를 조직해 정책결정자들의 존중을 받는 사회집단들보다는 선호와 욕구가 확인되지 않은 채 정책집행 대상으로만 존재하는 사회집단들에 관심을 갖는 것이다. 이 사회집단 구성원들에게 '삶의 질'을 개선하기 위한 모델로 협치 모델이나 참여민주주의 모델은 과도한 비용을 요구하며 현실적으로 실현 가능하지도 않다. 본 연구는 이들 사회집단의 선호와 욕구를 직접 확인하고 정책채널을 새롭게 구축하여 궁극적으로 삶의 질을 개선해나갈 수 있는 정부를 만드는 것이 가장 현실적인 대안이라는 주장을 한다. 〈그림 3〉에서 예시한 바와 같이 '좋은 정부'를 만드는 작업은 정치체제의 안정성을 담보하기 위해서도

〈그림 3〉 '좋은 정부'에 대한 기존 모델들과 본 연구의 모델 비교

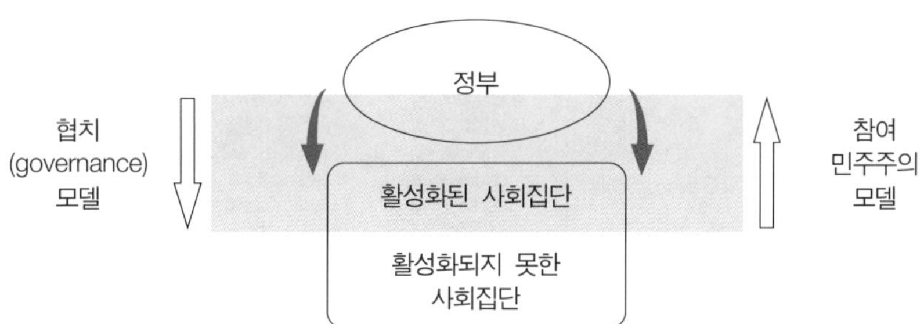

중요하다. 참여와 협치 서클 밖에 놓인 사회집단 구성원들은 여전히 우리사회의 압도적 다수를 구성하기 때문이다. 〈그림 3〉은 기존의 대안모델과 좋은 정부 모델의 차별성을 보여준다. 본 연구에서 제시하는 모델은 관심의 영역 밖에 있는 활성화되지 못한 사회집단이 주된 정책대상집단이라는 관점에서 이들의 수요조사에 중점을 두어야 한다는 것을 보여준다.

2. 단계별 연구의 일관성

본 연구는 한국사회의 고령화, 양극화, 다문화화라는 국가적 과제를 해결하기 위해서 정책결정자 집단과 정책대상 집단의 채널을 재구축하고 반응성을 높이는 것으로부터 정부능력을 고양시키고 정부-사회의 선순환 구조를 만들어낼 대안을 찾는 것에 목적이 있다. 연구의 영역은 정부와 사회의 관계를 다루므로 위계적 공존(Hierarchical Coexistence)에 해당하며, 본 연구가 다루고자 하는 핵심이슈는 정부의 질(Quality of Government)에 관한 단계적 연구를 통해 좋은 정부(Good Government)를 구조화하는 문제다.

이러한 연구과정의 구조를 바탕으로 연구주제도 단계별로 구분되어진다. 〈그림 4〉에서 보는 바와 같이 소형연구에서는 좋은 정부의 미시적 기초를

<그림 4> 연구주제의 장기적 발전계획

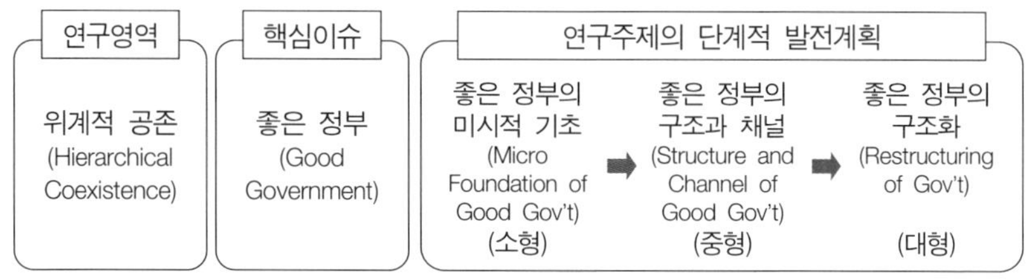

밝히고, 중형연구에서 정부와 사회 간의 정책채널과 정부의 구조를 연구하는 데 초점을 맞추고, 대형연구에서는 소형과 중형연구의 성과를 토대로 좋은 정부를 위한 정부 재구조화 모델을 구축하는 작업으로 발전시킬 계획이다. 이 책에서 소개하는 성과물은 소형연구의 연구결과물이다. 소형연구의 주제를 좋은 정부의 미시적 기초를 밝히는 것으로 계획한 것은 앞의 선행연구 검토에서도 밝혔듯이 미조직되어 있으면서 사회변동의 중첩적 충격 속에 노출되어 있는 취약한 사회집단의 요구와 이들을 대상으로 한 기존정책의 효과를 밝혀 중-대형 연구의 경험적 기초를 마련하는 것이 필요하기 때문이다. 중형 연구에서는 소형 연구에서 축적된 경험 자료들을 토대로 정부와 사회집단들 사이의 기존 정책채널을 평가하고 새로운 정책채널 모델을 개발하며 정책결정을 위한 정부 안의 구조를 재구성하는 것이 목적이다. 그리고 대형연구에서는 한국적 맥락에 조응하는 좋은 정부의 구조화 모델을 총체적으로 제시하고 향후 안정적으로 정부의 질 연구를 지속하기 위한 제도적 기반을 구축하는 것을 목적으로 삼는다. 연구주제와 범주의 위계적 관계를 바탕으로 '좋은 정부'라는 일관적 주제를 축으로 연구결과물을 축적해간다는 것이 본 연구의 전략틀이다.

III. 연구전략

1. 단계별 연구확대

본 연구는 현재의 정책채널이 우리사회에 필요한 정도의 충분한 반응성을 이끌어내기에 한계가 있다는 문제의식에서 출발하고 있으며, 이를 위해 사회변동 추세에 다층적으로 영향을 받는 집단들로부터 출발해 연구대상을 확대해 나갈 것이다. 소형연구에서는 고령화와 양극화 그리고 다문화화 경향의 중첩적인 영향권 안에 놓여 있는 고령자집단과 도시빈민집단, 그리고 외국인 근로자 및 다문화 가정을 연구대상으로 선택한다.

연구의 영역은, 1) 정책결정 집단과 정책대상 집단의 인식 및 태도에 관한 경험조사에서 출발해 이를 토대로, 2) 양 집단을 매개하는 정책결정의 제도와 과정의 문제점을 분석하고 나아가, 3) 양쪽 집단 모두를 포괄하는 환경과 구조분석으로 영역을 확대하여 대안을 모색함으로써, 최종적으로는 능력 있는 정부와 지속 가능한 사회의 선순환 모델을 창출하는 것이 목표가 된다. 이러한 구상을 구체적으로 예시한 것이 〈그림 5〉이다. 소형연구에서 대형연구로 발전하는 과정에서 연구결과의 축적과 연구심도가 깊어지게 된다. 1단계에서 진행할 경험조사는 10년에 걸친 장기연구의 경험적 토대를 제공하는 것이자 본 연구의 주요사업계획인 정책데이터베이스 구축의 기초자료를 제공하는 장기연구의 토대 구축 과정이다.

소형연구에서 경험적 관찰은 두 가지로 구성된다. 한편으로 정부의 각 부처, 국회의 소관위원회, 관련 대통령 직속기구에 속한 정책결정자들이 정책대상 집단의 필요를 어떻게 인식하고 있는가, 그들의 필요를 해결하기 위한 우선순위의 구조는 어떻게 형성되어 있는가, 결정된 정책을 시행하는 과정에서 정책대상 집단과의 채널은 무엇인가, 시행된 정책에 대한 피드백은 어떻게 이루어지며 정책효과에 대한 판별기제는 무엇인가를 조사한다. 다른 한편으로 정책대상 집단이 정부에 요구하는 정책적 우선순위는 무엇이며 이

<그림 5> 연구의 추진전략

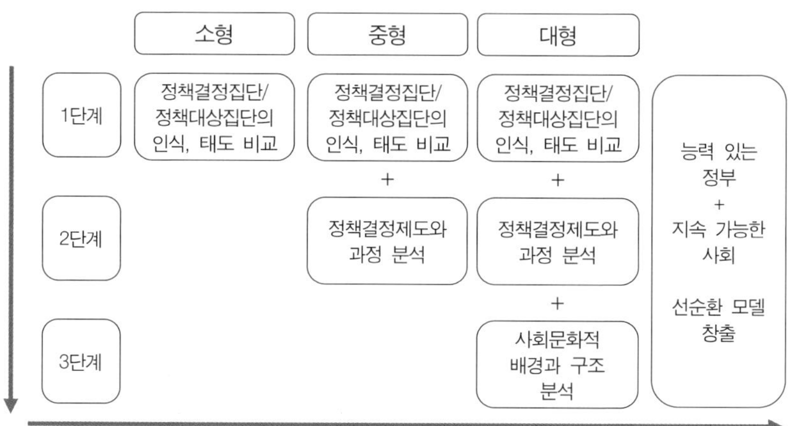

를 전달하기 위해 가지고 있는 채널은 무엇인가, 자신들을 대상으로 한 정책에 대해 어떤 평가를 내리고 있으며 만족도는 어느 정도인가를 조사하게 된다. 그리고 정책결정 집단과 대상 집단의 정책을 둘러싼 인식적 조응성을 비교하고 양자 사이의 간극이 발생하는 지점을 밝히는 것이 1단계 연구의 목적이다.

다음으로 2단계 연구에서는 1단계 경험조사의 정보를 토대로, 양자 간의 간극을 일치시키고 정책의 반응성을 높이기 위해 현재의 제도와 과정이 가진 한계와 문제점을 진단하여 대안적 과정을 모색하게 될 것이다. 2단계에서는 현재 각각의 제도들이 정책대상 집단들과 공식적인 혹은 비공식적인 채널들이 정책을 형성해 내는 데 얼마나 효율적으로 작동하고 있는지, 그리고 행정부처, 국회 위원회 및 대통령 직속기구들 간의 정보유통 및 공유정도와 협업체계는 어떤 형태로 존재하며, 작동의 효율성은 어떠한지를 진단하는 데 초점을 맞출 것이다. 향후 장기적인 한국사회 변동추세를 고려할 때 정책결정단위들 간의 정보공유와 협업체계의 구축은 정부의 질을 결정하는 관건적인 요소가 될 것이며, 가장 효율적인 구조를 창출하는 것이 2단계 연구의 목적이다.

마지막으로 3단계에서는 정책결정 집단과 대상 집단에게 전반적인 영향을 미치는 환경적이고 맥락적인 변수들의 더 넓은 영향력을 찾아내 행위자들의 동기구조를 재구성해 내는 것에 초점을 맞출 계획이다. 정책결정자와 정책대상자, 정책대상자 집단들 각각이 서로 간의 관계를 제로섬 게임(zero-sum game)의 관계가 아니라 플러스섬 게임(plus-sum game)으로 인식하게 만드는 것은 주어진 게임의 구조 속에서 최선의 제도를 만드는 작업을 넘어서 사회의 협력을 증대시키는 데 핵심이 된다. 문화적 자원, 인식적 자원 등을 공유하고 그 과정을 통해 전체사회를 바라보는 인식의 틀을 바꾸어낼 수 있다면 정부가 가용할 수 있는 자원의 크기와 사회가 누릴 수 있는 이익의 크기가 현재와 달라질 수 있다. 3단계 연구를 위해서는 국가 간 비교연구가 불가피하며 그 속에서 한국의 정부와 사회가 가진 문화적·환경적 특수성을 추출하고, 다른 나라의 맥락 속에서 작동해 온 제도들의 적용 가능성을 타진하거나 한국만의 독특한 모델을 만들어내게 된다.

요약하면 본 연구는 소형단위 연구에서 연구의 1단계 모델을 확립하고 이것을 중형단위 연구에서 2단계로 대형단위 연구에서는 3단계로 확장해 나가되, 각 단계의 연구 성과들은 다른 정책대상 집단들을 상대로 확대 및 적용해나가는 전략을 사용할 것이다. 예컨대 소형단위 연구의 연구팀은 고령자집단, 도시빈민, 결혼이주여성 집단을 대상으로 하는 1단계 연구를 진척시키면서, 중형단위 연구에 새롭게 결합한 연구팀은 소형단위 연구에서 제시한 연구모델을 적용해 새로운 정책대상 집단으로 경험조사를 확대하고 동시에 2단계 연구를 진행해 나가는 방식이다. 대상과 연구단계를 확장해나가는 이런 방식은 중형단위에서 대형단위로 나아갈 때에도 같은 방식으로 적용될 것이다.

2. 연구방법

이상에서 설명한 주제의 연구를 수행하기 위해서 본 연구는 연구의 각 단계별로 연구영역 및 주제에 적실한 방법을 활용할 계획이다. 1단계 정책결정 집단과 대상 집단의 인식 및 태도조사에서는 구술연구(Oral study)와 집단면접조사(FGI: Focused Group Interview) 방법을 주로 사용하며, 2단계 정책결정제도와 과정분석에서는 특정 정책이 결정되는 과정에 대한 사례연구와 참여관찰방법을 활용한다. 또한 3단계 사회문화적 배경과 구조분석에서는 가장 넓은 범위의 국민을 상대로 한 정량조사와 함께 국제협력 연구를 통한 국가 간 비교조사방법을 활용하게 될 것이다.

〈그림 6〉에서 보는 바와 같이 소형, 중형 그리고 대형의 연구단위에 관계없이 각 연구단위에서는 경채결정에 영향을 미치는 행위자 집단에 대한 직접조사가 연구의 기초를 이룬다. 그리고 2단계에서는 정책결정제도의 영향력 그리고 정책결정과정에서 행위자들 사이의 관계를 분석하도록 한다. 이를 위해서는 정책이 결정되는 과정을 관찰하는 사례연구가 중요한 분석대상이 된다. 이처럼 행위자와 제도를 요인으로 한 정책결정과정을 분석한 후에는 정책결과가 국민들에게는 어떻게 평가받는지를 확인하도록 한다. 정책수

〈그림 6〉 연구의 방법(소-중-대형 연구 전반)

단계	내용	방법
1단계	정책결정집단/ 정책대상집단의 인식, 태도 비교	구술연구 집단심층면접 타깃집단설문조사
2단계	정책결정제도와 과정 분석	사례연구 참여관찰
3단계	사회문화적 배경과 구조 분석	전 국민 설문조사 국가 간 비교조사

요-정책결정-정책평가라는 기본적인 분석틀을 이용하지만 기존연구와는 달리 수혜집단을 중심으로 정책의 효율성을 판단하게 된다는 점은 정책단위를 중심으로 연구가 진행되었던 기존연구와 차별적이라 하겠다.

본 연구가 1단계에서 심층면접 방법을 선택한 이유는 응답자들의 유형화된 답변 중 선택하는 설문조사 방식을 통해서는 확인할 수 없는 내면적 동기 및 의식에 관한 정보를 획득하기 위해서이다. 1930년대에 개발된 집단면접은 특히 사례분석(case study)에 매우 유용한 연구방법이며, 응답자의 태도가 결정되는 과정을 탐색할 수 있다는 점이 큰 장점을 가지고 있다(Kreuger, 1988: 20). 그리고 준비된 질문 이외에도 조사자가 상황과 토론주제에 따라 유연성을 가지고 추가질문을 수행할 수 있다는 특성도 본 연구의 취지에 부합하는 기법이라 하겠다(Denzin and Lincoln, 1994: 365).

한편, 정책결정과정에 참여자 집단으로 국회의원들과 행정 관료 및 대통령 직속기구의 위원들이 연구대상에 포함된다. 이들은 대상법안 및 정책과 관련된 소수의 인물들로 한정되므로, 개별적 구술연구가 법안형성 및 집행과정에 영향을 미친 다양한 요인들을 파악하는 데 적절한 방법이 될 것으로 기대한다. 구술연구는 특히 국가통치행위 분석에 유용성을 갖는다. 국가정책결정 과정을 보면 제도적 권한에 따라 공식적 행위자들이 있지만 실제로 어떻게 의사결정이 이루어졌는지에 대해서는 공식문서를 통해서는 완전히 이해할 수 없다. 문서자료는 정책결정과정에 중요한 세부적 기록을 제대로 담아내지 못하기 때문이다. 본 연구와 같이 정책결정과정에서 참여자의 의도가 중요한 관심대상인 연구에서는 구술연구 방식이 적실성을 갖는다.

국회의원들은 몇 가지 기준에 의해 선정하여 구술조사를 하도록 한다. 첫째는 해당법률안을 입법발의했던 의원들을 선정하며, 둘째로 법안 소관상임위원회의 속기록을 읽어 본 후 활발한 논의를 했던 의원들, 이의를 제기했던 의원들, 마지막으로 본회의에서 반대를 표명했던 의원들을 대상으로 구술대상을 택하도록 한다. 뿐만 아니라 상임위원회 전문위원들의 견해를 참고하여 입법취지 및 객관적 평가에 대한 검토를 한다. 관료들의 경우 정부입법을 한 법률에 대한 추진배경 및 예상정책결과 등에 대한 인식을 확인한다. 그리고 의원입법인 경우 제정된 법률을 어떻게 해석하고 집행하였는가에 초점을 맞추도록 한다. 예산확보 및 집행세칙의 이해에 대한 구술조사도 수행한다. 본 조사에서는 매년 의원 20명과 관료 20명을 면접대상자로 삼고 있으며, 필요한 경우 해당상임위 위원장과 간사들 그리고 의원보좌관들을 접촉토록 한다. 추가적으로 공공연구기관의 해당 전문가를 활용하는 방안을 모색한다. 이들은 정책작성자들에게 직접적인 영향을 미칠 가능성이 있을 뿐 아니라 객관적으로 정책결과를 평가할 수 있는 능력을 가지고 있다는 점에서 본 연구내용의 검토와 평가에 도움을 줄 것으로 기대한다.

3. 단계별 연구내용

본 연구는 단계가 진척될수록 연구주제들을 확대해 나가면서 각각의 단계의 성과를 축적하고 연구대상 역시 확장하는 전략을 취한다. 연구대상은 기본적으로 고령화, 양극화, 다문화화라는 한국사회의 지속 가능성을 위협하는 장기요인들의 중첩효과가 발생하는 정책대상 집단을 선택하되 각 단계별로 연구대상 집단을 확대해간다. 그리고 각 집단별로 연구주제는 인식과 태도 → 제도와 과정 → 환경과 구조의 범위로 확장되어나갈 것이다. 환경과 구조로 연구범위를 확장하는 단계에서는 국가 간 비교연구가 불가피하므로 국제협력 프로그램이 본격화되며 중형단위 연구에서는 안정적이고 체계적인 비교연구를 위한 준비 작업을 시작한다.

연구방법은 인터뷰, 심층면접, 구술연구 등 정성연구에서 출발해 타깃집단 설문조사를 거쳐 전체 국민들의 대표성을 갖는 설문조사를 진행한다. 비교연구를 위한 정량조사 작업은 대형단위 연구에서 진행할 예정이며 중형단위 연구에서 진행된 해외기관과 공동기획을 통해 함께 조사 작업을 하고 결과에 대한 데이터를 공유할 예정이다.

〈그림 7〉은 본 연구가 [소형]-[중형]-[대형] 단계별로 진행해 나갈 연구주제, 대상, 내용, 방법, 사업계획을 망라한 것으로, 앞에서 진술한 연구내용

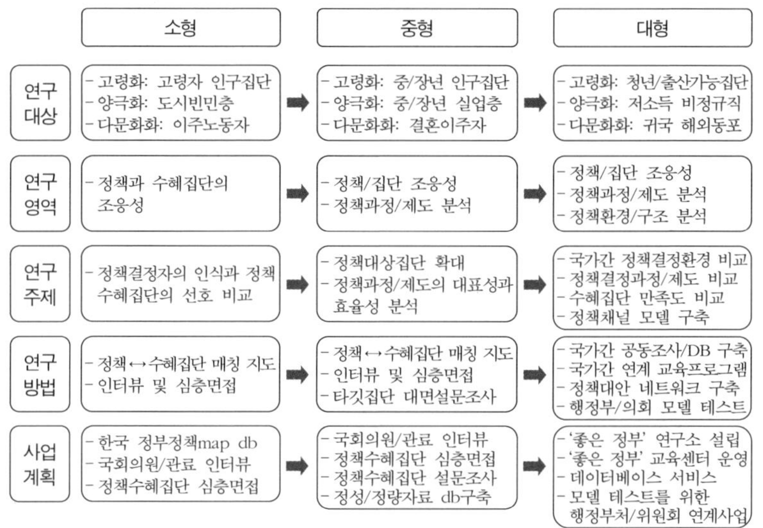

〈그림 7〉 단계별 연구계획

및 방법을 세분화하여 정리한 것이다. 대형단위 연구에서는 본 연구의 궁극적 목적인 '좋은 정부'를 위한 안정적 지원을 위해 별도의 독립기관을 설치하고, 기관 주도로 연구팀이 속한 학교를 통해 학술연구자 및 정책전문가를 위한 교육프로그램을 제공한다. 뿐만 아니라 '정부의 질'에 관한 국내연구를 촉진하기 위해 연구자들이 공유할 수 있는 경험자료 데이터베이스를 구축하여 제공할 예정이다. 본 연구팀은 출발부터 일관되게 객관적인 경험조사와 이로부터 추출된 데이터의 중요성을 강조하고 있다. 이런 문제의식 속에서 소형단위 연구에서부터 정책내용-정책결정 집단-정책대상 집단을 연계시키는 정책맵(Map)을 구축할 것이고, 정성조사를 토대로 만들어진 텍스트 분석 데이터를 갖출 것이다. 그리고 중형단위 연구에서는 정책대상 집단을 모집단으로 하는 정량조사 작업을 진행하여 정책결정자들과 학술연구자들이 함께 활용할 수 있는 정책데이터베이스(DB)를 구축할 것이다. 또한 대형단위 연구에서 진행될 국가간 공동조사는 학술연구자 및 정책전문가들의 연구와 훈련을 위한 자료로 활용될 수 있을 것이다. 특히 대형단위 연구에 이르면 소형-중형단위 연구의 성과를 토대로 정부부처, 정부관련 연구소, 국회 연구단위와 연계작업 및 데이터베이스를 공유하여 한국 '정부의 질' 연구에 질적 도약을 위해 기여할 예정이다.

【참고문헌】

곽재석. 2001. "지식정보사회에서 '좋은 정부'와 그 문화적 기반." 『정신문화연구』 24-3.

김용필, 2010, "대한민국 이주노동자의 현황과 대안." UN & 경희대학교 세계시민포럼 발표자료집.

김태룡. 2000. "행정학의 신패러다임으로서 신공공관리모형의 적실성에 관한 연구." 『한국행정학보』 34-1.

김태수. 2007. "한국형 참여 거버넌스의 모색 — EPG의 한국적용 가능성 검토." 한국행정학회 춘계학술대회 발표논문집.

박재창. 2010. 『한국의 거버넌스』. 아르케

배응환. 2003. "거버넌스의 실험: 네트워크조직의 이론과 실재." 『한국행정학보』 37-3.

현외성. 2009. "노인복지학의 탐색: 노인복지연구 동향과 학문적 과제." 『노인복지연구』 44.

Barber, Benjamin R. 1984. *Strong democracy: participatory politics for a new age*. Berkeley: University of California Press.

Charron, Nicholas, and Lapuente. Victor. 2009. "Does Democracy Produce Quality of Government?" *QoG Working Paper Series* 2009:1.

Cook, Terrence E., and Patrick M. Morgan. 1971. *Participatory democracy*. Canfield Press.

Denzin, N.K., and Y. S. Lincoln. 1994. Handbook of Qualitative Research. London: Sage.

Held, David. 1996. *Models of Democracy*. second edition. Stanford University Press.

Holmberg, Soren, Bo Rothstein, and Naghmeh Nasiritousi. 2008. "Quality of

Government: What You Get." *QoG Working Paper Series* 2008:21.

Kreuger, R. A. 1988. Focus Groups: A Practical Guide for Applied Research. London: Sage.

Kjær, Anne Mette. 2004. *Governance.* Cambridge: Polity.

Kymlicka, Will. 1996. *Multicultural citizenship: a liberal theory of minority rights.* Oxford University Press.

Lentner, Howard H. 2004. *Power and politics in globalization: the indispensable State.* Routledge

Macpherson, Crawford Brough. 1973. *Democratic theory: essays in retrieval.* Clarendon Press.

Min-hua Huang, Yun-han Chu, and Yu-tzung Chang. 2007. "Quality of Democracy and Regime Legitimacy in East Asia." *Asian Barometer Working Paper Series 40.*

Morlino, Leonardo. 2003. *What is a 'Good' Democracy? Theory and Case of Italy.* European Society & Politics 8-3.

Munck, Ronaldo. 2005. *Globalization and social exclusion: a transformationalist perspective.* Kumarian Press.

Odugbemi, Sina, and Thomas Jacobson, eds. 2008. *Governance reform under real-world conditions: citizens, stakeholders, and voice.* Washington, DC: World Bank.

OECD, OECD *FACTBOOK* 2008.

Pruchno, Rachel, and Michael A. Smyer. 2997. *Challenges of an aging society: ethical dilemmas.* political issues. JHU Press.

Rothstein, Bo. 2008. "Creating Political Legitimacy: Electoral Democracy versus Quality of Government." *QoG Working Paper Series* 2008:2.

Rothstein, Bo, and Jan Teorell. 2008. What is Quality of Government? A Theory of Impatial Political Institutions. *An International Journal of Policy, Administration, and Institutions,* 21-2.

World Bank. 1993. *Governance: The World Bank Experience.*

______. 2007. *A Decade of Measuring the Quality of Governance* (www. govindicators.org).

제2장

'좋은 정부' 연구의 체계와 방법

서복경

I. '좋은 정부' 연구주제와 연구디자인

■ 민주주의의 질(Quality of Democracy)과 정부의 질(Quality of Government)

한국사회의 민주주의 정치체제 운영 경험이 축적되면서, '질 좋은 민주주의, 더 나은 민주주의'를 만드는 이론과 방법에 관한 고민이 확대되고 있다. 민주주의에 관한 정의는 가치, 규범 등 여러 차원에서 가능하지만, 연구팀이 주목한 것은 통치의 체제, 정치체제로서 민주주의의 질을 고양하는 문제다. 정치체제로서 민주주의 질을 높이는 문제는 정부(행정부와 입법부를 포괄하는 광의의 개념)의 질을 높이는 문제와 직결되며, 이런 맥락에서 연구팀은 더 나은 민주주의를 위한 토대로서 정부의 질에 주목하고 질 높은 정부의 상징적 표현으로 '좋은 정부'라는 연구주제를 설정하였다.

■ 일반이론의 적용이 아닌 경험적 토대로부터 구축되는 좋은 정부모델

'좋은 정부'에 대한 연구팀의 접근은 비교 민주주의적 일반이론의 한국적 적용이라기보다는, 한국의 경험적 토대로부터 구축되는 작동 가능한 모델에 대한 탐색이다. 일반이론 차원에서는 위계적이고 관료적인 전통적 정부모델의 문제를 극복하기 위한 협치 모델 등이 제시된 바 있고, 이 모델의 한국적 적용이 중앙정부 및 지방정부 차원에서 다양하게 모색되기도 했다. 연구팀은 기존연구 및 경험사례 등의 성과에 기초하지만, 현실에서 작동되고 있는 한국 정부(중앙정부 및 지방정부, 행정부와 의회를 포괄하는 개념)의 운영 모델을 경험적으로 분석하고, 이를 토대로 현실 적용 가능한 정부모델을 구축하는 데 목적을 두었다.

■ 현실에서 작동하는 정부의 질은 정책능력의 수준에 따라 결정

정부는 정책을 매개로 사회문제에 대한 해결책을 제시하고 국민의 참여를 이끌어내며 공동체의 안녕을 책임지는 주체이며, 연구팀은 좋은 정부모델 구축을 정부의 정책능력에 대한 경험분석으로부터 출발했다. 정부의 정책능력은 사회문제에 대한 대표성, 정책입안과 집행 및 효과의 포괄성, 정책결정 및 집행의 효율성 측면에서 접근할 수 있다.

■ 정부 정책능력의 대표성, 포괄성, 효율성 분석을 위한 연구디자인

연구팀은 정부의 정책 대표성에 대한 진단을 위해 고령화, 양극화, 다문화화라는 비교적 최근에 인지된 사회변동에 관련된 정책을 소재로 채택하였다. 1차년도에는 고령화에 직접 영향을 받는 고령자집단을 대상으로 한 정책을, 2차년도에는 양극화에 영향받는 집단으로서 근로빈곤층과 그들을 대상으로 한 정책을, 3차년도에는 다문화화의 동인이자 결과인 이주민과 그들을 대상으로 한 정책을 선정하였다.

정부의 정책 포괄성 진단을 위해 연구팀은 기능별 분업화된 정부부처(국회 위원회)를 기본단위로 하지 않고 사회집단을 단위로 정책을 재구성하는 접근을 취했다. 각 사회집단들을 대상으로 한 정책을 총괄적으로 추출해낸

〈그림 1〉 '좋은 정부' 연구의 단계적 계획

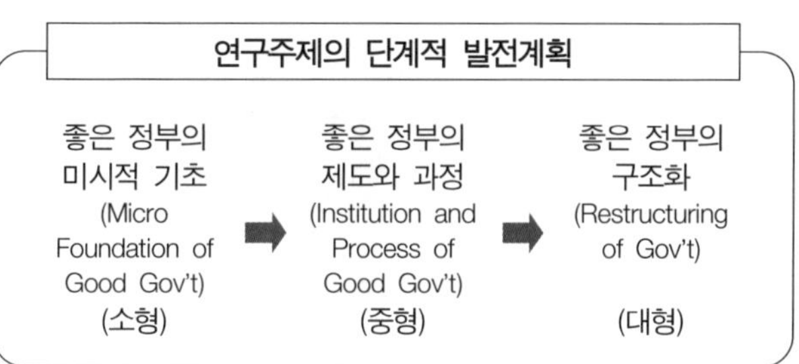

다음, 정책묶음이 포괄하는 범위와 누락하고 있는 범위를 분석하고자 하였다.

그리고 정책 효율성 범주를 진단하기 위해서 사회집단-정책묶음에 연계된 정부부처, 국회 위원회, 지방정부, 이해관계집단(이익집단, 공익집단, 정책비용부담자)의 정책결정 및 집행 네트워크를 분석대상으로 삼았다.

'좋은 정부' 연구 소형단계는 당대 한국 정부 정책능력의 사회집단 및 사회문제 대표성, 정책 네트워크의 포괄성, 정책조정 및 집행의 효율성에 대한 기초적인 경험분석을 수행함으로써, 중형단계에서 제도디자인 심층연구를 위한 토대를 마련하는 데 중점을 두며, 소-중형단계 성과에 기초해 대형단계에서는 정부 재구조화의 실질적 모델을 구축, 적용해 보고자 하였다.

II. '좋은 정부' 연구의 분석틀과 방법

1. 연구의 분석단위: 사회집단

민주주의 정치체제에서 정부의 정책능력 부족에 대해 가장 빈번하게 제기되는 비판 가운데 하나는, '사각지대' 등으로 표현되는 정책 미(未)포괄

<그림 2> 정부와 정책집단의 관계

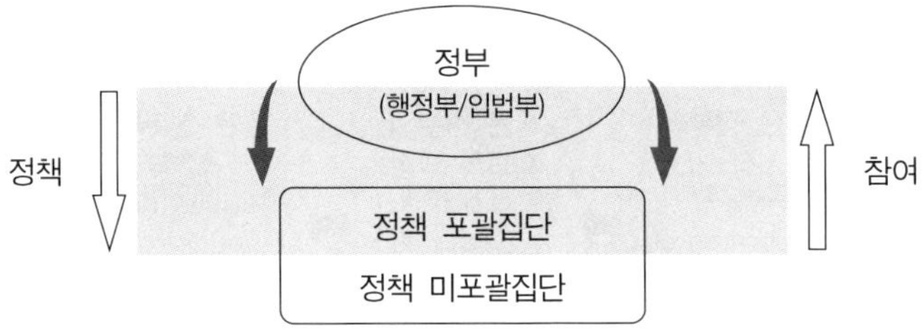

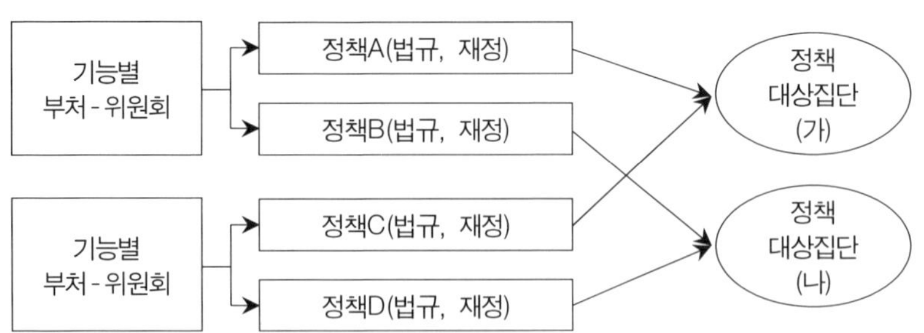

집단에 관한 문제다.

정부는 다양한 영역을 통해 국민을 각각의 정책 대상 집단으로 분화시키고 다시 통합하여 포괄하며, 국민은 정책결정과정 및 집행과정에 정치·행정적 참여를 함으로써 정부의 대표성을 보장한다. 하지만 어느 사회에서나 정책 그물망에서 누락되거나 상대적으로 배려받지 못하는 집단이 발생하게 되며, 이 집단의 크기를 줄여나갈 수 있는 제도 및 실행 프로그램의 작동여부는 정부의 질을 결정하는 관건적인 요소가 된다.

본 연구는 소형단계에서 우선 정책 미(未)포괄집단들의 존재를 경험적으로 확인하고 그 원인을 탐색하고자 하였고, 이를 위한 방법으로 기존 정부-정책-사회집단의 관계의 재구성을 시도하였다. 일단 현재 정부가 정책을 매개로 사회집단과 맺고 있는 관계를 도해한 것이 〈그림 3〉이다.

〈그림 3〉 정부-정책-사회집단의 현재적 관계

한국 정부와 국회 위원회는 보건복지, 환경노동, 산업통상 등 기능적 정
책분야별로 편재되어 있으며, 각 기능단위에 따라 정책을 입안하고 해당정
책별 정책대상이 되는 사회집단과 관계망을 형성하고 있다. 예컨대 보건복
지부(보건복지위원회)는 아동복지, 노인복지, 저소득층복지 등 다층적 사회
집단을 대상으로 하는 복지정책을 담당하며, 노동부(노동위)는 청년 일자리,
여성 일자리, 노인 일자리, 저소득층 일자리 등의 사회집단들을 대상으로
한 고용 및 노동정책 기능을 담당하고 있는 체제다. 참여정부에서 만들어진
여성가족부(여성가족위원회)는 이러한 기능별 분업체제와 이질적인 특성을
갖는다. 여성 및 가족은 정책기능별 분업에 기초한 것이 아니라 정책대상
집단에 기초한 분업체제이기 때문이다. 하지만 정부정책 연결망에서 여성가
족부로 상징되는 사회집단별 분업구조는 여전히 부차적인 지위를 가지며,
기능별 부업구조와 정책편재가 지배적인 구조로 자리한다.

　기능별 분업체제는 그 자체로 장점이 있지만, 이 체제에 기초한 정부-정
책-사회집단의 정책 관계망은 본 연구의 대상인 정부정책 네트워크의 포괄
성을 파악하기에 한계가 있다. 각 부처(위원회) 담당 정책들은 특정 사회집
단에 중첩되어 영향을 미치지만, 해당 집단 내부를 기준으로 보면 정책경계
안의 집단들과 밖의 집단들을 만들어내고 있기 때문이다. 본 연구는 정부-
정책-사회집단의 관계를 정부부처나 정책이 아니라 사회집단을 중심으로 재
구성하여, 사회문제의 대표성, 정책 네트워크의 포괄성 및 정책 작동의 효율

〈그림 4〉 사회집단을 분석단위로 한 정책-정부 관계 재구성(정책지도)

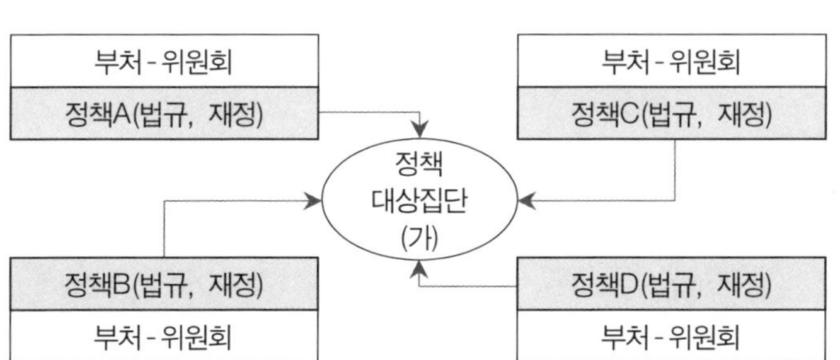

성을 평가하고자 시도하였고 그 구조를 도해한 것이 〈그림 4〉이다.

2. 연구의 도구적 분석개념: 정책지도, 정책채널

연구팀은, 정책 대상 집단을 중심으로 각 부처(위원회)가 담당하고 있는 제도와 재정을 총괄적으로 정리한 결과를 정책지도로(〈그림 4〉), 정책 대상 집단과 정책 소관부처 및 위원회의 관계를 정책채널(〈그림 5〉)로 개념화하였다. 본 연구의 디자인에 따라 정부 정책능력의 대표성과 정책 네트워크의 포괄성을 확인하기 위해서는, 정책편재의 포괄범위를 찾아내고 정책결정 및 집행과정에서 대상 집단과의 상호작용을 파악하는 단계가 필수적이었다. 전자를 위한 분석도구를 정책지도로, 후자의 분석도구를 정책채널로 명명하여 연구의 편의를 도모하였다. 정책채널에 대한 문제의식은 소형단계 연구를 넘어 중형단계에서 국내외 제도디자인을 분석하고 정책 효율성의 관점에서 '좋은 정부'의 제도와 절차 모형을 구축하는 과정에서 중요한 역할을 담당하게 될 것으로 전망한다.

소형단계에서는 정책지도를 만들고 정책지도의 현실 적합도를 경험적으로 검증하는 데 중점을 두었지만, 그 과정에서 진행되는 인터뷰 및 설문조사를 통해 중형단계 본격적인 정책채널 탐색에 필요한 유관 정보를 함께 축적

〈그림 5〉 사회집단을 분석단위로 한 정책-정부 관계 재구성(정책채널)

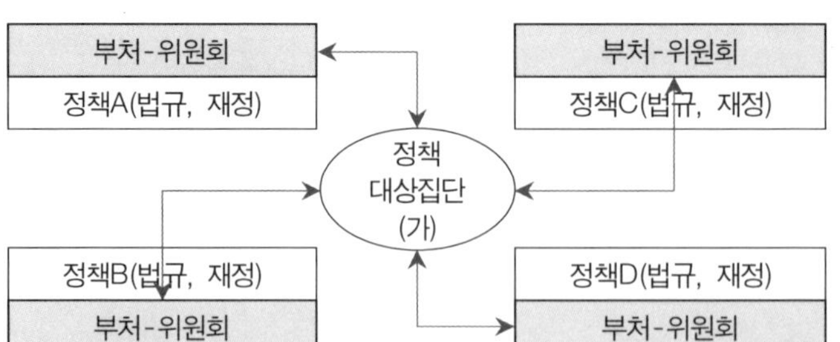

하고 있다.

3. 연구의 영역 및 절차

'좋은 정부' 연구의 소형단계에서는 사회집단 중심으로 구성된 정책지도
에 따라 기존 핵심 정책의 결정과 집행과정, 정책평가 영역을 주 연구영역으
로 설정하였다. 기존 정책결정과 정책집행과정에 대한 탐색을 위해서 중앙
부처 및 국회 위원회 관계자, 지방정부 담당자, 이해당사자를 대변하는 이익
집단, 관련 정책 활동을 진행했던 공익집단에 대한 인터뷰와 집단심층면접
(FGI)을 실시하였다.

이를 통해 사전에 문헌자료를 근거로 작성된 정책지도의 타당성을 판별
하고 현실적합도가 더 높은 방향으로 수정하였으며, 정부 정책능력의 대표
성, 포괄성, 효율성을 분석해낼 수 있는 정책소재들을 발굴하였다. 또한 정
책결정(집행)과정에 관여한 주체들 간의 정책채널에 관한 정보를 취합하였
고, 이를 유형화하거나 이론적 적용을 시도함으로써 중형단계 연구의 예비
적 작업을 진행하였다. 그리고 발굴된 정책소재들을 중심으로 정책대상자
및 정책비용부담자 대상 정책 평가 작업을 시행하였고, 인터뷰 등을 통해

<그림 6> '좋은 정부의 미시적 기초' 연구영역

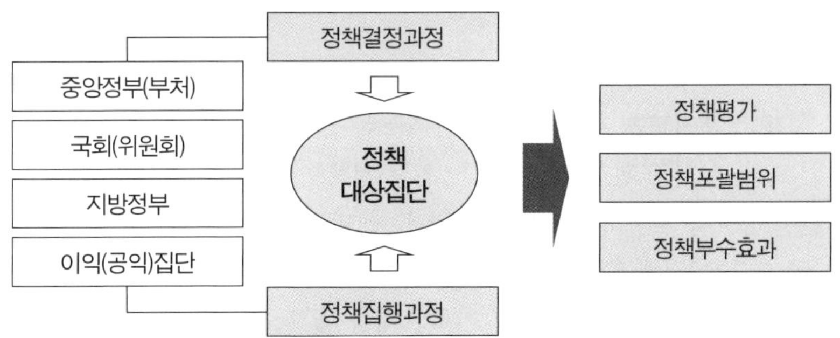

〈그림 7〉 '좋은 정부의 미시적 기초' 연구절차

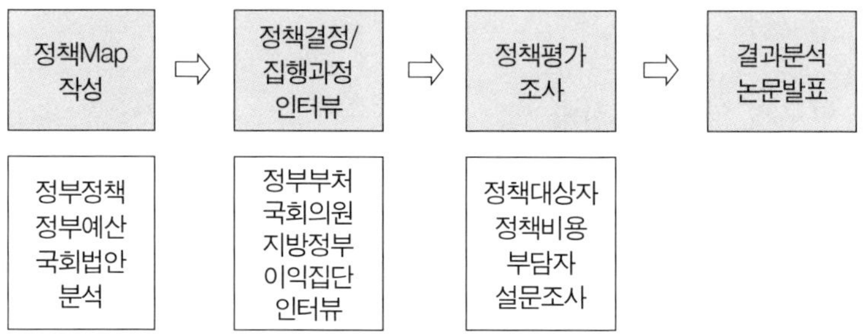

확인된 정책결정(집행)자들의 평가인식과 비교분석을 시도하였다.

이상의 과정을 연구절차에 따라 도해한 것이 〈그림 7〉이다. 연구팀은 이상의 연구 분석틀과 연구절차에 따라 1차년도 고령자 대상 정책, 2차년도 근로빈곤층 대상 정책, 3차년도 이주노동·결혼이주자 대상 정책 연구를 진행하였다.

III. '좋은 정부' 연구의 진행

1. 고령자정책

〈그림 8〉은 1차년도 고령자 대상 정책의 정책지도를 간략히 도해한 것이다. 실제 정책지도는 〈그림 8〉을 기본으로 하여 관련 법규, 소관부처 담당부서, 2012년 기준 관련 정부 예산, 최종 정책포괄범위(개인 혹은 가구단위)에 관한 정보를 포함하고 있다. 이 결과는 1단계 문헌자료를 통해 얻은 정책지도를 2단계 정책결정(집행)자 및 이해관계자 인터뷰(집단면접)과정으로 보완하여 얻은 것이다. 정부의 고령자 대상 정책은 소득·의료·요양·일자

〈그림 8〉 고령자 대상 정책, 정책지도

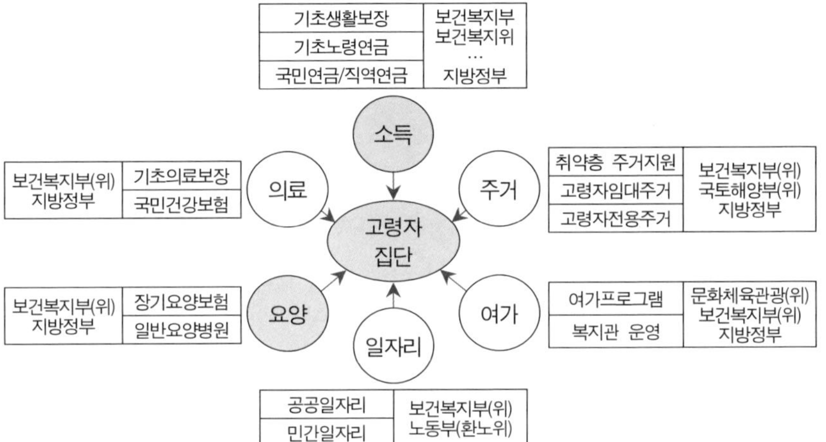

리·여가·주거의 6개 범주로 나뉠 수 있으며, 각 정책범주별 세부정책들은 〈그림 8〉과 같다.

고령자 대상 정책 가운데 정부의 정책 대표성, 포괄성, 효율성을 탐색할 수 있는 핵심사례로 기초노령연금제도와 장기요양보험제도가 선별되었고, 양 제도의 정책채널에 대한 탐색적 연구가 수행되었으며 연구 성과는 학술지에 게재되었다. 양 제도는 한국사회의 급격한 고령화 사회변동에 대한 정책적 반응으로 도입되었으며, 국가 간 비교의 관점에서 보면 고령화지수 대비 정책도입은 상대적으로 빨랐다. 하지만 OECD 기준 유례를 찾기 힘든 고령화 속도에 비해 이른 제도도입에도 불구하고, 정책대상 집단과 정책비용 부담집단의 이해관계 대표성, 정책 네트워크의 포괄성과 정책조정 및 집행 효율성 측면에서 문제를 야기하고 있다.

정책의 사회집단(문제) 대표성 측면에서, 기초노령연금제도는 국민연금제도와 연계되어 있으며, 장기요양보험제도는 국민건강보험제도와 연계되어 있다. 국민연금의 제도적 발전지체에 따른 미(未)포괄집단을 대상으로 고령자 연금이 구상되었고, 국민건강보험이 포괄하지 못했던 요양정책 수요를 충족하기 위해 장기요양보험제도의 도입이 추진되었다. 하지만 기초노령연금제도와 장기요양보험제도의 정책비용부담자인 비(非)고령자 집단과 현재 고령자 집단의 이해관계를 집결하고 제도로 반영하는 데 있어, 기초노령연금제도와 장기요양보험제도는 다른 경로를 보여주었다.

기초노령연금은 국민연금과의 관계를 고려하여 정책대상 집단의 점진적 확대 및 중첩에 기초한 제도디자인이 필요했고 정책입안자들 역시 이 문제를 인지했지만, 도입의 시급성 및 정치적 유인으로 인해 이 문제는 해결되지 못한 채 제도 도입으로 이어졌다. 그 결과 이명박 정부에 이어, 박근혜 정부에서도 국민연금과 기초노령연금제도의 통합에 관한 문제가 제도개선의 과제로 제기되고 있는 상황이다. 2013년 대통령 선거 과정에서 '기초노령연금 2배 인상과 국민연금제도 연동'이라는 박근혜 후보의 공약과 박근혜 정부에서 추진하는 관련 정책은 당초 제도 디자인에서 해결하지 못했던 문제를 차후에 해결하려는 하나의 시도로 볼 수 있다. 하지만 여전히 정책입안 및 결정과정에서 사회집단의 이해관계와 목소리를 어떻게 대표할 것인가, 정책 네트워크에 이들 집단의 요구를 어떤 방식으로 포괄할 것인가, 그리고 정부 부처와 국회 위원회, 이해당사자, 관련 전문가 등의 정책조정이 어떻게 효율적으로 가능할 것인가의 문제는 상존하고 있다.

반면 장기요양보험은 국민건강보험제도 내에 포함되어 디자인되었고, 건강보험료 내에 요양보험료를 함께 책정함으로써 비용부담 집단과 정책대상 집단의 균형을 추구하였고 정책 효율성 측면에서는 긍정적 평가를 받고 있다. 또한 이 제도는 국민건강보험 내에 요양보험료 징수 및 요양급여 제공 기능을 통합하도록 설계되었고, 제도 도입 당시 요양보험 적용대상을 협소하게 설정함으로써 보험료 재정의 부실을 막고 집행의 효율성을 담보했다고 평가된다. 그러나 요양정책 수요의 급증에 비추어 요양정책대상의 포괄범위 확대가 지체됨으로써 정책수요와 공급의 간극이 발생하고 있다. 현재 요양등급판정 1~3등급자는 65세 이상 인구의 5.8%(2010년 기준)만을 포괄하고 있으며, 4등급 이하 판정자들의 요양수요를 포괄하지 못하는 문제에 직면하고 있는 것이다. 요양정책의 포괄범위에서 누락된 정책수요자들은 민간시설인 요양병원을 통해 해결책을 찾고 있는데, 급증하고 있는 요양병원은 요양보험급여가 아니라 국민건강보험급여에 의존하고 있어 일반 건강보험재정에 잠재적 위협요인이 되고 있다.

두 제도가 가진 문제는 이해당사자와 일반국민 수준에서도 인지되고 있는 것으로 확인된다. 연구팀은 1차년도 연구의 3단계 작업으로, 40세 이상 국민 대상 6개 고령자정책 범주의 정책인지도, 성취도, 중요도, 만족도 조사를 시행하였고, 조사결과에 대한 분석은 연구 성과로 학술지에 게재되었다. 전체 조사대상자와 65세 이상 고령자 기준 정책 우선순위는 소득〉요양〉건강〉일자리 순으로 나타났으며, 요양병원에 대한 지원확대 수요가 유의하게 확인되었고, 저소득층일수록 기초노령연금 확대 수요가 높게 나타나 정책의존도를 확인해 주었다. 물론 국가정책의 중장기적 설계와 운용이 당장의 대중적 정책평가에 따를 수는 없다. 연구팀은 설문조사를 통해 확인된 정책수요와 종합적인 정책지도, 정책채널에 대한 연구 성과를 연계하여 정책적 함의를 도출하고자 하였다.

2. 근로빈곤층정책

연구팀의 2차년도 연구대상은 근로빈곤층 대상 정책이었고, 1차년도와 마찬가지 방법을 통해 추출된 정책지도의 개략적 도해가 〈그림 9〉이다. 정부의 근로빈곤층 대상 정책은 소득, 직업훈련 및 취업연계, 일자리 창출 및 관리 3개 범주로 포괄되지만 각 정책범주는 공공정책과 민간정책으로 다시 나뉜다. 소득정책은 민간영역에서 최저임금제와 실업급여제도로 구성되고, 공적 소득이전정책으로 기초생활보장급여와 근로장려세제, 저소득층 사회보험료 지원정책이 있다. 직업훈련 및 취업연계정책은, 기초생활보장제도 내에서 운용되는 자활사업 정책과 고용보험제도에서 지원되는 직업훈련 및 취업지원정책으로 나뉜다. 전자는 공공재원으로 운용되며 후자는 사회보험료로 운영된다. 근로빈곤층 대상 일자리 정책 역시 민간일자리 창출 지원과

<그림 9> 근로빈곤층 대상 정책, 정책지도

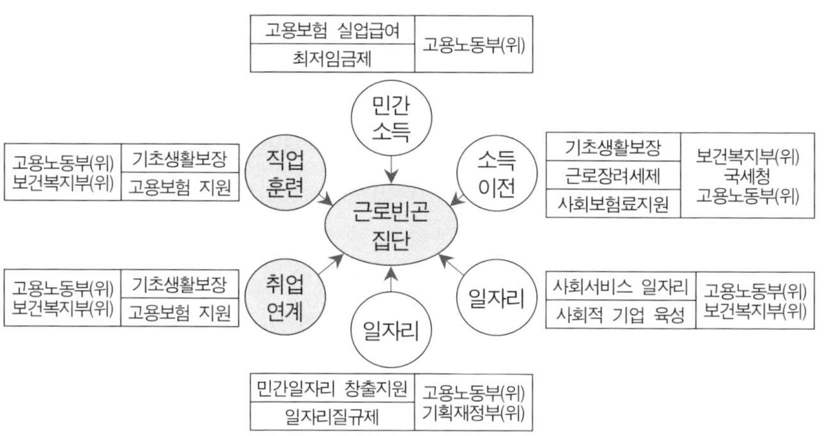

민간 일자리 규제정책을 한편으로 하고, 사회서비스 일자리 창출과 사회적 기업 육성정책이라는 공공정책이 다른 한편에 자리하고 있다.

근로빈곤층 대상 정책 가운데 정책 대표성, 포괄성, 효율성을 평가할 수 있는 정책은 직업훈련과 취업연계 분야로 설정되었으며, 관련 정책의 결정/집행과정과 정책채널에 대한 탐색적 연구가 시도되었고 성과는 학술지에 게재되었다. 정책 대표성 측면에서, 정부의 직업훈련 및 취업연계 정책은 IMF 이후 비정규직의 확대 등 근로빈곤층 확대에 대한 반응으로 등장했지만, 변화된 고용시장의 구조와 현실에 제대로 조응하지 못하는 정책으로 평가받고 있다. 근로능력자 빈곤문제에 대한 정부의 전통적 해결책은 취업이었으며, 이런 측면에서 직업훈련과 취업연계제도가 근로빈곤층 대상 정책으로 중점 추진되었다. 하지만 현재 한국사회의 근로빈곤층은 취업상태의 빈곤층이거나 취업-실업을 단주기로 반복하는 빈곤층일 가능성이 높기 때문에, 낮은 질의 일자리 제공만으로는 한계가 있으며 기본소득을 보전해 줄 수 있는 사회안전망 확충을 더 우선해야 한다는 것이 기존 연구들의 지배적 견해이며, 이는 정책지도를 통해 나타난 근로빈곤층의 실태 및 정책 포괄범위를 통해서도 확인된다.

한편, 현재 고용보험제도로 운용되는 직업훈련·취업연계정책과 국가재정으로 운용되는 해당 정책은 정책포괄대상이 구분되고 정책소관부처도 달리 편재되어 있지만, 정책의 포괄성과 효율성을 담보하고 있지 못한 것으로 파악된다. 현재 정부는 국민연금공단에 실업자의 근로능력판별을 위탁한 후, 일정 수준 이하의 근로능력자는 보건복지부에서, 이상의 근로능력자는 고용노동부에서 직업훈련 및 취업연계를 담당하고 있다. 하지만 근로능력판별을 기준으로 한 정책적용 자체가 현실적이지 못하며, 정책 포괄범위의 자의적 이분화라는 비판이 제기되고 있다. 또한 두 부처가 각기 다른 정책프로그램을 통해 진행하는 직업훈련 및 취업연계정책은 민간기관 위탁방식과 고용노동부 산하 담당센터의 두 채널로 이루어지고 있는데, 두 채널의 효율적 정책 집행에 대한 의문이 제기되고 있는 상황이다.

연구팀의 연구결과를 토대로 할 때, 이러한 정책의 대표성, 포괄성, 효율성 문제는 근로빈곤층정책에 대한 정부의 정책 패러다임이 정립되어 있지 않은 것에서 기인한 바가 큰 것으로 파악된다. 현재 정부는 각 정부부처 및 국회 위원회의 정책입안 및 집행을 위한 근로빈곤층의 정의, 정책 대상 집단의 포괄범위, 관련 정책수요의 편재 등에 대한 통일적 기준을 정립하지 못하고 있으며, 각 부처가 전통적으로 유지해 오던 취약계층, 저소득근로계층, 실업구직계층 등의 기준을 적용해 정책을 입안, 집행하고 있는 상태다. 부처별 기존 정책들을 조합해 근로빈곤층 대상 정책으로 포괄한 결과, 근로빈곤층의 일부는 다층적 정책의 포괄범위에 속하는 반면 소득·취업지원·일자리정책 어느 분야의 정책수혜도 받지 못하는 근로빈곤층의 범주가 발생하고 있다. 또한 부처별 기존 정책을 전체 정부 차원에서 재정립하는 단계를 아직 거치지 않았기 때문에 같은 정책을 여러 부처(위원회)에서 입안하고 집행하는 비효율성이 나타난다.

연구팀은 근로빈곤층정책에 대한 이해당사자, 일반국민 설문조사를 통해 근로빈곤층 내 여러 집단별로 다층적이고 복합적인 정책수요가 공존함을 확인하였고, 조사결과 분석은 연구 성과로 학술지에 게재하였다. 일반국민 수준에서 근로빈곤층 정책수요는 고용보험 등을 통한 사회안전망 구축에 대한 수요가 가장 높게 나타난 반면, 근로빈곤층에서는 공공재정에 의한 소득보전 정책에 대한 수요가 가장 높았다. 또한 청년 근로빈곤층에서는 최저임금제 등 민간 소득보장정책과 민간 일자리 창출정책에 대한 수요가 높게 나타나는 반면, 전 세대를 포괄하는 근로빈곤층에서는 공적 소득보전정책에 대한 수요가 높게 나타났다.

IV. '좋은 정부' 연구의 성과와 함의

사회집단 중심 정책지도와 정부-정책-사회집단의 정책채널에 대한 탐색적 연구는, 전통적인 기능적 정책평가가 아니라 총괄적 접근에 기초한 정책평가 가능성을 보여주었다. 국내·외적 다양한 사회변동의 충격은 모든 국민을 대상으로 영향을 미치기도 하지만, 특정 사회집단에 더 집중적이고 특화된 형태로 영향을 미치고 있다. 당면한 사회변동의 속성이 중장기적인 것으로 판단될 때, 정부는 충격에 보다 집중적으로 노출된 취약한 사회집단을 중심으로 정책반응을 함으로써 사회전체적인 영향력의 파장을 최소화할 수 있다.

이때 정부의 정책 반응은 반응의 속도만으로 평가될 수 없으며, 정확한 정책수요를 대표하고 있는지 여부, 기존 제도를 바꾸거나 새로운 제도를 도입할 때 정책 포괄성과 효율성을 동시에 충족할 수 있는 고려가 필요하다. 이를 위해서는 전통적인 기능적 정책평가도 필요하지만, 사회집단을 중심에 둔 총괄적인 정책지도를 마련하고 해당 사회집단의 정책수요를 다층적으로 고려하여 양자가 조응하는 형태의 종합적인 정책 디자인이 필요하다. 기존 정책의 편재와 해당 사회집단의 정책수요 파악을 위해, 본 연구는 유용한 모델을 제공할 수 있다.

본 연구의 소형단계에서 탐색된 정책지도는, 향후 정책 대표성, 포괄성,

효율성을 충족하는 정책 설계를 위한 기초적인 정보를 제공한다. 고령자정책과 근로빈곤층정책은 정부의 정책 접근에서 대조적인 사례를 보여준다. 고령자정책은 노무현 정부에서 시도된 '저출산·고령사회위원회(저출산·고령사회 종합계획)' 등을 통해 1차적인 정책총괄과 조정 단계를 거쳤으며, 그 과정에서 정책 대상의 포괄성과 효율성에 대한 검토가 이루어진 바 있었다. 반면 근로빈곤층정책은 아직 정부 차원의 종합적 정책조율과 조정 단계를 지나지 않았기 때문에 형성기 정책의 특징을 명료하게 나타내고 있으며, 대표성, 포괄성, 효율성 각 측면에서 야기하는 문제와 원인 진단을 위한 좋은 소재가 된다. 현재 진행되고 있는 3차년도 연구주제인 이주민정책은 고령자정책보다 더 높은 단계에서 정책조정이 이루어지고 있는 사례로, 또 다른 유형군을 보여주고 있다.

한편 정부-정책-사회집단의 정책채널은 정책의 포괄성과 효율성을 충족하는 정책 연계망 구축을 위한 연구의 토대를 제공한다. 연구결과를 토대로 할 때, 사회집단별 행정부 정책 담당단위는 부처-국·실-팀·과 단위로 다층적인 구성을 나타내고 있었음. 또한 국회 차원 정책주체 역시 위원회로 국한되지 않고 원내정당, 정당 내 특정 분파 및 개별의원 등으로 분포하고 있다. 행정부와 국회가 정책을 입안, 집행할 때 연계하는 사회집단도 조직화된 이익집단, 이해당사자 외부의 공익집단, 무정형의 여론주도층 등으로 다양하게 나타난다. 각 정책 단위들의 다양한 조합은 정책의 대표성, 포괄성, 효율성에 각기 상이한 영향을 미치는 여러 유형군으로 분류될 수 있으며 이 가운데 정부의 정책능력을 가장 높일 수 있는 조합을 찾아내는 데 토대가 되는 정보를 제공할 수 있다.

제2부

좋은 정부의 이론적 탐색

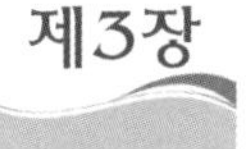

제3장

참여민주주의 모델의 대안적 구상:
선택대표자의 개념을 중심으로*

이현우

I. 문제제기

지구상의 민주주의 국가들은 다양한 방식과 경로를 통해 민주주의의 발전을 위해 노력하고 있다. 그리고 현재에도 중동을 비롯한 지구 곳곳에서 정치적 민주주의를 성취하기 위한 시민들의 희생과 노력은 끊임없이 계속되고 있다. 아직 민주주의를 이룩하지 못한 국가의 시민들은 제도적 민주주의를 이루게 되면, 정치적 안정과 더불어 정치의 반응성이 높아지게 되어 정치에 대한 국민들의 만족도가 높아질 것으로 기대한다.

그러나 현재 선진민주주의 국가들의 내부적 사정을 보면 그러한 기대는 너무 낙관적이라는 것을 알 수 있다. 오래전 제도적 민주주의 확립을 통해 민주주의의 공고화가 상당한 수준에서 이루어진 국가들에서 오히려 국민들

---

* 이 글은 『한국정당학회보』 제11권 제3호(2012)에 게재된 논문을 수정·보완한 내용임.

의 정치 만족도가 낮아지고 있을 뿐 아니라 공적기구에 대한 불신도 깊어지고 있다. 이러한 현상이 몇몇 국가에 한정된 것이 아니라 다수의 선진민주주의 국가들에서 발견되며, 여기에는 한국도 예외가 아니다. 이제는 절차적 민주주의의 확보가 실질적 민주주의의 필요조건은 될지언정 충분조건은 되지 못한다는 것이 일반적으로 받아들여지고 있다.

현재까지 정치체제로서의 민주주의가 최선이라는 점은 인정되고 있지만, 민주주의 국가들이 직면한 작금의 정치위기가 민주주의 자체의 구조적 문제로 인한 것인지 혹은 현실의 민주주의가 제대로 운영되지 못하기 때문인지에 대한 논쟁은 다양한 형태로 계속되고 있다. 그리고 이러한 논의 속에서 시민참여의 활성화라는 개념을 중심으로 고전적 대의민주주의의 문제를 극복하려는 학문적 관심과 연구가 활발히 이루어지고 있다. 대의민주주의의 한계를 지적하고 이에 대한 대안으로 제시된 대표적인 모델이 참여민주주의(participatory democracy)와 협치(governance) 모델이다. 그러나 이러한 대안들의 이론적 완성도와 참신성에도 불구하고 실천적 결과를 찾아보기 힘들며, 실천된 경우에도 그 효과에 대해서는 기대한 바와는 다른 회의적 평가가 다수 나타나고 있다.

기술의 발전 특히 정보화에 관심을 둔 학자들은 인터넷을 이용한 정보소통의 확산을 통해 시민들이 상호 토론과 심의(deliberation)를 거쳐 다수가 만족할 수 있는 집단의사를 만들어낼 수 있다고 주장한다. 이들은 시민들의 직접참여를 통한 정치적 결정이 기존의 민주주의 체제에서 나타나는 시민의 낮은 만족도를 높일 수 있을 것으로 기대하고 있다. 그러나 이들 대안들이 가정하는 바를 만족시키는 것이 현실적으로 가능하다고 보기 어려우며, 특정 사안에서 폭발적 참여가 이루어진다고 해도 그러한 참여가 제도화된 경우는 찾아볼 수 없다. 또한 단기적 관점에서 볼 때 대의민주주의에서 반응성을 높이는 데 일부 기여할 수 있을지는 몰라도 대의민주주의에 대한 대안이 되지는 못한다. 시민들의 정치에 대한 직접참여는 결과의 질적 향상보다는 단기적으로 참여라는 그 자체의 과정을 통해 만족감을 향상시켜주는 것에 그치고 있기 때문이다.

　대안으로 제시된 논리들이 공통적으로 강조하고 있는 시민참여의 확대라는 것이 자유민주주의 관점에서 볼 때 반드시 민주주의 발전에 긍정적으로 기여한다고 보장할 수 없다. 예를 들어, 참여가 확대되었다 하더라도 참여자가 누구인가를 상세히 분석해 보면 이전에 배제되었던 개인들의 참여가 상대적으로 더 많이 증가했다는 증거를 찾을 수 없다. 즉 참여의 확대의 내용을 보면 모든 개인이 아니라 효율적으로 조직을 만들 능력이 있는 집단구성원의 참여가 훨씬 활발하다는 실증적 사실은 참여의 비대칭성이라는 문제를 확인시켜주며 따라서 대표성 질의 향상에 관한 문제가 있음을 의미한다.

　이 글은 우선 대표적인 민주주의 대안담론의 중심내용을 살펴보고, 실천적 관점에서 이들이 가지고 있는 한계와 문제점에 대해 논의해보도록 한다. 그동안 대의민주주의에 대한 비판적 논의들은 경험적 차원에서 시민들의 높은 불만에서 출발했음에도 불구하고 대안논의는 관념적 수준을 벗어나지 못하였다. 그 결과 민주주의 논의는 정치영역의 고유한 문제임에도 불구하고 실천적 논의는 오히려 행정학 분야에서 활발히 다루어져 왔다. 이 글에서는 실천적 대안의 관점에서 민주주의 개선방향에 대한 논의를 시도한다. 심의민주주의의 이론적 주장을 실천적 대안으로 발전시키기 위해 선택대표자의 개념을 소개한다. 선택대표자란 선거를 통해 뽑히는 선출대표자와 상이한 개념이지만 이들의 정책결정자들에 대한 정보전달과 공론의 장에서 심의를 통한 합의의 제안은 기존의 대의제 민주주의의 한계를 극복하는 데 기여할 수 있을 것으로 기대한다.

II. 민주주의 정통성의 위기

　정치적 지지에 관한 학문적 연구는 아몬드와 버바(1963)로부터 시작되었다. 이들은 민주정치체제의 안정성은 대중의 정치문화와 체제의 적합성으로 설명될 수 있다고 보았다. 이스턴(Easton, 1965)은 시민과 정치체제의 관계를 좀 더 자세히 규정하였는데, 민주주의의 정통성은 정부가 하는 일이 옳다고 믿는 시민들의 비율에 달려 있다는 것이다. 시민들의 정치적 지지는 태도나 행태로 나타나며, 이들은 정치체제에 입력(input)의 역할을 담당한다. 특히 이스턴은 지지를 일반적(diffuse) 지지와 특정(specific)지지로 구분하고, 전자는 장기적 특성에 관한 것으로 민주주의 자체나 민주주의가 상징하는 것에 대한 지지이며, 현정부의 업적에 대한 것이 아니라고 보았다. 반면에 후자, 특정지지는 민주주의의 결과물에 대한 단기적 평가를 의미한다. 이처럼 이스턴은 장기적 평가와 단기적 평가를 명확히 구분하고 있지만, 이후 연구들에 따르면 누적된 단기적 평가가 장기적 평가와 깊은 연관성이 있음을 보여준다. 예를 들어, 경제적 어려움이 지속된 국가에서는 정부에 대한 단기적 평가뿐 아니라 민주주의에 대한 장기적 평가도 낮은 것으로 확인된다.

선진민주주의 국가들에서 정치적 지지가 감소하는 현상에 대한 연구들은 공통적으로 선거를 통한 정치엘리트 충원과 이들을 통한 민의반영이라는 절차로 민주주의 정통성을 확보하는 것에는 한계가 있음을 지적한다(Dogan, 1977; Norris, 1999). 즉 민주주의 국가에서 현직자의 업적에 불만이 있는 유권자들은 다음 선거에서 다른 정당을 택함으로써 집권당을 처벌할 수 있는 절차적 장치를 가지고 있지만, 정권교체라는 제도적 장치가 민주주의 만족도를 높이는 데 별로 기여하지 못한다는 것이다. 집권당의 잘못된 정책에 의한 단기적 불만이라면 정권교체를 통해 불만을 해결할 수 있지만, 어느 정당이 집권하는가에 관계없이 시민들의 불만이 지속된다면 이는 정권차원의 문제가 아니라 민주주의의 구조적 문제에서 기인하는 불만이라고 보아야 할 것이다. 〈그림 1〉은 다수의 국가에서 나타나고 있는 민주주의 수준과 국민들의 정부신뢰와의 관계를 보여준다. 그림을 통해 확인할 수 있는 것은 추세선이 보여주는 바와 같이 민주주의가 발전한 국가일수록 오히려 정부신뢰가 낮다는 사실이다.[1]

고전적 민주주의 이론에 근거하면 이 같은 정부불신은 민주주의의 위기

<그림 1> 정부신뢰와 민주주의 수준

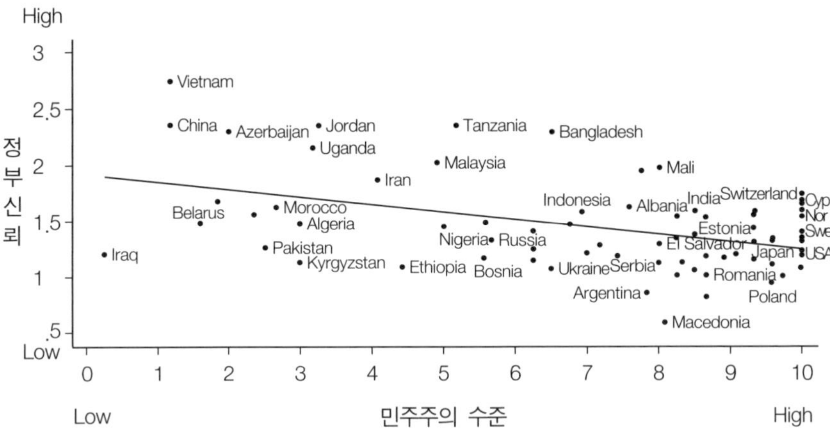

출처: QOG: Correlates of Democracy, 2011

로 간주될 수 있지만, 좀 더 세련된 이론과 경험적 분석들은 정부불신을 다른 의미로 해석하기도 한다. 즉 정부지지여부에 따라 응답자들을 세밀하게 분석해 보면 대의제의 공적제도(formal institutions)에 대한 비판적 시민(critical citizens)의 숫자가 늘어나고 있는 것을 확인할 수 있는데, 바로 이러한 특성의 집단의 증가가 정부불신의 정도를 높이고 있다는 것이다. 여기서 중요한 것은 이들 비판적 시민들은 여전히 민주주의의 이상과 원칙에 대해서는 매우 높은 지지를 보내고 있다는 사실이다(Norris, 1999). 결국 민주주의 가치에 대한 믿음은 여전하지만 정부의 정책과 업적에 대해 비판적인 시민들의 비율이 높아지고 있는데, 이들의 정부정책에 대한 기대수준이 높아진 것이 전체적으로 정부신뢰를 저하시킨 하나의 원인이 될 수 있다. 이러한 경험적 해석이 제공하는 의미는 정부정책이나 서비스의 저하가 문제가 아니라 시민들의 기대수준 상승이 문제의 원인이라는 것이다. 그러나 설

---

1) 민주주의 수준과 의회신뢰도의 관계를 보아도 같은 추세선이 나타난다.

사 이러한 주장이 경험적으로 타당하다 해도 민주주의 위기라는 해석은 여전히 유효하다. 왜냐하면 원인에 관계없이 낮은 정부신뢰가 지속된다면 민주주의 가치에 대한 일반적 지지도 낮아질 가능성이 높기 때문이다.

달튼(Dalton, 2006)은 좀 더 구체적으로 이러한 경향을 정치사회적 변화와 연관하여 설명하고 있다. 그는 시민들의 교육수준이 높아지고 새로운 기술발달로 인해 더 많은 정보가 제공되며, 복합적 이해관계를 위한 이익표출과 이익집단이 끊임없이 조직되는 새로운 환경이 조성되고 있는 것에 초점을 맞추고 있다. 그리고 이러한 환경하에서 시민들은 직접적이고 보다 포괄적인 형태로 정치참여를 원하는데 그 이유는 대의제를 통해서는 그들의 이해관계가 효율적으로 정책에 반영되지 못한다고 생각하기 때문이다. 비슷한 맥락에서 잉글하트(Inglehart, 1999)도 사회화 과정의 변화에 주목하여 정부에 대한 대중의 철학이 변했음을 강조한다. 특히 후기물질주의 사회에서 시민들의 국가정체성을 포함한 민주주의에 대한 일반적 지지에 장기적 변화가 일어나고 있다는 것이다. 비판적 시민들이 민주주의에 무관심해지고 불만족해지면서 대의민주주의에 도전하는 민주주의 대안론들이 주목받기 시작한 것이다.

III. 대안적 민주주의 이론

1. 참여민주주의와 심의민주주의

사전적 의미에서 민주주의는 영토적 개념에 근거한 국가라는 공식적 영역에서 시행되는 것이며, 다수결에 의한 의사결정은 표현, 집회 등 기본적인 정치적 자유를 침해하지 않는 범위에서 인정된다. 선출직이나 임명직 공직자들은 공식적이고 위계적 책무의 범주 내에서 일정한 정도의 정책적 자율성을 가질 수 있다. 그리고 국가 내 하부기관의 중앙정부로부터의 자율성은 특정한 영역에서 제한적으로 인정된다. 이러한 자유민주주의의 보편적 원칙들이 지켜짐에도 불구하고 민주국가 내 시민들의 공적제도에 대한 불신과 민주주의에 대한 불만족 정도가 커져가고 있다. 절차적 민주주의(procedural democracy)를 통해 민주주의 가치를 실현할 수 있다는 논리의 타당성이 줄어들고, 실제적 민주주의(substantive democracy)로의 비중이 커지고 있는 것이다. 이러한 변화 속에서 대의민주주의의 한계가 지적된 후 제시된 대표적 대안이 협치 모델과 참여민주주의 혹은 심의민주주의라 할 수 있다. 정부 및 정당에 대한 신뢰감소와 정치무관심의 결과로 투표율 하락이라는 정치불신 현상에 직면하여 시민참여와 대표성 간의 포괄적인 관계를 강화시키고 정치인과 시민 사이의 간극을 줄일 수 있는 바람직한 제도를 구축하는 방법이 무엇인가에 대한 논의가 관심의 대상이 되었다(Dalton, 2004). 그리고 대안모델들은 비판적 시민들의 직접적 정치참여에 주목하기 시작하였다.

먼저 참여민주주의 그리고 심의민주주의는 핵심적 내용으로 시민들은 공공선이라는 공유된 개념의 범주 내에서 의사결정을 하게 된다는 대전제에서 출발한다. 하버마스는 자유주의로부터 절차적 이념을 차용하였고 시민적 공화주의로부터 심의적 차원을 받아들였다. 그러나 그는 자유주의의 전략적인 시장모델과 공산사회주의 모델에서의 엄격한 윤리공동체라는 개념은 거부하였다(Hauptmann, 2001). 하버마스는 절차적 심의민주주의를 추구한다. 따라서 실천적 이성은 개인이나 특정한 공동체가 아니라 의사소통의 구조 자체에 의해 결정된다는 것이다. 그리고 여기에는 개방적이고 논리적 일관성과 보편성을 기초로 하는 윤리적 성향을 갖춘 시민들의 의식이 전제된다. 그가 주장하는 심의민주주의의 규범내용은 자유주의보다는 강하고 공산사회주의보다는 약한 개념이다. 공공선에 도달하는 것은 가능하지만 공동체 정신에 의해서 이루어지지는 않는다. 대중의 지배는 다수결에 의한 것이 아니라 숙의의 과정을 지배하는 주관성이 배제된 형태의 의사소통에 의해 이루어져야 하는 것이다. 이러한 논지 속에서 심의민주주의의 목표는 비공식적인 공적영역과 공식적인 국가기구 사이의 대화를 높은 수준의 상호주관성 (inter-subjectivity)에 이르도록 하는 것이다. 그리고 이를 위해서는 시민사회의 목소리가 정부에 영향을 미칠 수 있는 담론이 합의에 도달하도록 해야 한다.

이러한 특성의 심의민주주의 모델 속에서 시민들 간의 자유롭고 평등하며 이성적 논의가 이루어지는 공론의 장과 심의를 통해 만들어진 정치체제 사이의 유대를 강하게 유지할 수 있다. 따라서 진정한 민주적 공론의 장을 유지하기 위해서는 시민들이 다양한 이슈에 관한 공공토론에 자발적이고 적극적으로 참여할 수 있어야 한다. 이런 조건이 만족되어야 높은 수준의 정통성을 갖는 정부가 만들어질 수 있다. 그 결과 시민들은 시민과 대표자들 사이에 합리적 토론을 통해서 만들어진 법이나 정책에 대해서 만족하게 된다. 그리고 이러한 과정을 통해 낮은 정부신뢰를 극복할 수 있다.

시민참여 자체를 우선시하는 참여민주주의와 참여과정과 조건을 중시하는 심의민주주의는 공통적으로 좋은 민주주의를 위해서는 대중들이 자신뿐만 아니라 타인의 손익을 잘 이해하고 더 나아가서는 전체집단의 이익을 배려할 줄 아는 자질을 가져야 한다고 상정하고 있다. 그리고 이 두 가지 이론 모두 다수의 시민들은 그들의 정치적 기여가 중요할 때에는 이성적인 태도로 정치에 기여할 수 있다는 점에 동의한다. 그러나 엘리트나 선거기재들이 시민들의 표출된 선호에 근거하여 정책결정을 할 때 민주주의가 집합적(aggregative)이어야 하는가 혹은 다원적(pluralist)이어야 하는가에 대해서는 대립적 시각을 보인다(Johnson and Knight, 1994).

참여민주주의자들에 따르면 자신과 직접적으로 연관된 영역의 집단의사결정에 참여하는 시민들이 통합된 도덕적 가치척도가 되어야 한다는 것이다. 또한 정치란 자신의 이익을 반영하기 위해 대중을 동원하는 것인데, 이 과정에서 개인들의 이해관계의 변화뿐만 아니라 사회구조 그 자체의 변화가 나타난다. 반면에 심의민주주의론은 동일한 가정하에서도 보다 신중한 결론을 이끌어 내고 있다. 이들은 정치가 결코 개인이나 사회적 변화를 가져오지는 않는다고 주장한다. 왜냐하면 사회적 복잡성이 민주정치가 가져올 수 있는 변화의 폭과 정도를 제한하기 때문이다. 심의민주주의론자들은 참여민주주의론자들이 사회의 복잡성을 간과하고 있으며, 시민들이 참여를 즐긴다는 가정은 비현실적이라고 비판한다. 사람들은 번거로운 정치결정과정에 참여하기보다는 참여과정을 통해 정당성을 확보한 권위체에 결정권을 넘기는 것이 일반적이다(Warren, 1994). 심의민주주의론자들은 참여민주주의가 현대사회를 제대로 이해하지 못함으로써 야기되는 비현실적 가정으로 인해 실패한다는 점을 비판하면서, 심의민주주의는 개인들에 대해 비현실적 기대를 하지 않으며 또한 사회의 복잡성을 간과하지 않고 있다는 점에서 우월성을 갖는다고 주장한다.

한편, 워렌(Warren)은 사회의 복잡성과 전문가에 대한 의존성, 광범위한 참여에 반대되는 전문화된 논의에 초점을 맞추면서 왜 권위에 대해 심각하게 논의해야 하는지를 설명하고 있다(1994: 46-7). 그는 전문가에게 의지해야 한다는 것이 민주주의의 약점이 되는 것은 아니라는 점을 분명히 하고 있다. 심의민주주의에서 가정하는 개인은 참여민주주의에서 상정하는 개인보다 덜 정치적이다. 심의민주주의에서는 개인들에게 자신이 흥미를 갖지 않는 정치이슈에 대해 참여를 기대하거나 요구하지 않는다. 관심의 정도에 따라 개인들의 참여수준이 결정되므로 선별적으로 관심이 있는 사안에 대해서는 집중적으로 참여수준이 높아지고 그렇지 않은 사안에 대해서는 권위의 결정에 따르게 된다. 이처럼 숙의할 수 있는 에너지를 관심의 정도에 따라 분배함으로써 오히려 시민들이 권위를 견제하고 처벌할 수 있다는 전제가 가능하기 때문에 민주주의와 권위 사이의 모순적 관계를 해결할 수 있다.

심의는 특별한 함의를 갖는 참여이다. 모두가 심의할 때 그들과 의견을 달리하는 사람들과 공존할 수 있는 방법을 배우거나 해결책을 찾을 수 있기 때문에 중요하다. 참여를 통해 사회구조 전체의 변화를 꾀할 수 있다고 주장하는 참여민주주의와 달리 심의민주주의에서는 기존의 제헌적, 제도적 결사체적 기반들이 매우 튼튼한 것으로 간주한다. 따라서 이들에게 있어 민주주의는 정체된 것이 아니라 점진적인 것이며, 만장일치가 아닌 결정에 이견을 가진 사람들도 계속 체제를 지지하고 사회집단의 결속력을 유지하도록 하는 것이 국가의 책임인 것이다.

2. 협치 모델

참여민주주의 이론과 심의민주주의 이론이 시민들의 정치참여에만 집중하였다면, 협치 모델은 시민과 정부의 관계를 중시한다. 20세기 말까지 복지국가와 발전국가라는 의미를 담고 있는 행정부 중심의 행정국가는 새로운 사회·정치·경제적 환경으로 인하여 그 한계를 보이기 시작하였다. 비효율성 및 낮은 생산성과 더불어 국민의 요구에 제대로 부응하지 못하는 낮은 반응성의 문제가 발생한 것이다. 협치라는 개념의 등장은 정부의 재정위기, 신우파의 약진, 세계화에 따른 정부역할의 변화, 정부실패의 확산과 정책결정의 파편화 그리고 전통적 책임성의 약화에 따른 것이다(Pierre and Peters, 2000). 협치의 의미는 다양하게 규정될 수 있지만 협의적 의미에서 공식적 권위에 의존하지 않고 다양한 행위자들이 자율적으로 상호 호혜적이고 의존적이며 이를 바탕으로 협력하는 제도 및 조정형태라고 정의할 수 있다(Kooiman and Vliet, 1993: 64). 새로운 시대적 요구는 정부가 더 이상 주요한 사회쟁점을 다룰 수 있는 유일한 행위의 주체가 아니라는 인식에 따른 것이다. 따라서 국가통치체계의 일부를 대체할 주체로서 시민사회에 초점을 맞추게 되었다. 협치를 연구하는 많은 학자들은 협치의 대표적인 행태를 정부, 시장 그리고 시민사회 간의 새로운 파트너십으로 간주하고 있다(김광웅, 2000).

협치 모델은 정치행위자들이 공유하는 정책적 목표가 있을 때 수평적 네트워크를 통한 유기적이고 자율적인 조정과정을 거치고 집단적 합의를 이룰 수 있다는 논리를 받아들인다(Kickert, 1993; 이명석, 2002). 예를 들어, 다양한 사회조직들이 네트워크를 형성하고 이들이 협조와 조정을 통해 정책결정에 영향을 미치는 것을 상정하여, NGO나 지방정부가 중앙정부의 정책결정에 기여하는 바를 연구하는 것이 중요한 주제 중 하나이다. 그런데 이러한 자발적 참여의 기대 속에는 특정행위자의 비대칭적 영향력, 특정 집단에 대한 편향적 지원, 불완전한 참여 등이 건전한 협치 구축에 장애요인이 될 수 있다는 점이 간과되는 경우가 많다(강동완, 2008). 다시 말해서 이론적으로 구성원 모두의 자발적 참여가 가능하지만 현실에서는 모두에게 참여의 기회를 부여한다 해도 실제로는 일부의 정치적인 관심이나 세련도가 높은 집단의 참여가 다른 집단에 비해 훨씬 활발하게 되고, 참여집단 가운데서도 기존의 사회질서에서 기득권을 갖는 특정집단이 더 많은 정치자원을 이용하여 영향력을 높일 수 있다. 이러한 문제는 앞에서 언급한 참여민주주의나 심의민주주의 모델들뿐만 아니라 다수의 협치이론에도 마찬가지로 지적된다. 시민의 참여는 항상 선한 것이며, 참여를 전체를 위한 이타적 행위로 간주하거나 최소한 네트워크를 형성하면서 공공시민의 덕성을 키워나갈 수 있다고 기대하지만 이는 현실과 큰 괴리가 있는 것이다.

협치 모델은 시민사회가 자정능력의 자기조직화를 통해 의사결정을 합리적으로 처리하는 자율성을 가지고 있다는 것을 큰 장점으로 꼽는다. 그런데 그러한 시민사회의 자율성에 기초한 윤리적 기준과 이기적인 합리성의 행동원리와의 관계에 주목할 필요가 있다. 시민사회가 국가와의 관계에서 갈등이 야기되는 것은 국가권력의 축소를 원하기 때문이며, 그 이유는 시민사회가 시장과의 관계에서 경제적 동기와 이윤추구라는 경제원리를 따르려하기 때문이다. 결국 협치 모델 속에서 이러한 상충되는 논리를 극복하기 위해서는 시민사회가 경제적 공동체에서 인간적 공동체로 변화해야 한다(박영주, 2010). 그러나 자본주의하에서 인간적 공동체를 상정하는 것이 얼마나 현실적인 대안인가에 회의적 시선을 보내게 된다. 뿐만 아니라 협치 모델에서 주장하는 바와 같이 네트워크에 의한 합의가 의사결정의 중심이 된다면 권력과 책임이 동일주체여야 한다는 선거를 기반으로 하는 민주주의의 기본원리에 상충하게 된다. 결국 협치 모델은 정책결과를 책임질 주체가 없다는 책임성의 문제를 간과하고 있는 것이다(Rhodes, 1997). 절차적 관점에서 민주주의의 근간은 선출된 대표들이 경쟁과 협력을 바탕으로 공공영역에서 그들의 결정과 행위를 시민에 대하여 책임지는 지배체제여야 한다(Schumpeter,

1950: 269). 그런데 협치 모델이 상정하는 일련의 의사결정과정은 민주주의 기본틀을 경시하고 있다는 비판에서 자유로울 수 없다.

이러한 비판을 극복하기 위해 대안적으로 위계적 협치와 자율적 협치를 결합한 '협력적 협치'모델이 제시될 수 있다. 협력적 협치란 정부와 시민사회 간의 협력과 협조를 바탕으로 공적행위자와 사적행위자들 간의 준공식적인 차원에서의, 수평적 상호작용에 기초한, 네트워크의 형성과 일상화를 의미한다(김용철, 2010). 그러나 이러한 모델 역시 여전히 집단의 윤리적 기준과 개인의 합리성의 기준의 충돌을 근본적으로 해결하지는 못하고 있다. 또한 협력적 협치 개념 역시도 참여의 불평등이라는 본질적 문제를 해결하지 못하고 있다. 협치 모델 중에서 자발적 참여가 사실은 개인이나 자신이 속한 집단의 이기적 이익을 위한 것이라고 간주하는 경우는 거의 없다. 대부분의 협치 모델들은 참여의 성격에 대한 세심한 주의를 기울이지 않은 채 참여는 자동적으로 다수에게 도움이 되며 합의적 결정은 항상 가능하다는 긍정적 측면만을 강조하면서 규범적으로 수용가능한 협치수준에만 초점을 맞추고 있다. 그러나 참여는 참여를 위한 일정한 조건을 가진, 예를 들어 사회자본(social capital)이 충분한 집단에서 더욱 활성화되지만, 자신의 이익을 증진시키기 위한 네트워크를 갖지 못한 개인들에게는 참여의 기회와 환경이 이전보다 활성화된다고 해도 여전히 참여동기가 저조하거나 참여비용이 감소하지 않는 것이 현실이다.

심의민주주의나 협치 모델의 도덕적 우월성에도 불구하고 현실적 한계가 지적되기 시작하였다. 이 모델들은 사회의 다양한 이해와 선호들이 자발적으로 조직되어 있을 것과 형성된 자발적 질서가 구성원들의 선호를 분명히 인지하고 대표한다는 것을 가정한다. '선출된 정부'와 공동의 정책결정 및 집행에 참여할 파트너들이 그 사회의 핵심적 이해와 선호들을 충분히 결집하고 있을 때에만 협치 모델은 기대했던 효과를 가져올 수 있는 것이다. 이처럼 이론적으로 가능한 전제는 현실에서 구현될 수 없으며, 규범적인 이론적 틀로만 존재할 위험성이 있다. 아마도 19세기 초반 알렉시스 토크빌(Alexis de Tocqueville)이 '결사체 민주주의(associative democracy)'라 불렀던 미국이 위 모델들의 전제에 가장 가까운 형태일 것이다.

IV. 실천적 대안

1. 대안모델의 현실적용

앞에서 제시된 대의민주주의 대안모델들이 모두 고전적 민주주의의 변형이라는 점을 고려할 때, 인류가 만들어낸 가장 지속적인 정치모델이 민주주의라는 점은 부인할 수 없다. 정치체제로서 근대 민주주의는 대표성(representativeness)을 가지고 선출된 정부이며 유권자에게 책무(accountability)를 지는 정치체제이다. 따라서 민주주의의 질은 선출된 정부가 행하는 통치의 질(quality of government)과 직결된다. 그런데 20세기 후반부터 급격한 정치사회적 변동들은 전통적 방식의 민주주의가 작동하는 데 심각한 문제들을 야기했으며, 대의제 민주주의가 새로 제기된 문제들을 해결할 능력이 있는가에 의구심을 불러왔다. 사회의 변동속도에 비해 '선출된 정부'들이 축적해온 통치방식의 노하우와 관행들은 낙후되었고 자기혁신의 노력에도 불구하고 정책수요의 속도와 그 내용에 제대로 조응하지 못하고 있다는 것이 오늘날 전 세계 민주주의 체제가 당면하고 있는 공통의 문제이다.

앞에서 살펴본 바와 같이 참여민주주의, 심의민주주의나 협치 모델은 이론적 장점에도 불구하고 현실에서 보면 '선출된 정부'가 자발적 결사체들에게 스스로를 개방한 결과가 '결정구조(beltway) 내부에서 이익단체들의 영향력 폭발과 결정구조 저편의 침묵' 간의 결합이라는 비판을 받고 있다(Crenson & Ginsberg, 2004). 예를 들면, 미국에서 여성, 소비자, 환경, 노인, 아동 등 현대사회의 다층적 이해집단들을 대표한다는 이익옹호단체(advocacy groups)들이 워싱턴에 급격히 등장했고, 이들은 개방된 정부의 정책결정에 참여할 수 있는 정통성을 획득했다. 이들은 복잡한 정부정책들을 이해하고 결정에 참여하며 집행을 대신하기 위해, 소위 전문가들을 고용하고 전문가들이 직접 이들을 대표하여 영향력을 증가시키기 시작하였다. 대통령은 다양한 위원회들을 설치해 집단을 대표하는 전문가들의 자리를 마련했고, 의회는 의원들로 구성된 위원회에 그들을 불러 의견을 묻고 정책결정에 참여시켰다.

이러한 현상을 목도하면서 참여의 효율성과 전문성의 강조가 다시금 대표성의 문제를 야기시켰다. 전문가들의 활동이 정부에 깊숙이 개입될수록 이들이 대표한다는 실질적 이해당사자들의 침묵은 오히려 깊어졌기 때문이다. 단체들이 회원들의 이해관계를 결집하고 소통하는 방법은 고작 이메일과 우편, 회원대상 여론조사 정도였으며, 그것 또한 대표성을 갖는지조차 불분명했다. 예를 들어 정부는 소비자보호단체들이 소비자들의 실질적이고 구체적인 이해를 대변하고 있는지를 확인할 방법이 없었고, 소비자들은 수많은 전문가들로 구성된 소비자단체들이 자신들의 어떤 이해와 선호를 대변하는지 알 수 없었다. 휴고 헤클로에 따르면, 선출된 대표자들과 정당, 관료, 워싱턴의 전문가들은 그들만의 '공동체(village)'를 만들어 정책에 관한 정보를 교환하고 결정하고 집행하며, 공동체 밖의 사람들은 그 공동체 안에서 어떤 일이 일어나는지 점점 더 알 수 없게 되었다는 것이다(Hugo, 1998). 수직적이고 위계적인 정부구조를 타파하고 사회와 수평적 연계를 강화하려던 선한 의도는 선출된 정부-관료-전문가들만의 공동체라는 의도하지 않은 결과로 귀결된 것이다. 이처럼 대안으로 제시되었던 협치 모델과 참여민주주의 모델은 시민의 참여를 강조하지만, 결과적으로 활성화되지 못한 집단의 참여는 여전히 소홀히 되거나 배제되어 있는 상태로 남아 있게 되었다. 결국 대안모델들이 참여자체를 미덕으로 여기고 참여가 심의과정을 거치면서 전체를 위한 더 나은 의사결정이 이루어질 것이라는 낙관적 기대는 제대로 현실화되지 못하였다.

2. 선택대표자

대안적 민주주의 모델들의 공통점은 참여자들이 정치과정 속에서 상호간 경쟁적 이해관계를 타협하여 의사결정에 도달하는 것이 아니라 개인들 간의 합리성 형성을 통한 합의를 강조하고 있다는 점이다. 진정한 심의를 이루기 위해서는 더 나은 대안을 모색한다는 것 이외에는 다른 압력이 없어야 하며 (Habermas, 1975: 108), 더 나아가 참여자의 상호소통 능력과 참여 개방성을 기초로 설득될 수 있는 의지 그리고 전략적 혹은 기만적 행위를 지양하는 태도가 필수적으로 요구된다(Dryzek, 2000: 2-5). 이러한 관점에서 보면 정치적 행위는 새로이 규정되어 투표와 같은 개인적 행위와 상반되는 공적 행위가 된다. 하지만 이런 관념적 규정이 전통적 민주주의가 내세우는 조건인 대중에 대한 반응성(responsiveness)과 모든 구성원의 정치적 평등이라는 원칙이 어떻게 융화될 수 있는가에 대한 궁금증을 갖게 된다(Beetham, 1994: 25-43).

심의민주주의가 제시하는 조건들을 만족시키는 것이 현실적으로 가능한지에 대해서는 회의적 시각이 다수 존재한다. 공적시민의 태도는 작은 규모의 집단에서만 가능하다고 주장하는 학자들에 따르면 집단의 규모가 커지면 일방적 연설이 공론적 논의를 대신하게 되고, 이성적 토론보다 수사적이고 선동적인 표현들이 호소력을 갖게 된다(Goodin, 2000; Parkinson, 2001). 따라서 국가규모를 상정할 때 심의민주주의는 현실적 대안이 되지 못한다는 것이다. 더욱이 민주주의 유지의 핵심개념인 정통성(legitimacy)이 모든 사안에 대하여 참여자들이 사려 깊은 동의를 할 때 획득될 수가 있다는 주장은 규범적 논의 이상의 의미를 갖지 못한다.

심의민주주의 논리에 따르면 완전한 참여를 바탕으로 하는 참여자들에 의한 심의적 결정은 결국 현실적으로 공론의 장 밖에 있는 사람들에게는 정통성을 결여한 것이 되고 만다. 그렇다면 정통성을 높이기 위해 참여자의 규모를 확대할 수밖에 없는데 그러한 경우 심의가 불가능해지는 문제에 봉착하게 되어 심의적 공론과 참여자 확대라는 두 가지 목표를 동시에 이룰 수 없다는 문제가 발생한다. 뿐만 아니라 참여자들은 타인의 의견에 설득될 준비가 되어 있어야 하는데, 다수의 참여자들은 자신의 선호를 타인들에게 설득시키고 이익을 확대하기 위해 정치영역에 참여하는 것이지 설득되기 위해 참여하지는 않는다(Rawls, 1996: 82). 따라서 심의민주주의가 규범적 우월성을 유지하면서 실천적 가치를 획득하기 위해서는 좀 더 구체적인 대안 제시가 필요하다. 이를 위해서 정통성 개념을 바탕으로 심의민주주의의 현실가용성을 논의하고, 심의체제(deliberative system)의 개념을 이용하여 대표성을 향상시키는 방안을 모색해 볼 수 있다(Mansbridge, 1999).

정통성이라는 개념은 민주주의 연구에서 자주 언급되기는 하지만 엄격한 정의가 제시되는 경우는 많지 않다. 추상적 수준에서 정통성은 권위의 도덕화(moralization of authority)로 개인들이 자신의 이해에 따르지 않고 권력에 복종해야 하는 도덕적 근거라고 정의할 수 있다(Crook, 1987: 553). 또한 정통성은 권력에 불복종하려는 것을 도덕적으로 강제함으로써 복종의 비용을 줄일 수 있다는 점에서 도구적 가치도 갖는다. 비담은 정통성을 준법성, 정당성, 동의라는 세 가지 속성으로 세분화하여 설명하였다(Beetham, 1994).[2] 준법성은 주어진 규칙을 따른다는 의미에서 법의 지배뿐만 아니라 비공식적인 규제나 사회적 전통중시 등을 포함한다. 정당성은 권위적 결정이 올바른 근거에 의한 것이어야 한다는 것으로, 의사결정은 자연의 법칙이나 과학적 지식에 근거한 것이어야 한다는 점과 아울러 사회적 관습이나 전통에 배치되지 않는 것을 의미한다. 마지막으로 동의란 내용적 규범이라 할 수 있는데 여기에는 의사결정자들이 일반시민들을 대표해야 한다는 책무성을 포함한다. 따라서 시민들이 정책결정에 대한 동의나 정권에 대한 만족이 이루어지는 일련의 과정이 포함되어야 한다.

그동안 정치과정 연구는 동의에 따른 행위투표, 정당소속감, 선출공직자

---

2) 비담은 논문에서 정통성(legitimacy)를 ligality, legitimacy, legitimation이라는 단어로 설명하였는데, 이를 한글로 번역하기보다 논문의 맥락적 내용에 따라 준법성, 정당성, 동의로 대체하여 설명하기로 한다.

와의 교류, 이익집단에의 참여에 중점을 두었다. 그런데 참여를 중시하는 관점에서 보면 더 넓은 의미로 참여연구범주가 확대되어야 하며, 그 중심에는 시민들이 의사결정이나 정권에 동의하는 과정에 대한 연구의 필요성이 제기된다. 그런데 정통성이라는 용어의 복잡성을 볼 때 어떤 의사결정이 정통성을 인정받을 수 있는지에 대한 명확한 기준을 제공하는 것이 거의 불가능하다. 그러한 면에서 본다면 정통성 개념의 유용성은 고정된 기준점이라기보다는 이상적인 범주를 제시하는 수준에서 받아들여야 할 것이다. 따라서 여기서는 정통성 그 자체보다는 정통성의 핵심을 이루고 있는 참여자들의 동의를 중심으로 살펴보도록 한다.

국가적 규모에서 자발적 참여를 바탕으로 하는 심의민주주의가 실천적 대안이 되지 못한다면 결국은 대표집단의 선출과 역할에 대한 지지확보가 민주주의 수준과 만족도를 결정하는 중요한 요인이라고 할 수 있다. 왜냐하면 대규모 집단에서 공론의 장에 참여하지 못하는 사람들은 필연적으로 존재하기 마련이고, 이들에게 정통성을 부여받을 수 있는 방법은 자신들이 영향을 미친다는 생각할 수 있는 대표자 집단이 구성되고, 그들이 대표성을 확보하는 것이 유일하기 때문이다. 시민들이 의사결정에 참여하지 않는 이유는 그럴 능력이 없기 때문이 아니라 의사결정에 자신의 이해관계가 있다 해도 참여할 필요성을 느끼지 못하기 때문에 그럴 수도 있고, 또는 자신보다 의사소통이 가능한 대표자를 통할 때 자신에게 더 나은 의사결정이 가능하다고 믿기 때문일 수도 있다. 사실 소수의 대표자들이 불필요한 논의를 줄임으로써 중요한 이슈에 초점을 맞추어 효율적으로 전체를 위해 더 나은 의사결정을 하는 것도 가능하다. 정통성 확보에 중요한 것이 대표성의 확보라는 것을 받아들인다면 대표자를 뽑는 것이 중요하며, 여기에는 어떻게 대표자를 선출하는지와 그들이 어떠한 역할을 하는지가 관건이 된다.

대표자의 선출과정과 대표자의 역할규정은 밀접한 관계를 갖는다. 대표자 선출과정에 따라 바람직한 역할이 규정되기 때문이다. 대표자의 선출은 가장 보편적으로 사용되는 선거에 의한 선출방식(election)과 전문가들이 선정하는 선택방식(selection)으로 구분될 수 있다. 대의제 민주주의에서는 대표란 당연히 유권자들 다수의 지지를 획득한 후보가 대표자로 선출되고 정통성을 인정받는다. 반면에 선택방식은 과학적 여론조사에서 표본을 뽑는 방법과 유사하게 모집단의 특성을 기준으로 각 집단의 비율을 산정하고 이를 근거로 대표자를 선택하는 방법을 말한다. 이 두 가지 방식의 두드러진 차이는 실제로 선출방식에 의한 대표자들은 사회적 상위계층 출신이 대다수를 이루고 그들 사이에 동질성이 높지만, 선택방식에 따른 대표자들은 마치 모집단의 축소형과 같은 성격을 가지며 이질성이 상대적으로 높다는 점이다. 전자에 의한 대표자 집단이 정통성을 확보할 수 있는 근거는 이들이 사회전체 구성원의 이해를 반영할 때 다음 선거에서 재선이 가능하기 때문에 궁극적으로 유권자들이 이들의 의사결정을 포함한 정치행위를 통제할 수 있다는 구조에 기초한다. 반면에 후자인 선택방식에 의한 대표자 집단은 이미 이들의 선택과정에서 상이한 집단들의 특성을 반영한 것이기 때문에 자동적으로 대표자들은 자신의 출신집단을 대표하는 성향을 갖게 된다. 그러므로 대표자들과 일반시민들 간의 특별한 관계규정이 없어도 각 집단의 이익을 대변하는 대표성을 기대할 수 있다.

그런데 선출대표자들의 경우 선출과정에서 경쟁을 통해 정통성의 핵심을 이루는 책임성(accountability)과 권위부여(authorization)가 명확하지만, 선택대표자들은 전문가들에 의해 통계적 자료를 바탕으로 선택된 것이기 때문에 시민들로부터의 검증과정이 결여되어 책임성이나 권위를 부여받을 수 있는 근거가 미약하다. 따라서 이 두 대표집단의 역할이 구분되어져야 한다. 심의민주주의의 실천대안 중 하나로 제시되는 공론조사(deliberative polling)가 바로 선택대표자들이 의사결정에 영향을 미치는 방법이라고 할 수 있다(Fishkin, 1991). 공론조사에서처럼 선택대표자들의 역할은 시민들이 어떠한 생각을 가지고 있는지 정보를 제공하고, 서로 다른 의견들이 심의과정을 통해 합의가 도출될 수 있도록 도움을 주는 것이다. 즉 대표자들이라 해도 전통적인 선출대표자들과는 달리 정보전달이 주된 역할로 한정되어야 한다(Fishkin, 1997). 그렇지만 선택대표자들의 역할이 제한적이라 해도 민주주의에 기여하는 정도에 주목해야 한다. 왜냐하면 시민들의 요구에 대한 선출대표집단의 반응성이 낮은 것은 현재 민주주의의 낮은 만족도가 중요 요인이기 때문에 선택대표들이 정확하고 합의에 바탕이 되는 정보를 전달하는 것이 민주주의 만족도를 높이는 데 크게 기여할 수 있기 때문이다.

이처럼 선출대표 집단의 문제점을 보완하기 위해 제안된 선택대표자들의 기능이 중요하지만, 이들이 제대로 민주주의에 기여하도록 하기 위해서는 선택대표자들의 구성이 집단 대표성을 제대로 갖추었는지를 주의 깊게 살펴보아야 한다. 집단들을 구분하는 다양한 특성과 기준 중에서 어떠한 것들이 고려되는가에 따라서 선택대표자들의 구성이 달라진다. 선택대표자 분배를 위한 집단세분화의 가장 손쉬운 방법으로 인구통계적 자료를 바탕으로, 예를 들어 성별, 연령, 거주지 등을 기준으로, 집단을 구분하고 이들 집단에 속한 구성원 비율에 따라 대표자들을 선택하는 방법을 생각해 볼 수 있다. 그런데 이러한 선택방식은 결국 다수결의 한계를 넘지 못한다. 장애인이나 동성애자들과 같은 소수자 집단은 그들의 수적 제약과 예외적 특성으로 인해 대표자들을 할당받지 못할 가능성이 높다. 결국 충분히 정치적 목소리를 낼 정도의 내적 자기역량을 갖지 못한 집단은 선택대표자 구성에서도 의사를 반영시킬 기회를 갖지 못할 가능성이 높다. 더욱이 선택대표자 집단구성이 어떠한 정치이슈를 다룰 것인가에 따라 수시로 달라진다면, 그리고 그 이슈선정이 권력을 가지고 있는 관료에 의해 결정된다면 소수자 집단은 여전히 대표성의 불이익의 굴레를 벗어나지 못할 것이다.

선택대표자의 선정이외에 반드시 고려해야 할 것이 있다. 선택대표자들은 심의대표자들로서 역할을 할 때 비로소 선출대표자들을 보완할 수 있다는 사실이다. 이들은 기계적으로 소속집단의 정보를 정책결정자들에게 제공하는 데 그치는 것이 아니라, 대표자들 간의 심의를 통해 의견을 수렴하고 이를 권장할 수 있는 권한을 가져야 한다. 여기서 심의민주주의가 주장하는 바와 같이 이들은 공론의 장에서 더 좋은 주장에 설득될 준비가 되어 있어야 한다. 그러기 위해서는 선택대표자들이 자신이 대표하는 집단의 이익에 얽매이지 않으면서 동시에 비참여자들에 대한 책임성으로부터도 벗어날 여지를 갖고 더 큰 집단의 심의적 논의에 참여하고 동의나 합의를 할 수 있어야 한다. 대의제 민주주의 대표자의 논의 속에서 수탁자(trustee)와 유사한 권한과 자율성을 가진 선택대표자들이 공론의 장을 구성하게 되는데, 이를 심의체제(deliberative system)라고 부른다. 심의체제 속에서 각 집단의 대표들이 모이는 규모 정도의 집단이라면 공론이 가능하다. 이 체제가 제대로 작동하면 기존의 심의민주주의의 한계로 지적되던 대규모 집단의 문제를 대표성이나 집단 간 공론이라는 장점은 그대로 유지한 채 민주주의 정통성을 높이는 데 기여할 수 있다.

현대 민주주의가 직면한 문제를 극복하기 위해 참여의 활성화를 대안으로 제시한 것은 대의민주주의를 통한 대표자집단에 대한 국민들의 만족도가 낮기 때문이다. 대의제 체제를 유지하면서 대표자들의 반응성을 향상시키는 것에 한계가 있기 때문에 이들의 역할 중 일부를 공론장의 결정을 통해 대신하려는 의도를 가진 것이다. 따라서 이 글에서 제시하는 선택대표자의 역할은 심의민주주의의 취지를 현실적으로 구성화한 것이라고 볼 수 있다. 논의의 관건은 정책에 영향을 받지만 정작 영향이 미치지 못하는 구성원들—특히 비참여자들—로부터 어떻게 정통성을 인정받을 수 있는가 하는 것이다. 당연히 그들의 이해관계를 정책결정에 정확하고 효율적으로 반영하는 것이 해결책이 되지만, 비참여자들의 수요와 의견에 대한 정보를 어떻게 확보하는가 하는 또 다른 문제가 있다. 이 과제에 대해 선택대표자를 통한 정보취합 그리고 심의체제를 통한 공론을 정교화함으로써 해결이 가능한지에 대해서는 좀 더 심도 있는 연구가 필요하다.

V. 결론

심의와 협치의 개념은 자유민주주의가 위기에 직면한 상태에서 국가와 사회 그리고 개인 간의 새로운 조정양식이라는 점에서 매력적인 측면을 가지고 있다. 국가중심의 전통적 권력행사 방식을 벗어나 다양한 네트워크에 의한 문제해결 방식을 제시하고 있기 때문이다. 또한 조정(coordiantion)과 조종(steering) 그리고 조절(regulation)의 관계와 조화를 강조하는 국가운영 방식을 제시하고 있다는 점에서도 기여하는 바 크다고 하겠다(Kooiman, 1993). 그러나 참여확대를 바탕으로 이루어지는 협치가 왜 그리고 어떻게 형성되는지 더 나아가 협치가 실시되고 있는지를 어떻게 평가할 수 있는지 등에 대한 명확한 측정과 합의가 없는 상태이다. 더욱이 대안모델들이 상정하는 개인의 참여에 대한 가정이 현실가능한 것인지에 대해서는 끊임없는 비판이 제기되고 있다.

다른 한편에서는 자유주의적 관점에서 "국민에 의한" 국정운영에 지나치게 천착하면 "국민을 위한" 국정운영에 훼손될 수 있다는 점을 우려하고 있다(박영주, 2010). 즉 정부를 과도하게 축소하는 경우 전적으로 시민사회의 자기정화능력에 의존해야 하는데, 이때 심의민주주의나 네트워크를 중시하는 협치 모델에서 주장하는 바와 같이 공동체적 합의가 항상 발현될 수 있는가에 대한 의문이 제기된다. 이 문제는 협치 모델을 행위주체의 형성능력을 중시하는 구성주의적 관점에 근거하여 이해할 수 있는 부분이 있다. 즉, "조직이나 제도의 경직성, 경로의존성에 바탕을 둔 신제도주의가 아니라, 이해관계자나 집단의 의식적 활동과 공동의 목적을 지향하는 부단한 행동과 그 관계망을 통해서 새로운 통치운영방식이 형성된다"(이종원, 2005: 332)고 볼 수 있다.

그럼에도 불구하고 협치 모델이나 심의민주주의 모델이 현실적 대안으로서 시민들의 민주주의 불만족 문제를 해결할 수 있는 있는가에 대해서는 회의적 평가를 하게 된다. 과연 시민들이 새로이 참여의 동기를 갖게 되는 이유는 무엇인가 그리고 이해집단이나 네트워크를 형성할 능력이나 여건을 갖지 못해 그동안 참여를 하지 못한 소수자 시민들이 어떻게 참여의 부담을 줄이고 참여를 활성화할 수 있는가에 대해 구체적인 방안을 찾을 수 없다.

이 글에서 주안점을 두고 있는 것은 시민들의 정치와 정책참여의 폭을 확대하고 상시적 참여를 보장한다 해도 시민의 민주주의에 대한 불만을 해결하는 데 한계가 있다는 사실이다. 이들의 직접적 참여를 기대하기보다는 이들을 대변할 수 있는 새로운 개념의 대표자 집단의 구성이 대의민주주의의 문제를 해결하는 현실적 방안이 될 수 있음을 고려해 보아야 한다. 이러한 해결방안은 유럽을 중심으로 연구되고 있는 '좋은 정부' 주제와 상당한 근접성을 갖는다. '좋은 정부' 프로젝트의 기본적 구상은 정책결정과정에서 정책대상자들의 요구를 적극적으로 반영할 수 있는 채널을 개발해야 한다는 것이다. 즉 적극적으로 의견을 주장하거나 반영시킬 통로를 갖지 못한 소외된 시민들의 요구를 수용할 수 있는 통로의 모색이 필요하다는 것이다. 이러한 주장이 설득력을 갖는 것은 경험적인 분석을 통해서 볼 때 그동안 정치개선을 통해 참여가 확대된다 해도 누가 참여하는가의 문제는 여전히 해결되지 못한 채 남아 있기 때문이다. 이미 조직화되어 있는 집단의 참여가 더욱 활성화되는 방향으로 참여확대가 이루어진다면 오히려 정책결정은 이들 집단의 이해강화로 이어질 수 있으며, 정책수혜대상의 일부가 지속적으로 소외될 수도 있다.

그렇다면 참여의 양이 아니라 참여의 질이 문제가 되는 것이며, 이는 다시금 대표성이라는 민주주의의 본질적 문제로 돌아가는 것이라 하겠다. 이글에서 소개한 선택대표제를 활성화한다면 심의민주주의가 주장하는 공론을 통한 참여의 활성화 및 바람직한 대안모색의 기회가 많아지며, 동시에 소외된 집단의 의사가 반영될 수 있는 통로가 구축될 수 있다고 하겠다.

【참고문헌】

강동완. 2008. "정책네트워크 분석을 통한 대북지원정책 거버넌스 연구."『국제정치논총』 48권 1호, 293-323.

김광웅. 2000. "협력체제(partnership)와 효과적인 국정운영." 박재창 편.『정부와 NGO』. 서울: 법문사.

김용철. 2010. "네트워크 사회와 정부-시민 관계."『오토피아』 25권 2호, 103-131.

박영주. 2010. "자유주의적 거버넌스의 딜레마."『한국거버넌스학회보』 17권 2호, 59-76.

이명석. 2002. "거버넌스의 개념화: 사회적 조정으로서의 거버넌스."『한국행정학회보』 36집 4호, 321-338.

이종원. 2005. "방법론적으로 재해석한 거버넌스의 이해."『한국행정학보』 39권 1호, 329-340.

Amond, Gabriel A., and Sidney Verba. 1963. *The Civic Culture Political Attitudes and Democracy in Five Nations*. Princeton: Princeton University Press.

Beetham, David. 1994. *Defining and Measuring Democracy*. London:Sage.

Caiden, G. 1994. "Administrative Reform-American Style." *Public Administration Review* 54, 123-128.

Crook, Richard. 1987. "Leginimacy, Authority and the Transfer of Powers in Ghana." *Political Studies*. 35: 552-72.

Dalton. Russell. 2004. *The Erosion of Political Support in Advanced Industrial Democracies*. Oxford: Oxford University Press.

______. 2006. *Citizen Politics: Public Opinion and Political Parties in Advanced Industrial Democracies*. Washington D. C.: CQ Press.

Dogan, Mattei. 1977. "Erosion of Confidence in Advanced Democracies."

     Studies in Comparative International Development. 32, 3-29.

Dryzek, John. 2000. *Deliberative Democracy and Beyond: Liberals, Critics, Contestations.* Oxford: Oxford University Press.

Easton, David. 1965. *A Framework for Political Analysis.* N.N.: Prentice-Hall.

Fishkin, Jame. 1991. *Democracy and Deliberation.* New Heaven: Yale University Press.

______. 1997. *The Voice of the People: Public Opinion and Democracy.* New Heaven: Yale University Press.

Goodin, Robert. 2000. "Democratic Deliberation Within." *Philosophy and Public Affairs*, 29: 81-109.

Habermas, J. *Legitimation Crisis.* M.A.: Beacon.

Hall, Robert E., and Charles I. Jones. 1999. "Why Do Some Countries Produce So Much More Output Per Worker Than Others?" *Quarterly Journal of Economics* 114:83-116.

Hauptmann, Emily. 2001. "Can Less Be More? Leftist Deliberative Democrats' Critique of Participatory Democracy." *Polity.* 33.

Inglehart, R. 1999. "Postmodernization Erodes for Democratic Authority, but Increases Support for Democracy." In Pippa Norris, ed. *Critical Citizens: Global Support for Democratic Government.* Oxford: Oxford University Press. 236-256.

Johnson, James, and Jack Knight. 1994. "Aggregation and Deliberation: On the Possibility of Democratic Legitimacy." *Political Theory* 22: 277-96.

Kaufmann, Daniel, Art Kraay, and Massimo Mastruzzi. 2004. "Governance MattersIII: Governance Indicators for 1996-2002." *The World Bank Policy Research Working Paper* 3106.

Kickert, W. 1993. "Complexity, governance and Dynamics: Conceptual Exploration of Public Network Management." In Kooiman J., ed. *Modern Governance: New Government Society Interaction.* London Sage.

Kooiman, J., and Van M. Vliet. 1993. "Governance and Public Management." In K. A. Eliassen and J. Kooiman, eds. *Managing Public Organization.* London: Sage Publisher.

Mansbridge, Jane. 1999. "Everyday Talk in the Deliberative System." In S. Macedo, ed. *Deliberative Politics.* N.Y.: Oxford University Press.

Norris, Pippa. 1999. *Critical Citizens: Global Support for Democratic Government.* Oxford: Oxford University Press, 217-235.

Parkinson, John. 2001. "Deliverative Democracy and Referendums." In K. Dowding, J. Hughes and J. Margretts, eds. *Challenges to Democracy: Ideas, Involvement and Institutions.* London: Palgrave, 131-52.

Pierre, John, and Peters B. Guy. 2000. *Governance, Politics and State.* New York: St. Matin's Press.

Rawls, John. 1965. 1996. *Political Liberalism.* N.Y.: Columbia University Press.

Rhodes, RAW. 1997 "The New Governance: Governing Without Government." *Political Studies,* 44.

Rodrik, Dani, Arvind Subramanian, and Francesco Trebbi. 2004. "Institutions Rule: The Primacy of Institutions Over Geography and Integration in Economic Development." *Journal of Economic Growth* 9:131-65.

Rothstein, Bo, and Jan Teorell. 2005. "What is Quality of Government?: A Theory of Impartial Political Institutions." *QOG Working Paper Series* 2005:6

Saward, Michael. 2001. *Government and Opposition.* 36. 559-81.

Schumpeter, Joseph. 1950. *Capitalism, Socialism, and Democracy.* 3rd ed. New York: Harper.

Warren, Mark. 1994. "Deliberative Democracy and Authority." *American Political Science Review* 90: 46-60.

제4장

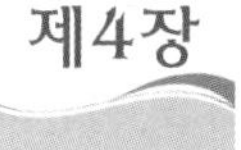

기초노령연금정책결정에 관한 사회연결망 분석: 정책옹호연합모형을 중심으로*

이덕로

I. 서론

작금의 한국 정치상황은 복지의 확대와 재정건전성 유지라는 두 가지 상반된 국가적 지향에 관한 갈등의 첨예화로 특징지어진다. 이 갈등양상에 있어 고령화사회로의 진입에 따른 노인복지정책도 한 축을 차지하고 있으며, 구체적으로 기초노령연금정책에 관한 정치권과 행정부, 그리고 시민사회의 견해 차이는 이 정책의 결정과정에서 첨예한 집단 간 갈등양상을 초래한 바 있다.

기초노령연금제도는 국민연금 급여율의 급격한 저하가 예측됨에 따라 이를 일부 보완하기 위하여 2008년 1월 도입되었다. 이는 65세 이상의 노인

---

* 이 글은 『한국정책과학학회보』 제16권 제3호(2012)에 실린 논문을 바탕으로 수정·보완한 내용임.

중 산정소득분위가 하위 70%에 해당하는 유자격 계층에게 국민연금 산정수급액의 5%에 해당하는 일정 금액을 지원하는 공적부조제도이다. 2011년도 18대 국회의 마지막 예산심의가 진행되고 있는 가운데, 국회 보건복지위원회 예산결산심사소위는 기초노령연금에 관한 예산을 정부안에 비하여 5,876억 원을 증액시킨 바 있다. 이는 기존의 기초노령연금 수급대상을 전체 노인의 67%에서 70%로 확대하고, 연금수급액도 1% 더 지급하겠다는 의지의 표현이었다.[1] 남유럽에서 촉발된 재정위기가 전 유럽으로 확산되고, 이의 여파가 우리나라에도 영향을 미치고 있는데, 이 재정위기의 핵심은 남유럽 국가들의 방만한 복지예산의 집행이라는 것이 중론이다. 따라서 노인인구의 증가에 따라 이 분들의 확장되는 정치적 영향력을 다분히 의식하고 만들어진 기초노령연금의 예산 증액은 최근까지도 심각하게 논의되고 있는 국가의 재정건전성 제고와 맞물려 우려섞인 전망을 초래한 바 있지만, 이에 대응하여 기초노령연금의 확대는 우리 사회가 당면한 노령인구에 대한 당연한 정책지향이라는 논리도 나름의 정당성을 얻고 있다.

개방체계로서의 정치·행정은 사회환경의 변화에 적응하고, 대응하는 객체인 한편, 이의 변화를 주도해나가는 주체이기도 하다. 현대 한국에서 가장 괄목할 만한 사회변화 중의 하나는 인구구성의 변화라 할 수 있다. 저출산, 고령화, 다문화의 확산 등은 현대 한국이 당면하고 있는 최대의 정치·행정의 환경 변화이고, 이에 우리의 정치·행정은 적응하고, 대응하는 한편 이 환경변화를 궁극적으로 국리민복에 도움이 되는 방향으로 조정하여야 한다.

2000년대에 들어서면서 노인복지분야에 대한 국가적 차원의 관심이 증대되고 있는 것은 우리의 인구사회적 변화양상과 무관하지 않다. 즉 이는 인구의 고령화 진전에 따른 귀결인 셈이다. 우리의 경우 2000년 전체인구 중 노인인구의 비율이 7%를 넘어서면서 고령화사회로 진입하였고, 2018년에는 14%를 넘어서 고령사회로, 2028년에는 20%가 넘어서는 초고령사회에 진입할 것으로 전망되고 있다. 이는 이미 초고령사회로 접어든 일본 등의

---

1) 『동아일보』, 2011년 11월 8일.

선진국에 비하여 초유의 급격한 인구구조의 변화를 예상케 한다. 따라서 정부는 다양한 노인복지에 관한 정책을 수립하고 있고, 이 중 한 축이 기초노령연금제도라 할 수 있다.

17대 국회에서 기초노령연금제도는 국민연금제도와 연계되어 도입키로 추진되었으나, 이 과정에서 복지정책의 중심축이라 할 수 있는 국민연금법은 부결되고, 국민연금법에 연동하여 추진된 기초노령연금법만 통과되는 이변이 빚어졌다. 이 정책결정과정은 매우 이례적이며, 17대 국회와는 여야관계가 뒤바뀐 18대 국회의 기초노령연금에 대한 여야의 접근은 이전 국회의 입장과 상반된다.

정책의 결정과 변동과정을 연구하는 이유는 동시대의 국가와 국민의 지향을 확인할 수 있고, 이를 바탕으로 미래를 예측하고, 이에 대비할 수 있기 때문이다. 이런 측면에서 기초노령연금정책의 결정과정을 분석하는 것은 재정건전성을 담보한 복지국가를 지향하는 우리에게는 학문적으로나 실천적인 측면에서 의미가 있는 작업이라 할 수 있다.

이런 관점에서 우리나라의 정치적 영향력의 핵심으로 부상하고 있는 노인사회에 대응하는 국가정책의 하나인 기초노령연금정책이 도입되는 과정을 분석함으로써 한국 정책결정과정의 역학관계를 확인하는 작업은 실천적 이익이 있을 것이다. 이에 더하여 성숙성을 더해 가고 있는 특정한 정책이론의 사회현상에 대한 설명력을 확인하는 작업은 학문적으로도 의미가 있다. 따라서 이 연구는 최근 정책학 분야에서 그 활용가능성이 제고되고 있는 정책옹호연합모형을 토대로 기초노령연금 정책결정과정에서 구성된 정책옹호연합의 동학을 분석함으로써 향후에 전개될 수 있는 다양한 정책결정과정에 있어서의 정책옹호연합모형의 적용가능성에 대한 학문적·실천적 토대를 구축하는 데 일조하고자 한다.

II. 이론적 논의

1. 정책옹호연합모형

사회과학의 일 분과로서 정책학에 있어서의 다양한 이론 구축 노력은 국내·외적으로 많은 결실을 얻고 있다. 이 중 정책옹호연합모형(ACF: Advocacy Coalition Framework)은 다양한 수준의 정부를 대표하는 정책관계자들에 의하여 빚어지는 정책목표 갈등과 기술적 분쟁에 관한 이해를 위하여 Sabatier가 1988년 고안·발표한 정책결정과정에 관한 이론이다. 이 이론은 미국의 에너지와 환경정책결정 과정에 관한 설명을 위하여 제안된 후, 몇 차례의 개정을 거쳐 현재에 이르고 있다(Sabatier, 1988; 1991; Sabatier & Weible, 2007).

1) 정책옹호연합모형(ACF)의 개요

정책옹호연합모형은 다음과 같은 세 가지 토대(foundation stones) 위에 전개된다. 즉 거시적 차원의 전제로서 대부분의 정책은 정책하위체계(policy subsystem) 내의 전문가들에 의하여 결정되고, 전문가들의 행태는 정치·경제·사회체계의 다양한 요소들에 의하여 영향을 받는다는 것이다. 두 번째로는 미시적 차원의 개인모형으로 정책과정에 참여하는 개인은 사회적·심리적 존재라는 것이다. 이는 정책참여자로서의 개인이 진공관 속에서 존재하는 것이 아니라 자신을 둘러싸고 있는 사회환경과의 교호작용을 활발하게 진행한다는 것이다. Sabatier & Weible(2007)은 정책옹호연합모형의 이 두 가지 전제와 함께 중간 차원의 전제로 사회와 개인을 연결하는 고리인 옹호연합(advocacy coalition)의 구성을 들고 있는데, 이 옹호연합은 정책하위체계 내의 행위자들의 다원적 관계를 묶어주는 장치로서 작용한다. 이 세 가지 요소를 기반으로 정책결정을 포함한 변동과정을 설명하는 이론으로서의 정책옹호연합모형이 구성된다. 이는 개별정책과 관련된 정책하위체계는 구체적인 정책에 관한 지향과 내용에 상반되는 또는 이견이 있는 복수의 정책옹호연합으로 구성되고, 이 정책옹호연합 간의 경쟁과 타협 속에서 실제적인 정책이 결정되거나 변동된다는 것이다. 이때, 개별 정책옹호연합은 정책신념이 유사한 개인들에 의하여 구성됨으로써, 경쟁관계에 있는 정책옹호연합과의 상호작용을 하게 된다.

2) 정책옹호연합모형의 토대(Foundation)

정책옹호연합모형은 전술한 세 가지 중요 요소, 즉 정책하위체계, 정책옹호연합, 그리고 다양한 정책신념을 가진 개인들의 상호작용을 통하여 정책과정을 설명한다. 이 기본적인 구조를 바탕으로 정책옹호연합모형은 현대사회의 정책결정이 매우 복잡해서 사회에 영향력을 행사하고자 하는 특정 정책분야에서의 정책참여자들은 전문화되어야 한다고 전제하고 있다. 이는 현대사회의 거대화와 분업화, 그리고 분업화에 따라 수반되는 다양한 분야의 전문화가 발현된다는 원리로 이해될 수 있다(Weber, 1947).

정책옹호연합모형에서 정책하위체계는 기능(function)과 지역(territory) 단위로 구분할 수 있는데, 정책옹호연합의 참여자들은 전통적 철의 삼각(iron triangle)이라 할 수 있는 국회의원, 행정관료, 이익집단뿐 아니라 해당 정책 분야를 전문으로 하는 학자 등으로 구성된다. 이때 정책참여자들은 일정한 정책신념을 가지고 있고, 실제 정책을 통하여 자신의 정책신념을 실현하려는 동기를 가지고 있다고 전제하며, 이러한 신념은 오랫동안의 숙고와 환경과의 다양한 상호작용을 통하여 정립되었기 때문에 매우 안정적이고 일반적인 정책충격에 따라 거의 변화되지 않는다(Weible et al., 2009; Weible, 2005). 정책하위체계 내에는 차하급 체계도 포함되어 있으며, 유사 정책옹호집단과 그 관심 범위가 중첩되는 경우도 있다.

지향하는 정책신념이 상이한 정책참여자들은 두 가지 외부요인에 의하여 영향을 받는다. 즉 관심 주제의 속성, 자원의 배분상황, 사회문화적 가치와 구조, 법적 구조 등과 같은 안정적 변수와 사회경제적 상황의 변화, 지배적인 정책옹호연합의 변화, 타 정책하위체계의 정책결정 등과 같은 역동적 외부변수가 그것이며, 이 중 역동적 변수의 변화는 주요 정책 변화의 필요조건이 된다.

3) 정책옹호연합(Advocacy Coalition)

정책옹호연합모형은 하나의 정책옹호연합이 정책하부체계 내에 존재하는 수많은 개인과 조직을 결합시키는 유용한 도구임을 주장하면서, 보통 하나의 정책하위체계 내에는 복수의 정책옹호집단이 존재하는 것으로 간주한다. 정책이해관계자의 신념과 행태는 비공식적 연결망에 내재되어 있으며, 중요한 정책참여자들 간의 연결망에 의하여 정책이 결정된다. 특히 정책참여자들은 경쟁상대에 앞서 자신들의 신념체계를 실제 정책으로 전환시키고자 노력하는데, 이를 위하여 각각의 정책옹호연합은 의원, 관료, 이익집단, 학자 등과 다양한 수준의 정부 내외의 정책참여자들 속에서 자신과 유사한 정책 핵심신념을 가진 우군을 찾고, 자원을 공유하고, 전략을 개발한다. 만일 이들 간의 결합 정도가 강해지면 결국 새로운 정책옹호연합을 구성하게 되는 것이다(Sabatier, 1988; Jenkins-Smith & Sabatier, 1994).

4) 정책참여자의 신념체계

정책옹호연합모형(ACF)에서의 인간형은 합리적 선택이론과는 달리 인간의 규범적 신념과 이타적 행위를 인정하며, 규범적 신념과 선험적 신념으로 구성된 인식체계를 변화시키기는 어렵다는 점을 강조한다.[2] 이에 따라 서로 다른 정책옹호연합의 구성원은 동일한 정보를 다른 각도에서 해석하고, 이는 상호불신을 초래하여 경쟁과 갈등, 또는 분쟁을 야기한다. 또한 정책옹호연합의 구성원은 이익보다 손해에 더 많은 가치를 두기 때문에 자신에게 손해를 끼칠 수 있는 상대 정책옹호연합을 신뢰하지 않을 뿐만 아니라, 자신보다 강한 악마(devil)로 간주한다. 이러한 정책참여자 개개인의 인식은 결국 개별 정책옹호연합의 내부적 단결을 강화하고, 경쟁 집단과의 갈등을 더

---

2) Lubell(2003)은 이 양자 간의 차이를 분석하기 위한 연구를 수행한 바 있다.

〈그림 1〉 정책옹호연합모형의 구조

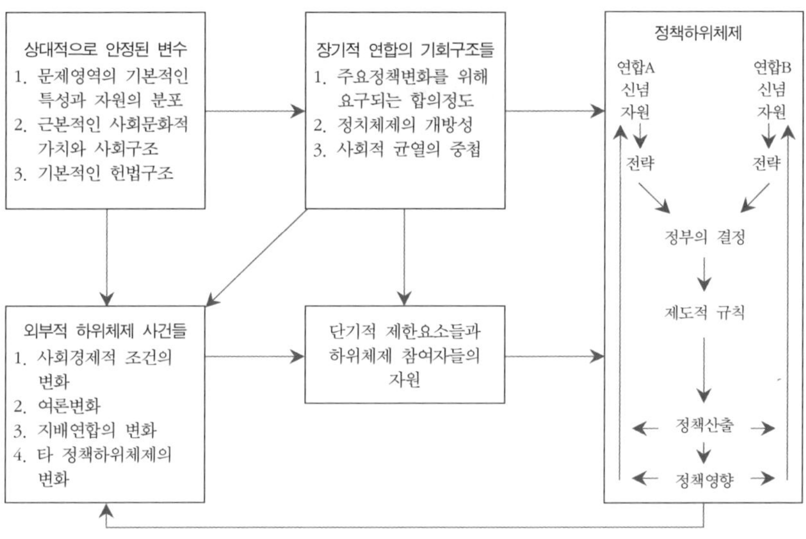

자료: Weible et al. (2011)

욱 악화시키는 요인이 된다(Weible, 2005).

정책옹호연합모형에서의 개인은 3단계 신념체계, 즉 심층핵심신념, 정책핵심신념, 2차 신념체계를 갖는다. 심층핵심체계는 인간에 관한 존재론적·규범적 가정, 자유와 평등 등과 같은 근본적인 가치에 대한 상대적 선호, 상이한 집단의 복지에 관한 상대적인 선호, 시장과 정부의 역할 등과 같은 신념으로 구성되어 있고, 이는 전통적으로 좌우대립에 관한 문제이고, 대개 유년기로부터 시작된 개인의 사회화 과정의 산물이므로 바꾸기 어렵다. 정책핵심신념은 전체 정책하위체계로 확산된 응용체계로 복지정책 등과 같은 실제적인 정책에 대한 심층핵심신념체계의 투영으로 볼 수 있고, 특정 정책하위체계에 있어서 정책옹호연합들 간에는 서로 다른 정책 선호로 인하여 갈등과 경쟁이 빚어진다. 정책옹호연합모형은 이를 정책핵심정책 선호(policy core policy preferences)라 하는데, 정책핵심정책 선호는 정책하위체계의 활동방향, 옹호연합의 전략적 행동의 방향, 우군과의 연합, 반대세력에 대한 대응 등의 토대가 된다.

2차 신념(second beliefs)이란 전 정책하위체계를 통할하는 신념은 아니며, 세부정책에 대한 규정이나 재정에 관한 것으로 상대적으로 변화가 가능한 신념이다. 이는 정책옹호연합 간의 타협의 동인이 되기도 한다. 예컨대 토지의 개발과 보전이라는 상반된 두 개의 정책핵심정책 선호는 충돌할 수 있지만, 황무지의 경우 제한된 개발이라는 상호 경쟁적인 정책옹호연합 간의 2차 신념(second beliefs)에 따라 타협이 가능해진다(Sabatier & Weible, 2007).

5) 신념과 정책변화 경로

정책옹호연합모형은 정책참여자들이 가지는 정책신념의 변화는 매우 어려우며, 변화가 있더라도 그 원인은 주로 외부로부터 비롯된다고 주장한다. 이러한 정책신념 변화의 동인으로는 정책학습, 외부충격, 내부충격, 정책옹호연합 간의 합의가 있다. 정책학습(policy-oriented learning)은 정책목표의 달성 및 변경과 관련하여 상대적으로 고착된 사고와 행태적 의도를 새로운 경험과 정보의 습득으로, 이를 통하여 정책신념의 변화가 가능하다는 것이다. 이러한 정책학습이 수반하는 신념과 정책의 변화는 신념체계에 따라 다른 결과를 초래하는데, 심층핵심신념은 새로운 정보에 매우 저항적이지만, 2차적 신념은 변화가 가능하다(Jenkins-Smith et al., 1991; Jenkins-Smith & Sabatier, 1994).

외부충격(external perturbations or shocks)은 정책하위체계의 외부로부터 오는 충격으로 주요 정책 변화의 충분조건은 아니더라도 필요조건은 된다. 즉 사회경제적 상황, 정권 교체, 여타 정책하위체계로부터의 정책산출, 또는 재난 등은 주요 외부충격에 해당되며, 이와 같은 외부충격은 정책의제의 전환, 대중의 관심, 주요 정책결정자의 관심을 유도한다. 가장 중요한 외부충격 효과는 특정 정책하위체계 내에 존재하는 정책옹호연합 간에 발생하는 세력판도의 변화라 할 수 있다. 외부충격은 또한 핵심정책옹호연합의 정책핵심신념의 변화를 수반할 수도 있다. 정책하위체계 내에서 발생 가능한 내부충격(internal shocks)도 주요 정책의 변화를 초래할 수 있다. 또한 리더십, 자원의 공유, 신뢰형성, 제3의 대안 등과 같은 요소를 활용한 정책옹호연합 간의 합의(negotiated agreements)도 정책과 신념의 변화를 초래할 수 있다(Sabatier & Weible, 2007).

6) 자원과 정책중개자

정책옹호연합의 지속적인 유지와 정책 활동에 필요한 자원으로는 공식적으로 정책결정권한을 가진 현직인사, 여론, 정책에 관한 정보, 재정, 리더 등을 들 수 있다. 저개발국가의 경우 동원할 수 있는 군대도 포함될 수 있다. 정책옹호연합 간의 합의를 도출하여 실제적인 정책에 이르게 하는 정책중개자(policy brokers)도 이 모형의 참여자로 활동하게 된다. 이 정책중개자의 경우 Sabatier가 Weible과 공동으로 발표한 최근의 논문(2011) 도식에서는 삭제될 정도로 중요하게 다뤄지지 않는 경향도 있으나, 이의 존재와 활동 여부는 실제적인 정책산출에 기여할 수 있으며, 이는 정책의 다중흐름모형에서의 정책기업가(policy entrepreneur)에 해당한다.[3]

2. 선행연구 검토

1998년부터 2007년 기간 중에 정책옹호연합모형을 토대로 해외에서 발표된 54편의 사례연구 중 26개는 환경과 에너지 정책에 관한 것이었고, 28개는 조세, 보건, 문화, 교육 등의 다양한 정책에 관한 것으로 그 적용 대상과 범위가 점차 다양화되고 있으며, 정책옹호연합모형의 적용은 미국 이외에 유럽과 캐나다 등 국제적으로 확산되고 있다(Sabatier & Weible, 2007;

---

[3] 1998년과 2005년 모형에는 정책하위체계 내의 정책옹호연합 사이에 정책중개자(policy broker)의 존재가 명시적으로 나타나 있다.

Weible et al., 2009; Weible et al., 2011).[4]

우리나라에서 정책옹호연합모형을 기반으로 한 정책과정의 변동에 관한 연구는 2000년대에 들어 활발하게 진행되고 있는데, 개별 정책에 관한 사례분석이 주류를 이루고 있다. 이와 같은 연구는 보건의료정책(전진석, 2003a; 김순양, 2006; 백승기, 2010), 소수자보호정책(서혁준·전영평, 2006; 전영평·서성아, 2008; 전영평 외, 2008; 김순양·이지영, 2009; 김영종, 2009; 김성종, 2009; 박용성·김대규, 2010), 환경정책(전진석, 2003b, 2003c; 김동만, 2004; 민경세·김주차, 2010), 산업정책(장지호, 2004a; 박상원·박치성, 2009; 최정열, 2010), 규제정책(장지호, 2004b; 백승기, 2008; 김인자·박형준, 2011) 등 다양한 정책분야를 포괄하고 있다.

백승기(2010)는 의료보험의 통합과정에서 나타나는 정책결정의 역동성을 한국과 대만의 사례를 비교함으로써 확인하였다. 이 국가간 비교연구를 통하여 대만이 한국에 비하여 의료보험 통합에 상대적으로 유리한 외적 조건을 가지고 있었고, 한국의 경우 외부충격에 의한 정책산출이 많은 반면, 대만의 경우 협의에 의한 정책산출이 상대적으로 많다고 주장한 바 있다. 서혁준·전영평(2006)의 경우 비정규직 근로자에 대한 고용 및 근로조건 등의 정치사회적 문제에 대한 접근을 위하여 정책옹호연합모형을 활용하였는데, 이들은 이 모형에서의 정책중개자를 기회자집단(swing group)으로 수정하여 접근하고, 이때 노사정위원회를 기회자집단으로 판단하였다.

전진석(2003b)은 1986년부터 18년에 걸친 핵폐기물 처리장 건설정책의 변동과정을 분석한 바 있다. 이 연구는 정책옹호연합모형을 우리나라의 실제 정책과정에 활용한 초기 논문들 중의 하나로, 동년 발표된 새만금간척사업의 사례분석(2003a)과 함께 정책옹호연합모형을 충실히 적용함으로써 정책옹호연합모형의 주창자들이 바라는 국제적인 적용에 기여한 것으로 평가

---

4) Weible 등의 2009년과 2011년 논문은 지금까지 발표된 정책옹호연합모형 관련 논문을 다양한 유형으로 재분류하고 있어, 이 연구에 관한 추세와 발전양상을 확인하는 데 도움이 되고 있다.

될 수 있다.

최정열(2010)의 경우 스크린쿼터제도의 변동과정을 정책옹호연합모형을 적용하여 분석하였는데, 이는 문화사업정책에의 정책옹호연합모형 활용이라는 특징이 있다. 이 연구는 한국의 정책과정에서는 정책중개자의 역할이 미약하다고 주장하고 있다. 장지호(2004b)는 출자총액정책의 변동과정에서 나타나는 동학을 확인하였는데, 이는 대기업의 계열사 출자를 제한하는 규제정책에의 분석을 통하여, 정책과정이 논리적 근거보다는 정치적 상징성에 의하여 더 큰 영향을 받는다는 점을 지적한 바 있다.

이 연구들이 주로 정책옹호연합모형 내에서의 정책옹호연합의 구성, 연합 간의 갈등과 타협, 정책산출 등 모형 전체에 관한 논의를 중심으로 전개되고 있는 데 비하여, 정책옹호연합모형 내의 개별적인 주요요소를 특히 강조한 연구들도 있는데, 박용성·최정우(2011)와 최은영·지현정(2008)은 정책중개자를 중심으로 논의를 전개하였다. 최은영·지현정이 정책중개자의 유형을 정책혁신가, 옹호자, 정책중개자, 비난회피자 등으로 대별하고, 이들의 역할에 관하여 이론적 접근을 시도하였다면, 박용성·최정우는 세종시에 관한 정책사례분석을 통하여 최은영·지현정이 주장한 정책중개자의 역할을 분석한 바 있다. 양승일(2007; 2009; 2011)의 경우는 정책옹호연합모형의 확장을 시도하는데, 정책사례분석에서 정책옹호연합모형과 정책다중흐름모형(multiple stream framework)을 결합하여 활용하고 있다. 손화정(2011)의 경우도 정책옹호연합모형과 정책갈등모형(policy conflict frame-work)을 결합한 새로운 모형으로 국가보안법의 정책변동을 분석하였다. 그리고 김순양(2010a)의 경우 한국의 정책옹호연합모형을 활용한 논문들을 총괄적으로 분석하고, 정책옹호연합모형의 적용가능성과 적실성을 제고하기 위한 방법의 하나로 양적연구방법의 도입 등을 제시하였다.

정책옹호연합모형을 토대로 한 해외의 연구 대부분은 우리나라의 학계에서 발표되고 있는 연구들과 같이 질적연구방법을 활용하고 있으나, 최근 양적연구방법을 활용하는 시도가 진행되고 있다. 이 중 Lubell(2003)은 정책행위자는 단순히 거래비용을 낮추는 정책보다는 자신의 정책신념에 부응하는 정책을 효과적으로 인지한다는 점을 입증하는 과정에서 이 효과적이라는 점을 비교하는 과정에서 선형회귀분석을 활용하여 접근한 바 있다. 또한 Lubell(2004)은 특정정책(NEP: National Estuary Program)에 대한 이해관계자들의 의사결정이 신념체계에 따라 완전한 합의(consensus)에 이르는지 아니면 일정 정도의 협력(cooperation)을 지향하는지의 여부를 선형회귀분석을 통하여 접근한 바 있다. Weible 등(2004)은 이해관계자들의 삼단계 신념체계 즉 심층핵심신념, 정책핵심신념, 2차 신념체계가 캘리포니아 해양보호정책에 있어서의 선호에 미치는 영향을 경로분석(path analysis)을 통하여 분석하였다. Zafonte와 Sabatier(2004)는 정책옹호연합의 안정성에 심층핵심신념과 2차신념이 미치는 영향을 26년(1963~1989)간의 시계열분석을 통하여 검토한 바 있다. Weible(2005)은 프로빗분석(ordered probit model)을 활용하여 정책옹호연합의 공유된 신념체계가 정책 네트워크의 관계를 검증하는 매우 중요한 변수임을 검증한 바 있다.

해외의 연구사례도 앞에서 언급한 정도의 양적분석 외에는 더 많은 연구를 찾아보기 어려우나, 이와 같은 시도는 평가되어질 만하다. 그러나 우리의 경우 이미 지적한 바와 같이 학계에서 발표된 대부분의 연구들은 주로 자료 및 내용분석(document and content analysis)을 기반으로 실제 정책사례에 있어서의 정책옹호연합을 구성하고, 논리를 전개하는 질적연구방법을 통하여 수행되었으며, 양적연구방법을 활용한 예는 찾아보기 어렵다. 따라서 이 연구는 한국 학계에서 발표된 기존의 연구와는 달리 사회연결망분석을 활용한 양적연구방법을 통하여 정책옹호연합의 구성 여부를 확인하고, 정책옹호연합을 구성하는 참여자들이 정책결정과정에서 미치는 상대적인 역할 강도를 분석하는 새로운 시도를 하고자 한다.[5]

---

5) 이인원(2012)의 경우 정책옹호연합모형의 이론적 효용성을 정책연결망분석을 통하여 검증할 수 있다는 제언을 한 바 있고, 박치성(2010)의 경우도 정책옹호연합모형과 사회연결망분석의 결합을 통하여 더욱 정교한 정책변동의 설명력을 얻을 수 있다고 논의한 바 있다. 김순양(2010b)의 경우도 정책옹호연합모형과 정책연결망분석의 결합의 유용성을 논의한 바 있다. 해외에서 발표된 논문의 경우도 사회연결망분석을 활용하여

III. 연구설계

1. 연구대상: 기초노령연금정책의 결정과정

우리나라에 기초노령연금정책이 도입되는 발단은 다소 우발적이며, 이의 도입은 국민연금제도의 도입 및 확장과정과 연계되어 있다.[6] 국민연금제도는 1988년 도입된 이후 10여 년간 특이한 변동없이 유지되어 왔다. 그러나 고령화사회로의 급속한 진전과 함께 연금재정의 고갈에 대한 우려가 현실화되면서, 1998년 이에 대응하려는 법제화가 시도되었다. 이때 연금고갈에 대한 대책을 마련하기 위하여 연금법 제4조에 매 5년마다 국민연금재정수지에 대한 검토를 실시하고, 연금보험료의 조정을 포함한 포괄적 계획을 수립하도록 조치하였다.

이에 따라 2003년이 연금재정수지를 확인하기 위한 첫 번째 해가 되었고, 이를 준비하기 위하여 2002년 봄 "국민연금발전위원회"가 구성되었다. 이 위원회의 연금재정에 관한 검토사항이 언론을 통하여 국민에 유포되면서 2047년 연금재정 고갈설이 광범위하게 확산되었고, 이는 국가적 문제로 부각되었다. 이 문제는 2002년 대선과정에서도 첨예한 쟁점사항이 되었으며, 선거과정에서 재정수지를 고려한 연금급여삭감의 불가피성을 주장한 이회창 후보는 탈락하게 되는데, 연금삭감에 반대하는 노인들의 100만 표가 대선패배의 주요요인으로 분석되었다. 따라서 한나라당은 2004년 6월 17대 총선 이후 연금 TF를 구성하는데, 여기서 "잃어버린 연금표"를 찾아오기 위한 방안으로 연금사각지대에 주목한 "기초연금제"를 주장하게 된다. 이는 국민연금 평균수급액의 20%를 65세 이상인 고령자 전원에게 기초연금으로 지급하

정책옹호연합모형에 관한 연구를 수행한 예는 찾기 어렵다.

6) 기초노령연금정책의 결정과정은 본 연구에서 수행된 심층면접결과를 토대로 재구성하였다.

되, 국민연금의 수급액은 기준액의 20%까지 하향·조정하자는 대안이었다. 한나라당은 이 안을 기초로 동년 11월에 개정법안을 국회에 제출하였다.

이 법안은 한동안 정부와 한나라당 사이에서 답보상태로 진척이 없었는데, 정부는 국민연금재정 안정화가 주된 관심사였고, 한나라당은 연금 사각지대 해소가 주된 관심사였기 때문이었다. 이후 2006년 2월 유시민 의원이 복지부장관에 취임하면서 동년 5월 보건복지부 차원의 "신개혁안"이 제안되는데, 이때 "기초노령연금"이라는 명칭도 사용하게 되었다. "신개혁안"에서 보건복지부는 기초노령연금 수급액을 정액인 7만 원으로 정하고, 수급범위는 대상자의 45%로 시작하여 향후 32%까지 낮추는 안을 제시하였다. 이에 반하여 한나라당의 대안은 65세 이상 고령자 전원에게 조세방식으로 지급하는 보편연금제도를 주장하였고, 보건복지부는 연금수혜대상자 중 저소득층 일부에게만 제공하는 선별적 공공부조제도의 도입을 주장하였다. 이에 대하여 한국노총, 민주노총, 참여연대, 여연, 민노당은 연석회의의 합의를 통하여 기초노령연금을 국민연금 평균수급액의[7] 5%에서 출발하여 2028년까지 15%의 인상, 수급범위는 80%까지 확대하자는 대안을 제시하였다. 민노당은 이 내용을 법안의 부칙으로 삽입하는 방식으로 민주당과 합의했으나, 2006년 하반기 보건복지위원회에서 열린우리당과 민주당, 국민중심당이 합의하여, 법적 효력이 있는 부칙이 아닌 부대결의로 통과시키면서 민노당은 합의연합에서 탈퇴하게 된다. 이후 한나라당과 민노당은 연금급여 시점에서는 국민연금평균수급액의 5%에서 출발하되, 2018년까지 10%로 인상하자는 대안에 합의하여, 공동안을 2007년 4월 본회의에 제출하였다.

이때 같이 제안된 복지의 중심법인 국민연금법 개정안은 부결되었고, 국민연금법에 연계된 기초노령연금법안만 통과되는 이변이 일어나게 되었다. 이후 열린우리당과 한나라당 간에 합의된 국민연금법안도 동년 7월 본회의에서 통과되었으며, 이때 4월 본회의에서 통과된 기초노령연금법도 2028년

---

7) 이 평균수급액은 소위 말하는 A값, 즉 국민연금가입자의 연금 수급 전 최근 3년간 월평균소득액을 말한다.

까지 수급액을 국민연금 평균수급액의 10%까지 인상한다는 내용을 부칙에 명기하게 된다. 기초노령연금정책은 현재 적용되고 있으며, 2012년 동법에 따라 6%로 인상하는 작업이 18대 국회에서 진행되면서 기초노령연금예산이 정부안보다 5,876억 원이 인상된 채 보건복지위원회를 통과하였다. 결과적으로 2012년도의 기초노령연금관련 예산은 영유아의 보육료지원 확대, 대학 학자금 지원, 취업성공패키지 신설 등의 복지부문의 예산 확대와 맞물려 증액되지 못하였다.[8] 이 사례에는 기초노령연금정책결정과정에서 벌어지는 각 정당과 행정부 및 시민단체 간의 정책적 이합집산과 역동성이 투영되어 있으며, 그 과정은 구체적인 정책변동과정에서의 정책옹호연합모형이 활용될 수 있는 충분한 가능성을 보여주고 있다.

2. 자료수집 및 연구방법: 면접조사와 사회연결망분석

현대사회에서 정치·경제·사회적 문제를 총체적으로 인지하고, 이를 설명하며, 해결하는 과정은 기존의 행위자 중심의 접근만으로는 충분하지 않은 경우가 많다. 국제관계에 있어서 개별 국가의 국력이 전통적 차원에서 각 국가가 가지는 자원과 동기의 총체적 투사만으로는 이해될 수 없다는 주장이나 특정한 정책의 결정이 한 행위자의 동기와 능력만으로 결정되지 않는다는 논의(Heclo, 1978), 그리고 한 사회의 자본은 그 사회구성원들의 총체적인 관계, 상호작용, 그리고 신뢰(Putnam & Feldstein, 2003)라는 언명은 물론, 현재 전세계적으로 그리고 각 사회 저변에서 영향력을 발휘하고 있는 SNS(Social Network Service)에 이르기까지, 사회적 연결망의 위력과 역할에 주목하는 것은 이미 당연한 상식이 되었다. 이와 같이 정책을 포함한 다양한 사회현상을 이해하기 위한 담론으로서의 사회연결망이론의 중요성이 대두됨에 따라 이에 관한 학문적·실천적 접근이 풍부해지는 것은 당

---

8) 『한국경제신문』, 2012년 1월 2일.

연한 귀결이다. 이와 아울러 이론의 학문적 발전을 지원하기 위한 분석방법
도 강화되고 있다.

　이러한 차원에서 사회연결망분석의 활용이 확대되고 있다. 사회연결망
(social network)이란 일정한 특성을 가진 사회 구성원 또는 구성요소들 간
을 연결한 관계망을 의미한다(Scott, 1991; 김용학, 2007). 연결망은 구성원
또는 구성요소(node)들과 이들 간의 관계(link)로 구성된다. 정책과정에서
의 연결망은 구성원을 중심으로 볼 때, 참여자들 간의 개인적 연결망, 조직
간의 연결망, 더 넓게는 국가 간의 연결망 등으로 구분될 수 있다. 또한 구
성요소를 중심으로 본다면, 이념 또는 가치 간의 연결망 등으로 구분될 수
있다. 사회연결망을 활용한 분석을 통하여 구성원들 간의 근접성을 바탕으
로 관계가 상대적으로 긴밀한 의미있는 소집단의 구성 여부, 연결망 내에서
구성원들 간의 상대적 중요성과 구조적 특성, 대칭적 또는 비대칭적인 정보
와 자원 등의 흐름(flow) 등을 확인할 수 있다(김형민, 2009).

　구체적으로 다양한 사회관계의 검증을 위하여 사회연결망분석은 결속정
도, 중앙성, 구조적 등위성 분석 등을 활용한다. 이때 연결망의 결속은 연결
정도(degree), 밀도(density), 포괄성(inclusiveness) 등의 지표를 통하여
확인될 수 있는데, 연결정도는 한 구성원이 맺고 있는 다른 구성원들의 수
로, 밀도는 연결망 내에서 연결될 수 있는 총관계 중에서 실제로 연결된 관
계의 수로, 포괄성은 한 연결망 내에 포함된 구성원의 수에서 연결되어 있지
않은 고립자들을 차감한 수의 비율로 정의된다. 중앙성은 한 구성원이 다른
구성원에 도달하기 위한 최소의 결합인 인접중심성(closeness centrality),
연결 정도를 활용하여 연결중심성,9) 연결망 내의 한 구성원이 다른 구성들
간의 매개역할을 하는 사이 또는 매개중심성(betweeness centrality) 등으
로 구성된다. 구조적 등위성을 통해서는 연결망 내의 구성원들이 어느 정도
동일한 유형이 관계를 맺고 있는지를 확인할 수 있는데, 한 구성원 갑이 다

---

9) 이 연결중심성은 한 행위자가 외부의 다른 구성원와의 관계를 지향하는 외향중심성
　　(outdegree centrality)과 역의 관계인 내향중심성(indegree centrality)으로 구분된다.

른 구성원 을과 직접 연결은 되어 있지 않더라도 동일한 양태의 연결망을 구성하고 있다면, 이 양자는 동일한 구조적 등위성을 갖는다는 것이다(김용학, 2011). 또한 사회연결망분석을 통해서는 응집력이 강한 소규모집단을 구분해 낼 수 있는데, 이는 공동체 분석(community analysis) 등을 통하여 가능하다(이동규 외, 2010).[10]

이 연구에서는 사회연결망분석을 활용하여 기초노령보험정책 결정과정에서 나타나는 행위자들의 상대적 중요성, 행위자의 행태유형, 그리고 유의미한 정책옹호연합의 구성 여부 등을 확인하고자 하며, 이를 위한 자료는 2011년 3월 7일부터 6월 22일의 기간 동안 당시 기초노령보험정책의 결정과정에 참여한 정당당료, 정부관료, 이익단체, 국회관료, 의원보좌관, 의원 및 장관 등 총 11명과 8회에 걸쳐 수행된 심층면접을 통하여 수집되었다. 수집된 면접자료는 면접이 종결된 후 면접과정에서 거론된 주요행위자의 행위강도와 빈도를 기초로 수치화하는 조작화(operationalization)를 거쳐 사회연결망분석이 시도되었고,[11] 이 분석에는 Netminer 4.0이 사용되었다.

IV. 결과 분석

이 연구가 확인하고자 하는 핵심적인 문제는 17대 국회에서 통과된 기초노령연금법이 탄생되는 과정에서 유의미한 상호관계를 가지는 복수의 정책옹호연합의 존재 여부, 이해관계자들이 만들어 내는 행동양태의 유형의 확인과 정책결정과정에 참여하는 정책결정자 간의 역할강도에 따른 정책중개

---

10) 이 소규모 집단을 구분하는 것은 공동체 분석(community analysis) 외에도 결속집단(clique), n-결속집단, n-clan, k-core 등을 통하여서도 가능하다.

11) 이 분석에서 node와 link는 면접결과로 얻어진 답변을 근거로 추출하였으며, 1-mode로 처리하였다.

자 또는 정책기업가의 존재 여부 등으로 집약된다. 특정한 정책하위체계 내의 복수의 정책옹호연합의 존재는 정책옹호연합모형의 필요조건이며, 정책옹호연합 간의 정책조정은 능동적인 정책중개자(policy broker)에 의하여 활성화되기 때문이다. 이를 위하여 이 연구는 기초노령연금정책결정과정에서 활발한 역할을 수행한 이해관계자집단들과의 심층면접과정에서 수집된 자료에 의하여 식별된 대통령, 보건복지부장관 등의 개인과 열린우리당 등을 포함한 다양한 단체 등 16개 정책참여자를[12] 중심으로 정책연결망(policy network)을 구성하고, 정책연결망 내에서의 정책행위자들 간의 상호작용을 분석함으로써 정책옹호모형의 이론적 적실성을 검증하였다.

1. 정책연결망의 구성 개관

정책옹호연합모형은 정책하위체제 내에서 벌어지는 상이한 정책옹호연합 간의 경쟁과 갈등 타협, 협조 등의 상호작용을 분석하고, 이에 따른 정책결정과 정책변동을 설명하는 데 유용하다. 이 연구가 기초노령연금정책의 결정과정에서 확인한 16개의 적극적인 참여자 또는 집단 간의 정책연결망은 분석을 통하여 얻어진 〈그림 2〉와 같은 소시오그램(sociogram)을 통하여 조망할 수 있다.[13]

이 연결망에서 정책참여자들은 평균적으로 8개 구성원들과 정책적인 연계를 구축하고, 자신들의 정책을 관철시키기 위한 노력을 한 것으로 나타났다. 연계관계는 적게는 2개의 구성원과의 연계를 맺고 있는 보건사회연구원으로부터 많게는 14개의 구성원과 상호작용을 하고 있는 보건복지부장관에

---

12) 기초노령연금정책결정과정에서의 한국노총과 민주노총의 역할은 매우 유사한 것으로 나타났다.

13) 이 소시오그램과 기본적인 정책연결망은 자아중심연결망(ego network)을 통하여 구성되었으며, 이는 한 정책행위자와 연결되는 타 행위자와의 관계망의 규모와 밀도를 확인할 수 있게 한다.

〈그림 2〉 기초노령연금정책의 연결망 구성

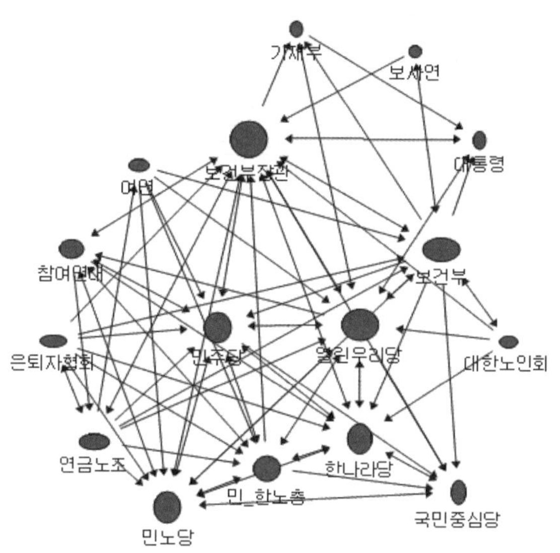

이르기까지 그 정책의 영역은 다양하였다. 그러나 당시의 집권당이었던 열린우리당과 행정 주무부서인 보건복지부도 13개의 구성원과 상호작용을 하고 있는 것으로 나타나 적극적인 정책참여자로 판명되었다. 이와 아울러 야당인 한나라당도 10개의 관계망을 형성하고 있었으며, 열린우리당과 우호관계를 맺고 있는 민주당과 민주노동당의 경우도 각각 11개의 행위자와 관계를 가지면서 정책결정과정에 적극 개입한 것으로 파악되었다(〈그림 2〉, 〈표 1〉 참조).[14] 전반적으로 사회복지정책의 결정에 적극적인 행위자들이 다수를 차지하고 있을 뿐 아니라 재정건전성에 상대적 중점을 표방하였던 한나라당도 노인층의 정치적 영향력을 인지하고 있던 상황이어서 기초노령연금정책은 성공적으로 결정되었다고 할 수 있다.

---

14) 이 자아중심연결망을 통하여 한 정책행위자의 직접적인 관계에 의한 연결망 규모가 커짐에 따라 2차적인 관계가 고려된 밀도는 상대적으로 약해짐이 확인되었다(Scott, 1991 참조).

〈표 1〉 기초노령연금정책결정과정의 참여자 연결망의 규모

구분	연결망의 규모	연결망의 밀도
민주당	11	0.76
열린우리당	13	0.56
국민중심당	7	0.95
한나라당	10	0.73
민주노동당	11	0.76
민주노총/한국노총	10	0.76
연금노조	9	0.80
여성단체연합회	6	0.93
은퇴자협회	7	0.90
참여연대	7	0.95
보건복지부장관	14	0.50
기획재정부	4	1.00
보건복지부	13	0.47
보건사회연구원	2	0.47
대한노인회	4	1.00
대통령	4	1.00
평균(표준편차)	8(3.56)	0.82(0.57)

2. 정책옹호연합 구성 분석

정책옹호연합모형의 기본적인 구성은 정책하위체제 내의 복수 정책옹호 집단에 의하여 결정된다. 실제로 정책옹호연합모형의 핵심이 일정한 정책에 대한 신념체계를 달리하는 정책하위체계 내의 다양한 정책옹호연합 간의 동학을 통하여 정책결정을 포함한 정책의 변동을 확인하는 작업이다. 이를 위

하여 대부분의 정책옹호모형에 기반한 연구는 일정한 정책하위체계에 있어서 복수의 정책옹호연합 구성을 기본으로 하고, 환경영향요소의 변화에 따른 정책옹호연합의 변화, 정책옹호연합 내의 구성원들의 다층적 신념체계의 변화, 그리고 이에 따른 정책옹호연합의 이합집산과 그에 따른 정책의 변동을 핵심적인 연구의 대상으로 삼고 있다. 따라서 이 연구도 기초노령연금정책의 결정과정에서 계량적으로 유의미한 정책하위체계의 구성 여부를 확인하는 것이 매우 중요한 과제로 삼고 있다. 기초노령연금 정책과정에서 유의미한 정책옹호집단이 구성되었는지의 여부를 사회연결망 분석방법인 공동체분석(community analysis)을 통하여 분석하였고,15) 그 결과 우리나라의

〈그림 3〉 기초노령연금정책결정과정의 정책옹호연합 구성도

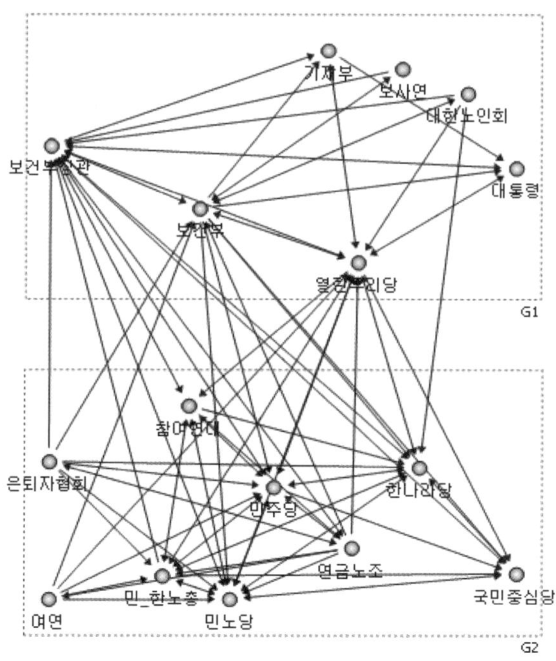

---

15) 이 연구에서 활용된 community analysis는 Ken Wakita와 Toshiuki Tsurumi(2007)가 주장한 방법을 원용하였다.

<표 2> 기초노령연금정책결정과정의 정책옹호연합

구분	구성집단
정책옹호집단 A	대통령, 열린우리당, 보건복지부(장관), 기획재정부, 보건사회연구원, 대한노인회
정책옹호집단 B	민주당, 한나라당, 국민중심당, 민주노동당, 민주노총, 한국노총, 참여연대, 여성단체연합회, 은퇴자협회, 국민연금노조

기초노령연금정책의 결정과정에서는 2개의 정책옹호집단이 구성되어 상호 작용을 하였음을 확인할 수 있었다(<그림 3> 참조).

기초노령연금정책결정과정에서 나타난 두 개의 정책옹호집단은 <표 2>에서 보는 바와 같이 정부와 여당, 그리고 정부의 입장을 지지하는 이익집단으로 구성된 정책옹호연합과 야당과 이를 지지하는 이익집단으로 대별되었다. 이에 따르면 대통령을 포함한 정부·여당 및 정책의 직접 수혜대상인 대한노인회의 경우 같은 정책옹호연합을 구성하였고, 야당인 한나라당을 비롯하여 정부·여당과 일반적인 정책에 있어 같은 기조의 연합구도를 형성하였던 민주당, 민주노동당, 한국노총과 민주노총 등이 또 다른 정책옹호연합을 구축하였는데, 이는 기초노령연금정책의 경우 2차신념에 입각한 정책옹호연합이 구축되었기 때문으로 해석된다. 이 결과의 중요성은 지금까지 다양한 정책사례에서 논자의 질적연구방법에 의하여 정책옹호연합의 구성여부를 확인한 것과는 달리 양적방법으로 정책옹호연합의 구성여부를 확인할 수 있었다는 점이다.

3. 정책참여자의 역할강도 분석

기초노령연금정책결정과정에 참여한 구성원들은 다양한 역할을 담당하고 있다. 정책이해관계자들 간의 상호작용의 강도는 정책옹호연합의 구성에 일정한 영향을 미친다. 특히 이해관계자들 간의 상호작용은 행태의 유형에 따라 그 중요도가 달라질 수 있다. 즉 수동적인 행위자와 능동적인 행위자들의 구분을 통하여 이들이 특정 정책의 변동에 미치는 영향의 차이를 확인할 수 있기 때문이다. 이를 확인하기 위하여 이 연구는 정책연결망의 결속을 분석하였다. 이때 내향연결강도는 특정 정책행위자와 정책과정에서의 관계를 형성하고자하는 집단의 수를 지칭하는 것으로 이 내향연결강도가 높다는 것은 외부 정책행위자의 의존도가 높다는 것이다. 이는 특정 정책행위자의 외부 정책구성원들에 대한 영향력이 강할 가능성이 높다는 것을 의미한다. 외향연결강도의 경우 특정 정책행위자가 해당 정책결정과정에 참여하는 다른 정책행위자와의 관계를 형성하고자 하는 집단의 수를 지칭하는 것으로 이는 특정 정책행위자가 적극적으로 외부정책행위자와의 관계를 구성하려는 정도를 보여주는데, 해당 정책에 대한 특정정책행위자의 역할의지를 보여준다고 할 수 있다.

내향연결강도의 경우 기초노령연금결정과정의 행위자 중 보건복지부장관과의 연결하고자 하는 집단의 수가 13개로 가장 많았고, 민주노동당과 열린우리당과의 연계를 원하는 집단이 각각 11개, 한나라당과 민주당의 경우 각각 10개로 나타나 이들이 정책결정과정에서 상대적으로 강한 영향력을 행사한 것으로 판단된다. 또한 보건사회연구원, 대한노인회와 여성단체연합회의 경우 이들과의 연계를 시도한 행위자가 각각 1개로 나타나 이들의 기초노령정책에 있어서의 역할강도가 상대적으로 낮았다.

특정 정책결정참여자들이 다른 참여자들과의 상호작용을 시도한 외향연결강도의 경우 보건복지부장관, 열린우리당, 보건복지부가 각각 10개로 정부·여당이 가장 왕성한 정책결정의지를 모인 것으로 판단된다. 그러나 기획재정부, 보건사회연구원, 대통령의 대외 활동은 다소 저조하여 각각 2개의 외부집단과 상호작용을 시도한 것으로 나타났다.

<표 3> 기초노령연금정책결정과정 참여자들의 역할강도

구분	내향연결강도	외향연결강도
민주당	10	7
열린우리당	11	10
국민중심당	7	3
한나라당	10	6
민주노동당	11	7
민주노총/한국노총	8	7
연금노조	3	8
여성단체연합회	1	5
은퇴자협회	1	7
참여연대	5	6
보건복지부장관	13	10
기획재정부	3	2
보건복지부	7	10
보건사회연구원	1	2
대한노인회	1	4
대통령	4	2
평균(표준편차)	6(4.03)	6(2.72)

4. 정책참여자의 역할 중심성 분석

기초노령연금정책결정과정에 참여한 구성원들이 전체의 연결망 내에서 어느 정도 중심적인 위치에 존재하며 활동하였는지의 여부를 확인하는 것은 정책옹호모형의 가장 중요한 변수의 하나인 정책중개자의 확인에 있어서 필수적인 과정이라 할 수 있다. 이를 확인하기 위하여 이 연구에서는 연결강도 중심성과 매개중심성의 분석을 실시하였다.

연결강도 중심성은 상호작용이 외부로부터 들어오는 내향중심성과 외부로의 상호작용을 지향하는 외향중심성으로 구분된다. 내향중심성의 경우 보건복지부장관이 0.86으로 가장 높았으며, 열린우리당이 0.73으로 두 번째 위치를 차지하였고, 민주당과 한나라당이 각각 0.67로 세 번째 위치를 차지하였다. 이와 아울러 외향중심성의 경우 보건복지부장관, 보건복지부, 그리

〈표 4〉 기초노령연금정책결정과정 참여자들의 중심성

구분	연결강도 중심성		매개중심성
	내향중심성	외향중심성	
민주당	0.67	0.47	0.02
열린우리당	0.73	0.67	0.16
국민중심당	0.47	0.20	0.00
한나라당	0.67	0.40	0.02
민주노동당	0.73	0.47	0.03
민주노총/한국노총	0.53	0.47	0.01
연금노조	0.20	0.47	0.14
여성단체연합회	0.07	0.33	0.00
은퇴자협회	0.07	0.47	0.00
참여연대	0.33	0.40	0.04
보건복지부장관	0.87	0.67	0.29
기획재정부	0.20	0.13	0.00
보건복지부	0.47	0.67	0.18
보건사회연구원	0.07	0.13	0.00
대한노인회	0.07	0.27	0.00
대통령	0.27	0.13	0.01
평균(표준편차)	0.40(0.26)	0.40(0.18)	0.06(0.09)

고 열린우리당이 각각 0.67로 활발한 외부와의 정책활동에 있어 중심을 차지하고 있었다.

기초노령연금정책결정과정에서 제3자 간의 관계를 연결하는 중개자의 역할을 나타내는 매개중심성은 정책결정과정의 참여자들 간에 빚어질 수 있는 이견을 조정하여 대안을 창출할 수 있는 능력을 나타낸다고 할 수 있다. 정책참여자들 간의 연대활동을 촉진시켜주는 정책중개자로서의 역할정도를 확인할 수 있는 매개중심성의 경우 보건복지부장관이 0.29로 가장 활발한 중개역할을 하였으며, 보건복지부와 열린우리당이 각각 0.18, 0.16으로 기초노령연금정책을 결정하는 과정에서 다른 참여자에 비하여 상대적으로 외부 정책결정자들 간의 중개자로서 적극적인 활동을 한 것으로 확인되었다(〈표 4〉 참조). Weible 등(2009)이 1987년부터 2006년까지 20년간 수행된 정책옹호연합모형 연구를 재조망하면서 75% 정도의 연구가 정책중개자의 존재에 관한 명쾌한 논의가 진행되지 않았다는 점을 지적한 바 있는데, 이 결과는 사회연결망분석을 통하여 비교적 명확한 정책중개자(policy broker)의 존재를 확인할 수 있었다는 점에서 의미가 있다.

5. 정책참여자의 구조적 등위성 분석

일반적으로 사회연결망분석이 주로 특정 행위자가 다른 행위자와 맺고 있는 직접적 또는 간접적인 관계를 분석하는 데 주력하는 반면, 구조적 등위성(structural equivalence)은 행위자들이 맺는 사회적 관계의 유형을 파악하는데 유용하다(Scott, 1991). 예컨대 두 행위자가 각각 다른 특정행위자와 관계를 맺고 있을지라도, 이들이 맺는 관계의 유형은 유사할 수 있다는 것이다. 즉 두 행위자가 각각 다른 행위자와 맺는 행태의 유형은 호혜성을 보일 수도 있고, 적대성을 보일 수도 있는데, 이들의 행태 유형은 매우 유사하게 구분될 수 있다. 이와 같은 구조적 등위성을 분석함으로써 한 정책하위체제 내의 행위자들이 보여주는 행태를 유형화할 수 있다(김용학, 2011).

<표 5> 기초노령연금정책결정과정 참여자들의 구조적 등위성

구분	민주당	열우당	국중당	한나라당	민노당	민한노총	연금노조	여연	은퇴자협	참여연대	보건부	기재부	보건장관	보사연	노인회	대통령
민주당	1	.20	.56	.45	.44	.65	.32	.14	.31	.53	.09	.04	.10	.18	.23	.13
열우당		1	.19	.01	.03	(.11)	013	.07	.28	.11	.02	.18	.05	.45	.43	.26
국중당			1	.41	.36	.16	(.06)	(.11)	(.01)	.57	.31	.08	(.20)	.06	.06	.12
한나라당				1	.40	.13	.39	.19	.24	.68	.03	.23	.14	.14	.14	.33
민노당					1	.61	(.01)	(.14)	.07	.26	.09	(.07)	.15	.08	.10	.00
민한노총						1	.13	.12	.20	.15	.21	(.18)	.22	(.01)	.04	(.16)
연금노조							1	.77	.82	.49	(.16)	(.10)	(.03)	.59	.56	(.01)
여연								1	.72	.28	.07	(.08)	(.12)	.30	.31	(.10)
은퇴자협									1	.55	(.06)	(.22)	(.03)	.73	.72	(.13)
참여연대										1	(.10)	(.09)	(.05)	.27	.26	.02
보건장관											1	.28	.18	.00	.08	(.01)
기재부												1	.36	.00	.08	.73
보건부													1	.02	.06	.23
보사연														1	.95	.10
노인회															1	.17
대통령																1
비고	평균: 0.19, 표준편차: 0.25, 최소값: (0.22), 최대값: 0.95															

참고: 괄호안은 음수

기초노령연금정책의 결정과정에서 나타난 이해관계자들의 구조적 등위성을 분석한[16] 결과 전체적인 정책하위체제 내에서는 적극적인 행위자로 구분하기는 어려운 대한노인회와 보건사회연구원이 가장 높은 등위성(0.95)을 보여 주어 이들의 행동양태가 전체행위자 중 가장 유사한 것으로 해석되었다. 이 외에도 국민연금노조와 여성단체연합회(0.77), 대통령과 기획재정부의 경우(0.73), 참여연대와 한나라당(0.68) 등의 구조적 등위성이 높았다. 이와는 별도로 기획재정부와 은퇴자협회(-0.22), 보건복지부와 국민중심당(-0.20)의 구조적 등위성은 이들의 행동양태가 전체 정책연결망 내에서 가장 상반되는 있다는 점을 확인해 주고 있다. 이 구조적 등위성을 통하여 판단한 행동양태의 유형화는 결국 정책옹호연합을 구분짓는 매우 중요한 기준이며, 특히 이 구조적 등위성을 통하여 구체적인 행위자 간의 행동 양태를 확인함으로써 보다 충실한 정책연결망 내의 정책변동 관계를 해석할 수 있다는 점에서 중요한 의미가 있다.

V. 결론 및 논의

우리 사회의 급속한 고령화에 따른 인구구조의 변화는 다양한 국가정책의 결정과정에 영향을 미쳤다. 1988년에 도입된 국민연금제도의 경우 고령화의 진전에 따라 연금 수급대상자가 급격히 증가하여 연금재정 고갈문제에 봉착하게 되었다. 1989년 국민연금의 최초 수급자가 나온 이후 현재까지 국민연금 수급자는 300만 명으로 급격히 증가하였고, 향후 더욱 급격한 연

---

16) 이 구조적 등위성은 각각의 행위자가 맺는 내부지향적 관계와 외부지향적 관계의 상관계수를 분석함으로써 확인되었으며, 이는 CONCOR(COnvergence of iterated CORelations)분석을 활용하였다.

금수급자의 확대가 예견되기 때문에, 이에 대한 대응이 국가적 문제로 부각된 것이다. 이를 해결하기 위한 방안으로 연금납부액 인상하고, 연금수급액은 인하하자는 주장은 항상 정치적 논쟁의 중심을 차지하고 있다.

국민연금에 관한 문제를 해결하기 위한 보조적인 대안으로 제안된 기초노령연금정책은 도입과정부터 다분히 정치과정의 산물이라 할 수 있다. 이 정책결정과정을 당시의 참여자들에 대한 심층면접을 통하여 확인한 이들 간의 이합집산을 정책옹호연합모형에 입각한 사회연결망분석을 통하여 분석한 결과 다음과 같은 몇 가지에서 의미있는 결과를 도출하였다.

첫째, 이 연구는 정책옹호연합모형을 활용한 대부분의 연구와 달리 양적인 방법을 활용하여 분석하였는데, 이를 위하여 활용한 사회연결망분석의 결과는 이 양적연구방법이 정책옹호연합모형에 유용하게 적용될 수 있음을 확인할 수 있었다. 우선 사회연결망분석을 통하여 정책옹호연합모형의 기본이라 할 수 있는 유의미한 복수의 정책옹호집단이 계량적 방법으로 구성되었다. 이는 주무부처인 보건복지부와 여당인 열린우리당을 중심으로 한 정책옹호연합과 한나라당, 민주당, 민노당 등의 야당을 중심으로 한 정책옹호연합으로 대별된다. 물론 정책참여자 간의 전체적인 상호작용도 전체연결망에 대한 분석을 통하여 확인할 수 있었다.

둘째, 정책결정과정에서 적극적인 활동을 하는 정책중개자 또는 정책혁신가의 존재를 확인할 수 있었다. 이 정책사례에서 주무부처의 장관의 역할은 정책옹호연합모형의 전형적인 정책중개자 또는 정책혁신가의 그것에 부합하는 것이었다. 매개중심성을 검토한 결과 주무부처의 장관은 정책과정에서 다른 어떤 참여자보다 많은 참여자와 상호작용을 하였고, 이 과정에서 구체적인 정책산출물을 도출하기 위하여 돋보이는 중재노력을 기울였다. 이 주무장관은 2005년 효도연금법안을 대표 발의하는 등 대상 정책과 관련한 전문성을 갖추었고, 대통령의 강한 지원을 얻고 있었다는 사실도 활발한 정책중개자의 역할이 가능한 중요한 배경이 되고 있다.

셋째, 정책옹호연합모형에서의 정책산출은 상이한 정책옹호연합들의 심층핵심신념에 의하기보다는 2차 신념에 따른 타협으로 인하여 가능하다는 점을 확인할 수 있었다. 실제로 기초노령연금정책은 정부·여당과 야당을 중심으로 구성된 서로 다른 정책옹호연합에 참여하는 모든 정책참여자들이 이를 도입하겠다는 대전제를 공유하고 있었으며, 수급액과 대상의 차이는 타협이 가능한 2차 신념에 해당하기에 타협을 통한 최종적 정책산출이 가능하였다.

넷째, 정책결정과정에서의 주도적인 역할은 행정부의 주무부처와 이를 지원하는 집권여당에 의하여 수행되었다는 점이 확인되었다. 이는 장관을 포함한 주무부처와 집권여당의 관계망을 통하여 확인되었다. 물론, 구체적인 정책산출물의 도출은 야당의 협력 없이는 불가능하다. 이런 측면에서 한나라당, 민주당, 민노당 등 야당도 정책과정에서 활발한 역할을 수행하였다. 이를 통하여 특정 정책의 결정은 참여자의 적극적인 또는 적어도 소극적인 정도의 동의를 전제로 이루어진다는 사실을 확인할 수 있었다.

다섯째, 정책옹호연합모형의 일반적인 전제 중의 하나가 분석 또는 연구의 대상은 10년 이상의 장기적인 정책과정이어야 한다는 것이다. 그러나 이 연구를 통하여 단기간의 정책과정도 상이한 정책옹호집단 간의 상호작용에 관한 일정 정도의 자료가 확보된다면, 분석이 가능하다는 점을 확인할 수 있었다.

정리하건대, 이 연구의 학문적·실천적 의미는 기존의 정책옹호연합모형을 활용한 정책사례연구가 대부분 질적연구방법을 활용하고 있는 데 반하여, 사회연결망분석과 같은 양적분석방법을 실제 정책사례에 적용하였고. 또한 유의미한 결과를 도출함으로써 정책옹호연합모형에의 사회연결망분석과 같은 양적연구방법의 활용가능성을 확인하였다는 점이라 하겠다. 그러나 사회연결망분석을 통한 양적분석 역시 질적분석과 마찬가지로 한계가 있다는 점은 인정할 수밖에 없다. 즉 일반적인 질적연구방법과 외국의 양적연구에서 확인할 수 있었던 정책옹호연합 내의 정책신념의 변화나 그 정도와 같이 같은 정책옹호연합의 중요 요소에 대한 검증이 어렵다는 점은 대표적인 예라 할 수 있다. 따라서 향후 질적연구방법과 양적연구방법의 결합을 통한 연구가 좀 더 축적되기를 기대한다. 이와 더불어 다른 정책사례연구에서 빈번히 제안되는 바와 같이, 보다 충실한 연구를 위해서는 정책과정에서 확인된 적극적인 참여자들에 대한 보다 광범위하고, 심층적인 면접 등을 통한 풍부한 자료의 수집과 축적, 그리고 이의 활용이 필요하다는 점을 인정하지 않을 수 없다.

【참고문헌】

김동만. 2004. "ACF(Advocacy Coalition Framework)를 적용한 정책변동 연구: 신두리사구 정책사례."『한국공공관리학보』. 18(1): 231-256.

김성종. 2009. "정책옹호연합모형을 통한 정책변동과정 분석: 사할린 동포 영주 귀국 사례."『한국동북아논총』. 53: 309-333.

김순양. 2006. "보건의료 정책형성 과정의 동태성: 옹호연합모형(ACF)을 통한 의료보험 통합일원화 논쟁의 해석."『한국정책학회보』. 15(3): 1-33.

______. 2010a. "정책과정분석과 옹호연합모형: 이론적·실천적 적실성 검토."『한국정책학회보』. 19(1): 35-70.

______. 2010b. "정책과정분석에서의 정책네트워크 모형: 이론적·실천적 적실성 검토 및 제언."『한국정책학회보』. 19(4): 177-209.

김순양·이지영. 2009. "옹호연합모형(ACF)을 통한 양성평등 정책형성과정의 동태성 분석: 호주제폐지논쟁 사례를 중심으로."『사회복지정책』. 36(4): 101-132.

김영종. 2009. "고용정책형성과정의 동태성 분석: 외국인 고용허가제의 정책네트워크와 정책옹호연합모형을 중심으로."『한국정책과학학회보』. 13(2): 119-144.

김용학. 2007.『사회연결망이론』. 서울: 박영사.

______. 2011.『사회연결망분석』. 서울: 박영사.

김인자·박형준. 2011. "과학기술 규제정책의 형성과 변동과정 분석: 생명윤리 및 안전에 관한 법률을 중심으로."『한국정책학회보』. 20(1): 111-149.

김형민. 2009. "네트워크 분석방법의 국제정치학적 적용."『한국정치학회보』, 43(1): 301-321.

동아일보. 2011. "보육예산 1800억, 기초노령연금 5900억 증액." 11.8: http://news.donga.com/3/all/20111108/41725587/1 (검색일: 2011년 11월 9일).

민경세·김주찬. 2010. "방사성폐기물관리사업의 정책변동 사례연구: 정책옹호연합모형의 적용을 중심으로."『한국거버넌스학회보』. 17(3): 247-269.

박상원·박치성. 2009. "IPTV 정책과정에 관한 분석: 옹호연합의 신념체계 변화과정을 중심으로.”『한국행정학회보』. 43(3): 197-228.

박용성·김대규. 2010. “정책옹호연합(ACF)모형을 활용한 정책변동 분석: 소수자로서 장애인 노동권과 고용정책 사례를 중심으로.”『한국공공관리학보』. 24(4): 101-133.

박용성·최정우. 2011. “정책옹호연합모형에 있어서 정책중개자의 유형과 역할에 대한 연구: 세종시 정책사례를 중심으로.”『행정논총』, 49(2): 103-125.

박치성. 2010. “한국의 행정학/정책학 연구에 있어서의 사회네트워크 방법론의 자리찾기.”『한국정책학회보』. 19(4): 115-146.

백승기. 2008. “ACF(Advocacy Coalition Framework)모형에 의한 정책변동 사례연구: 출자총액제한제도를 중심으로.”『한국행정학보』. 42(3): 371-394.

______. 2010. “옹호연합모형에 의한 의료보험 통합정책에 관한 비교연구: 한국과 대만의 사례를 중심으로.”『한국행정학보』. 44(4): 233-259.

서혁준·전영평. 2006. “소수자로서의 비정규직 근로자와 정책변동: 정책옹호연합모형(ACF)과 기회자집단(swing group)의 적용.”『한국행정학보』. 40(4): 277-302.

손화정. 2011. “참여정부의 국가보안법 정책변동실패 사례분석: 옹호연합 및 정책갈등의 결합모형의 적용.”『한국행정학보』. 45(3): 25-50.

양승일. 2007. “교육정책형성과정의 동태성 분석: 참여정부의 사학정책을 중심으로.”『한국정책과학학회보』. 11(2): 53-78.

______. 2009. “장묘시설을 둘러싼 복지정책형성과정의 역동성 분석: 서울추모공원 건립정책을 중심으로.”『한국행정학보』. 43(1): 321-350.

______. 2011. “수자원정책형성과정의 상호작용 분석: 이명박정부의 한반도대운하사업을 중심으로.”『한국정책학회보』. 20(3): 189-229.

이동규·서인석·양기근. 2010. “한국재난안전네트워크의 정보교류 협력구조에 관한 연구.”『한국위기관리논집』. 6(1): 1-31.

이인원. 2012. “사회연결망 분석 방법론의 최근 동향.”『The Kaps』. 2012.3: 32-37.

장지호. 2004a. “경유승용차 판매 허용의 정책변동연구: 옹호연합모형의 적용.”『한국행정학회보』. 38(1): 175-196.

______. 2004b. “출자총액제한제도의 변동연구: 공정거래위원회와 재정경제부의 상반된 신념체계를 중심으로.”『한국정책학회보』. 13(3): 169-195.

전영평·박원수·김선희. 2008. “소수자로서 ‘양심적 병역거부자’와 옹호집단간 정책갈등 분석.”『한국행정논집』. 20(4): 1209-1229.

전영평·서성아. 2008. “일본군위안부소수자 정책변동 과정 분석: 소수자관점과 옹호연합모형(ACF)의 적용.”『한국행정논집』. 20(3): 767-794.

전진석. 2003a. “의약분업 정책변화에 대한 연구: 정책옹호연합모형을 적용하여.”『한국정책학보』. 12(2): 59-87.

______. 2003b. “새만금 간척사업의 정치경제와 정책옹호연합모형.”『한국사회와 행정연구』. 14(2): 207-234.

______. 2003c. “핵폐기물 처리장 건설사업 정책의 변화에 관한 연구.”『지방정부연구』. 7(4): 169-191.

최은영·지현정. 2008. “정책옹호연합모형에서 정책중개자의 역할에 관한 비판적 검토.”「한국행정학회 하계학술대회 발표논문집」. 99-120.

최정열. 2010. “옹호연합보형을 동한 정책빈동과징의 동태적 분석: 스크린쿼터제를 중심으로.”『한국자치행정학보』. 24(1): 257-281.

한국경제신문. 2012. “기초노령연금막았지만. 보육·취업 무상시리즈 봇물.” 1.2: http://www.hankyung.com/news/app/newsview.php?aid=2012010115721&sid=01012014&nid=000&type=0: (검색일: 2012년 1월 3일).

Heclo, H. 1995. “Issue Networks and the Exextive Establishment.” In Stella Z. Theodoulou & M. A. Cahn, eds. *Public Policy*. 46-58. Englewood Cliffs: Prentice-Hall Inc.

Jenkins-Smith, H. C. et al. 1991. “Explaining Change in Policy Subsystems: Analysis of Coalition Stability and Defection over Time.” *American Journal of Political Science*. 35(4): 851-880.

Jenkins-Smith, H. C., and P. A. Sabatier. 1994. “Evaluating The Advocacy Framework.” *Journal of Public Policy*. 14(2): 175-203.

Lubell, M. 2003. “Collaborative Institutions, Belief-Systems, and Percieved Policy Effectiveness.” *Political Research Quarterly*. 56(3): 309-323.

______. 2004. “Collaborative Environmental Institutions: All Talk and No Action?” *Journal of Policy Analysis and Management*. 23(3): 549-573.

Putnam, R. D., & L. M. Feldstein. 2003. *Better Together*. New York: Simon & Schuster.

Sabatier, P. A. 1988. “An Advocacy Coalition Framework of Policy Change and the Role of Policy-oriented Learning Therein.” *Policy Sciences*. 21: 129-168.

______. 1991. “Toward Better Theories of the Policy Process.” *Political Science and Politics.* 24(2): 147-156.

Sabatier, P. A., & C. M. Weible. 2007. "The Advocacy Framework." In P. A. Sabatier, ed. *Theories of Policy Process.* 189-220. Cambridge: Westview Press.

Scott, J. 1991. *Social Network Analysis.* London: SAGE Publications.

Wakita, Ken, & T. Tsurumi. 2007. "Finding Community Structure in Megascale Social Networking Service." In Proceedings of IADIS international Conference on WWW/Internet 2007: 153-162.

Weber, M. 1947. *The Theory of Social and Economic Organization.* New York: Free Press.

Weible, C. M. 2005. "Beliefs and Percieved Influence in a Natural Resources Conflicts: An Advocacy Coalition Approach to Policy Networks." *Political Research Quarterly.* 58(3): 461-475.

Weible, C. M. et al. 2011. "A Quarter Century of the Advocacy Coalition Framework: An Introduction to the Special Issue." *The Policy Studies Journal.* 39(3): 349-360.

Weible, C. M., P. A. Sabatier, & K. McQueen. 2009. "Themes and Variations: Taking Stock of Advocacy Coalition Framework." *The Policy Studies Journal.* 37(1): 121-140.

Weible, C., P. A. Sabatier, & M. Lubell. 2004. "A Comparison of a Collective and Top-Down Approach to the Use of Science in Policy: Establishing Marine Protected Areas in California." *The Policy Studies Journal.* 32(2): 187-207.

Zafonte, M., & P. A. Sabatier. 2004. "Short-Term Versus Long-Term Coalitions in the Policy Process: Automotive Pollution Control, 1963-1989." *The Policy Studies Journal.* 32(1): 75-107.

제5장

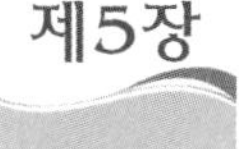

기초노령연금정책의 의제설정과 정책결정에 관한 인지지도 분석: MSF를 중심으로*

이지호 | 서강대학교

I. 서론

기초노령연금정책은 고령사회 진입에 따라 최근 시행되고 있는 대표적인 노인복지정책으로 알려져 있다. 한국사회는 2000년 7월 노인인구 비율이 7.1%를 넘어서면서 고령화사회에 진입하였다. 2018년에는 노인인구가 전체 인구의 14%로 되어 고령사회에 들어서고, 2026년에는 20%가 넘는 초고령사회에 도달할 것으로 예측한다. 또한 최근 OECD는 한국이 2030년 G20 가운데 네 번째로 높은 초고령사회가 될 것을 전망하고 있어 노인문제가 한국의 주요한 사회문제로 대두되고 있음을 재인식하게 한다.

이렇듯 급속히 진행되고 있는 고령화현상은 노인복지에 있어서 가장 중심적인 역할을 담당하고 있는 연금제도의 발전을 중요한 정부 과제로 인식

---

* 이 글은 『한국정책과학학회보』 제16권 제1호(2012)에 실린 논문을 수정·보완한 내용임.

하게 한다. 45세 이상 국민을 대상으로 최근 실시한 「고령화정책 의식조사」에 따르면 노후소득원 중 공적연금이 차지하는 비중이 평균 42%가 될 것으로 기대하고 있었으며, 평균 52%는 되어야 만족한다고 응답했다(황아란·서복경, 2011). 나아가 노인정책의 영역별 중요도를 묻는 질문에서도 국민의 94.1%와 91.4%가 각각 국민연금과 기초노령연금이 중요하다고 평가하였다. 이처럼 공적연금에 대한 국민들의 의존도가 매우 높아지고 있어 연금제도의 안정화가 시급하다.

정부는 노인의 경제적 문제에 대응하기 위해 공적 노후보장에 관한 다양한 정책을 실시하였는데, 국민연금, 국민기초생활보장제도, 그리고 2008년 1월부터 시행된 기초노령연금제도가 그것이다. 이 중 가장 최근에 만들어진 기초노령연금제도는 국민연금의 사각지대를 해소하고 기존 경로연금의 비효과적인 면을 보완하기 위해 시행하게 된 정책이다. 이 제도는 2011년 현재 단일 복지사업으로는 3조 8,000억 원의 국고 및 지방비가 투입되는 대규모 예산사업이며, 65세 노인인구의 70%인 373만 명이 수혜를 받는 대표적인 보편적 복지제도의 하나로 볼 수 있다.

기초노령연금제도는 노인들의 최저생계비를 보장한다는 면과 노령세대와 근로세대 간에 소득이전 즉 소득재분배를 추구한다는 면에서 그 가치를 인정할 만하나, 제도의 정체성 및 재정적 부담의 증가에 대한 우려와 논의가 끊임없이 이어지고 있는 상황에 있다. 즉, 공공부조인가 연금인가라는 제도의 성격에 관한 논의, 막대한 소요재정의 우려 속에 수혜대상의 확대 및 급여수준의 증대에 대한 주장이 대표적인 쟁점이다. 논란의 와중에는 이 제도가 노인 표를 의식한 퍼주기식 정치논리로부터 나왔고, 9만 원의 현금 지급이 노인들의 기초생활을 보장하기 힘들다는 부정적 견해들이 지속적으로 제기되어 왔다.

이러한 논란들은 기초노령연금정책이 어떠한 과정과 배경에서 의제화되고 결정되었는지에 대한 학문적 관심을 끌기에 충분하다. 그리하여 이 글은 왜 기초노령연금이 우선적인 노인정책으로 의제화되었고 왜 그러한 방향으로 정책이 결정되었는지를 설명하고자 한다. 이렇게 함으로써 기존 정책체제에서의 의제설정과 정책결정상의 문제점을 시사하고자 한다. 다수의 국민들이 복지정책의 방향으로 선택적 복지를 선호함에도 불구하고 정치인들은 흔히 보편적 복지의 방향으로 정책을 결정한다면, 이는 정책결정에 국민의 의사가 제대로 반영되고 있지 않음을 의미한다.[1] 기존 정책결정과정의 어떤 기제 때문에 이러한 경향이 나타나는가를 파악하는 것은 정부 혁신을 위한 새로운 정책채널의 모델을 개발하는 기초가 될 것이다.

II. 이론모형과 분석방법

1. 다중흐름모형(Multiple Streams Framework)[2]

본 연구는 Kingdon(2003)의 다중흐름모형을 적용하여 기초노령연금제도의 정책결정과정을 설명하고자 한다. Kingdon은 고전적 합리모형의 대안으로 등장한 Cohen(1972)의 쓰레기통모형(Garbage Can Model)을 발전시켜 다중흐름모형을 고안하였다. 다중흐름모형은 기존의 합리모형이 전제하는 정책단계들 간의 인과성을 부정하고 현실의 정책과정이 "상호 독립적인" 세 가지의 흐름―문제흐름(problem stream), 정치흐름(political stream), 정책흐름(policy stream) ― 에 놓여 있고, 각각의 흐름이 합류하는(coupling) 시점에 정책의 창(policy window)이 열려 특정 사회문제가 의제로 되고

---

1) 최근 실시한 「고령화정책의식조사」에 따르면 국민의 64.8%가 기초노령연금의 정책방향으로 수급액 증액을 선호한 반면, 오직 29.9%만이 수급자 확대를 선호하고 있다(황아란·서복경, 2011). 그럼에도 불구하고 기초노령연금 개선방안에 대한 최근 국회에서의 논의를 보면 수급범위를 확대하자는 목소리가 현상유지나 줄이자는 방안보다 지배적이다.

2) Kingdon의 'streams metaphor' 이론은 흔히 'multiple streams framework(MSF)'으로 명명된다(양승일·한종회, 2011).

정책대안으로 구체화되며, 정책이 결정되어 집행되거나 정책통과에 실패하면 창이 닫힌다고 가정한다.

Kingdon(2003: 88)에 의하면 문제흐름은 다양한 이해당사자들 사이에 문제가 감지되는 흐름으로서, 대개의 경우 지표의 변동, 초점 사건(focusing events), 위기 등에 의해서 문제흐름의 실체가 파악된다. 정치흐름은 문제흐름이나 정책흐름을 통해 부상하는 정책이슈를 정책의제로 전환시키는 데 결정적인 역할을 하는 흐름으로써, 국민정서의 이동, 정권교체, 정당의 공약, 국회의석수의 변화 등과 같은 정치적 환경의 변화를 의미한다. 정치흐름이 다른 흐름과 독립적이라는 의미는 문제인식의 확산과 관계없이 정치흐름의 변화가 특정 사회문제의 의제설정을 촉발하거나, 정책공동체의 준비 정도와 관계없이 급작스럽게 다가오는 것을 말한다. 정책흐름은 사회문제가 정책의제로 설정되기 전에 다양한 정책참여자들 사이에서 대안으로 논의되는 흐름이다. 정책흐름이 문제흐름이나 정치흐름과 독립적이라는 의미는 정책 현실에서 정책대안이 문제인식의 확산이나 정치 환경의 변화에 영향을 받아 형성되는 것이 아니라는 것이다. 오히려 정책옹호자들은 선호하는 정책 대안을 가지고 있다가 그 해결책이 필요로 하는 문제가 이슈화될 때 혹은 그 해결책이 수용될 수 있는 정치적 환경이 도래할 때 자신들의 대안을 제시한다는 것이다.

Kingdon(2003: 173-4)은 세 가지의 정책흐름이 모두 만나면 막강한 힘을 가지고 정책의 창을 통과하지만 하나 또는 두 개의 흐름이 주도하여 정책이 결정될 수 있으며, 이때 주로 문제흐름과 정치흐름이 중요한 역할을 한다고 지적한다. 나아가 Kingdon(2003: 181-2)은 의제설정과 대안의 구체화 과정에서 정책기업가(policy entrepreneurs)의 역할을 강조한다. 즉 흐름의 합류가 자동적으로 정책의 창을 여는 것이 아니라 정책기업가가 흐름의 합류를 적극적으로 조장하여 정책의 창을 여는 데 주도적인 역할을 한다는 것이다.

여기서 세 흐름의 주도성에 관한 이론적 함의를 지적하면 다음과 같다. 문제흐름이 의제과정을 주도한다는 것은 정부의 정책결정이 기본적으로 국민여론을 반응하여 이루어진다는 것을 의미한다. 정치흐름이 정책과정을 주도한다는 것은 문제인식의 확산이나 정책공동체의 준비정도와는 관계없이 정치적 환경의 변화가 의제설정과 정책결정을 압박한다는 것을 의미한다. 순수하게 정책대안의 흐름이 정책과정을 이끈다는 것은 기술관료체제처럼 정부의 정책결정이 국민들의 의사나 정치적 환경보다는 전문가들의 정책적 고려에 의해 주도된다는 것을 의미한다. 시민사회와의 연계가 강한 정치체제에서는 문제에 대한 사회적 공론화와 정치적 환경의 변화가 의제설정과 정책결정에 커다란 영향을 미칠 것이며, 시민사회와의 연계가 취약한 후발 민주주의 정치체제에서는 기술관료들의 정책적 고려와 정치적 요인이 정책과정을 지배할 것으로 추론할 수 있다.

본 연구가 다중흐름모형을 분석의 틀로 활용하는 이유는 기초노령연금제도의 의제설정과 정책결정의 정치과정을 행위자의 이해관계 속에서 파악하고자 하는 연구의 목적에 부합하기 때문이다. 왜 제기될 수 있는 여러 가지 고령사회정책 중 기초노령연금이 대표적인 정책 의제로 되었는가? 각 정책의 대안들 중 어떤 것은 채택되고 어떤 것은 배제되었는가? Kingdon의 다중흐름모형은 정책참여자들의 이해와 정책선도자의 역할을 분석함으로써 이들 질문에 대한 설명을 제공할 것이다. 특별히 다중흐름모형은 기초노령연금의 의제화가 문제인식의 변화에 따른 대중의 요구로부터 왔는지 혹은 특정 이념성향의 정부 구성, 의원들의 지지획득이나 대통령의 레임덕 극복과 같은 정치적 동기에서 촉발되었는지, 또는 다른 정책적 문제와 연동되어 추진되었는지를 규명하는 데 유용할 것이다.

2. 시스템사고에 따른 인지지도 분석

본 연구는 기초노령연금의 정책과정을 킹던의 정책흐름모형으로 분석함에 있어서 시스템사고에 따른 인지지도(cognitive map)의 방법을 사용한다. 인지지도란 정책결정자 또는 정책참여자가 정책이나 정책과정을 어떻게 인식하고 있는가에 관한 지도로서, 이들의 연설문이나 인터뷰 또는 정책보고서에서 발견될 수 있는 인과관계로 구성된다(Axelrod, 1976; Eden, 1988). 정책분석에 사용되는 시스템사고의 방법이 행태나 현상의 원인제공자로서 구조를 지향하는 것처럼, 인지지도는 정책행위자가 인지하는 정책이나 정책과정의 체계(system)에 대한 그림이다.[3] 이 점에서 인지지도 분석은 의제설정과 정책결정의 과정을 다중흐름의 동태적 관계로 설명하는 킹던의 이론모형을 검증하는 방법으로 유용할 것이다. 주요한 정책결정자들이 인지하고 있는 기초노령연금의 정책과정을 비교·종합하는 것은 어떤 흐름이 이 정책과정에서 주요한 역할을 하였는지를 분명히 보여줄 수 있기 때문이다.

분석의 기초가 되는 자료는 기초노령연금의 정책과정에 참여한 주요 행위자들의 면접 텍스트이다. 면접 대상자는 기초노령연금의 정책결정에 큰 영향력을 지녔던 당시 보건복지부 장관, 야당 측 정책전문위원, 그리고 당시 보건복지위원회 간사를 맡았던 여당 의원의 보좌관, 그리고 당시 국회 보건복지위원회의 수석전문위원으로 한다. 이들 면접 대상자들은 기초노령연금 정책이 의제화되고 결정될 당시 중요한 역할을 담당하였던 정책참여자로서 선정되었다. 본 연구가 면접 자료를 활용하는 이유는 행위자들의 정치적 이해와 갈등의 생생한 정보를 얻어 동태적인 분석을 할 수 있기 때문이다. 정책결정자들의 면접진술은 국회의사록이나 정부부처의 공식 문헌에서는 잘 들어나지 않는 정치적 이해와 전략적 동기, 그리고 공식회의의 밖에서 진행되는 막후협상에서의 의미있는 정보들을 제공한다.

그러나 소수의 면접자에 의한 인지지도가 실제의 정책과정을 객관적으로 도출할 수 있는지에 대한 의문이 제기될 수 있다. 정책과정에 대한 행위자의 인지지도와 실제와의 차이는 기억하고 있는 정보의 한계나 자신이 강조하고자 하는 입장의 차이로부터 온다. 기초노령연금의 정책과정에 대한 정책참여자 간의 인지지도의 차이는 결정 당시 그들의 입장에 따라 다를 것이다. 관련 부처 장관의 경우는 정부의 의제설정 과정을 중심으로 인지지도를

---

3) 시스템사고방법의 특징에 관해서는 김도훈·문태훈·김동훈(1999)을 참조.

그럴 것이며, 야당 측 인물인 경우는 정부안에 대항하는 대안의 형성 과정을 상세히 보여줄 것이다. 그러나 정책결정자들 사이의 이러한 차이는 정책결정과정의 전체 상을 도출하는 데 오히려 상호보완이 될 수 있으며, 주무부처인 보건복지부의 공식적인 정책보고서의 활용이 과정의 객관성을 보완할 것이다.

인지지도는 면접 내용 중 기초노령연금의 이슈 형성부터 정책결정까지를 언급한 문장만을 토대로 작성된다. 선정된 주요 행위자들의 면접 내용 중 정책결정과정과 관련된 진술을 기초로 정책과정의 단계를 따라 인과지도(causal map)를 그리면서 그들이 인식하는 정책결정과정의 상을 도출한다. 인과지도의 작성은 비교의 편의를 위해 벤심(Vensim) 프로그램을 이용한다.

III. 선행연구

그동안 기초노령연금에 대한 연구는 정책 설계의 개선이나 집행에 따른 효과분석에 치중하였으며, 따라서 다분히 규범적이고 처방적인 성격의 연구가 많았다(김용하, 2007; 고득영, 2008; 곽채기, 2009; 장현주, 2009; 송미정, 2010). 이에 비해 남화수(2010)는 합리모형의 분석 틀에 따라 기초노령연금의 제도도입과정과 내용을 분석하였다. 그러나 합리모형에 기초한 연구는 정치적 변화가 문제를 부각시키고 정책 대안이 문제를 찾아다니는 의제설정의 동태적 과정을 잘 들어내지 못하는 한계를 노정한다.

Kingdon의 다중흐름모형으로 정책형성과정을 설명하는 연구는 다양한 분야에서 활발하게 이루어지고 있다. 최근 연구로는 외국인 근로자 고용허가제 결정과정에 대한 분석(김병준, 2006), 문화예술교육정책의 형성과정에 대한 연구(박하영, 2007), 건강보험 정책결정과정에 대한 연구(민상기, 2008), 새만금간척사업의 정책결정과정을 분석한 연구(유홍림·양승일, 2009), 참여정부의 사학정책 변동과정을 분석한 연구(양승일·한종희, 2011), 비축임 대주책정책의 갈등관계를 분석한 연구(김상봉·이명혁, 2011) 등이 있다. 그러나 노인복지정책의 의제과정에 다중흐름모형을 적용한 연구는 드물다. 장기요양보험제도의 정책과정을 다중흐름모형으로 분석한 시도가 있었지만(유은주, 2006) 기초노령연금제도의 결정과정을 같은 모형으로 분석한 연구는 부재하다. 나아가 다중흐름모형이 한국의 정책결정 연구에 광범위하게 적용되고 있지만, 이들 연구는 대부분 신문기사 혹은 공식문헌에 의존하고 있어 정책참여자들의 정치적 이해와 전략적 동기에 관한 생생한 정보를 토대로 다중흐름을 동태적으로 분석하는 데는 부족함이 있다.

이에 비해 이은규·안지영·김동환(Eunkyu Lee, Jiyoung An, Dong-Hwan Kim, 2010)은 의제설정과정을 정책결정자의 인지지도로 분석함으로써 이 분야의 경험 연구를 발전시키고 있다. 이들은 녹색성장정책의 의제설정과정에 포함된 단계들을 발견하기 위해 시계열분석과 시스템사고분석을 시도하였다. 특히 이들은 최근 대통령들의 연설문에 기초해 인과지도를 구축함으로써 녹색성장의 의제설정과정을 분석하였다. 경험분석을 통해 이들은 녹색성장정책의 의제설정에서 사회적 쟁점과 정치적 고려가 주요한 역할을 하고 있음을 발견하였다. 그러나 이들의 연구는 정책 자체에 대한 정책결정자들의 인지분석에 주안점을 두었다. 이에 비해 본 연구는 의제설정과 정책결정의 과정에 대한 주요 정책참여자들의 인지지도를 그림으로써 Kingdon의 이론모형을 검증하고자 한다.

IV. 분석틀

다중흐름모형에 따른 의제과정의 인과지도는 세 부분으로 구축될 수 있다. 하나는 강화루프(reinforcing loop)이고 다른 하나는 균형루프(balancing loop)이다. 시스템사고의 인과루프 중 강화루프는 두 변수 사이의 상호작용이 두 변수를 강화하는 것을 의미하며, 그림에서는 양의 부호만으로 표시된다. 정책과정에서 문제인식의 확대가 문제 해결을 위한 행동을 불러오지만 이 행동이 문제인식을 더욱 확산하는 강화루프는 정책변동을 추동하는 상태를 의미한다. 반면에 균형루프는 초기상태의 해결을 위한 행동의 결과가 초기 상태를 완화하는 것을 의미하며, 음의 부호가 그 완화를 표시한다. 정책과정에서 문제로부터 대안이 형성되고 정책의 결정과 집행이 초기 문제의 완화를 가져오는 균형루프는 정책의 안정상태를 보여준다(Eunkyu Lee, Jiyoung An & Dong-Hwan Kim, 2010: 7).

〈그림 1〉 다중흐름모형에 따른 의제과정의 인과지도

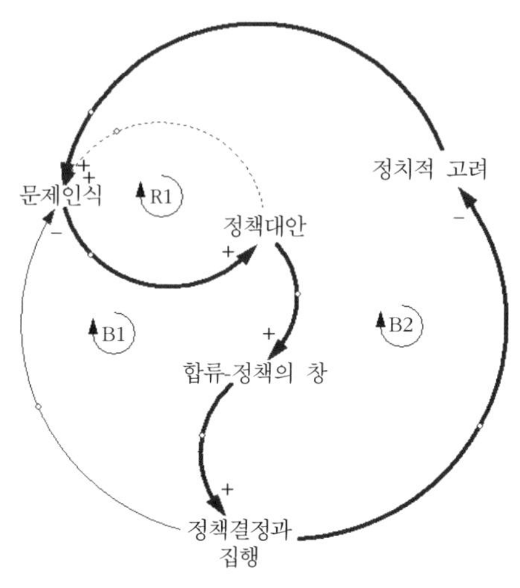

〈R1〉 문제인식 → 정책대안 → 문제인식의 확신

〈B1〉 문제인식 → 정책대안 → 정책의 창 → 정책결정 → 문제인식의 감소

〈B2〉 정치적 고려 → 문제인식 → 정책대안 → 정책의 창 → 정책결정 → 정치적 고려의 약화

[강화루프 R1]은 정책변동을 가져오는 데 중요한 역할을 한다. 문제인식의 확산은 문제해결을 위한 정책대안을 불러온다. 그러나 Kingdon에 의하면 문제흐름이나 정치흐름과 관계없이 정책공동체에서 논의되어 온 대안들이 역으로 문제를 찾아 문제인식을 확산시킨다. [균형루프 B1]은 사회적 쟁점이 정점에 달하면 현실적 정책대안이 선별되면서 의제설정의 기회가 열리고, 정책의 창이 열리면 쟁점은 결정의제에 도달하게 되는 것을 보여준다.[4] 결정의제가 반드시 법률로 제정되는 보장은 없지만 일단 정책이 결정되거나 집행되면 문제는 일시적으로 해소된다. [균형루프 B2]는 의제과정에서 정치흐름의 주도적인 역할을 보여준다. 의회 구성의 변화나 정권교체, 혹은 이념적 성향의 변화와 같은 정치적 변동은 특정한 사회문제에 관한 관심을 불러일으키거나 일정한 방향에서 정책대안을 구체화하여 정책의 창을 열게 한다. 이 루프에서 정책결정과 집행은 문제에 대한 정치적 고려를 약화시킨다.

V. 기초노령연금 정책결정자들의 인지지도

본 연구가 인지지도를 통해 분석하고자 하는 대상은 먼저 보건복지부에서 작성한 기초노령연금의 정책보고서이며 다음으로는 기초노령연금의 정책과정에서 중요한 역할을 담당한 정책행위자들의 면접 자료이다. 면접 대상은 당시 기초노령연금의 정책결정에 영향력을 지녔던 당시 관련 부처의 장관(면접자 A), 야당 측 정책전문위원(면접자 B), 국회 보건복지위원회 여당 측 간사의 정책보좌관(면접자 C), 그리고 같은 상임위원회의 수석전문위원(면접자 D)으로 하였다.[5]

---

4) 결정의제란 이제 막 결정되려고 하는 의제의 항목을 의미한다(Kingdon, 2003: 166).
5) 면접자 A는 국민연금개혁에 따른 기초노령연금정책의 결정과정을 처음부터 끝까지 주

1. 보건복지부의 정책보고서에서 나타난 인지지도

〈그림 2〉에서 보이듯이, 보건복지부의 인지지도는 두 개의 루프로 구성된다. [루프 R1]은 문제인식의 흐름으로부터 문제의 쟁점화, 그리고 다시 문제인식을 강화하는 인과루프이며, [루프 B1]은 문제의 쟁점화로부터 의제설정과 정책결정을 거쳐 문제가 해소되는 균형루프이다.

〈그림 2〉 보건복지부의 인지지도

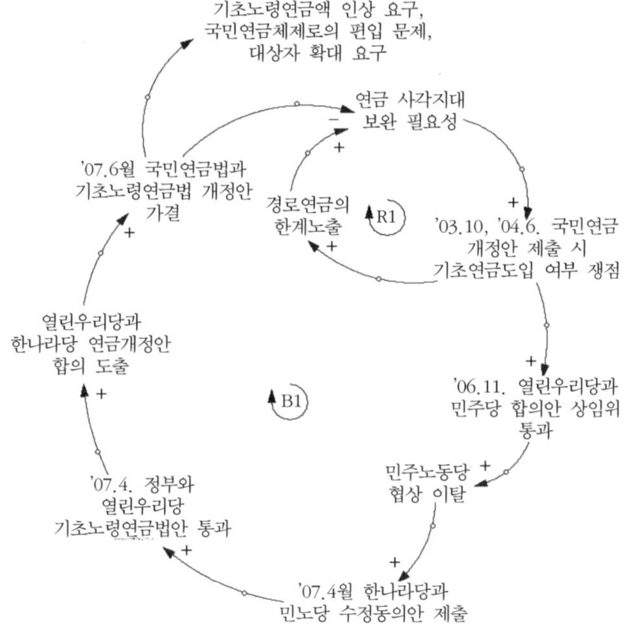

도한 인물로 알려져 있다. 면접자 B는 당시 야당의 정책전문위원으로서 [국민연금발전위원회]의 참여를 시작으로 민주노동당과 한나라당의 정책형성 과정을 가까이서 지켜본 사람이다. 면접자 C는 당시 열린우리당의 당론 형성 및 타 당과의 협상을 주도하였던 의원을 정책 보좌하였던 인물이다. 면접자 D는 당시 국회 보건복지위원회 수석전문위원으로 회의에서 의제를 설명하고 판단을 도움으로써 의원들의 결정에 영향을 미친 인물이다.

[루프 R1]은 기존 경로연금의 한계와 연금사각지대의 문제인식으로부터 출발한다. 저소득 노인에게 매월 3~5만 원씩 지급된 경로연금은 수급자가 매년 감소하고 지급액이 소액이다 보니 노후소득보장의 효과가 미미하다는 것이 대체적인 평가였다. 또한 2006년 12월 말 현재 국민연금가입자의 약 28%(약 500만 명)가 납부예외자로서 노후에 국민연금을 받지 못하는 사각지대의 문제가 심각하게 인식되었다.

이러한 문제흐름으로부터 정책공동체에서는 국민연금 개정안과 함께 연금사각지대의 해소 방안이 논의되었다. 정부는 2003년 10월과 2004년 6월에 연금재정의 장기적 안정성 확보를 위한 국민연금법 개정 법률안을 국회에 제출했으나, 보험료 인상 및 급여율 하향조정에 대한 국민의 반대와 더불어 사각지대 해소를 위한 기초연금제 도입의 목소리가 커졌다. 이러한 대안의 모색은 다시 연금사각지대에 대한 문제인식을 확산시켰다.

[루프 B1]은 [루프 R1]을 통해 강화된 문제인식이 정책의 창을 열고 정책쟁점을 정부의제로 진입시키는 시점부터 시작한다. 이후 각 정당과 정부는 새로운 국민연금 개혁 및 기초(노령)연금 도입방안을 제시하였다. 〈표 1〉은 각 정당과 정부의 연금제도 관련 정책대안을 보여준다.

정부와 각 정당 간에 협상이 진행된 이후 2006년 11월 열린우리당과 민주당의 합의안이 국회 보건복지위원회를 통과하였다. 소득대체율을 60%에서 50%로 인하하고 보험료를 9%에서 12.9%까지 인상하자는 국민연금 안과 함께 기초노령연금은 70세 이상 노인 60%에게 국민연금 가입자 평균수급액의 5%를 지급하자는 안이었다. 이로써 연금 사각지대 해소방안은 결정의제의 단계로 진입하였다. 열린우리당과 민주당이 합의안을 상임위에 통과시키자, 민주노동당은 기초노령연금액을 2028년까지 가입자 평균수급액의 15%로 인상하자는 자신의 주장이 관철되지 않자 협상에서 이탈하였다. 이후 민주노동당과 한나라당 사이에 협상이 진행되었고, 양 당은 국민연금 소득대체율을 60%에서 2018년까지 40%로 낮추되 보험료률을 유지하는 안과 함께, 기초연금을 노인 80%에게 평균수급액의 5%를 지급하되 2018년까지 10%로 인상한다는 수정동의안을 제출하였다.

<표 1> 연금제도 관련 당·정 대안 비교

구분		한나라당안 ('04.12)	정부안 ('06.6)	민주노동당안 ('06.10~11)	열린우리당안 ('06.9~'07.3)
국민 연금	소득 대체율	20%로 인하	50%로 인하 (→ 40% 인하)	60% → '23년 40%로 점진적 인하	50%로 인하
	보험료율	9% → 7%로 인하	9% → '17년 12.9% 인상		
기초 노령 연금	지원대상	노인 100%	노인 45%(→ 30% 까지 인하)	노인 80%	노인 60%
	급여수준	전년도 가입자 평균수급액의 10% → '28년 20%	월 7만 원	가입자 3년간 평균수급액의 5% → '28년 15%	월 7~10만 원 * 차상위: 10만 원 * 일반: 7만 원

자료: 「'10 보건복지부 기초노령연금 정책보고서」(2011: 2)

2007년 4월 국회본회의에서 열린우리당과 한나라당, 그리고 민주노동당이 각기 제출한 국민연금법 개정안은 모두 부결되었고, 반면 상임위를 통과한 열린우리당과 민주당의 기초노령연금법안만이 통과되었다. 이후 열린우리당과 한나라당은 국민연금법 개정안의 합의를 도출하면서 기초노령연금법도 부분적으로 수정하였다. 그리하여 2007년 6월 본회의에서 보험료는 현행대로 유지하되 소득대체율을 2008년 50%로 하고 2009년부터 매년 0.5%씩 낮추어 2028년까지 40%로 인하하는 연금개정안과 함께, 수급범위를 노인 60%에서 2009년부터 70%까지 확대하고 지급액을 연금가입자의 평균수급액의 5%에서 2028년까지 10%로 인상하는 기초노령연금법의 개정안을 의결한다.

기초노령연금법의 개정안은 2007년 7월에 공포되고 2008년 1월부터 시행되었다. 보건복지부에 따르면 공적 노후소득보장의 사각지대를 완화하고 노후 생활안정을 지원한다는 제도의 목적은 제도 시행 이후 어느 정도 달성

<표 2> 기초노령연금 수급자수의 확대

단계	기간	대상	지급인원
1단계	'08.1~6월	70세 이상 노인 60%	'08년 6월 194만 명
2단계	'08.7~12월	65세 이상 노인 60%	'08년 12월 290만 명
3단계	'09.1월~	65세 이상 노인 70%	'10년 12월 말 373만 명

자료: 「10 보건복지부 기초노령연금 정책보고서」(2011: 4)

되고 있다. <표 2>에서 보는 바와 같이 경로연금과는 달리 매월 91,200원(부부가구 145,900원)을 받는 수급자수가 지속적·단계적으로 확대되어 2010년 12월 현재 370만을 넘어서고 있다.

정책이 결정되면서 초기에 제기되었던 연금사각지대의 문제인식이 완화되었지만, 정책이 집행되고 평가되면서 또 다른 문제와 쟁점이 발생한다. 보건복지부의 정책보고서에 의하면 연금 지급액의 인상, 대상범위의 확대 문제와 공공부조 성격의 제도를 연금체제로 편입하는 과제가 대두되고 있으며, 보다 근본적으로는 3조 8천억 원의 재정을 어떻게 마련하고 분담하는가 하는 것 또한 논쟁 중에 있다.

2. 면접자 A의 인지를 통해 본 정책과정

<그림 3>은 면접자 A의 면접 내용 중 정책과정과 관련된 문장만을 기초로 인지지도를 작성한 것이다. 면접자 A는 기초노령연금의 의제설정에서 정부의 행동을 강조해서 묘사하고 있는 것이 특징이다. 면접자 A의 인지지도가 보건복지부의 그것과 다른 점은 기초노령연금의 정책과정이 문제로부터 의제가 설정되고 대안을 찾는 과정이 아니라 국민연금개정을 위한 대안 마련의 과정에서 문제를 찾아가는 정부의 전략적 행동이 드러나고 있다는

<그림 3> 면접자 A의 인지지도

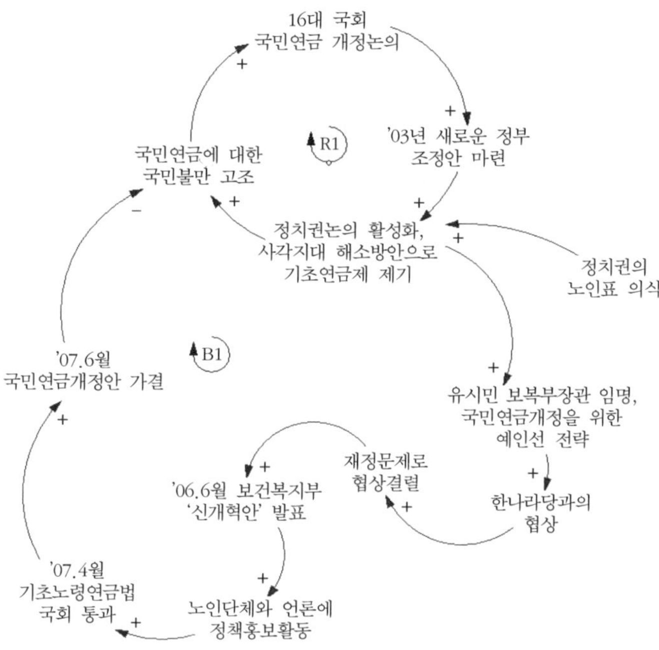

점이다.

[루프 R1]은 기초노령연금제정의 배경이 되는 국민연금개정에 관한 문제흐름과 정책흐름을 보여준다. 면접자 A에 따르면, 김대중 정부 당시부터 국민연금에 대한 국민 불신이 높았고 이에 따라 1998년 16대 국회에서 국민연금의 재정개산을 5년마다 갱신하는 법 개정을 하였다. 이후 새로 출범한 노무현 정부는 2003년에 소득대체율과 보험료를 조정하는 정부안을 마련하였다. 그러나 당시 정치권은 노인 표를 의식하여 국민연금개정을 정면으로 다루기를 꺼려한 반면, 연금 사각지대 해소 방안으로 기초연금제 안을 들고 나왔다. [루프 R1]은 야당을 중심으로 한 정치권의 이러한 논란이 국민연금에 대한 국민의 불만을 더 강화하고 있음을 보여준다.

[루프 B1]은 국민연금법 개정에 대한 문제흐름과 정책흐름이 정치흐름을

타고 기초노령연금정책의 창을 여는 계기와 이후 정치세력 간 대안의 경쟁과 정책이 결정되고 집행됨으로써 국민연금과 사각지대의 문제가 일정하게 해소되는 인지지도를 보여준다.

연금개혁의 의지가 강했던 당시 노무현 대통령은 자신의 측근 의원이었던 유시민을 장관으로 임명한다. 유시민은 보건복지부 장관으로 취임하자마자 국민연금법 개정과 함께 장기요양보험과 기초노령연금법 제정을 묶음으로 제시하여 그동안 정치권이 꺼려해 온 국민연금법 개정안을 처리한다는 전략을 가지고 대통령을 설득하였다.[6]

대통령으로부터 협상의 전권을 위임받은 보건복지부 장관은 제일 먼저 당시 한나라당의 대표와 직접 협상을 시도하였으나, 협상은 약 두 달간 진행되다가 결렬되었다. 면접자 A에 따르면 정부는 한나라당이 제시한 기초연금제 실시에 따른 재정규모를 크게 본 반면, 한나라당 대표 쪽에서는 정부안과 크게 차이가 없다고 보았던 것이다.

협상 결렬 직후 보건복지부는 기초노령연금제도를 포함한 국민연금의 '신개혁안'을 발표한다. 이후 보건복지부는 연금개혁안의 국회통과를 위해 다각도의 의원 압박에 들어갔다. 전국적으로 포진해 있는 대한노인회 지부의 회원들을 설득해 해당 지역구 의원들을 압박하게 하고, 보건복지위원회 의원들에게 지역구에 선심을 쓸 수 있는 정책을 제시하면서 법안의 국회통과를 압박하였다. '철의 삼각'의 전형적인 이해관계망을 십분 이용한 것이다. 이런 과정을 거쳐 2007년 4월 국회는 장기요양보험법안과 함께 정부·여당의 안인 기초노령연금법안을 통과하였으며, 같은 해 6월에는 국민연금법 개정안도 여야 합의로 통과하였다.

---

6) 연금개혁은 재정고갈 극복이라는 공공적 효과가 추상적인 데 반해, 연금 가입자의 입장에서 자신이 낸 돈을 적게 돌려받게 된다는 개별적 이해는 구체적이어서 국민의 반발을 살 수 밖에 없는 사안이었다. 이렇기 때문에 대부분의 의원들은 이를 다루기를 꺼려하였다. 연금개혁정책의 이러한 성격 때문에 당시 유시민 장관은 국민연금개정이라는 '무동력선'에 '예인선'으로 '장기요양보험법'과 '기초노령연금법'을 장착하는 전략을 세운 것이다.

면접자 A의 인지지도에 의하면, 문제흐름으로써 국민연금에 대한 불신 고조가 있었고, 이에 반응하여 국민연금에 대한 정부의 조정안 마련과 야권의 기초연금제의 주장이 정책흐름을 형성하였다. 여기에 보건복지부 장관은 정책기업가로서 노인 표를 얻고자 하는 의원들의 정치적 동기를 이용하여 국민연금 개정과 기초노령연금 제정을 위한 정책의 창을 여는 데 주도적인 역할을 하였다. 정책의 창이 열리면서 여야의 협상과정을 거쳐 정책대안이 구체화되었으며 결국 정부·여당의 안이 국회를 통과하였다.

그러나 면접자 A의 진술에서 주목해야 할 것은 기초노령연금정책과 직접적으로 관련된 연금 사각지대의 문제가 문제의 흐름으로 즉, 대중적 인식의 차원으로 전개되지 않았다는 것이다. 오히려 정책공동체 내부에서 국민연금법 개정에 따른 국민적 반발을 무마할 수 있는 정책대안을 고려하다가 노인 표를 의식하는 의원들을 끌어들일 수 있는 연금 사각지대의 문제를 찾은 것이다. 즉, 문제가 정책대안을 가져 온 것이 아니라 정책기업가의 주도하에 대안이 정치적 흐름을 타고 문제를 찾은 것이다.

3. 면접자 B의 인지를 통해 본 정책과정

면접자 A는 정부의 정책주도 과정을 강조하고 있는 데 반해, 면접자 B는 당시 기초노령연금의 정책과정에서 이익단체들의 참여 및 야당인 민주노동당과 한나라당의 행동을 잘 들어내고 있다. 면접자 B의 인지지도는 강화루프가 지배적이어서 야당 측 정책전문위원으로서 정책변동에 대한 우호적 태도를 보여준다.

[루프 R1]은 정책공동체 내에서 문제인식의 확산이 정책대안을 형성하게 하고, 대안 모색의 과정이 다시 문제인식의 대중적 확산을 가져오는 인과루프를 보여준다. 면접자 B에 따르면, 김대중 정부는 연금재정의 고갈에 대한 우려가 확산됨에 따라 1998년에 재정전망과 보험료 조정을 공시하는 내용으로 국민연금법을 개정하였다. 이 법에 따라 보건복지부는 2002년 봄 [국민연

〈그림 4〉 면접자 B의 인지지도

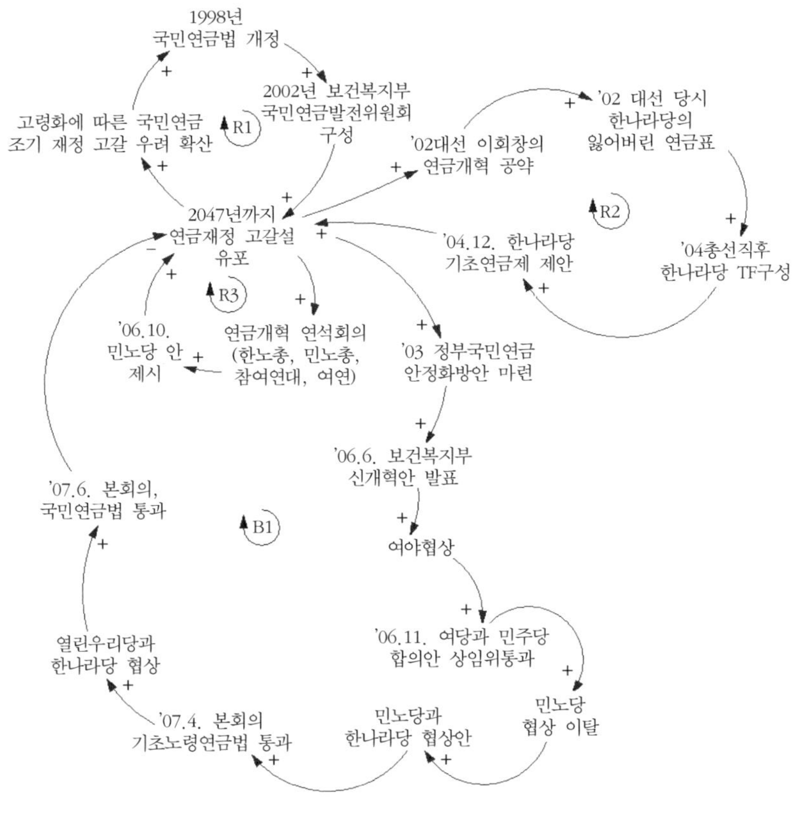

금발전위원회]를 구성하여 재정 전망과 보험료 조정안을 준비하게 된다.

당시 [국민연금발전위원회]에는 한국노총, 민주노총, 경총, 소비자단체, 시민단체, 언론계와 학계 등이 참가하였는데, 활동에 들어가면서 제출된 연금재정전망자료로부터 정보가 누출되어 '2047년 연금재정 고갈설'이 확산되었다. 이는 연금가입자들의 불안을 고조시키기에 충분하였고 2002년 대선 당시 후보들이 각종 토론에서 입장을 밝혀야 할 정도로 뜨거운 쟁점이 되었다.

[루프 R2]는 문제흐름이 정치에 영향을 미치고 다시 정치적 동기가 정책대안을 모색하고 대안의 홍보과정이 문제인식을 확산하는 강화루프를 보여

준다. 면접자 B에 의하면, 2002년 대선 당시 TV토론에서 노무현 후보는 '용돈연금'이라는 말을 사용하면서 '내가 대통령이 되면 보험료율을 내리지 않을 것'이라는 입장을 밝힌 반면, 한나라당의 이회창 후보는 여러 자료를 참조하면서 '우리 국민들이 급여 삭감을 감내할 수밖에 없다'는 취지의 발언을 하였다. 국민연금문제에 대한 이회창 후보의 태도가 결국 선거에서 노인 표를 많이 잃게 하였고 이것이 주요한 선거 패인 중 하나라는 평가가 나왔다. 이러한 실패의 경험으로부터 한나라당은 2004년 17대 총선이 끝난 직후 '연금 TF'를 구성하고 '잃어버린 연금표'를 되찾기 위한 방안으로 연금 사각지대 해소에 초점을 둔 기초연금제 안을 제시한다.

[루프 R3]는 문제인식의 확산이 이익단체 및 사회단체의 정책참여를 추동하고 이들의 의견을 대변하는 야당의 정책대안이 다시 문제인식을 확산시키는 인과루프를 보여준다. '연금재정 조기 고갈설'이 확산되는 가운데 한국노총, 민주노총 등 이해당사자 집단과 참여연대, 여성단체연합 등 사회단체, 그리고 민주노동당이 참여하는 [연금개혁연석회의]가 구성되었다. 민주노동당은 2006년 8~9월에 공청회를 개최하였고 같은 해 10월에는 연석회의를 대표하여 합의안을 발표하였다. 이러한 연석회의의 대안은 연금재정 고갈의 문제인식에서 만들어 진 것으로 다시 국민연금에 대한 문제인식을 확산시킨다.

[루프 B1]은 연금개혁에 따른 연금사각지대의 문제인식이 정부 차원의 정책적 고려를 거쳐 의제화되고 결정되어 문제인식(연금재정 우려)의 완화로 이어지는 정책안정화 단계의 인과루프를 보여준다. 2003년 봄, 정부는 [국민연금발전위원회]가 제출한 안을 토대로 국민연금 재정안정화 방안을 마련하고 국회에 제출하였다. 그러나 시민사회와 야당이 연금 사각지대 문제를 제기하면서 정부의 연금개정안에 대한 논의는 진전되지 않았다. 그러나 연금개혁에 강한 의지를 가지고 있었던 유시민의 장관 취임 이후 보건복지부는 2006년 3월에 '연금개혁 참고자료'를 발간하고, 같은 해 5월 '기초노령연금제'을 포함한 '신개혁안'을 발표하였다.

이후 정부는 야당과 정책협상에 들어갔다. 당시 유시민 장관은 기초노령연금안을 합의하여 국민연금법을 통과시키는 것이 지상 목표였기 때문에 한나라당 안보다는 현실적인 민주노동당의 국민연금 평균수급액 5%안을 수용하려 하였다. 면접자 B에 의하면 이 사안으로 당시 국무총리가 주재하는 조정회의가 열렸고 여기에서 보건복지부 장관과 기획재정부 장관이 대립하였는데 총리가 보건복지부 장관의 손을 들어줌으로써 5%안이 수용되었다. 이 장면은 준비된 정책대안이 특정 이념성향의 정부를 만나 수용되는 과정을 보여주고 있다.

한편 민주노동당은 기초연금 수급액수를 2028년까지 15%로 하자는 안을 —'부대결의'로 할 것인지 법적 구속력을 갖는 '부칙'으로 할 것인지를— 두고 정부와 대립하다가, 2006년 11월 국회 보건복지위원회 회의에서 열린우리당, 민주당, 국민중심당이 부대결의로 15% 목표 급여율을 통과시키자 협상에서 이탈하였다. 이후 민주노동당은 본회의를 앞두고 한나라당과의 협상에 나섰다. 민주노동당과 한나라당의 합의안은 국민연금 평균 급여액을 낮추는 대신 이것의 5%를 초기 기초연금액으로 하여 2018년까지 10%로 증액하는 안이었다.

2007년 4월 국회 본회의에서는 상임위를 통과한 열린우리당과 민주당의 기초노령연금법안과 한나라당과 민주노동당이 합의한 기초연금법안이 상정되었고 전자가 통과되었다. 면접자 B에 따르면, 기초노령연금법안이 통과된 이유는 정치적 부담을 느낀 한나라당 의원들이 열린우리당이 제출한 기초노령연금안에 대거 찬성표를 던졌기 때문이다.

4. 면접자 C의 인지를 통해 본 정책과정

〈그림 5〉에서 알 수 있듯이, 면접자 C는 열린우리당을 중심으로 당시 정책결정과정을 묘사하고 있다. 면접자 C는 문제인식으로부터 의제설정, 대안의 구체화와 경쟁, 그리고 정책결정 및 문제해결이라는 단계모형으로 기초노령연금의 정책과정을 인식하고 있다. 정책과정을 단계별로 인식하고 있는 것처럼, 면접자 C의 인지지도는 하나의 균형루프로 구성되어 있어 정책이

<그림 5> 면접자 C의 인지지도

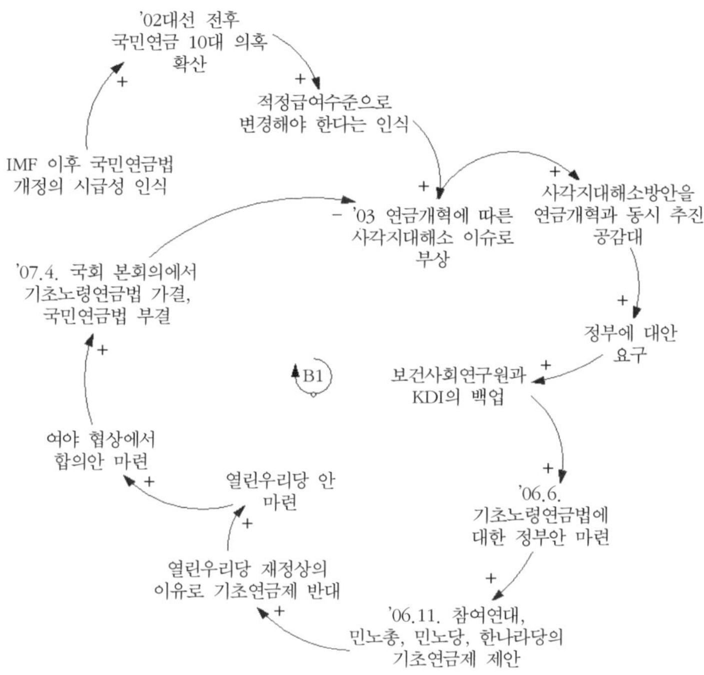

안정적인 상태에 놓여있는 것으로 인식하고 있음을 보여준다.

앞의 두 면접자와 마찬가지로 면접자 C의 인지지도에 따르면, 국민연금 개정의 시급성이라는 문제의 흐름은 있었고 이에 따라 국민연금개혁과 동시에 사각지대해소방안을 동시에 추진하자는 공감대가 형성되었다. 이러한 상황에서 여당은 정부에 정책대안을 요구하였고 정부는 보건사회연구원과 KDI의 지원을 받아 기초노령연금법안을 마련하였다.

민노당과 한나라당이 기초연금제안을 제시하자 열린우리당은 재정상의 이유로 기초연금제안에 반대하였다. 당시 열린우리당은 국민연금과 사각지대해소방안에 대해 독자적인 안을 가지고 있지 않았다. 면접자 C의 진술에 따르면, 당시 의원들이 연금 지급액을 삭감해야 하는 개혁안을 다루는 것

자체에 정치적 부담을 느꼈기 때문이었다. 이러한 상황에서 당시 보건복지위원회의 여당 측 간사는 의원들을 설득해 국민연금 개정안과 함께, 기초노령연금제를 당론으로 채택한다. 당시 열린우리당의 안은 정부안과 달리 수급액을 국민연금 평균수급액의 5%로 하는 안이어서 민주노동당과의 협상을 진전시키는 데 도움이 되었다.

5. 면접자 D의 인지를 통해 본 정책과정

〈그림 6〉에 알 수 있듯이, 면접자 D는 기초노령연금의 정책과정에서 정치흐름을 강조하고 있다. [루프 R1]은 정치지형의 변화가 정책결정에 영향을 미치는 강화루프를 보여주고 있으며, [루프 R2]는 정치적 동기에 의해 결정된 정책의 집행 결과로부터 다시 문제를 인식하는 인과루프를 보여준다. 이 두 루프에서 우리는 정치흐름의 변화가 문제인식의 확산을 가져온다는 다중흐름모형의 주요한 양상을 볼 수 있다. 또한 면접자 D의 인지지도에 강화루프가 지배적인 것은 면접자 D가 이 정책을 변동적으로 보고 있음을 의미한다.

면접자 D에 따르면 지자체가 활성화되면서 곳곳에 경로당이 건설되었고, 이는 노인들의 정보공유와 의견형성의 공간이 되었다. 여기에 더해 지자체에서 하는 여러 가지 사회교육 프로그램이 노인들의 정치 관심을 더욱 높여주었다. 선거 때가 되면 후보자들은 경로당을 드나들며 표를 호소했고 투표일에는 차를 대절해 투표소까지 이동시켜 주었다. 이 과정에서 '우리 표가 모이면 시장(군수)을 만들 수 있다'는 정치의식이 형성되기 시작하였다.

노인유권자의 몰표가 선거 결과에 커다란 영향을 미치게 된 선거지형에서 정치인들은 노인 표를 크게 의식하게 되었고, 지자체별로 노인들에게 교통수당 등 혜택을 제공하였다. 그러나 교통수당은 적은 액수였고 그나마 지자체의 재정능력에 따라 천차만별이었다. 교통수당 정책효과가 미미함에 따라 노인복지의 사각지대 문제가 대두되었다. [루프 B1]은 당시 야당이었던

〈그림 6〉 면접자 D의 인지지도

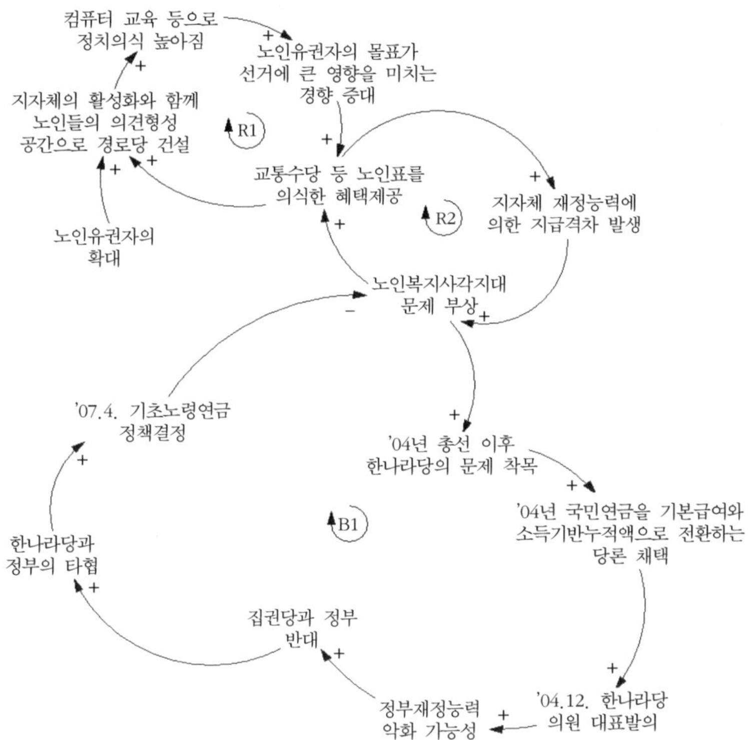

한나라당이 이 문제에 착목해서 기초연금제를 당론으로 채택하였고, 정부와 열린우리당은 재정능력을 이유로 이 안에 반대하였고, 야당과의 타협을 거쳐 2007년 '기초노령연금법안'을 국회에서 통과시킴으로써 노인복지 사각지대의 문제인식이 완화되는 균형루프를 보여준다.

6. 면접자 4인의 종합적 인지지도

〈그림 7〉은 네 면접자의 면접 진술을 종합한 인지지도이다. [루프 R1]은 정책공동체 내에 국민연금에 대한 문제인식이 대안을 모색하게 하고 [국민연금발전위원회]의 정책 활동이 다시 '연금재정 조기 고갈설 유포'라는 문제인식의 대중적 확산을 가져오는 인과루프를 보여주고 있다. 그러나 여기서 주목해야 할 점은 국민연금의 문제는 기초노령연금의 의제설정에 직접적으로 작용한 문제흐름이 아니고 기초노령연금의 의제설정에 영향을 미친 정치

〈그림 7〉 종합적 인지지도

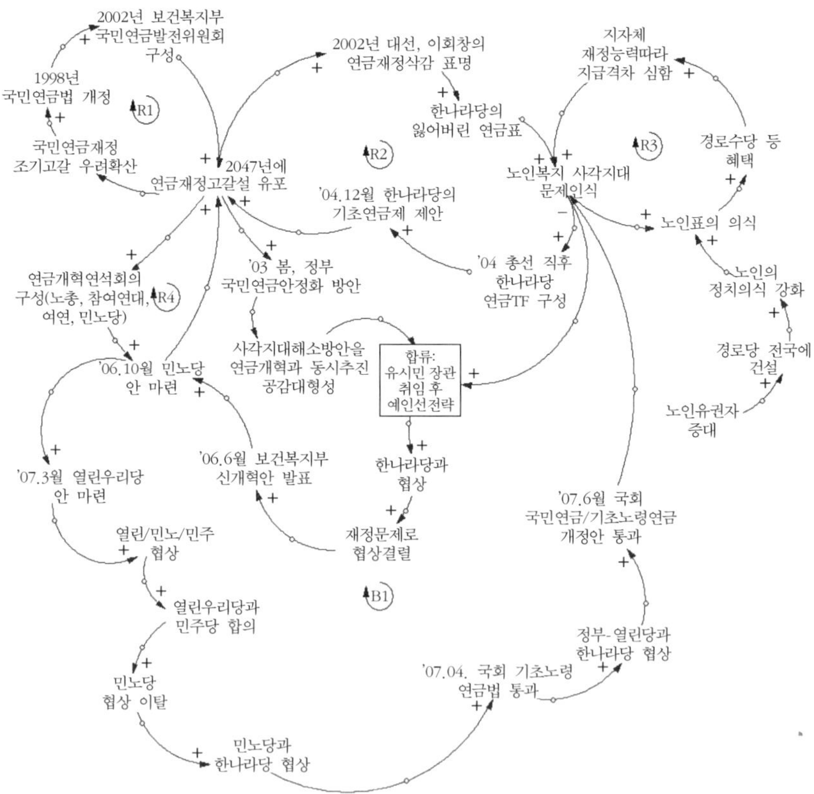

흐름을 조장하게 한 배경으로서 기능하고 있었다는 것이다.

[루프 R2]는 국민연금에 대한 문제인식이 정치 쟁점화하고, 노인 표 획득이라는 정치적 동기가 정책대안을 모색하며, 다시 대안의 홍보과정이 문제인식을 확산하는 강화루프를 보여준다. 즉, 연금재정의 불안정이라는 문제흐름이 대선 후보의 정책태도를 압박하였고, 이회창 후보는 '연금수급액 삭감이 불가피하다'는 입장을 밝혀 노인 표 획득에 지장을 초래하였다. 이에 대한 반성으로 한나라당은 노인복지 사각지대 해소방안에 주목하게 되고, 기초연금제의 홍보과정은 다시 국민연금의 문제인식을 더욱 확산하였다. 여기서 주목해야 할 것은 기초노령연금의 의제설정에 직접 연관되는 연금 사각지대의 문제가 대중으로부터 나온 것이 아니라 노인 표를 의식하는 정치적 동기로부터 찾아졌다는 것이다. 문제가 정치에 영향을 준 것이 아니라 정치가 문제를 발견한 것이다.

[루프 R3]는 기초노령연금의 의제설정 과정에 미친 정치흐름의 영향을 보다 명료히 보여준다. 노인 표가 중요해진 선거지형의 변화가 경로수당이라는 노인복지 혜택을 유도하였고, 경로수당의 미미한 효과가 연금사각지대의 문제인식을 강화하였다. 사각지대 해소방안의 모색은 다시 정치인의 노인 표 의식을 강화하였다. 이러한 강화루프가 한나라당으로 하여금 기초연금제안을 제시하게 하는 정책변동의 배경이었다.

[루프 R4]는 국민연금에 대한 문제인식의 확산이 한국노총과 민주노총 및 진보적인 사회단체의 정책참여를 촉발하였고, 민주노동당이 이들의 의견을 수용하여 정책대안을 만드는 과정을 보여준다. 연금 사각지대 해소방안에 대한 당시 민주노동당의 대안은 [연금개혁연석회의]의 합의안을 그대로 수용한 것이었다. 당시 민주노동당은 정부와 타 정당 간의 협상 과정에서도 [연석회의]의 강한 통제를 받았다.

기초노령연금이라는 정책의 창을 열게 한 네 개의 강화루프를 보면 기초노령연금의 의제설정에는 정치흐름이 강하게 작용하고 있었음을 알 수 있다. 대중적으로 인식이 확산되었던 것은 국민연금의 문제였으며, 연금 사각지대의 문제는 정치적 동기가 바탕에 깔린 정책적 고려에 의해 발견되고 의제로 설정되었다. 노인 표가 중요해진 선거지형의 변화가 정치인들로 하여금 노인의 복지 혜택에 주목하게 하였으며, 정부는 국민연금법의 개정안을 통과시키기 위한 당근정책으로 기초노령연금정책을 추진하게 되었다.

[루프 B1]은 정책의 창이 열리는 순간과 이후 정책대안을 둘러싼 경쟁과 타협, 그리고 결정의 과정을 보여준다. 정책기업가로서 당시 유시민 장관은 정치인들이 노인 표를 의식할 수밖에 없는 정치흐름의 변화를 타고, 국민연금을 개정해야 하는 정책흐름의 가운데 기초노령연금제도를 위한 정책의 창을 얻다. 이후 대안의 경쟁과 협상은 면접자 A와 B의 [루프 B1]에서 보았듯이 선별적 부조 성격의 정부 대안이 대다수 노인에게 혜택을 주는 연금 성격으로 변경되는 과정이었다.

VI. 결론

이 논문은 다중흐름모형에 기초해 기초노령연금정책의 의제과정과 결정과정을 정책결정자의 인지지도를 통해 살펴보았다. 정책결정자들의 인지지도 분석은 의제설정과 정책결정이 놓이는 정책체제를 보여주었고, 다중흐름모형은 이들 정책과정에 영향을 미치는 주요 요인들을 파악하게 하였다. 면접 자료의 장점으로 확인된 것은 보건복지부의 공식문건이 정책과정을 단계적으로 이해하고 있는 반면, 면접진술은 정책과정을 문제흐름과 정책흐름 그리고 정치흐름의 동태적인 상호작용으로 보여준다는 점이다.

본 연구가 분석을 통해서 발견한 것은 첫째, 기초노령연금의 의제설정에 영향을 미친 주요인이 문제인식보다 정치흐름과 정책흐름의 상호작용이었다.[7] 국민연금 재정 고갈에 대한 우려가 문제흐름으로 작동하고 있었지만

---

7) 미국의 정책체제를 대상으로 한 Kingdon의 연구에서는 문제흐름과 정치흐름이 정책

이는 기초노령연금 의제설정의 배경이었다. 기초노령연금정책과 직접 연관된 연금 사각지대의 문제는 오히려 정치적 동기가 바탕에 깔린 정책적 고려에 의해 발견되고 의제화되었다. 두 번째, 기초노령연금의 정책내용 또한 노인 표를 얻기 위한 정치인들의 욕구로 인해 선별적 공공부조성격의 초기 정부대안이 보편적 혜택의 연금성격으로 변경되었다.

여기서 지적해야 할 점은 정책과정에서 정치흐름이 지배적인 경우 정책결정이 다양한 행위자의 참여가 결여된 채 정치적 동기에 의해서 졸속으로 이루어지기 때문에, 도입된 제도가 안정적이지 않을 가능성이 높다는 것이다. 기초노령연금은 사회문제로부터 정확히 겨냥된 정책목표, 이를 달성하기 위한 정책수단, 효과를 극대화할 수 있는 대상 설정 등 충분히 준비된 정책설계 없이 다른 정책의 통과를 위해 표를 의식하는 의원들에게 던지는 '미끼 정책'으로 결정되었다. 그리하여 기초노령연금정책은 정책이 결정된 이후에도 공공부조와 연금 성격이 혼재되어 제도의 정체성 논쟁을 이어갔고 수혜대상을 확대할 것인지 혹은 급여수준을 높일 것인지에 대한 논쟁의 와중에 있다. 이 사례는 연금 사각지대 문제가 멀지 않은 미래에 직면하는 심각한 문제이지만 대안이 수혜자의 광범위한 요구로부터 제기되어 다양한 참여자들의 의사개진과 검토 속에 충분히 준비되지 않으면 정책의 제도적 안정성을 담보하기 힘들다는 것을 보여준다.

또한 이 사례는 권력추구적인 한국의 주요 정당들이 선거적 동기에 의해 복지파퓰리즘의 악순환을 재생산할 수 있음을 보여준다. 보수적인 한나라당이 지역구의 노인 표를 의식하여 진보적인 복지 방식의 기초연금제 안을 제기하였고, 진보적 성향의 정부는 이에 반대하였으나 노인 표를 의식한 여당(열린우리당) 의원들에 이끌려 결국 야당 안에 가까운 결정을 내리게 되었다. 여야가 바뀐 이후에는 같은 정책을 놓고 반대의 태도가 나타난다. 기

과정을 주도한 것으로 나타나지만, 다중흐름모형을 적용한 국내의 다수 선행 연구에서는 정책대안의 흐름과 정치적 고려가 정책의 창을 여는 데 주도적인 역할을 하고 있음을 발견한다(유은주, 2006; Eunkyu Lee, Jiyoung An & Dong-Hwan Kim, 2010; 김상봉·이명혁, 2011).

초노령연금제도가 시행된 지 3년이 지난 뒤 한나라당에서는 연금의 수급범위를 축소해야 한다는 목소리를 내고 있고, 야당이 된 민주당에서는 다가오는 총선을 겨냥하여 수급범위의 확대를 주장하고 있다.

분명한 것은 기초노령연금의 정책과정에서 나타난 정당 간 논쟁은 이념적 정체성에 기초하지 않았다는 것이다. 정부 수행의 책임성이 덜한 야당이 표를 의식하여 복지확대 방안을 제시하면 정부는 이에 반대하나 큰 선거를 앞두고 여야는 공히 이념과 관계없이 복지 경쟁에 나선다. 문제는 최근 실시한 고령화정책 의식조사에서 나타났듯이, 선거적 동기에 의해 확대 재생산되는 복지정책의 방향이 국민 다수의 의사와 거리가 있다는 데 있다. 국민 다수가 복지확대에 공감하지만 그 방향에 있어서는 선별적 복지를 보편적 복지보다 선호한다. 상대적으로 잘 조직되어 있고 규모가 큰 사회집단이 선거결과에 미칠 힘을 바탕으로 정책결정에 커다란 영향을 행사한다면, 조직되지 않은 다수의 집합적 의사는 간과될 가능성이 높다.

선거결과에 의한 포괄적 정책결정을 따라야 하는 것이 대의제 정부의 기본 원리이지만 결정에 참여하는 행위자들의 사익추구가 공익에 위배될 수 있다. 대의 정부에 내재한 이 문제를 극복하기 위해서는 잘 조직된 집단의 의견을 따르는 것과 여론조사 상에 나타나는 불특정 다수의 의견을 따르는 것 사이에 국민의 요구를 일상적으로 파악하여 정책에 투입할 수 있는 새로운 형태의 정책채널이 요구되나, 이와 관련된 논의를 진척시키지 못한 것은 이 글의 한계이다. 이 글에서 부족하였던 Kingdon의 이론모형과 인지지도 분석을 연계하는 방법론적 고찰과 구조화된 면접설계를 통한 보다 객관적인 자료수집은 이후의 연구 과제로 남기고자 한다.

【참고문헌】

고득영. 2008. "기초노령연금 도입 현황과 향후 발전방향."『연금포럼』, 28: 24-32.

김도훈·문태훈·김동환. 1999.『시스템 다이내믹스』. 서울: 대영문화사.

김병준. 2006.「외국인근로자 고용허가제 결정과정 분석: Kingdon의 정책흐름모형 적용을 중심으로」. 서울: 서울대학교.

김상봉·이명혁. 2011. "Kingdon의 정책 창 모형에 의한 비축임대주택 정책의 갈등 관계분석 및 평가."『한국정책과학학회보』, 15(3): 1-27.

김용하. 2007. "기초노령연금 제대로 가고 있는가?"『월간복지동향』, 109: 42-45.

남화수. 2010. "기초노령연금의 정책과정과 정책내용 분석연구."『노인복지연구』, 50: 313-334.

민상기. 2008.「Garbage Can Model을 이용한 민영건강보험 정책결정과정 분석: Kingdon의 정책흐름모형을 중심으로」. 서울: 경희대학원.

박하영. 2007.「참여정부의 문화예술교육정책 형성과정 연구: Kingdon의 정책흐름 모형을 중심으로」. 서울대학교 행정대학원.

보건복지부. 2011.「'10 보건복지부 기초노령연금 정책보고서」.

손미정. 2010. "노후소득보장수단으로서 기초노령연금에 관한 연구."『법학연구』, 37: 345-361.

양승일·한종회. 2011. "MSF를 통해 본 정책의 형성, 집행, 그리고 정책대상: 참여정 부의 사학정책 변동과정을 중심으로."『한국행정연구』, 20(3): 35-62.

유호림·양승일. 2009. "정책흐름모형(PSF)을 활용한 정책변동 분석: 새만금간척사 업을 중심으로."『한국정책학회보』. 18(2): 189-219.

장현주. 2009. "기초노령연금제도의 적정성 점검 사례 연구."「2009년 한국행정학회 학술대회 발표논문집」, 88-100.

황아란·서복경. 2011. "고령화 정책의 정책수요와 정책공급 평가."「2011년 한국정 치학회 연례학술대회 발표논문집」, 29-55.

Axelrod, Robert. 1976. *Structure of Decision: The Cognitive Maps of Political Elites.* Princeton. N. J.: Princeton University Press.

Cohen, Michael. D., James. D. March, & Johan. P. Olsen. 1972. "A garbage can model of organizational choice." *Administrative Science Quarterly*, 17(1): 1-25.

Eden, Colin. 1988. "Cognitive Mapping: A Review." *European Journal of Operational Research*, 36(1): 1-13.

Eunkyu Lee, Jiyoung An, & Dong-Hwan Kim. 2010. "Policy Agenda Setting Process and Cognitive Map Analysis: a case of the Green Growth in Korea," http://www.systemdynamics.org./conferences/2010/proceed/papers/P1323.pdf(검색일: 2011.12.14).

Kingdon, John. W. 2003. *Agendas, Alternatives and Public Policies.* New York: Longman.

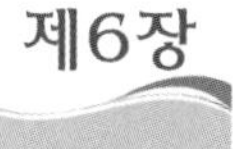

제6장

고령사회정책에 대한 만족도 및 영향요인 분석*

황아란 | 부산대학교
서복경 | 서강대학교

I. 서론

본 연구는 정부의 고령사회정책에 대한 만족도 평가에 영향을 미치는 세부정책 변인과 영역을 추출함으로써, 현재 시행되고 있는 정책의 타당성을 검증하고 정책적 함의를 탐색하는 목적을 갖는다. 정책만족도는 행정적 측면에서 정부가 국민의 요구에 더 민감하게 반응함으로써 반응성(responsiveness) 높은 정부로 나아갈 수 있는 중요한 지표가 되지만, 정치적 측면에서는 정책을 지속해나갈 수 있는 정치적 동의의 정도를 확인시켜주는 지표가 된다. 세부정책 영역들은 각각 정부의 정책만족도에 서로 다른 영향을 미칠 수 있지만, 전체적으로 정치적 지지의사는 세부정책분야별에

---

* 이 글은 『한국행정논집』 제24권 제2호(2012)에 실린 논문을 바탕으로 수정·보완한 내용임.

대한 만족도나 불만족도의 형태로 영향을 미치는 것이 아니라 정책 패키지 전체에 대한 만족도를 통해 확인된다. 따라서 정부가 고령사회정책을 일관되게 추진해 나가기 위해서는 세부정책 영역들이 전반적인 정책만족도에 미치는 영향력의 방향과 크기를 정확히 진단함으로써 종합적인 만족도를 높이는 것이 정책에 대한 정치적 동의기반을 확보하는 데 중요한 문제가 될 수 있다.

이런 의미에서 본 연구는 전반적인 고령사회정책 평가에 각 세부정책들이 미치는 영향의 방향과 영향력의 크기에 주목한다. 기존 연구들에 따르면 정책 수혜 경험은 정책만족도 평가에 중요한 영향을 미치는 것으로 확인된다. 우리나라의 중요한 고령사회정책들은 대개 그 시행시기가 오래되지 않았고 기초노령연금을 제외하면 그 포괄범위가 넓지 않다. 이런 조건에서 각 세부정책 영역의 중요도 및 성취도가 정책만족도에 미치는 영향을 분석하는 것은 정책방향을 설정하고 정책내용을 디자인하는 데 중요한 함의를 제공해 줄 수 있을 것이다.

고령사회와 노인복지에 대한 일반의 관심이나 정책수요는 매우 높지만 학술적으로, 정책적으로 고령사회정책 전반과 세부정책 영역 간의 관계에 대한 체계적이고 경험적인 연구는 충분하지 않다. 고령사회정책 평가를 위해서는 고령사회정책에 대한 전체적인 체계와 내용에 대한 이해가 선행되어야 하며, 정부의 고령사회정책 설계가 실제 정책 수요층에 부합되는 적절한 범주인가를 확인하고 국민들이 체감하는 종합만족도에 미치는 영향력을 규명하는 노력이 필요하다. 전반적인 복지정책의 분야별 수혜경험에 따른 만족도 평가에 중점을 두거나 노인복지정책의 경우 개별 서비스별 수혜경험에 따른 만족도 평가를 수행한 기존 연구들은 적지 않다. 또한 최근 일부 연구들이 전반적인 사회복지정책 만족도에 미치는 미시적 요인을 규명하거나(김희진·전희정, 2010), 고령사회정책의 세부영역별 중요도 평가로써 정책 우선순위를 제시(한국보건사회연구원, 2009)하기도 하였다. 하지만 고령사회정책을 특화하여, 세부정책 영역이 전반적인 정책 종합만족도에 어떠한 영향을 미치는가에 대한 연구는 드물다.

본 연구의 조사 설계가 기존의 정책 만족도평가 연구들과 차별성을 가지는 부분은 다음과 같다. 첫째, 지금까지 연구에서는 사회복지 전반에 대한 정책평가 시도와 개별서비스에 대한 정책평가 시도들은 있었지만, 고령사회정책이라는 중 범위 정책영역에 대한 만족도 평가는 존재하지 않았다는 점에서 차별성을 가진다. 둘째, 고령사회정책 전반에 대한 만족도에 고령사회정책 세부영역 평가가 미치는 영향을 판별함으로써 정책수요자들의 보다 분명한 정책수요를 분석해 내고자 하였다. 셋째, 정책평가에 영향을 미치는 정책 외적 변수로서 인구사회학적 배경뿐 아니라 정치성향(이념성향과 집권당 지지여부) 등을 통제함으로써 보다 순수한 정책평가 결과를 추출할 수 있도록 설계되었다.

II. 기존연구 검토

정책만족도 조사는 정부정책에 대한 시민의 수요를 파악하고 개선에 반영함으로써 고객 지향적 행정을 구현하는 데 의의가 있다. 이는 고객 중심의 관리라는 새로운 행정 패러다임과 연관된 것으로(박중훈, 1999), 수요자인 국민의 입장에서 행정서비스 요구를 충족시키기 위한 고객중심의 행정, 고객 지향적 정부로의 전환을 의미한다.[1] 공공부문에서 시민에 의한 만족수준을 평가하는 제도가 활발하게 도입된 것도 공급자 중심에서 수요자 중심으로 시민의 목소리를 정책과정에 반영하기 위한 것이다(Poister and Henry, 1994; OECD, 1997). 정부정책에 대한 시민평가는 정책목표의 달성

---

[1] 공공부문에서의 고객 개념은 재화/서비스를 소비하는 역할로 크게 세 가지 고객(요금을 지불하는 고객, 정책수혜자로서의 고객, 의무를 부과하는 정책대상자로서의 고객)으로 구분하기도 한다(Alford, 2002).

여부 차원 너머 정책대상자인 일반 시민이 정책을 얼마나 만족하며, 무엇을 필요로 하는가를 파악하여 정책추진 과정에 반영하기 위한 것으로, 민의에 입각한 정책수립과 집행을 도모하는 데 중요한 역할을 한다. 즉 정책만족도조사는 정책의 최종 수혜자인 일반 국민의 관련 정책에 대한 인식적 관점의 평가로서 만족도 수준에의 파악뿐 아니라 정책과정(계획, 집행, 평가, 환류)에 총체적이고 다양한 역할 수행을 할 수 있다(윤수재·김지수, 2011).

공공부문에서 고객만족도는 행정서비스 전달체계 전반에 걸친 서비스 요소에 대해 주민이 느끼는 주관적 만족도로 정의할 수 있는데(허만영 외, 2001: 26), 만족도는 일반적으로 사전 기대와 실제 체감하는 서비스 간의 차이(gap)로써 개념화된다(박중훈, 2001). 즉 고객(국민) 만족도는 공공서비스 요소에 대한 본인의 기대와 더불어 실질적인 경험에 기초한 주관적인 느낌의 정도를 뜻하며, 공공기관이 주민들의 다양한 욕구에 대하여 얼마나 주민의 기대감을 충족시키는가를 평가하는 것이라 할 수 있다(윤수재, 2002). 따라서 정부 부처가 수행하는 주요정책에 대한 고객만족도는 정부정책에 대한 체감만족도로서 질적이고 주관적인 평가를 의미한다. 고객만족도의 조사 대상은 공공부문의 고객 개념을 어떻게 한정하는가에 따라 달라지는데, 직접적인 서비스 이용자 외에 일반 국민도 포함하는 경우(홍재환, 2002)와 직접적인 최종 사용자로서의 국민만 대상으로 하는 경우(김판석·박종훈, 1996)로 나뉠 수 있다. 한국의 국민만족도조사는 민원인을 대상으로 한 민원서비스 만족도조사와 일반 국민을 대상으로 한 주요정책 만족도조사를 병행하고 있다는 점에서 제도상 광의의 고객 개념이 수용되는 것으로 해석된다(이광희·임동진, 2009).

정책만족도를 학술적으로 분석한 선행연구들은 주로 정부 부처의 개별 정책수준의 만족도조사 결과를 분석하는 데 집중되는 경향을 보여 왔다. 물론 하나의 정책(예: 주택정책)에 대한 정부별 만족도를 비교하거나(전광섭, 2007), 하나의 정부기관(예: 국세청)이 실시한 다수의 정책부문에 대한 만족도를 비교하는 경우(심태섭, 2001)도 있지만, 대부분 하나의 정책분야에 대해 주요 정책내용별 만족도를 분석하는 연구들이라 할 수 있다. 예를 들어

상수도 서비스(박기관, 2010), 국세청 홈텍스서비스(심태섭·송인국, 2005), U-city 공공서비스(이용규·이종수, 2009) 등에 대하여 고객을 대상으로 한 설문조사로써 만족도를 측정하고 개선방안을 모색하는 것이 주요 특징이라 하겠다.

노인복지 분야의 만족도 조사연구들은 노인생활 만족도의 영향요인에 대한 분석(김수봉, 2010)을 비롯하여 노인일자리(고재욱·이동열, 2011)나 노인재가서비스(김순양 외, 2002; 손홍숙, 2005; 박성훈·김태일, 2007) 등 노인복지의 세부영역에서 접근하는 것을 특징으로 한다. 노인복지에 대한 기존 연구들은 기본적인 생활요구의 충족이나 시급한 현안문제 해결에 중점을 두어 왔으나, 최근 사회경제적 발전에 따른 생활수준의 향상으로 여가, 경제활동, 사회참여의 기회 확대에 대한 필요성이 강조되기도 한다(김수봉, 2010). 노인복지정책과 관련한 전국 패널조사로는 고령패널(한국노동연구원), 노후소득보장패널(국민연금연구원), 한국복지패널(한국보건사회연구원/서울대 사회복지연구소) 등을 들 수 있으며, 개인 대상의 소득, 건강, 가족, 사회관계 등의 하위만족도와 전반적 만족도를 묻는 방식을 취하고 있다.

한편, 2009년 한국보건사회연구원에서 수행한 '저출산·고령사회정책 국민 체감도 및 우선순위 조사'는 2006년부터 시행된 정부의 '제1차 저출산·고령사회 기본계획'에 대한 국민적 평가를 바탕으로 '제2차 저출산·고령사회 기본계획'을 수립하는 데 필요한 정보를 제공하기 위한 목적으로 수행되었다. 동 조사는 정책만족도 평가에 목적이 있는 것이 아니라, 정책중요도와 정책성취도의 격차를 비교함으로써 정책우선순위를 결정하는 데 주된 관심이 있었다. 하지만 국민들의 정책중요도와 성취도 인식에는 차이가 존재하며, 이 차이가 전반적인 정책만족도 평가에 다른 영향을 미칠 수 있음을 보여주었다.

III. 연구설계

1. 연구가설

〈가설 1〉 현재 고령층과 미래 고령층은 정책만족도에 차이를 나타낼 것이며, 미래 고령층은 정책중요도를, 현재 고령층은 정책성취도를 중요하게 고려할 것이다.

현재 우리나라 법 체계에서는 노인, 고령자 등에 대한 상이한 규정을 두고 있다. 예컨대 국민연금의 노령연금, 기초노령연금의 수급개시연령은 65세이지만 「고용상 연령차별금지 및 고령자고용촉진에 관한 법률」이 규정하는 고령자는 55세 이상 인구를 의미한다. 본 연구에서 고려하는 고령사회 대비 정책들도 기준 연령이 모두 다르지만, 고령자 기준은 정부 기준을 차용하여 55세를 기준으로 본다.

우리나라 노인복지정책의 역사를 고려할 때, 현재 고령사회정책의 직접적인 수혜층인 고령자집단은 고령층으로 진입하기 이전에 고령사회의 심각성이나 이를 대비하기 위한 정책적 대비문제에 심각하게 노출된 경험이 없다. 반면 아직 고령층으로 진입하지 않은 미래 고령자 집단은 상대적으로 고령사회에 대한 정부의 정책적 대응의 필요성에 관한 주장에 많이 노출되었다. 또한 현 고령층은 국민연금 등 주요 고령사회정책에 대해 짧은 준비기간을 거쳐 수혜층이 된 반면, 미래 고령층은 상대적으로 긴 대비기간을 가지게 된다. 이런 차이를 고려할 때, 현 고령층은 상대적으로 정책만족도가 높을 수 있는 반면, 미래 고령층은 긴 대비기간만큼 정책적 기대수준이 높을 것으로 예상할 수 있고 정책만족도는 그만큼 낮다는 가정이 가능하다. 또한 현 고령층은 현재 시행되고 있는 정책들의 직접 수혜층이므로 정책성취도에 민감하게 반응할 수 있는 반면, 미래 고령층은 간접 수혜층이므로 정책중요도에 더 민감하게 반응할 수 있다.

가설 설정단계에서 인구집단을 나누어 보는 이유는, 대부분의 고령사회 정책들이 사회보험이나 공공부조 혹은 재정지출을 수반하는 정책들이며 세대 간 소득이전에 대한 사회적 동의가 반드시 필요한 정책들이기 때문이다. 미래 고령층들의 지지가 있을 때 고령사회정책의 확대나 정책적 개선이 가능하다는 점을 고려하면서, 미래 고령층의 정책만족도에 영향을 미치는 세부정책 영역을 별도로 분석함으로써 정책적 함의를 찾아보고자 했다.

〈가설 2〉 세부정책에 대한 정책중요도 평가는 정책만족도에 부(-)의 영향을 미치며, 중요도의 크기에 따라 영향력의 크기도 달라질 것이다.

국민의 정책만족도는 정책에 대한 기대와 실제 집행되는 서비스 간의 차이에 대한 주관적 평가를 그 내용으로 하므로, 객관적으로 수행되는 정책성과와는 차이가 있을 수 있다. 예컨대 정부 재정지출에서 차지하는 비중이 크거나 역점을 두어 진행한 사업이라고 하더라도, 주관적 정책기대가 너무 크다면 그 갭은 클 수 있고 만족도는 낮게 나타날 수 있다. 또는 재정지출 비중이 낮거나 정책우선순위에서 부차적 지위를 차지한다 하더라도, 정책에 대한 기대가 애초에 낮았다면 만족도는 높을 수 있다.

본 연구에서 정책에 대한 기대를 측정하는 변수로 세부정책들에 대한 중요도 평가를 설정하였다. 중요도가 높다고 인식할수록 만족도에는 부(-)의 영향을 미치며, 중요도의 정도에 따라 만족도에 미치는 영향력의 크기도 달라진다는 가설을 수립하고, 이를 검증하고자 했다. 국민의 정책에 대한 기대는 정책에 대한 수요를 의미하며, 향후 정부가 고령사회 정책만족도를 높이기 위해 더 집중해야 할 세부정책 영역을 확인시켜 줄 수 있을 것이다.

〈가설 3〉 정책성취도는 정책만족도에 정(+)의 영향을 미치며, 성취도의 크기에 따라 영향력의 크기도 달라질 것이다.

정책성취도 역시 주관적 평가이지만, 이미 실행되고 있는 정책성과에 대한 만족도 평가를 포함하므로 전체 고령사회 정책만족도에는 정(+)의 영향을 미칠 것으로 가정한다. 다만 그 영향력의 크기는 반드시 성취도가 크다고 해서 만족도가 높게 나타나지는 않을 수 있다. 국민의 입장에서 특정 정책이 잘 수행되고 있다고 평가하더라도 그 정책이 개인에게 중요도를 갖지 않는다면 만족도 평가에 직접 영향을 미치지는 않을 수 있으며, 전반적인 정책수행은 다소 부족하게 평가하더라도 개인에게 특별히 중요한 정책이라면 만족도는 높게 나타날 수 있기 때문이다. 하지만 전반적으로 보면 정책성취도가 갖는 만족도 평가적 요소를 고려할 때, 성취도가 높을수록 만족도에 미치는 영향력의 크기도 높아진다는 가설을 설정하고 이의 기각여부를 검증하기로 하였다. 정책성취도가 정책만족도에 영향을 크게 미치는 정책영역일수록, 정부는 해당 정책의 포괄범위를 넓히고 정책수행성과를 관리함으로써 전반적인 정책만족도를 재고할 수 있을 것이다.

〈가설 4〉 개인의 정치성향은 고령사회정책 종합만족도에 영향을 미치며, 집권정부에 우호적일수록 만족도는 높게 나타날 것이다.

정부정책에 대한 만족도는 정부에 대한 정치적 지지 정도에 영향을 미치지만, 역으로 정치적 지지정도도 정책만족도에 영향을 미칠 수 있다. 응답자가 고령사회정책의 각 세부영역에 직접적인 수혜대상이 아니거나 특별한 평가정보를 갖고 있지 않다면, 정부에 대한 일반적인 태도를 통해 정책평가를 내릴 수 있다. 또한 세부정책에 대한 평가정보를 가지고 있다고 하더라도, 정치성향에 따라 그 영향력의 크기는 더 높아질 수도, 혹은 낮아질 수도 있다. 국민조사에서 정부정책에 대한 평가는 현 정부의 정책평가의 의미를 전달하게 되므로, 집권정부에 우호적인 정치성향을 가질수록 평가에는 특정한 영향을 미칠 수 있는 것이다. 따라서 개인의 정치성향이 갖는 영향력을 통제함으로써 정책이 미치는 보다 순수한 영향력을 판별해낼 수 있다고 가정한다. 정책에 대한 종합만족도는 특정 정부의 정책수행 방향을 결정하기도 하지만, 정부가 바뀌더라도 지속되어야 하는 정책평가정보를 담게 되므로 정치성향변수를 통제변수로 사용하였다.

〈가설 5〉 개인의 노인복지 서비스 수혜경험은 정(+)의 영향을 미칠 것이다.

기존연구들은 복지서비스의 경우 수혜경험 여부에 따라 정책만족도 평가가 달라질 수 있으며, 대체로 정(+)의 방향에서 영향을 미친다는 사실을 확인해 왔다(주은선·백정미, 2007; 김희진·전희정, 2010). 본 연구에서도 이 가설을 채택하여 검증을 시도하며, 동시에 고령사회정책 전반의 종합만족도에 미치는 영향력을 통제함으로써 서비스 수혜경험으로부터 독립적인 정책만족도를 분석해 보고자 하였다.

〈가설 6〉 개인의 주관적 계층인식이 낮을수록 복지정책 만족도는 낮을 것이다.

성, 학력, 연령 등의 개인적 배경변수들과 함께 노인복지정책 평가에 영향을 미칠 수 있는 변수로 계층인식 변수를 고려한다. 현재 정부가 시행중인 노인복지 서비스 가운데 기초노령연금제도, 공공일자리 제공 등은 저소득, 저자산층을 우선적으로 배려하도록 디자인되어 있다. 하지만 국민연금, 노인장기요양보험 등 사회보험은 특별히 소득이나 계층에 기초해 있지 않으며, 민간영역의 일자리 창출 지원정책이나 여가활동 지원정책도 마찬가지다. 그러나 소득이나 건강, 요양정책 영역에 있어 고소득, 고자산 계층보다 저소득, 저자산 계층의 정책수요가 더 높을 수 있고 정책적 기대가 높으면 정책만족도는 이에 비례해서 낮을 수 있다고 가정하였다.

2. 정책평가의 세부영역 설정

본 연구는 종합적인 정책만족도에 세부정책 영역의 중요도 및 성취도 평가가 미치는 영향을 분석하는 것을 주요 내용으로 하므로, 정책평가의 세부

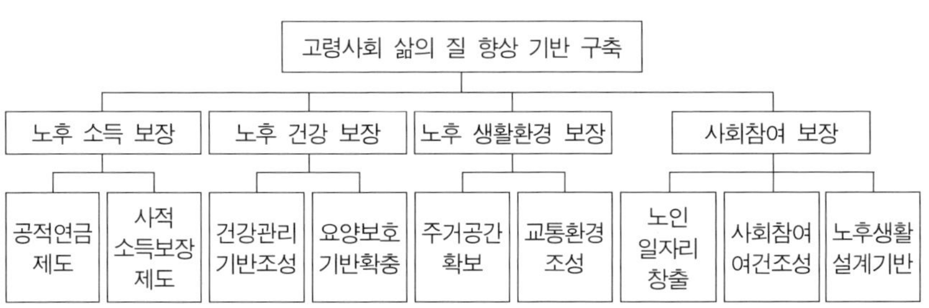

〈그림 1〉 고령사회정책의 영역별 구성

* 출처: 대한민국 정부(2008), 「저출산고령사회 기본계획(보완판)」, pp.285-288 참조 재구성

영역 설정이 중요하다. 세부정책 영역은 현재 시행되고 있는 정부정책의 핵심영역들을 포괄하여 구성하였다.

2006년 처음 발표되었고 2008년 수정된 정부의 '저출산 고령사회 기본계획'은 정부의 고령사회정책의 기본 틀을 제공한다. 2006년 제1차 기본계획이 작성될 시점에는 노무현 정부였으나 2008년의 계획 수정은 이명박 정부 하에서 이루어졌고, 두 정부에서 고령사회정책의 기본 범주와 정책은 연속성을 가지고 있다. 정부는 고령사회정책을 소득, 건강, 생활환경, 사회참여의 4가지 대범주로 구성하고, 9개의 하위 정책영역을 배치하였다.

소득보장정책에는 국민연금, 기초노령연금제도가 구체적인 정책내용이 되며, 사적 소득보장제도는 개인연금, 퇴직연금 등 민간 영역의 노후소득보장 장치에 대한 정부지원이 포함된다. 그런데 사적 노후소득보장 기제들의 작동에서 정부는 활성화를 위한 입법조치 등을 제공할 수는 있지만, 서비스 제공주체는 민간이 되기 때문에 정부 정책만족도를 직접 평가할 수 있는 대상은 아니라고 판단하여, 본 조사는 국민연금과 기초노령연금제도에 대한 평가를 변수로 설정하였다.

또한 건강보장정책은 국민건강보험과 노인장기요양보험을 그 내용으로 한다. 본 연구는 두 하위정책을 변수화 하되, 국민건강보험은 노인요양병원 지원으로 변형하여 반영하였다. 장기요양보험은 그 자체로 고령사회의 대표적인 정책으로 인식되지만, 국민건강보험은 고령자에게만 특화된 서비스로 볼 수는 없기 때문에 건강보험에 대한 정책평가를 고령사회정책에 대한 평가로 곧바로 해석하기에는 한계가 있었다. 노인요양병원은 노인장기요양보험의 대상자가 아닌 노인들을 대상으로 요양서비스를 제공하는 민간기관이며, 노인요양병원을 통해 이용자들이 혜택을 볼 수 있는 정부정책이 국민건강보험제도다. 이용자들은 노인요양병원에서 대표적인 노인성질환에 대해 치료나 요양서비스를 받으며, 이 과정에서 건강보험 급여의 혜택을 받을 수 있다.

사회참여보장 범주에는 노인 일자리 창출, 사회참여 여건 조성, 노후생활 설계기반 조성이 포함된다. 이 가운데 노후생활 설계기반 조성은 노령층에 진입하기 이전 국민들에게 소득, 주거, 건강 등 노후생활 설계를 위한 정보를 제공하고 교육 프로그램을 제시하는 정책인데, 이 정책은 시행시기가 극히 짧고 특정한 제도도 구체화되어 있지는 않아 국민적 정책평가를 묻기에는 적절치 않았다. 사회참여 여건 조성을 위한 정책에는 「고용상 연령차별 금지 및 고령자고용촉진에 관한 법률」의 개정 등의 제도개선 조치를 통해 사회적 인프라를 구축하는 것과 노인여가활동을 지원하는 정책이 포함된다. 전자의 경우 국민들에게 직접적인 서비스를 제공하고 평가를 물을 수 있는 정책영역은 아니었지만, 여가활동 지원은 기존 연구들에서도 점차 중요하게 다루어지는 정책영역으로서 정책평가변수로 채택하였다. 반면 노인 일자리 창출은 비교적 명료히 정책내용을 전달하고 있지만, 정부가 직접 창출하는 일자리와 민간 영역에서 노인들에게 일자리를 제공할 수 있도록 지원하는 정책으로 세분화될 수 있었다. 따라서 본 연구는 정부제공 일자리 창출정책과 민간영역에서 노인들의 경제활동 보장지원정책을 나누어 평가항목을 구성하였다.

마지막으로 노후 생활환경 조성 분야에는 노인주거보장정책과 교통 환경 조성정책이 포함된다. 노인주거보장정책은 노인복지주택지원 등이 사회적으로 이슈화된 바 있어, 그 포괄범위는 넓지 않더라도 국민들에게 국가가 제공하는 주거보장정책이 존재한다는 사실이 인지될 수 있는 조건에 있으

<그림 2> 정책평가 대상으로 채택된 세부정책 영역

며, 정책평가에 따라 정책적 함의를 추출할 수 있는 정책영역이다. 반면 교통 환경 조성정책은 이미 오랫동안 시행되어 온 각종 교통시설 무료승차제도나 교통비 감면혜택 등에 더하여 버스 승차대의 높이를 개선하여 노인친화적인 모델로 전환하는 사업 등을 지원하는 것 등이 포함된다. 그런데 교통비 감면혜택은 보편적 정책으로 자리 잡았으며 정책적 개선의 여지가 크지 않고, 후자는 반드시 노인에게만 해당되는 것이 아니며 장애인, 어린이 등의 복지정책과도 연관되므로 고령사회 대비 정책평가로만 묶기에는 적절치 않았다.

종합하면, 본 연구에서는 국민연금제도, 기초노령연금제도, 노인장기요양보험제도, 노인요양병원 지원, 정부 주도의 공공일자리 창출, 노인의 민간 경제활동 보장, 노인여가활동 지원, 노인 주거보장정책의 8개 정책을 세부정책평가 영역으로 설정하였다.

IV. 조사와 분석

조사는 구조화된 설문지를 통해 2011년 10월 22일부터 27일까지「한국리서치」에 의뢰하여 시행하였다. 조사방법은 컴퓨터를 이용한 전화면접조사(CATI)였고, 표본은 성, 연령, 거주 지역에 따라 비례할당한 후 무작위추출방식으로 구성하되 40세 이상 국민으로 한정하였고, 표본 수는 1,200명이었다. 응답자를 40세 이상 국민으로 한정한 이유는, 55세 이상 고령층과 미래 고령층의 정책만족도를 비교하려는 연구가설을 반영한 것이다. 물론 장기적으로 보면 20~30대도 미래 고령층일 수 있지만, 고령사회 대비정책에 대한 최소한의 정보와 부모세대의 정책경험을 공유할 수 있을 때 보다 정확한 정책평가가 가능하다는 판단 아래, 응답자 집단을 구성하였다.

<표 1> 응답자의 기본 특성

		사례수(명)	비율(%)
전체		1200	100.0
성	남자	579	48.3
	여자	621	51.8
연령	만 40~44세	228	19.0
	만 45~49세	212	17.7
	만 50~54세	212	17.7
	만 55~59세	156	13.0
	만 60~64세	118	9.8
	만 65세 이상	274	22.8
학력	초졸 이하	63	5.3
	중졸	87	7.3
	고졸	395	32.9
	대학재학 이상	647	53.9
	모름 / 무응답	8	0.7

주관적 계층인식	상층	9	0.8
	중상층	127	10.6
	중간층	509	42.4
	중하층	382	31.8
	하층	162	13.5
	모름 / 무응답	11	0.9
이념성향	진보	329	27.4
	중도	459	38.3
	보수	381	31.8
	모름 / 무응답	31	2.6

응답자의 기본적 특성은 〈표 1〉과 같다. 응답자의 주관적 계층인식은 상, 중상, 중간, 중하, 하층의 5급 간으로 측정되었으며, 이념성향은 매우 진보, 진보적인 편, 중도, 보수적인 편, 매우 보수의 5급 간으로 측정되었다. 계층 인식에서는 중간층〉중하층〉하층〉중상층 순으로 응답자가 많았고, 상층이 라고 응답한 사람은 0.8%에 불과해 이하 분석에서는 상·중상-중간-중하· 하층 응답자를 합하여 3급 간으로 분석에 활용하였다.

1. 기초분석

본 연구의 종속변수는 정부의 전반적인 노인복지정책에 대한 만족도 평 가이며, 이는 매우 만족, 만족하는 편, 보통, 만족하지 않는 편, 매우 불만족 의 5급 간으로 측정되었다. 〈표 2〉는 만족도 평가를 만족-보통-불만족의 3 급 간으로 나누고, 개인배경변수인 연령, 성별, 계층·학력 집단별 기초분석 을 실시한 결과를 보여준다.

전체적으로 노인복지정책에 대해 만족(16%)한다는 응답은 불만족(43%) 보다 훨씬 적은 것으로 나타나며, 연령과 성별, 계층, 학력에 따라 모두 뚜렷 한 차이를 보여준다. 노인복지정책에 대한 만족 비율은 55세 이상 고령자

<표 2> 노인복지정책의 종합 만족도와 개인배경 변수

(단위 %)

	전체	연령		성별		계층			학력		
		40~54	55 이상	남	여	상	중	하	중졸 이하	고졸	대재 이상
만족	16.0	10.9	21.9	11.1	20.5	25.4	16.3	13.2	30.8	14.7	13.4
보통	40.9	39.8	42.2	40.1	41.7	36.6	44.0	39.7	40.4	42.9	39.8
불만족	43.1	49.2	35.9	48.9	37.8	38.1	39.6	47.2	28.8	42.4	46.9
평균(5점)[주]	2.64	2.50	2.81	2.50	2.78	2.79	2.71	2.55	3.01	2.66	2.55
n	1178	640	538	569	609	134	502	532	146	389	636
통계량		$X^2=34.6$ $p<.001$, $t=5.8$ $p<.001$		$X^2=25.1$ $p<.001$, $t=-5.2$ $p<.001$		$X^2=16.3$ $p<.01$, $F=5.8$ $p<.01$			$X^2=33.0$ $p<.001$, $F=15.5$ $p<.001$		

주) 종합만족도는 1점(불만족)에서 5점(만족)으로 측정되었음

집단(21.9%)이 54세 이하 집단(10.9%)보다, 여성(20.5%)이 남성(11.1%)보다, 상위계층(25.4%)이 하위계층(13.2%)보다, 그리고 중졸 이하 집단(30.3%)이 대재 이상 집단(13.4%)보다 높게 나타났다. 일반적으로 나이가 많을수록, 학력이 낮을수록, 여성일수록 복지정책 만족도는 높게 나타난다는 사실은 기존연구를 통해서도 확인되어 왔다(김희진·전희정, 2010: 112). 또한 본 연구의 가설 가운데 하위계층일수록 정책수요가 높고 그로 인해 정책만족도는 낮아질 수 있다는 가설을 지지하는 결과이기도 하다.

<표 3>은 연구가설 4)에 따라 설정된 정치성향 변수로, 응답자의 정치이념, 집권당 지지여부와 노인복지정책 종합 만족도의 관계를 보여준다. 응답자의 정치이념과 집권당 지지여부에 따라 모두 통계적으로 유의미한 집단 간 차이를 나타내며, 자신의 이념성향이 보수적이라고 인식할수록, 집권당

〈표 3〉 노인복지정책 종합 만족도와 정치성향 변수

(단위 %)

	정치이념			집권당 지지여부	
	진보	중도	보수	지지	비(非)지지
만족	11.4	13.5	21.9	23.2	12.9
보통	36.6	41.9	43.9	46.9	38.4
불만족	52.0	44.6	34.2	29.9	48.8
평균(5점)	2.45	2.60	2.84	2.92	2.52
n	325	451	374	354	824
통계량	$X^2=29.8\ p\langle.001,$ $F=17.0\ p\langle.001$			$X^2=41.3\ p\langle.001$ $t=7.0\ p\langle.001$	

을 지지할수록 노인복지정책에 대한 만족도는 높았다.

한편, 〈표 4〉는 연구가설 1)~3)을 검증하기 위해 설정된 세부정책에 대한 정책중요도 및 정책성취도 평가와 노인복지정책 종합만족도와의 상관관계를 분석한 것이다. 정책중요도와 성취도 평가는 각각 전혀 중요하지 않음(이루어지지 않음)-별로 중요하지 않음(이루어지지 않음)-어느 정도 중요함(이루어짐)-매우 중요함(상당히 이루어짐)의 4급 간으로 측정되었으며, 〈표 4〉에는 각 세부정책 중요도와 만족도의 평균값이 표기되어 있다. 종합만족도는 불만족-만족의 5급 간 지표를 사용하여 측정된 값으로 상관관계를 분석하였다.

정책중요도의 경우, 기초노령연금, 장기요양보험, 요양병원 지원, 공공일자리 창출, 고령자 경제활동 보장 영역이 종합만족도와 유의한 상관관계를 나타냈으며, 중요하다고 생각할수록 만족도는 낮게 나타나 연구가설 2)를 지지했다. 반면 국민연금 안정화와 노인여가활동 지원에 관해서는 정책중요도 평가와 종합만족도 사이에 유의한 관계가 발견되지 않았다.

〈표 4〉 세부정책 중요도 및 성취도와 종합만족도의 상관관계

세부정책평가 (부정-긍정) 종합만족도 (만족-불만족)	평균	정책중요도&종합만족도			평균	정책성취도&종합만족도		
		상관 계수	유의 확률	n		상관 계수	유의 확률	n
국민연금안정화	3.54	-.038	.195	1173	2.57	.265	.000	1157
기초노령연금정착	3.41	-.145	.000	1171	2.51	.299	.000	1143
노인장기요양보험정착	3.39	-.059	.045	1164	2.46	.253	.000	1122
노인요양병원 정부지원	3.29	-.140	.000	1172	2.43	.252	.000	1095
공공일자리 창출	3.28	-.074	.011	1172	2.23	.218	.000	1153
노인여가활동지원	2.95	.020	.495	1168	2.30	.281	.000	1148
노인주거안정화	3.25	-.049	.092	1171	2.06	.253	.000	1138
고령자경제활동 보장	3.19	-.112	.000	1170	2.08	.244	.000	1151

국민연금제도 안정화의 중요도는 8개 세부정책 영역 중요도 평가 가운데 1위를 차지했고, 응답자들은 기초노령연금제도 정착보다 더 중요하게 인식하고 있었지만 유의미한 상관관계가 나타나지 않는 것은 사회보험과 공공부조라는 제도적 차이에서 기인한 것으로 해석된다. 정부정책 수준에서 볼 때 국민연금제도는 기초노령연금제도보다 더 근본적인 노후소득보장정책으로 볼 수 있다. 하지만 국민연금제도는 가입자의 보험료로 운영되는 사회보험인 반면 기초노령연금제도는 국가재정으로 지원되는 공공부조의 성격을 갖기 때문에, 정부 정책만족도 평가에는 직접적인 재정지출을 수반하는 기초노령연금이 큰 영향력을 발휘하는 것으로 보인다.

또한 현 시점에서 두 제도가 포괄하는 노인인구의 범위에는 큰 차이가 있다. 국민연금은 1988년 부분적으로 시행되기 시작해 1인 이상 사업장 및 자영업자까지 적용대상으로 확장되었던 2006년까지 점진적으로 확대 시행

되었고, 그 결과 2010년 현재 65세 이상 인구 가운데 26.2%만이 국민연금을 수령하고 있다. 농어촌 가입자 등 초기 예외규정들이 존재하긴 하지만, 국민연금은 10년의 보험료 납입기간이 지나야 보험금 수령이 가능하기 때문에 아직 그 포괄범위가 1/4에 지나지 않는 것이다. 국민연금관리공단이 제출한 자료에 따르면, 2012년 50세~58세에 이르는 '베이비부머' 세대 758만 명 가운데 2011년 말 현재 10년 이상 연금 보험료를 납부해서 노후 국민연금을 받을 수 있는 사람은 33.8%에 불과한 상태다(국민연금관리공단, 2011/11/28).

반면 기초노령연금은 2008년 시행당시 65세 인구의 60%를 포괄하도록 설계되었다가 2009년 70%를 포괄하도록 변화되어, 정책 대상 범위가 고령 사회정책 가운데 국민건강보험 다음으로 큰 정책이다. 하지만 제도도입 당시부터 국민연금이 65세 이상 노인들을 일시에 포괄할 수 없는 조건에서 노후소득보장을 위한 보완적 제도로 등장했고(이지호, 2012), 명칭은 '연금'이지만 실제 정책내용은 공공부조를 통한 소득이전정책이기 때문에 수급자의 수급액은 2010년 1인 가구 기준 9만 원대로 실질적인 '연금' 기능을 수행한다고 보기에는 한계가 있다. 장기적으로는 국민연금이 노후소득보장을 위한 기본정책이 되겠지만, 현 시점에서 국민연금 수령자의 포괄범위나 수령액에 비추어 수령액은 작더라도 더 많은 노인인구에게 혜택을 미치고 있는 기초노령연금제도가 공적 소득보장정책으로의 기대를 더 크게 받고 있다는 해석도 가능하다.

한편, 정부 차원의 노인여가활동 지원정책은 총 8개의 세부정책들 가운데 중요도로는 8위를 차지해 가장 낮은 평가를 받았고, 정책만족도와도 유의한 상관관계를 보이지 않았다.

정책성취도에서는 모든 세부정책평가가 종합만족도와 유의한 상관관계를 나타냈고, 각 세부정책평가에서 성취도가 높다고 평가할수록 만족도도 높은 정(+)의 상관관계를 보이는 것으로 확인되었다. 하지만 연구가설 3)의 가정과는 달리, 상관계수값은 기초노령연금〉여가활동 지원〉국민연금〉노인장기요양보험〉주거안정화〉요양병원〉민간경제활동보장〉공공일자리 창출 순으로 나타나 성취도의 크기와 일관된 관계를 나타내지는 않았다.

마지막으로 가설 5)를 검증하기 위해 사용된 노인복지서비스 수혜경험은 서비스의 포괄범위와 지속시기를 고려하여 기초노령연금 수급, 정부제공 노인일자리 활동 참여, 노인복지관 제공 프로그램 참여, 장기요양보험 제공 서비스 수급 경험여부를 통해 조작화하였다.[2] 복지서비스 수혜경험은 응답자 본인뿐 아니라, 부모의 수혜경험도 함께 조사하여 서비스 대상 연령층이 아니더라도 수혜경험 여부를 확인하였다. 4가지 서비스 중 하나라도 경험한 사람들은 629명이며 응답자의 53.4%를 차지했다. 예상대로 노인복지정책에 대한 만족 비율은 복지서비스 수혜경험자들(18%)이 비경험자(13%)보다 많았으며, 노인복지정책에 대한 종합만족도 평균 비교에서도 통계적으로 유의한 차이를 보였다.

<표 5> 노인복지 서비스의 수혜경험

	있다	없다
만족	18.6	12.9
보통	41.0	40.8
불만족	40.4	46.3
평균(5점)	2.72	2.55
n	629	549
통계량	$X^2=8.3\ p<.05$ $t=3.1\ p<.01$	

---

2) 나머지 4개 정책영역 가운데 주거안정화 정책은 노인복지주택 등을 정책내용으로 하는데 시행시기가 짧고 포괄범위가 매우 협소해 국민조사에서 확인하기에는 어려움이 있었고, 정년연장 등 민간 경제활동 보장정책은 시행주체가 정부가 아닌 민간이므로 수혜경험 여부로 확인하기는 어려움이 있어 제외하였다.

2. 회귀분석

이상의 기초분석 결과를 토대로, 각 변수들이 노인복지정책 종합만족도에 미치는 영향을 분석하기 위해 회귀분석을 시도하였다. 기초분석 단계에서 개인배경 변수, 정치성향 변수, 노인복지수혜경험 변수들이 모두 종합만족도에 유의한 영향을 미치는 것으로 확인되어 회귀분석에 변수로 사용하였다. 또한 정책중요도 평가에서 국민연금, 노인여가활동 지원정책이 유의한 상관관계를 나타내지는 않았으나 정책성취도에서는 모든 세부정책평가들이 유의하였으므로 중요도와 성취도가 동시에 분석될 때의 효과를 고려하여 8개의 세부정책평가 중요도 및 성취도를 모두 독립변수로 포함하여 모형을 구성하였다.

가설 1)과 관련하여, 40~55세 집단과 55세 이상 고령자 집단은 기초분석 단계에서 정책만족도의 유의한 차이를 보였으며, 55세 이상 응답자들의 만족도가 높게 나타나는 것으로 확인되었다. 또한 본 연구는 미래 고령층이 정책중요도를, 현재 고령층은 정책성취도를 중요하게 고려하여 정책만족도 평가를 할 것이라고 가정하였다.

회귀분석 결과, 미래 고령층은 8개의 세부정책 중요도 평가에서 기초노령연금제도, 장기요양보험제도, 노인요양병원 지원, 고령자경제활동 보장 4개 분야의 중요도 평가를 종합만족도 평가에서 유의하게 고려하는 것으로 나타났다. 영향력의 크기를 기준으로 보면, 기초노령연금, 장기요양보험, 노인요양병원 지원, 고령자 민간경제활동 지원의 순이었다. 반면 정책성취도 평가에서는 국민연금제도만이 유의한 영향력을 미치는 것으로 나타나, 전반적으로 미래 고령층은 성취도보다 중요도에 민감하게 반응한다고 해석할 수 있다. 한편 현재 고령층은 노인요양병원 지원의 중요도 평가만을 종합만족도 평가에 유의하게 고려하였고, 성취도 평가에서는 기초노령연금제도, 노인요양병원 지원, 노인여가활동의 3가지 세부정책들을 고려하고 있어 상대적으로 중요도보다 성취도에 민감하게 반응한다고 해석된다.

한편, 가설 2~3)에서 정책중요도 평가는 정책만족도에 부(-)의 영향을,

정책성취도는 정(+)의 영향을 미칠 것이라고 가정하였다. 정책중요도는 현재 정부가 제공하고 있는 서비스에 비추어 더 큰 정책수요를 나타낸다고 해석할 수 있기 때문에 현 시점 종합적인 정책만족도에는 부정적인 영향을 미칠 수 있는 반면, 정책성취도는 현재 제공되는 서비스가 정책수요를 얼마나 충족시키고 있는가에 관한 평가이므로 종합적인 평가에는 긍정적인 영향을 미칠 것으로 보았다.

그런데 정책성취도 평가가 종합만족도에 긍정적인 영향을 미칠 것이라는 가설은 지지되었지만, 정책중요도 평가의 영향은 정책영역별로 다른 양상을 나타냈다. 또한 같은 방향의 영향을 미치더라도 연령집단에 따라 반응하는 정책영역은 상이한 것으로 확인되었다. 전체 유권자 수준에서는 기초노령연금제도와 노인요양병원 지원, 노인여가활동지원과 주거안정화정책이 잘 되고 있다고 생각할수록 종합만족도는 높았고, 현재 고령층에서는 주거안정화정책을 제외한 나머지 세 정책의 성취도를 높게 평가할수록 종합만족도도 높았다. 그런데 미래 고령층에서는 국민연금제도가 잘 이루어지고 있다고 생각할수록 종합만족도가 높았지만, 현재 고령층이 종합만족도 평가에 반영했던 다른 정책들의 성취도 평가는 유의미한 영향을 확인할 수 없었다.

이런 결과는 한편으로 당연하게 보이는데, 평가대상의 8개 정책영역 가운데 40세~54세 연령층에 있는 응답자들이 본인의 경험을 통해 성취도를 평가할 수 있는 정책은 국민연금제도가 유일하기 때문이다. 또한 이들은 연금수령을 위한 가입기간인 10년을 채울 수 있거나 이미 채워왔기 때문에, 국민연금을 중요한 노후소득원으로 고려할 수 있고 이것이 정책성취도 평가를 종합만족도 평가와 연결시키게 만든 이유일 수 있다. 반면 현재 고령층에게 국민연금이 중요도나 성취도에서 유의미한 영향을 미치지 않는 것은, 노후소득 보장정책으로서 국민연금의 출발시점과 연금수령을 위한 필수 가입기간을 고려할 때 이들의 다수가 국민연금의 혜택을 받지 못하거나 혜택을 받더라도 실질적인 소득보장 기능을 하지 못하는 현실적 조건 때문인 것으로 해석된다.

한편, 세부정책 영역별 중요도 평가가 종합만족도에 미치는 영향력의 방

<표 6> 고령사회정책 종합만족도(만족~불만족)의 회귀모형 분석결과

구분	변수	전체		40세~54세		55세 이상	
		회귀계수 (표준오차)	표준 계수	회귀계수 (표준오차)	표준 계수	회귀계수 (표준오차)	표준 계수
	상수	1.685*** (.337)		1.557*** (.538)		2.138*** (.638)	
개인적 배경	남녀 (남=1, 여=0)	-0.173*** (.054)	-0.095	-0.191*** (.067)	-0.109	-0.154* (.091)	-0.083
	연령(저~고)	0.004 (.003)	0.048	0.011 (.008)	0.054	-0.0004 (.007)	-0.003
	학력 (초졸1~대학4)	-0.088** (.040)	-0.072	-0.111* (.065)	-0.066	-0.082 (.053)	-0.080
	계층인식 (하위1~상위5)	0.107*** (.032)	0.100	0.103** (.043)	0.093	0.104** (.049)	0.104
정치 성향	이념성향 (진보1~보수5)	0.071** (.030)	0.073	0.040 (.040)	0.039	0.100** (.045)	0.105
	집권당 지지 (지지=1, 비=0)	0.228*** (.062)	0.115	0.287*** (.087)	0.130	0.189** (.089)	0.101
정책 중요도 평가	국민연금 (부정1~긍정4)	0.006 (.040)	0.005	0.021 (.054)	0.017	-0.001 (.061)	-0.001
	기초노령연금 (부정1~긍정4)	-0.135*** (.046)	-0.102	-0.233*** (.066)	-0.171	-0.057 (.065)	-0.046
	노인장기요양보험 (부정1~긍정4)	0.079* (.047)	0.060	0.154*** (.057)	0.125	-0.061 (.082)	-0.043
	노인요양병원 (부정1~긍정4)	-0.151*** (.044)	-0.124	-0.121** (.052)	-0.106	-0.146* (.077)	-0.111
	공공일자리 (부정1~긍정4)	0.036 (.043)	0.027	-0.033 (.056)	-0.026	0.083 (.067)	0.064
	노인여가활동 (부정1~긍정4)	0.022 (.039)	0.019	0.084 (.051)	0.073	-0.070 (.060)	-0.060
	노인주거안정화 (부정1~긍정4)	0.009 (.043)	0.007	0.043 (.055)	0.035	-0.035 (.071)	-0.027
	고령자경제활동 (부정1~긍정4)	-0.090** (.036)	-0.079	-0.091* (.047)	-0.084	-0.057 (.058)	-0.049

정책 성취도 평가	국민연금 (부정1~긍정4)	0.064 (.047)	0.051	0.175*** (.065)	0.136	-0.021 (.071)	-0.016
	기초노령연금 (부정1~긍정4)	0.181*** (.050)	0.134	0.103 (.074)	0.075	0.179** (.071)	0.134
	노인장기요양보험 (부정1~긍정4)	-0.001 (.047)	-0.001	0.078 (.065)	0.063	-0.093 (.071)	-0.075
	노인요양병원 (부정1~긍정4)	0.095** (.044)	0.078	-0.041 (.058)	-0.035	0.266*** (.069)	0.213
	공공일자리 (부정1~긍정4)	0.016 (.045)	0.012	-0.002 (.060)	-0.002	0.021 (.069)	0.017
	노인여가활동 (부정1~긍정4)	0.072* (.040)	0.064	0.085 (.054)	0.076	0.109* (.062)	0.096
	노인주거안정화 (부정1~긍정4)	0.087* (.047)	0.069	0.101 (.063)	0.084	0.092 (.073)	0.071
	고령자경제활동 (부정1~긍정4)	0.008 (.046)	0.007	-0.017 (.060)	-0.014	0.017 (.071)	0.013
노인복지수혜경험 (유=1, 무=0)		0.088* (.053)	0.049	0.036 (.068)	0.021	0.180** (.085)	0.097
통계량	F value	13.02***		7.91***		5.29**	
	R^2	0.237		0.250		0.237	
	$Adj\ R^2$	0.219		0.218		0.192	
	n	986		570		416	

*** $p \langle .01$ ** $p \langle .05$ * $p \langle .1$

향은 다른 것으로 확인되었다. 기초노령연금제도와 노인요양병원 지원, 경제활동 보장의 세 정책영역과 노인장기요양보험제도에 대한 평가가 종합만족도에 미치는 영향이 대별되었다. 전자의 세 정책들은 중요하다고 생각할수록 종합만족도가 낮아, 현재 제공되는 수준보다 더 높은 정책수요를 확인할 수 있다. 반면 노인장기요양보험제도는 중요하다고 인식할수록 종합만족도도 높은 것으로 나타났다. 특히 이런 경향은 미래 고령층에서 뚜렷이 발견된다.

장기요양보험은 국민건강보험제도 안에서 운용되기는 하지만, 건강보험과는 별도로 운영되는 제도다. 모든 건강보험 가입자들은 건강보험료에 포함된 별도의 요양보험료를 납부하고 있으며, 이렇게 모인 기금은 건강보험기금과는 독립적으로 운영되면서 장기요양보험 서비스를 제공하는데 지출된다. 하지만 장기요양보험제도가 도입된 것은 2008년으로, 불과 4년 동안에 모인 기금으로 요양서비스를 제공하기에는 한계가 있기 때문에 정부재정이 지원되고 있는데, 도입 첫 해였던 2008년 기준으로 보건복지부 예산의 7%를 차지했다고 한다(김대철, 2009: 29-30). 이렇게 정부재정이 지원되고 있기는 하지만, 2010년 기준 장기요양보험서비스가 포괄하는 노인인구는 65세 이상 인구의 5.8%에 불과하다(국민건강보험공단, 2011).

그럼에도 중요도 평가가 종합만족도에 긍정적인 영향을 미친다는 것은, 장기요양보험서비스가 수요자들의 정책적 기대를 넘는 만족도를 제공하는 것으로 볼 수 있다. 특히 이런 평가가 55세 이상 고령층이 아니라 40세~54세 집단에서 나타나는 것은, 장기요양서비스의 주 신청자들이 부모의 요양서비스를 필요로 하는 자녀세대이기 때문으로 해석된다. 장기요양서비스의 혜택을 받는 사람들은 심각하게 거동이 불편하거나 중증 치매노인들이다. 2008년 이전까지만 하더라도 이들의 수발은 대개 가족의 부담이었다는 점에서, 요양서비스의 혜택을 보는 인구의 범위가 협소하다 하더라도 정부가 요양서비스를 제공한다는 정책 자체가 미래의 고령층들에게 주는 만족도는 매우 크다고 해석할 수 있겠다.

한편 현 고령층 응답자들은 노인요양병원 지원이 중요하다고 인식할수록 종합만족도가 낮은 것으로 확인되었지만 그 유의도는 0.1수준으로 높지 않았고, 다른 정책들에 대해서는 중요도 평가를 종합만족도에 유의하게 반영하지 않는 것으로 확인된다.

가설 4)에서 정책중요도 및 성취도 평가의 효과를 보다 분명히 드러내기 위해 통제변수로 사용한 정치성향 변수는 전체 응답자 수준에서 유의한 영향을 미쳤으며, 자신의 이념성향이 보수적이라고 인식하는 사람일수록 만족도가 높았고 현 집권당을 지지할수록 만족도가 높았다. 반면 인구집단에서는 차별적 효과가 나타났는데, 현 고령층에서는 이념성향과 집권당 지지여부가 모두 종합만족도에 유의한 영향을 미친 반면, 미래 고령층 집단에서는 이념성향 변수는 유의하지 않았고 집권당 지지만이 높은 유의도와 회귀계수 값을 나타냈다. 특히 미래 고령층 집단의 종합 만족도에 영향을 미치는 모든 변수들 가운데 집권당 지지여부가 가장 큰 영향력을 미치는 것으로 나타났는데(회귀계수 0.29), 이것은 현재 40세~54세 응답자들 가운데 고령사회정책에 대해 상대적으로 정보가 없거나 적은 정보를 가진 사람들이 고령사회정책 만족도가 아니라 전체 정부 만족도 수준에서 평가한 결과로 추정된다.

가설 5)의 노인복지 수혜경험은 전체적으로 만족도평가에 정(+)의 영향을 미쳤으며 특히 현 고령층에서 그 효과는 보다 분명히 나타났고 미래 고령층에서는 나타나지 않았다. 미래 고령층은 복지서비스의 직접 수혜자가 아니라 부모세대를 통한 간접 경험이므로 이것이 정책만족도와 직결되지는 않는 것으로 해석된다.

가설 6)에서 자신이 속한 계층이 낮다고 생각할수록 정책수요는 높고 그 결과로 만족도는 낮을 것이라고 가정하였는데, 회귀분석 결과는 위 가설을 지지했으며 이런 경향은 현 고령층과 미래 고령층에서 동일하게 나타났다. 계층적 지위에 따라 정책만족도가 달라진다는 사실은, 향후 정부 정책방향의 설정과 개별 정책의 디자인에 유의미한 함의를 전달한다.

V. 결론 및 정책적 함의

본 연구는 고령사회정책 종합만족도에 세부정책 중요도 및 성취도 평가가 미치는 영향을 확인함으로써 향후 정부가 정책방향을 설정하거나 정책디자인을 할 때 보다 중점을 두어야 할 영역을 탐색하고 이로부터 정책적 함의를 찾는 데 주된 목적이 있다. 이를 위하여 고령사회정책에 보다 직접적인 이해관계를 가질 것이라고 가정한 40세 이상 인구집단에 대한 설문조사를 토대로 경험분석을 시도하였다. 분석결과 응답자들은 전체적으로 기초노령연금, 노인요양병원 지원, 고령자들의 민간 경제활동 보장과 노인장기요양보험제도에 관해 유의미한 정책수요를 나타냈고, 40세~54세 미래 고령층에서도 같은 수요가 발견되었다.

기초노령연금은 국민연금과 함께 공적 소득보장정책을 대표한다. 현재 혹은 미래에 우리나라 노인들은 국민연금과 기초노령연금을 통해 노후소득을 공적으로 보장받게 되는 것이다. 따라서 기초노령연금에 대한 정책수요는 국민연금정책과 연동하여 해석되고 대안이 마련될 수밖에 없다. 특히 머지않아 고령층에 진입하는 40세~54세는 정책성취도 평가에서 국민연금에 민감하게 반응했으며, 현 고령층과는 달리 국민연금을 주된 노후소득원으로 인식하고 있다는 점을 보여준다. 회귀분석 결과 현재 정부의 고령사회 정책 만족도에 국민연금에 대한 중요도 평가가 유의미한 영향을 미치지는 않는 것으로 나타났으나, 각 세부정책 영역의 중요도 인식에서는 국민연금제도가 가장 중요도가 높게 평가된 점도 국민연금제도에 대한 국민들의 인식을 반영한다.

이렇게 볼 때, 위 분석결과를 국민들의 노후소득보장에서 사회보험제도인 국민연금보다 공부조제도인 기초노령연금에 대한 수요가 더 높다고 단순히 해석하기에는 무리가 따른다. 그보다는 국민연금제도가 노인인구의 다수를 포괄할 때까지 기초노령연금제도를 통해 노후의 실질소득을 보장할 수 있도록 보완하고 점차 국민연금이 안정적으로 이를 대체해 나갈 수 있는 정책 디자인의 정교함이 더 요구된다고 해석하는 것이 타당해 보인다. 즉 사회보험이든 공공부조든 정부가 국민다수의 노후소득보장을 정책적으로 책임져야 한다는 정책수요는 분명히 확인할 수 있으며, 이 책임을 국민연금과 기초노령연금제도의 관계 속에서 어떻게 해결해 나가야 하는가의 문제는 정책결정자의 몫일 수밖에 없다.

한편 노인요양병원 지원에 대한 수요는 전체 응답자 수준에서, 그리고 현재 고령층과 미래 고령층에게서 모두 유의미하게 확인되었으며, 이 결과는 국민건강보험제도의 운용에 중요한 함의를 던져준다. 2011년 현재 국민건강보험 가입자 가운데 65세 이상 인구비율은 10.1%인 반면 진료비 가운데 65세 이상 노인의료비가 차지하는 비중은 32.2%에 이르며, 매년 급증하고 있는데 그 주요인 가운데 하나가 요양병원 진료비다. 요양병원 급여비는 지난 2008년 9,400억 원에서 2009년 1조 2천억 원, 2010년 1조 6천억 원을 넘어서며 매년 30% 이상 증가하고 있다. 요양병원 병상수도 2008년 76,000개에서 2009년 9만 개, 2010년 11만 개를 넘어서며 큰 폭으로 증가해 왔다(권용진, 2011).

　이러한 현실에서 요양병원 지원에 대한 명료한 정책수요가 확인되었다는 것은, 한편으로 국민건강보험 재정운용을 위한 중장기 대책마련이 시급함을 의미한다. 정책수요의 증대는 재정부담의 가중을 낳을 것이기 때문에, 건강보험료의 인상이나 건강보험료 납부자 범위의 확대 등을 통한 재정증대 방안이 필요할 것이다. 다른 한편으로는, 민간영역에만 맡겨져 있는 요양병원에 대한 정부의 체계적인 관리와 감독을 위한 계획이 필요하다. 현재 요양병원들은 요양과 치료적 처지를 함께 수행한다는 명분으로 보험료 비급여 요양비를 자율로 책정하고 있으며, 보험료 급여를 받을 수 있는 치료에 대해서는 과잉진료를 하고 있다는 주장들이 제기되고 있다. 장기적으로는 노인장기요양보험 서비스의 기반을 확대함으로써 요양병원의 서비스를 정부 주도 요양 서비스의 범위 안에서 관리할 수 있는 대안이 필요하겠지만, 단기적으로는 민간에만 맡겨져 있는 요양병원에 대한 감독을 통해 건강보험 급여의 낭비성 지출을 제한하는 대책이 필요할 것이다.

　한편 고령자들의 민간 경제활동을 보장하라는 정책수요는 정부제공 공공일자리에 대한 평가와 함께 고려될 필요가 있다. 전체 응답자 수준과 각 연령집단 수준에서 모두 공공일자리 창출에 대한 수요는 확인되지 않았다. 반면 40세~54세 집단에서는 민간 영역의 경제활동 지속에 대한 유의미한 정책수요가 확인되고 있다. 이것은 어떤 이유로든 현재나 미래의 고령자들에게 정부 제공 일자리보다 고용시장에서 보다 오래 머물고 싶은 기대를 확인시켜 준다. 최근 들어 정년보장이나 임금피크제, 노동시간 제한을 통한 일자리 공유 등의 정책대안들이 이슈가 되고 있는데, 본 연구의 분석결과는 이런 정책수요가 유의하게 존재함을 확인시켜주는 것이다. 문제는 정부 재정지출을 통한 공공일자리 창출이 훨씬 용이한 정책수단인 반면, 고용시장에서 고령자들을 수용할 수 있는 대안을 마련하는 것은 쉽지 않다는 점이다. 우선 고령자를 고용할 기업의 협조가 필요하며, 보다 젊은 세대 노동자들의 일자리 공유에 대한 양해와 협조가 필요한 문제이기 때문이다. 하지만 쉽지 않다고 하더라도, 인구 구성상 점차 노동능력이 충분한 고령자들이 늘어날 수밖에 없는 조건에서 이들을 수용할 노동시장의 구조조정이 필요하고, 이를 위해 정부의 적극적 정책대응이 마련되어야 할 것으로 보인다.

마지막으로 자신이 하위계층에 속한다고 생각하는 사람들일수록 고령사회정책에 대한 만족도가 낮다는 것은, 고령사회정책 디자인에서 중요하게 고려되어야 할 사항으로 판단된다. 직관적으로도 하위계층일수록 자산과 소득이 적기 때문에 노후생활을 위한 소득, 건강, 주거 등의 대안을 마련하기 어려우며 정부에 대한 정책적 기대도 높아질 수 있다. 문제는 이런 정책수요를 어떤 방식으로 정책에 반영하고 수용할 것인가이다. 단기적이고 쉬운 선택은 정부재정지원을 통한 공공부조 방식 정책을 확대하는 것이겠지만, 이는 장기적으로 국가재정에 누진적인 부담이 될 수밖에 없다. 단기적으로는 소득이전정책을 통해 이런 정책수요에 반응하더라도, 장기적으로는 저자산, 저소득 계층이 근로능력이 있을 때부터 적정소득을 보장받을 수 있고 이로부터 노후준비를 할 수 있게 하는 사회적 인프라를 구축하는 근본적 대책이 필요한 문제라고 하겠다.

【참고문헌】

강소랑·문상호. 2011. "중·고령자의 삶의 질에 관한 증험적(Evidence-Based) 정책 설계 — 고령화연구패널(KLoSA) 자료를 이용한 실증분석."『한국정책학회보』 20(2): 353-382.

고재욱·이동열. 2011. "노인일자리사업 참여자의 삶의 만족도와 정책효과에 관한 연구."『한국노년학』 31(4): 1209-1228.

국민건강보험공단. 2011. 「2010년 보험료 부담 대비 급여비 현황 분석」.

______. 2011. "베이비부머 노후준비의 표준인은?"「국민연금관리공단」 보도자료 (2011.11.28).

국민연금연구원. 2008. 「국민노후소득보장패널」. 국민연금관리공단.

권용진. 2011. "노인 요양병원·시설 기능 재정립하자."『서울경제신문』 칼럼(2011. 12.27).

김대철. 2009. "저출산 고령사회 대책의 재정분석." 국회예산정책처.『저출산고령사회대응연구』 제4호.

김수봉. 2010. "노인의 생활만족도 개선을 위한 사회정책의 방향."『노인복지연구』 47: 95-112.

김순양·박병일·고수정. 2002. "재가노인복지서비스의 수혜자 만족도에 관한 연구." 한국정책학회 춘계학술회의 발표논문.

김신영. 2010. "한국인의 복지의식 결정요인 연구: 국가의 공적책임에 대한 태도를 중심으로."『조사연구』 11(1): 87-105.

김영오. 2008. "주민만족도 평가에 관한 실증적 연구."『한국행정논총』 20(2): 601-633.

김재홍·조경호. 1995. "지방정부행정서비스에 대한 시민의식과 평가: 울산시를 중심으로."『한국행정연구』 4(2): 133-154.

김판석·박종훈. 1996. "중앙행정기관의 민원행정서비스에 대한 고객만족도 조사설계." 국민고충처리위원회 등 주최 고객지향적 정부구축을 위한 민관합동 대토론회 발표논문.

김희진·전희정. 2010. "일반 국민들의 사회복지정책 평가에 미치는 영향변인에 대한 탐색적 연구: 복지욕구, 복지인식 및 복지서비스 이용경험을 중심으로."『사회보장연구』26(2): 95-121.

노동부. 2006.「고령자 고용촉진 기본계획('07~'11)」.

대한민국 정부. 2006.「제1차 저출산고령사회 기본계획」.

______. 2008.「제1차 저출산고령사회 기본계획 수정판」.

______. 2011.「제2차 저출산고령사회 기본계획」.

메디게이트 뉴스. 2012. "요양병원 혼탁… '옥'은 키우고 '석'은 퇴출 시급."『메디게이트 뉴스』(2012.1.16).

박기관. 2010. "지방정부 상수도서비스의 고객만족도 평가 및 영향요인에 관한 연구."『국가정책연구』24(1): 157-178.

박성훈·김태일. 2007. "정책수단의 변화에 따른 재가복지 만족도 차이에 관한 연구: 노인장기요양보험제도를 중심으로." 한국정책학회 동계학술회의 발표논문.

박중훈. 1999. "시민평가제도의 시대적 의미와 기능."『지방행정』. 1999년 9월호.

______. 2001. "민원서비스에 대한 고객만족도 조사."『한국행정연구』10(1): 40-66.

서복경·황아란. 2012. "복지확대에 대한 국민중심의 정책평가: 고령자정책 사례를 중심으로."『현대정치연구』. 5(1): 5-34.

선한승. 2008. "고령화 사회에서의 경제활동과 사회참여."『고령화사회 어떻게 대응할 것인가』. 제25회 아산 사회복지재단 창립 심포지엄 자료집: 107-130.

손홍숙. 2005. "재가복지서비스의 만족도에 관한 연구."『한국가족복지학』10(3): 41-61.

신윤정·정경희·김수봉·손창균·이수형·이지혜. 2009.「저출산·고령사회 정책 국민 체감도 및 우선순위 조사」. 보건복지부·한국보건사회연구원.

심태섭. 2001. "국체청의 납세자 편의제도에 대한 만족도 연구."『한국세무회계학회지』8: 73-88.

심태섭·송인국. 2005. "국세청 홈텍스서비스시스템에 대한 이용자만족도와 업무효율향상연구."『세무학연구』22(4): 41-62.

윤수재. 2002. "주요정책과제에 대한 국민만족도 인지분석: 정책과 항목요인을 중심으로."『중앙행정논집』16(1): 213-231.

윤수재·김지수. 2011. "중앙정부 정책만족도 개선방안에 대한 내무고객과 외부전문가의 인식분석."『한국정책학회보』20(3): 133-161.

이광희·임동진. 2009.「성과관리계획상의 만족도지표 실태분석 및 개선방안 연구」. 한국행정연구원 연구보고서.

이용규·이종수. 2009. "유시티(U-city) 공공서비스 만족도 분석 — 화성시 동탄동의 유서비스를 중심으로." 『GRI연구논총』 11(2): 91-111.

이중섭. 2010. "장애노인의 생활만족에 영향을 미치는 요인에 관한 연구: 광주광역시 등록장애인을 중심으로." 『노인복지연구』 47: 187-211.

이지호. 2012. "기초노령연금정책의 의제설정과 정책결정에 관한 인지지도분석: MSF를 중심으로." 『한국정책과학회보』 16(1): 49-72.

저출산고령사회위원회. 2006. 『일본고령사회백서』.

전광섭. 2007. "한국 역대정부의 주택정책 만족도 연구." 『주택연구』 15(1): 149-187.

정연범·김천영. 2011. "노인복지정책의 연구동향 고찰." 『지역발전연구』 10(2): 148-179.

주은선·백정미. 2007. "한국의 복지인식 지형 — 계층, 복지수요, 공공복지 수급경험의 영향을 중심으로." 『사회복지연구』 34: 203-225.

최혜지. 2007. "고령사회의 사회복지정책: 노인수발보험의 쟁점 분석." 『민주사회와 정책연구』. 11: 87-109.

한국노동연구원. 2008. 『고령화패널』. 한국노동연구원.

한국보건사회연구원. 2008. 「한국복지패널 기초분석 보고서」. 한국보건사회연구원.

허만영 외. 2001. "규제개혁에 따른 민원서비스 체감효과 분석 연구: 지방자치단체 민원행정 서비스 집행실태를 중심으로." 한국행정연구원 연구보고서 01-07.

Alford. 2002. "Defining the Client in the Public Sector: A Social-Exchange Perspective." *Public Administration Review*, Vol.62(3): 337-346.

Coulmas, F. 2007. *Population Decline and Ageing in Japan: The Social Consequence*. Routledge.

Fetterman, D. M. 1996. "Empowerment evaluation: An Introduction to theory and practice." D. M. Fetterman and A. Wandersman, eds. *Empowerment Evaluation: Knowledge and Tools for Self-Assessment and Accountability*. Thousand Oaks, CA: Sage.

Hanberger, A. 2000. "Policy and Program Evaluation, Civil Society and Democracy." *American Journal of Evaluation,* Vol.22(2).

OECD. 1997. *In Research of Results: Performance Management Practices*. Paris: OECD.

Poister, H., and G. Henry. 1994. "Citizen Ratings of Public and Private Service Quality: A Comparative Perspective." *Public Administration Review*.

54(2): 155-160.
Stake, R. 1976. *Evaluating Educational Programmes*. Washington D.C.: OECD
    Publications Center.

국회 회의록시스템(http://likms.assembly.go.kr/record/index.html).
국회의안정보시스템(http://likms.assembly.go.kr/bill/jsp/main.jsp).
복지패널조사(http://koweps.re.kr/).
재정패널조사(http://panel.kipf.re.kr/).
한국노동패널(http://www.kli.re.kr/ klips/ko/main/main.jsp).

제7장

근로빈곤층정책에 대한 종합만족도 평가*

황아란 | 부산대학교
서복경 | 서강대학교

I. 서론

본 연구는 현재 시행되고 있는 근로빈곤층 대상 정책을 민간규제, 공공재정, 사회보험 영역으로 범주화하고 각 범주의 정책들이 종합만족도에 미치는 영향을 분석함으로써, 향후 정부가 근로빈곤층정책을 개선하는 데 필요한 정책수단을 탐색하고자 한다. 또한 19세 이상 저소득 근로빈곤층과 비근로빈곤층의 근로빈곤정책 만족도 평가를 비교함으로써, 근로빈곤정책의 실제적·잠재적 수혜층과 비(非)수혜층 간 정책인식의 차이를 분석하고 이로부터 근로빈곤정책의 보완방향을 모색해 보려 한다.

정부의 정책인식에서 노인·장애인·한부모 가정 등 비(非)근로빈곤층의 빈곤문제가 아닌, 일을 하면서도 빈곤한 계층에 대한 정책수요가 반영된 것

---

* 이 글은 『한국행정논집』 제25권 제1호(2013)에 실린 논문을 수정한 내용임.

은 비교적 최근의 일이다. IMF 경제위기는 단기적으로 실업을 급증시키고 가구빈곤 상태를 악화시켰지만, 보다 근본적으로 노동시장의 구조를 변화시 킴으로써 장기적 근로빈곤의 문제가 대두되게 만든 계기가 되었다. 그 이전 까지 한국에서 빈곤은 실직 및 미취업과 같은 의미를 가졌고, 빈곤탈출의 핵심적인 정책대안은 성장을 통한 고용률의 증가였다. 하지만 IMF 이후 어 느 시점에 이르면서 더 이상 취업상태가 빈곤탈출과 직접 연계되지 않게 되는 계층이 증가하게 되었고, 이들을 대상으로 한 별도의 정책적 고려가 필요하다는 사회적 인식이 확산되었다.

이를 반영하여 정부는 기초생활보장제도에서 근로능력자를 포함하고 근 로장려세제를 도입했으며, 최저임금의 상승과 고용보험제도의 확대를 모색 했다. 또한 과거 취약계층 지원사업의 일종인 '취로사업'으로 대표되었던 공 공일자리 창출사업을 대폭 확대해 청·장년층까지 그 대상으로 포괄했고, 최 근에는 민간부문에서 '더 나은 일자리 창출'을 위한 정책에 주목하게 되었다.

그러나 사회상황의 변화를 반영한 정책적 진전에도 불구하고, 정부의 근 로빈곤정책은 아직 비체계적이며 분산적인 상태에 머물러 있다. 정책대상 집단인 근로빈곤층을 어떻게 정의할 것인가에 관한 통일된 틀은 마련되어 있지 않으며, 보건복지부, 고용노동부, 기획재정부, 국세청 등에서 각기 다 양한 기준에 따른 개별사업들이 추진되고 있다. 이러다 보니 정부의 정책담 론에서 '근로빈곤(층)'은 존재하지만, 근로빈곤층을 대상으로 한 체계적인 정책방향과 목표 설정이 어렵고, 정책효과 평가 역시 개별사업 수준을 넘어 서지 못하고 있다.

이 글이 일반국민 정책평가를 시도한 문제의식은 여기에서 출발한다. 전 체 국민 수준에서 근로빈곤 문제를 어떻게 인식하고 있는가를 확인하는 것 은, 향후 근로빈곤정책을 더 진전시키는 데 중요한 사회적 기반을 제공한다. 근로빈곤정책은 크게 정부의 재정 및 정책활동이 직접 투입되는 공공영역과 입법 등의 경로를 통해 민간영역에서 근로빈곤을 개선하는 정책영역으로 나 뉠 수 있다. 공적 지출을 증대시키고 민간영역의 합의를 이끌어내기 위해서 는, 노동하는 빈곤층의 존재가 개인의 책임이 아니라 사회적 책임의 영역에서 고려되어야 한다는 사회적 합의가 전제되어야 한다. 또한 이런 사회적 합의의 형성에 영향을 미치는 요인을 분석하는 것은, 향후 보다 체계적인 근로빈곤정책의 수립과 발전에 필요한 요소를 발견하는 데 기여할 것이다.

II. 기존연구 검토

1. 한국 근로빈곤층의 정의와 특성

1) 근로빈곤층의 정의

최근에는 우리나라 정부도 공식적인 정책용어로 '근로빈곤(층)'이라는 말을 사용하고 있지만(보건복지부, 2012), 정부 각 부처가 공통적으로 관련 정책을 펴나가기 위해 필요한 근로빈곤층에 관한 통일적인 정의는 아직 도입되지 않은 상태다. 학술연구의 영역에서는 연구의 목적에 따라 여러 가지 정의가 활용된다.

근로빈곤은 빈곤을 측정하는 단위, 빈곤의 기준, 근로의 기준에 따라 상이한 정의를 적용할 수 있다. 빈곤의 측정단위란 빈곤상태를 가구단위로 측정할 것인가, 개인단위로 측정할 것인가의 문제다. 대개 빈곤층의 측정은 가구단위로 이루어지며 정부정책도 가구빈곤의 극복에 초점을 맞추게 되지만, 근로빈곤의 경우는 빈곤의 단위에 따라 접근이 달라질 수 있다. 가구로 초점을 맞출 경우 빈곤탈출을 위한 종합적인 접근—주거나 의료, 교육, 취업지원 등의 포괄적인 접근이 가능한 이점이 있지만, 개별 근로빈곤자가 처하는 노동시장의 문제를 포착하기에는 한계가 있다. 근로를 지속하고 있음에도 고용 불안정이나 지나치게 낮은 임금수준 등으로 인해 발생하는 빈곤상태는 복지나 취업지원을 통한 빈곤탈출대책만으로는 극복이 어렵다는 것이다(이병희, 2011a: 156-157).

근로빈곤층 정의의 두 번째 요소는 빈곤의 기준이다. ① 가구의 경제적 능력을 소득과 소비 가운데 어느 기준을 사용할 것인지, ② 소득 빈곤으로 한정할 때, 시장소득·경상소득·가처분소득 가운데 어떤 소득을 사용할 것인지, ③ 빈곤선을 절대 기준으로 할 것인지 아니면 상대 기준으로 할 것인지, ④ 가구 수요의 차이를 고려한 가구균등화지수를 어떻게 부여할 것인지 등에 여기에 해당한다(이병희, 2011b: 34). 근로빈곤층 정의를 달리 하게 하는 세 번째 요소는 근로의 기준이다. 과연 어느 정도 기간을 경제활동에 종사해야 근로상태로 볼 것인가의 문제로, 특히 근로빈곤층의 경우 취업과 실업, 비경제활동 상태로의 이동이 빈번하기 때문에 근로빈곤과 비 근로빈곤을 구분하는 데 있어 근로의 기준설정이 중요한 요소가 된다(노대명 외, 2009: 24).

이 세 가지 요소를 포함한 근로빈곤층의 정의는 근로연령 빈곤층(working-aged poor), 근로능력 빈곤층(workable poor), 취업 빈곤층(working poor)으로 나뉠 수 있다(이병희, 2011b: 33-35; 최옥금, 2009: 125-130; 노대명 외, 2009: 21-24). 근로연령 빈곤층은 가장 광의의 정의로, 전체 근로연령(15세~64세) 인구를 포함한 가구 가운데 빈곤층을 말한다. 이 정의는 근로연령대 인구 가운데 실질적으로 근로가 가능한 집단과 불가능한 집단을 구분해 주지 않는다.

반면 근로능력 빈곤층은 전체 근로연령인구 가운데 근로 무능력자를 제외한 인구를 모집단으로 하여 빈곤층을 추산한다. 근로무능력자란 장애나 질병 등으로 근로연령집단에 해당하지만 실질적으로 근로를 할 수 없는 사람을 말한다. 하지만 이 정의 역시, 장애나 질병이 아니더라도 한부모 가정이나 노인부양 등의 이유로 실질적 근로가 불가능한 집단을 포괄하게 되는 문제가 있다.

취업빈곤층은 가장 협의의 정의로, 특정 조사시점 일을 하고 있거나 구직활동 중인 빈곤층을 지칭한다. 그런데 이 정의는 실직과 취업을 반복하는 한국적 근로빈곤층의 특성을 반영하기에 어려움이 있다. 따라서 경제활동 기간을 고려한 근로빈곤층 정의는, '6개월간 경제활동 빈곤층(홍경준, 2005)',

'지난 1년 동안 노동시장 관련 행위를 한 번이라도 경험한 빈곤층(최옥금, 2009)' 등 경제활동 기간을 포함하여 정의를 내림으로써 조사시점 실직상태나 구직활동 상태가 아니더라도 경제활동 기간을 고려하여 취업빈곤층 정의의 한계를 보완한다. 참고로 근로상태를 경제활동 기간에 따라 보다 세분화한 정의는, 완전취업빈곤층(12개월 취업), 불완전취업빈곤층(7~11개월), 취업애로빈곤층(1~6개월 취업), 완전실직빈곤층(0개월 취업)으로 나누기도 한다(노대명 외, 2009: 25).

2) 근로빈곤층의 규모

근로빈곤층의 다양한 정의 방식에 따라 우리나라 근로빈곤층의 실질적 규모 추정 역시 달라진다. 〈표 1〉은 각 연도 한국복지패널조사 데이터를 활용한 근로빈곤층 규모 추정치로, 이병희(2011b)의 자료를 예시한 것이다. 빈곤의 기준은 상대적 빈곤선을 적용한 것으로 중위소득 50% 미만 기준을 사용했으며, 빈곤의 측정단위는 개인이다. 소득 기준은 일반적인 시장소득 기준, 시장소득에서 상속금, 복권당첨금 등 일시적 소득인 비경상소득을 제외한 경상소득 기준, 그리고 개인소비와 저축을 합한 가처분소득 기준을 사용했다. 근로의 기준은 연말 시점 취업상태를 기준으로 한 취업빈곤율과 연간 취업 경험이 있는 자를 대상으로 한 빈곤율의 두 가지 기준을 사용한 것이다.

빈곤 기준선의 적용은 이병희(2011b)처럼 중위소득 50% 미만 기준을 사용하기도 하고, 노대명 외(2009: 101)처럼 중위소득 40% 미만, 50% 미만, 60% 미만 등의 기준을 각기 적용해 비교하기도 한다. 한편 최옥금(2009)은 상대적 빈곤선이 아니라 최저생계비 120%라는 절대적 빈곤선을 적용해 빈곤층을 정의하기도 하였다. 또한 빈곤상태의 측정도 이병희(2011b)처럼 가구단위 조사데이터를 보정하여 개인단위 기준을 적용하기도 하고, 노대명 외(2009: 101)처럼 가구단위 기준을 사용하기도 한다. 이처럼 다양한 조작적 정의는 활용 가능한 데이터의 성격과 연구목적에 따라 달라지며, 학술연구에서도 정부정책에서와 마찬가지로 합의된 정의 및 측정방식은 존재하지

〈표 1〉 근로빈곤 관련 지표의 추이

구분		2005년	2006년	2007년	2008년	2009년
시장 소득	빈곤율	0.204	0.205	0.195	0.196	0.185
	근로능력 빈곤율	0.142	0.132	0.121	0.128	0.120
	취업빈곤율(연말 시점)	0.101	0.095	0.088	0.083	0.086
	연간 취업경험 빈곤율	0.091	0.098	0.091	0.096	0.094
경상 소득	빈곤율	0.170	0.169	0.162	0.156	0.143
	근로능력 빈곤율	0.120	0.109	0.098	0.099	0.092
	취업빈곤율(연말 시점)	0.092	0.083	0.072	0.066	0.066
	연간 취업경험 빈곤율	0.083	0.084	0.075	0.077	0.073
가처분 소득	빈곤율	0.163	0.162	0.154	0.152	0.135
	근로능력 빈곤율	0.115	0.106	0.097	0.099	0.088
	취업빈곤율(연말 시점)	0.088	0.080	0.072	0.064	0.062
	연간 취업경험 빈곤율	0.080	0.080	0.074	0.074	0.070

* 출처: 이병희, 2011b, p36, 〈표 1〉 인용

않는다고 볼 수 있다.

중위소득 50% 미만의 상대적 빈곤선을 적용할 때, 2009년 시장소득 기준 전체 빈곤율은 18.5%이며, 근로능력이 있는 인구 가운데 빈곤율은 12.0% 다. 그리고 연말 시점 취업상태에 있는 것으로 확인되지만 빈곤층에 해당하는 개인은 8.6%로 추정되며, 연말 시점 취업상태는 아니지만 지난 1년간 취업경험이 있는 인구 가운데 빈곤율은 9.4% 정도로 추정된다. 근로능력이 있고 경제활동을 하고 있으며 완전취업상태에 있음에도, 2009년 기준 100 명 가운데 8.6명이 빈곤상태에서 벗어나지 못하고 있다는 점은, 과거 실직과 빈곤이 등치되던 시대와 다른 사회적 상황을 반영한다고 하겠다.

3) 근로빈곤층의 특성

근로빈곤층은 근로상태에 있음에도 빈곤한 인구의 규모 측면에서도 문제가 되지만, 이들을 빈곤에 이르게 하는 노동시장과 사회의 구조적 특성이 개선되지 않는 한 근로빈곤의 문제 역시 개선되기 어렵다는 점에서 다른 정책적 문제를 던지고 있다.

한국노동패널자료를 이용한 지은정(2007)의 연구는, 한국 노동시장의 구조가 내부노동시장 및 외부노동시장과 근로빈곤노동시장이 분절된 형태로 존재하며, 근로빈곤노동시장에 일단 진입하면 이를 벗어나기 어려운 경로제약성하에 놓이게 된다고 주장한다. 취업상태에 있음에도 낮은 소득수준과 불안정 고용상태를 벗어나기 힘들며 장기간 근로빈곤노동시장 내에서만 머물게 된다는 것이다. 이 주장에 따르면, 근로빈곤노동시장과 내·외부 노동시장의 이동을 가로막는 구조적 장벽이 완화되지 않는 한 취업만으로 빈곤탈출을 보장할 수 없다는 결론에 이르게 된다. 전주시의 노동빈곤층의 생애사 연구를 시도한 남춘호 외(2006)에서도, 근로빈곤층은 취업과 실업의 불안정 고용상태를 반복하면서 하향 이동 경향을 보여 취업 의도나 노력만으로 빈곤상태를 개선하기에는 한계가 명확하다고 결론내렸다. 근로빈곤층의 경제활동상태 변동을 추적했던 이병희(2005)의 연구도, 취업과 실업의 불안정성을 유지하다가 실업의 지속상태로 전환되고 구직자체를 포기해 비경제활동 상태로 전환되는 비율이 높다는 점을 밝히고 있다.

통계청 도시가계조사 자료를 이용해 근로빈곤의 원인 분석을 시도한 심상용(2006)은, 보다 근본적인 수준에서 문제를 제기한다. 거시경제 환경, 노동시장의 요건, 분배제도 변수가 1982년부터 2004년까지 근로빈곤에 미치는 영향을 분석한 결과, 더 이상 거시경제의 성장 상황이 낙수효과를 만들어내고 근로빈곤 상태를 개선해주는 효과는 발견할 수 없게 되었으며, 사회복지지출을 통한 소득이전정책도 근로빈곤의 개선에 영향을 미치지 못했다고 밝혔다.

이런 발견들은 과거 성장과 취업률 증가, 빈곤의 개선이라는 선순환 구조에 기초한 정부정책이 더 이상 근로빈곤의 문제를 개선하는 데 적합한 방향이라고 보기 어려우며 다른 측면에서의 접근이 필요로 함을 말해 준다. 이런 추세를 반영해, 우리나라 정부 차원에서도 성장 중심 거시경제정책의 운용을 통해 접근하던 방향으로부터 소득보장정책과 적극적 노동시장정책, 사회보험의 확대 등 일련의 진전을 이루어왔다.

2. 근로빈곤정책의 발전과 평가

1) 근로빈곤정책의 발전과정

정부정책의 변천과정에서, 경제활동을 함에도 빈곤한 계층을 대상으로 한 정책적 인식은 IMF 이후 도입된 기초생활보장제도로부터 출발점을 찾을 수 있다. 기초생활보장제도의 주 대상은 근로능력이 없는 빈곤층을 대상으로 했지만, 근로능력이 있는 저(低)소득자를 정책대상으로 포함하고 수급자의 혜택을 부여하는 대신 직업훈련 및 구직활동에 참여하는 조건이 부과되었다. 기초생활보장제도의 전신인 「생활보호법」에서는 존재하지 않았던 근로빈곤에 관한 인식이 등장한 것이다. 2010년 기준 기초생활보장수급자는 전체인구의 3.1%인 155만 명이며, 이 가운데 근로능력이 있는 수급자는 전체 수급자 가운데 18%인 28만 명 정도이다(보건복지부, 2011: 20).

기초생활보장제도가 근로빈곤에 대한 정책인식의 출발점이었다면, 최초의 본격적인 근로빈곤층 대상 정책은 근로장려세제(EITC)로 볼 수 있다. 경제활동을 하는 저소득 가구를 대상으로 소득액에 따라 일정금액의 근로장려금을 지원하는 이 제도는, 2006년 관련 법이 제정되었고 2008년 소득을 대상으로 2009년에 처음 지급이 이루어졌다. 부부합산 소득을 기준으로 하며 18세 미만 부양자녀수에 따라 근로장려금 지급 소득 기준과 지급액이 차등화되어 있다. 2012년 기준 1명의 부양자녀가 있을 경우 1,700만 원 미만 소득 가구에 대해 최대 140만 원까지 지급이 가능하다. 2011년 기준 51만 9천 가구를 대상으로 총 3,986억 원이 지급된 것으로 나타났다.

한편 그 이전부터 제도는 존재했지만 근로빈곤 문제가 인식되면서 본격

〈표 2〉 연도별 최저임금 현황

(단위: 원, %)

적용 연도	시간급	일급 (8시간기준)	인상률	심의의결일	결정고시일
'11.1~'11.12	4,320	34,560	5.1	'10.7.3	'10.8.3
'10.1~'10.12	4,110	32,880	2.75	'09.6.30	'09.8.3
'09.~'09.12	4,000	32,000	6,1	'08.6.27	'8.7.23
'08.1~'08.12	3,770	30,160	8.3	'07.6.26	'07.8.1
'07.1~'07.12	3,480	27,840	12.3	'06.6.29	'06.8.3
'05.9~'06.12	3,100	24,800	9.2	'05.6.29	'05.7.28
'04.9~'05.8	2,840	22,720	13.1	'04.6.25	'04.8.3
'03.9~'04.8	2,510	20,080	10.3	'03.6.27	'03.7.31
'02.9~'03.8	2,275	18,200	8.3	'02.6.28	'02.7.27
'01.9~'02.8	2,100	16,800	12.6	'01.7.20	'01.8.6
'00.9~'01.8	1,865	14,920	16.6	'00.7.21	'00.8.5
'99.9~'00.8	1,600	12,200	4.9	'99.7.20	'99.8.5
'98.9~'99.8	1,525	11,880	2.7	'98.7.23	'98.8.5
⋮	⋮	⋮	⋮	⋮	⋮
'88	1그룹 462.50 2그룹 487.50	3,700 3,900	–	'87.12.24	'87.12.30

자료: 최저임금위원회 http://www.minimumwage.go.kr

적인 제도발전이 이루어진 정책으로 최저임금제도와 고용보험제도를 들 수 있다.

　최저임금제도는 저임금노동자의 최저생계비 보장을 위해 도입된 바 있었지만, 1986년 「최저임금법」 도입 당시만 해도 정규직 노동이 일반적이었고 정규직으로 취업상태에 있는 한 빈곤의 문제에서는 비켜갈 수 있었기 때문에 근로빈곤정책의 일환으로 출발했다고 보기는 어렵다. 그러나 IMF 이후 노동시장의 조건이 급격하게 변화하면서 최저임금제는 근로빈곤층의 주요한 소득보장정책으로의 의미를 가지며, 특히 2000년부터 2007년까지 최저임금 수준의 급격한 증가추세를 보였다(〈표 2〉 참조). 2011년 기준 시급 4,320원의 최저임금이 적용되고 있으며, 이 수치는 노동자 평균임금의 32% 수준이다.

1995년 도입된 고용보험제도는 1998년 10월 이전까지 5인 이상 사업장의 정규직 근로자에게만 적용되어, 사실상 근로빈곤층 대상 정책으로의 의미를 갖지 못했다. 근로빈곤층의 경우 5인 미만 사업장의 비정규직 근로자가 다수를 차지하기 때문이다. 하지만 IMF 경제위기를 맞이하면서 그 대상이 확대되기 시작했다. 1999년에는 5인 미만 영세사업장 및 임시, 시간제 등 비정규직 근로자로 적용대상이 확대되었고, 2004년부터 임시, 일용직까지 포괄하게 되었다.

고용보험은 한편으로 일정 기준을 충족한 실직자에게 실업급여를 제공하고, 다른 한편으로 직업훈련 및 취업기회를 제공하는 사업을 진행한다. 후자는 일시적 실직상태의 탈출을 도움으로써 근로를 통해 빈곤을 벗어나게 하려는 취지에서 진행되고 있는데, 장기실업 및 고용보험 미가입자를 제외하도록 되어 있기 때문에 고용보험의 배제대상을 상대로 한 별도의 취업지원 프로그램을 필요로 한다. 현재 정부에서 진행하고 있는 직업훈련과 취업지원은 보건복지부의 희망리본 프로젝트와 고용노동부의 취업성공패키지로 대표된다. 보건복지부의 희망리본 프로젝트는 기초생활보장수급자 가운데 근로능력자를 출발점으로 했으며 차상위 계층의 지원자를 포괄한다. 반면 고용노동부의 취업성공패키지도 지원자를 대상으로 하되 건강보험 납입자료를 토대로 차차상위계층을 우선대상으로 하고 있다.

반면, 오래전부터 저소득 가구의 대표적인 소득보장정책으로 존재했지만 IMF 위기 이후 그 종류와 대상, 재정투입량이 급증한 영역이 공공일자리창출정책이었다. 과거에는 소위 '취로사업'으로 불렸던 공공일자리정책은

IMF 위기 이후 미취업, 실직 청년층 및 중, 장년층 대상 일자리로 그 범위를 확장했으며, 일자리의 종류도 취로사업에 국한되지 않고 다양한 형태로 개발되었다.

2) 근로빈곤정책의 분류와 효과 평가

기존연구의 근로빈곤정책 분류는 연구자에 따라 다양하나, 크게 지원영역과 정책수단에 따른 분류로 나뉠 수 있다. 지원영역은 일반적으로 소득보장과 일자리 관련 정책으로 구성된다. 홍경준(2011: 1-3)은 근로빈곤정책을 일자리 창출정책과 전통적인 소득보장정책으로 나누며, 일자리 창출정책으로는 '괜찮은 일자리(decent job)'를 창출할 수 있는 민간 산업영역에 대한 지원정책이나 공공부문의 직접적인 일자리 창출정책을 포함했다. 그리고 비정규직 차별 등 불공정한 시장관행을 규제할 법적, 제도적 장치의 마련, 최저임금제 등 지나치게 낮은 임금을 규제하는 장치를 일자리 관련 지원 프로그램에 포함시키고 있다. 전통적 소득보장정책으로는 실업급여 등 사회보험급여, 근로장려금 등 공공재정을 통한 소득보장, 기초생활보장제도 등의 공공부조를 통한 소득보장을 포함했다.

반면 소득보장과 일자리 관련 정책으로 나누되, 일자리정책을 민간영역의 소득보장이나 일자리의 질 규제 등은 제외하고 취업촉진정책으로 범위를 좁혀 범주화하기도 한다. 노대명 외(2009: 43-44)는 근로빈곤정책 영역을 취업촉진정책, 소득보장정책, 활성화정책으로 구분하며, 취업촉진정책에는 민간규제는 제외하고 취업연계, 직업훈련, 취업기회 제공 관련 정책을 포함시킨다. 소득보장정책은 실업급여 등 사회보험, 기초생활보장 등 사회부조와 함께 근로장려세제로 포함했다. 활성화정책은 복지급여의 제재를 강화하고 취업여건을 조성하여 복지급여의 탈수급 및 탈빈곤을 촉진하기 위한 일련의 정책들을 포함했다.

한편 전영준·남재량(2011)은 근로빈곤층 지원정책으로 실업보험, 근로장려세제, 최저임금제, 기초생활보장제도를 포함하고 그 효과를 분석했는데, 근로장려세제와 기초생활보장제도는 공적재원의 직접이전 방식으로, 실

〈표 3〉 지원영역과 정책수단에 따른 근로빈곤층 정책분류

		정책수단		
		민간규제	공공재정	사회보험
지원 영역	소득	최저임금제	근로장려세제	실업급여
	일자리	민간일자리 창출 및 일자리의 질 보장	공공일자리 창출	직업훈련/취업연계

업보험은 사회보험 방식으로, 최저임금제는 민간규제로 분류하여 정책수단에 따른 해석을 시도한 바 있다.

기존연구들은 이러한 정책분류에 따라 근로빈곤정책 효과평가를 시도했는데, 소득보장정책에 대한 평가연구는 비교적 풍부한 반면 취업지원 등 일자리 관련 정책에 관한 경험적 평가는 드물었다. 소득보장정책의 경우 정책평가를 위한 데이터 접근이 용이하고, 각종 빈곤 관련 계수의 발전으로 평가기준의 설정도 상대적으로 명료한 반면, 일자리 관련 정책은 데이터로 평가기준을 마련하기에 어려움이 있기 때문인 것으로 추정된다.

경제학의 일반균형모델을 구성해 실업보험, 근로장려세제, 최저임금제, 기초생활보장제도의 정책효과를 분석한 전영준·남재량(2011)의 연구는 근로빈곤층 대상 소득보장 정책평가를 가장 포괄적으로 시도했던 최근의 연구다. 이 연구는 근로장려세제가 저소득층 빈곤문제를 해소하는 데 가장 효율적인 것으로 결론내리고 있는 반면, 기초생활보장제도는 저소득층 지원효과는 크지만 중간·고소득층이 지불해야 하는 비용이 크고, 최저임금제는 최저임금상승이 야기하는 고용할당의 변화로 후생증진 효과에는 부정적이며, 실업보험 역시 중간·고소득계층이 납입한 보험료를 저소득 보험가입자에게 이전해야 하기 때문에 자원왜곡효과를 야기하는 것으로 분석했다. 이들의 분석은, 각 제도효과를 종합적으로 고려하고 비용 대비 효과 분석에서 고·중간·저소득 근로자를 모두 포괄하는 사회적 모델을 구성했다는 장점이 있지만, 모형구성 단계에서 가정된 변인들이 많아 각 가정들에 대한 동의 정도

에 따라 분석결과 해석 역시 달라질 수 있다는 단점이 있다.

반면 개별정책들의 근로빈곤 개선효과 평가들은 일관되지 않거나 서로 상반된 결론을 보이기도 한다. 예컨대 근로장려세제에 대한 평가를 보면, 윤희숙(2012)은 이 제도가 근로빈곤층보다 비 근로빈곤층에 국가재정이 투입되는 문제를 야기함으로써 근로빈곤상태의 개선에 큰 효과를 갖지 못한다는 결론을 내리고 있다. 반면, 박능후(2011)는 근로장려세제에 대한 낮은 인지도, 불완전한 지식, 적은 규모의 수급자 등 열악한 환경에도 불구하고 도입 당시 의도했던 소득증대와 근로동기 유발이라는 입법목적을 상당 부분 달성하고 있다는 결론에 이르고 있다. 또한 임병인(2012)도 근로장려세제가 소득재분배 효과를 유의미하게 달성하고 있다고 결론내린다. 이런 엇갈린 결과는 연구자의 분석모델과 사용 자료의 차이에 따른 것으로, 향후 정책효과에 관한 보다 많은 경험연구가 축적될 필요가 있음을 보여준다.

본 연구는 정부가 향후 근로빈곤정책을 체계화함에 있어 더 효과적인 정책수단을 발견하고 이를 통한 정책적 함의를 찾는 데 목적이 있다. 이를 위해 소득과 일자리라는 지원영역별 정책분류 틀보다 공적 재정의 직접 투입방식, 사회보험 방식, 민간규제를 통한 방식으로 정책을 범주화하여 이하 모형을 구성하고자 한다.

III. 연구방법

1. 조사방법 및 데이터

본 연구는 소득재분배 효과나 빈곤탈출 가능성 등 근로빈곤정책의 객관적 정책효과 평가가 아니라 주관적 정책인식 차원의 평가를 시도했다. 이를 위해 3단계의 조사과정을 거쳐 최종 설문조사 자료를 구성했다.

　먼저 1단계는 관련 문헌리뷰를 통해 근로빈곤정책의 영역과 정책만족도에 영향을 미칠 수 있는 요인을 추출하는 작업을 진행했다. 근로빈곤정책은 정부 차원에서 하나의 체계적인 틀을 갖추지 않은 채, 개별 부처 차원에서 별도의 정책발전과정을 거친 다차원적인 정책으로 구성되어 있기 때문에, 정부의 정책자료와 관련 학술연구 자료를 토대로 각각의 근로빈곤정책을 파악한 다음 서로 연계된 정책들의 내용을 재구성하는 접근방식을 취했다.

　다음 단계로는, 이렇게 파악된 근로빈곤정책 내용이 정확하게 파악되었는지, 각 정책의 정책효과에 관해서는 어떤 가설들이 존재하는지, 인지적 정책평가를 위해 고려해야 하는 추가적 변인들이 있는지에 관해 알아보기 위해 정책결정자, 정책집행자, 정책전문가, 이해당사자 집단을 각각 인터뷰하였다. 인터뷰 대상자는 총 19명이었으며, 국회의원 및 정부 위원회의 정책결정담당자 7명, 고용노동부와 보건복지부의 정책집행 담당자 5명, 관련 정책전문가 2명, 노동조합이나 관련 시민단체 등 이해당사자 5명이었다. 인터뷰 대상자들은 정책결정과정에서 담당했던 역할이 각기 달랐기 때문에, 근로빈곤정책의 공급과 전달, 수용자 측면에서 정책영역을 재구성하고 정책평가요인을 추출하는 데 도움을 얻었다.

　마지막 단계는 이상의 과정을 거쳐 얻은 정보를 토대로 구조화된 설문지를 작성한 다음, 실제 설문조사를 시행한 것이다. 표본은 2012년 8월 기준 주민등록인구현황을 토대로 성별, 연령별, 지역별 인구구성비에 따라 비례 할당한 후 무작위 추출하는 방식으로 구성되었고, 총 표본 수는 1,200명으로 95% 신뢰수준에서 최대허용 표집오차 ±2.8%의 데이터를 얻었다. 조사는 2012년 9월 22일부터 26일까지 진행되었고, 조사방식은 컴퓨터를 이용한 전화조사방식(CATI)을 사용했다.

　〈표 4〉는 조사데이터의 특성을 나타낸 것으로, 조사결과는 19세 이상 일반국민 전체 모집단의 성별, 연령별, 지역별 비례성을 충족하여 대표성을 가진 표본으로 판단하였다.

〈표 4〉 조사데이터의 특성

Base=전체		사례수(명)	계
	전체	(1,200)	100.0
성별	남성	(594)	49.5
	여성	(606)	50.5
연령	19세~29세	(219)	18.2
	30대	(244)	20.3
	40대	(263)	21.9
	50대	(228)	19.0
	60세 이상	(246)	20.5
최종 학력	중졸 이하	(114)	9.5
	고졸	(566)	47.2
	대재 이상	(520)	43.3
직업	농 / 임 / 어업	(36)	3.0
	자영업	(142)	11.8
	판매 / 영업 / 서비스	(131)	10.9
	생산 / 기능 / 노무직	(158)	13.2
	사무 / 관리 / 전문직	(261)	21.7
	주부	(305)	25.4
	학생	(74)	6.2
	무직 / 퇴직 / 기타 / 모름	(94)	7.8
지역	서울	(249)	20.7
	인천 / 경기	(344)	28.7
	대전 / 충청	(119)	10.0
	광주 / 전라	(123)	10.3
	대구 / 경북	(124)	10.4
	부산 / 울산 / 경남	(190)	15.9
	강원 / 제주	(50)	4.2
주관적 계층인식	상상	(4)	0.3
	상하	(11)	0.9
	중상	(238)	19.9
	중하	(534)	44.5

	하상	(267)	22.3
	하하	(136)	11.4
	모름 / 무응답	(9)	0.8
월 평균 가구소득	120만 원 미만	(123)	10.2
	120~250만 원 미만	(275)	22.9
	250~350만 원 미만	(284)	23.7
	350~450만 원 미만	(223)	18.5
	450~700만 원 미만	(200)	16.7
	700만 원 이상	(77)	6.5
	모름 / 무응답	(17)	1.4

2. 연구모형

본 연구는 종속변수로 근로빈곤정책에 대한 주관적 만족도 조사결과를 사용했다. 종합만족도는 '매우 만족 ↔ 매우 불만족'의 11개의 연속급간으로 측정하였다. 사회인식조사에서는 흔히 5점 척도나 7점 척도를 사용하지만, 최근 정치조사의 경우 응답자의 인식적 차별의 한계를 고려하여 이런 종류의 측정방식을 많이 도입하고 있으며, OLS회귀분석에 큰 무리가 없이 적용되고 있다. 대표적으로 주관적 이념성향, 정당 및 정치인 호오도, 정부 성과 평가 등에 사용된다. 종합만족도는 19세 이상 전체 국민과 조작적으로 정의된 근로빈곤층, 비(非)근로빈곤층으로 나누어 분석될 것이다.

종합만족도에 영향을 미치는 독립변수는 정책수단별로 범주화된 3개의 근로빈곤정책 영역과 함께, 개인배경, 정치성향, 빈곤인식, 수혜경험, 빈곤층 해당여부의 6개 범주로 설정하였다. 개인 배경은 통제변수로서 성, 연령, 학력, 거주지규모, 소득, 직업, 계층인식, 개인의 경제적 전망 등이 포함했다. 이 가운데 특히 소득, 직업, 계층인식 등은 근로빈곤층의 조작적 정의에 활용하여, 직업이 임시직이거나 일용직인 경우, 소득이 120만 원 이하인 경우, 자산이 1천만 원 미만인 경우, 주관적 계층인식이 '하하'에 해당할 경우

를 합산하여 집단화했다.[1]

각 변수의 측정은 다음과 같이 진행하였다. 연령은 만 나이, 학력은 중졸, 고졸, 대학재학 이상의 3급 간, 거주지 규모는 가변수(도시 '1', 농촌 '0')로 조작화하였고, 소득은 통계청의 가계조사 자료를 토대로 〈표 4〉에 예시된 바처럼 6급 간으로 측정하였으며, 주관적 계층인식 역시 〈표 4〉에 나타나 있듯이 상상, 상하, 중상, 중하, 하상, 하하의 6급 간으로 나누어 측정하였다.[2] 향후 5년 후 개인의 경제전망은 악화 ↔ 호전의 5급 간으로 측정했으며, 직업은 통계청 산업체 조사 대분류 기준을 적용하였다.

본 연구의 제1가설은 근로빈곤층이 그렇지 않은 집단에 비해 정책만족도가 낮을 것으로 예상하였다. 정책만족도는 정책에 대한 수요에 따라 달라질 수 있는데, 근로빈곤정책에 대한 수요가 높은 층일수록 현 정책에 대한 만족도가 낮을 수 있다는 가설을 세웠다.

정치성향 변수는 정책결정자, 이해당사자 집단의 인터뷰 결과를 토대로 연구모형에 포함되었다. 응답자의 정책인식은 객관적인 정책효과만을 토대로 구성되지 않으며, 정치성향이라는 별도의 필터를 통해 재구성되는 것이 일반적이었다. 실제로 '전국민주노동조합총연맹', '한국노동조합총연맹', '참여연대', '전국실업극복연대', '청년유니온'이라는 5개의 이해당사자 집단의 활동가를 인터뷰한 결과, 관련 단체 회원들이나 일반 국민 수준에서 근로빈곤정책에 대한 인식적 간극을 만들어내는 데 정치성향 변수가 유의미한 영향을 미친다는 것을 확인할 수 있었다. 연구의 제2가설은 정치성향에서 집권당(새누리당)에 대한 호감도가 높고, 대통령의 국정운영에 대한 평가가 긍정적일수록 정책만족도도 높다는 것이다. 정치성향은 진보 ↔ 보수 11급

---

1) 근로빈곤층은 앞서 기존연구 검토에서도 살펴보았지만 정책기준이나 학술연구에서 모두 통일된 기준이 존재하지 않는 상태이며, 본 연구는 대규모 표본의 패널조사 데이터가 아니라 1,200의 한정된 표본 자료를 활용하고 있기 때문에, 더 엄밀한 기준을 적용하기에는 한계가 있어, 직업, 자산, 소득, 계층인식을 포괄하는 조작적 정의를 마련했다.

2) 주관적 계층인식 조사를 위해 "선생님께서는 자신의 재산이나 소득을 고려할 때 본인이 어떤 계층에 속한다고 생각하십니까?"로 질문을 구성했다.

간으로 측정된 이념성향, 집권당에 대한 11급 간 호오도, 현직 대통령 국정 운영에 대한 부정↔긍정 4급 간으로 측정되었다.

빈곤인식은 정치성향과는 다른 측면에서, 인지적 정책평가에 영향을 미칠 수 있다. 특히 한국적 맥락에서 빈곤의 책임이 개인에게 있는가, 정부에게 있는가의 문제는 정치성향 기준에서 보수, 진보와는 다소 다른 맥락을 가질 수 있다. 연구의 제3가설은 빈곤의 책임이 개인이 아니라 정부에 있다고 생각하는 사람일수록 정책평가는 부정적일 수 있다는 것이다. 빈곤극복에 대해 정부에 기대하는 바가 많을수록 실제 시행되고 있는 정책이 부족하다고 판단할 수 있다는 가정을 세웠다. 빈곤인식은 총 4문항으로 측정했다. 가난의 책임과 가난 극복의 역할, 청년실업의 원인, 최저임금에 대한 인식이 그것이다. 가난의 책임과 가난 극복의 역할에 대해 개인과 국가 가운데 어느 쪽에 더 큰 기대를 하는가는 차원을 달리할 수 있다고 보았다. 지금까지 결과한 빈곤상태의 원인 진단과 이를 극복하는 과정에서의 책임은 다를 수 있기 때문이다. 또한 청년실업은 별도의 차원에서 물었는데, 이는 인터뷰 과정에서 일반적인 빈곤과 달리 청년실업을 둘러싼 원인진단을 둘러싼 인식적 간극을 확인할 수 있었기 때문이다.[3] 최저임금 수준에 대한 판단도 빈곤의 책임에 대한 또 다른 인식을 드러내 줄 것으로 기대했다.

근로빈곤정책 영역설정은 〈표 3〉 정책분류에서 정책수단별 세부정책을 기준으로 3개 영역을 설정했으며, 실제 조사에서는 〈표 4〉에서와 같이 구체적으로 풀어 기술하여 민간규제, 공공재정, 사회보험 방식에 대한 응답자의 인지를 도왔다.

정책평가는 인지도, 중요도, 성취도의 세 차원으로 이루어졌으며, 측정은 각각 부정↔긍정의 5급 간 척도로 이루어졌다. 연구의 제4가설은 인지도가 높을수록, 중요도가 낮을수록, 성취도가 높을수록 정책만족도는 높다는

---

3) '청년유니온' 활동가 인터뷰에서, 그는 '청년실업 문제를 잘못된 정부정책의 결과라고 평가하기보다 눈높이가 높거나 왜곡된 직업인식을 가진 개인의 문제로 치부하는 사회적 시선이 가장 큰 장벽'이라고 밝혔다. 청년빈곤을 소재로 빈곤인식의 차이를 보다 극명하게 드러내줄 수 있는 변수를 구성하게 된 계기가 되었다.

<표 5> 근로빈곤정책 정책영역 조사문항의 구성

분류	정책내용	조사내용
민간규제	민간 일자리 소득보장	최저임금 인상 등 기업이 적정소득을 보장하게 하는 정책
	민간일자리의 질 보장	기업 규제, 중소기업 보호 등으로 민간의 좋은 일자리를 보장하는 정책
공공재정	정부재정을 통한 소득 보장	근로장려세제 확대 등 정부가 빈곤계층의 소득을 직접 보전해주는 정책
	정부재정을 통한 일자리 창출	공공서비스 확대 등 정부가 직접 좋은 일자리를 만드는 정책
사회보험	실업급여를 통한 소득 보장	고용보험 확대 등 실직에 대한 사회안전망을 구축하는 정책
	고용보험을 통한 취업지원	직업훈련제도 등 실직자 자활훈련 정책

것이다. 인지도가 높다는 것은 정책내용에 대한 이해도가 높다는 것이기 때문에 정책평가에서도 기존 이해를 반영하게 될 것이라는 점을 고려하였고, 중요도가 높을수록 현실의 정책 상태에 대한 평가는 부족하다고 느낄 수 있으며, 성취도를 높게 본다는 것은 정책만족도에 직접 연계되는 효과를 보일 것으로 기대했다.

본 연구의 제5가설은 근로빈곤정책의 수혜경험이 있는 경우 정책만족도가 유의하게 더 높을 것이라고 설정했다. 근로빈곤정책 수혜경험은 총 6개 개별정책의 수혜경험 여부를 물어 하나의 변수로 변환한 변수를 사용했으며, 근로장려세제 혜택, 실업급여 수급, 정부제공 일자리 및 취업알선 경험 등 각 정책영역에 대해 "선생님이나 선생님 가족 중에 다음 정책들의 혜택을 받거나, 참여한 경우가 있으십니까?"라는 질문으로 결과를 얻었다.

IV. 분석결과

1. 기초분석

본 연구모형에서 개인배경변수별로 종합만족도의 차이를 나타낸 것이 〈표 6〉이다. 일반국민의 근로빈곤정책 종합만족도는 10점 기준 평균 4.09를 나타내 5점 이하의 결과를 보였다.

성별로는 남성(3.98)보다 여성(4.20)의 만족도가 통계적으로 유의하게 더 높았으며, 주관적 계층인식과 개인경제 전망 역시 유의한 차이를 나타냈다. 계층인식은 하에 가까울수록 정책만족도가 낮았으며,[4] 5년 후 자신의 경제 전망이 악화될 것이라고 평가하는 응답자일수록 정책만족도가 낮았다. 이 결과는 정책수요가 강한 계층일수록 정책공급에 대한 만족도가 낮다는 것을 확인시켜 준다. 참고로 연령과 정책만족도의 상관계수(.06)는 연령이 높을수록($p<.05$), 그리고 소득과의 상관계수(.05)는 소득이 많을수록 정책만족도가 높았다($p<.1$). 그러나 거주도시는 유의미한 차이를 나타내지 않았다.

〈표 6〉 개인배경 변수와 근로빈곤정책 종합만족도

	전체	성별		계층인식				개인경제 전망		
		남	여	하하	하상	중하	중상 이상	악화	동일	호전
평균	4.09	3.98	4.20	3.53	3.87	4.16	4.49	3.65	4.12	4.24
(사례수)	(1,200)	(598	(602)	(137)	(268)	(533)	(253)	(202)	(414)	(581)
통계량		$t=2.04\ p<.05$		$F=9.52\ p<.01$				$F=7.80\ p<.01$		

---

4) 계층인식은 상상, 상하, 중상, 중하, 하상, 하하의 6급 간을 사용하여 조사했으나, 상상, 상하의 응답자가 너무 적어 중상이상으로 묶은 4급 간으로 재분류하였다.

〈표 7〉 정치성향 변수와 근로빈곤정책 종합 만족도

	정치이념			집권당 호오도			대통령 국정운영	
	진보	중도	보수	부정	중립	긍정	부정	긍정
평균	3.72	4.05	4.53	3.48	4.40	4.73	3.83	4.85
(사례수)	(405)	(421)	(374)	(519)	(344)	(337)	(876)	(292)
통계량	F=19.1 p〈.001			F=58.3 p〈.001			t=8.40 p〈.001	

한편 본 연구는 제1가설로 근로빈곤층일수록 비(非)빈곤층에 비해 정책만족도가 낮을 것이라는 예상하였는데, 기초분석결과는 이 가설을 지지하는 것으로 나타났다. 조작적으로 정의된 근로빈곤층은 370명이었으며, 예상대로 이 집단의 정책만족도(3.71)는 비빈곤층(4.26)보다 유의하게 낮음을 확인할 수 있었다(p〈.01).

또한 정치성향 변수와 정책만족도 관계에 관한 〈표 7〉의 결과는 제2가설을 지지했다(p〈.01). 집권당에 대해 호감이 높을수록, 대통령 국정운영에 대한 지지도가 높을수록 정책만족도가 높았으며, 주관적 이념성향에서 보수적일수록 정책만족도가 높게 나타남을 확인할 수 있었다.

〈표 8〉의 빈곤문제에 대한 인식과 종합만족도의 관계도 대체로 연구의 제3가설을 지지하는 방향으로 나타났다. 가난의 책임이 국가에 있다고 인식

〈표 8〉 빈곤문제 인식과 근로빈곤정책 종합 만족도

	가난의 책임			가난극복 역할		청년실업 원인		최저임금 인식	
	개인	동등	국가	개인/기업	정부	기업/개인	정부	낮음	적정이상
평균	4.20	4.14	3.90	4.35	3.74	4.23	3.39	4.01	4.53
(사례수)	(294)	(378)	(384)	(674)	(512)	(994)	(193)	(1016)	(184)
통계량	F=2.7 p〈.1			t=5.64 p〈.001		t=5.46 p〈.05		t=3.49 p〈.001	

〈표 9〉 주요 근로빈곤정책의 인지도, 중요도, 성취도와 종합만족도 상관관계

근로빈곤정책	인지도		중요도		성취도	
	평균	피어슨r	평균	피어슨r	평균	피어슨r
최저임금 인상	3.00	n.s	4.26	-0.14***	2.54	0.29***
근로장려세제 확대	2.73	0.05*	3.82	-0.09***	2.55	0.31***
민간일자리 보장	2.73	0.09***	4.09	-0.13***	2.39	0.31***
공공일자리 확대	3.09	0.08***	3.97	n.s	2.71	0.34***
고용보험 확대	3.17	0.08***	4.08	-0.05*	2.86	0.32***
직업훈련 확대	3.21	0.12***	4.11	0.05*	2.89	0.37***

하는 사람은 개인에게 있다고 생각하는 사람보다 정책만족도가 낮았으며, 가난 극복에서 정부의 역할보다 개인이나 기업의 역할이 크다고 생각하는 사람일수록 정책만족도는 유의하게 높았다. 또한 청년실업의 원인이 개인이나 기업보다 정부에 있다고 생각하는 사람의 경우 정책만족도가 낮았으며, 최저임금 수준에 대한 평가가 낮다고 생각하는 사람일수록 만족도는 역시 유의하게 낮았다. 빈곤인식은 빈곤정책에 대한 정책수요를 직접적으로 반영하는 지표로 볼 수 있다.

한편, 제4연구 가설의 검증을 위해 6개의 개별정책에 관한 인지도, 중요도, 성취도 평가와 종합만족도의 상관관계를 살펴본 것이 〈표 9〉이다. 인지도를 보면, 최저임금 인상 등 민간소득보장정책에 대한 인지정도는 종합만족도와 유의한 관계를 나타내지 않았지만 다른 5가지 정책영역에 대한 인지정도가 높을수록 만족도는 유의하게 높은 것으로 확인되었다.

정책중요도는 공공일자리 창출정책은 종합만족도와 유의한 관계를 보이지 않았지만 나머지 4개 정책영역에서는 더 중요하다고 생각할수록 만족도는 낮은 것으로 확인되었다. 다만 직업훈련과 취업기회 확대정책에 대해서는 중요하다고 생각할수록 만족도도 높은 것으로 나타났다. 이 결과는 한편

으로 상관계수(.05)가 매우 낮고 유의확률 또한 높지 않아(p<.1), 회귀분석 모형에서 영향력의 방향 및 정도에 대해 재평가가 필요해 보였다. 그러나 다른 한편으로 직업훈련이나 취업기회 확대정책의 경우 직·간접 수혜경험 자일수록 중요도를 더 높게 평가하고 만족도도 높다는 결론을 내릴 수도 있다. 이런 해석은 인지도 기준에서 동 정책영역과 정책만족도의 상관계수 값이 가장 큰 것으로 나타난 점과 맥을 같이 할 수 있다. 성취도 평가는 6개 정책영역에서 모두 높게 평가할수록 만족도 역시 유의하게 높은 것으로 나타났다.

반면 연구의 제5가설로 정책 수혜경험자일수록 정책만족도가 높을 것으로 예상했는데, 기초분석결과는 이를 지지하지 않았다. 전체 1,200명의 응답자 가운데 총 6개 정책의 수혜경험자는 모두 380명이었다. 하지만 이들은 수혜경험이 없는 사람들과의 비교에서 차별적인 정책만족도를 보여주지 않았다.

2. 회귀분석

기초분석 단계를 거쳐 각 변수들과 종합만족도 사이에 회귀분석을 시도한 것이 〈표 10〉과 〈표 11〉이다. 〈표 10〉은 19세 이상 일반국민을 대상으로 한 전체 표본 응답자를 대상으로 한 분석결과이며, 〈표 11〉은 조작적으로 정의된 근로빈곤층과 비(非)근로빈곤층 각각의 종합만족도 회귀분석 결과를 나타낸 것이다.

연구가설을 기준으로 보면, 정치성향은 기초분석에서뿐 아니라 종합회귀분석에서도 정책만족도에 유의한 영향을 미쳤다. 그러나 다른 변수를 고려했을 때 이념성향은 유의하지 않았으며, 집권당 호오도와 대통령의 국정운영평가가 만족도에 영향을 미쳤고, 특히 대통령 국정운영 평가변수의 설명력이 높았다(표준계수 0.15). 이런 경향은 〈표 11〉에서 확인되듯이 근로빈곤층일수록 더 강하게 나타나는 것을 알 수 있다(표준계수 0.18).

〈표 10〉 근로빈곤정책 종합만족도의 회귀모형 분석결과: 전체

구분		변수	전체		
			회귀계수	표준오차	표준계수
		상수	-0.99	0.66	
개인적 배경		성별D(남 = 1, 여 = 0)	-0.12	0.10	-0.03
		연령(만 나이)	-0.01	0.005	-0.04
		학력(중졸1~대학3)	0.09	0.09	0.03
		거주도시유형D(도시 = 1, 농촌 = 0)	-0.27	0.20	-0.04
		소득(1~6)	-0.05	0.04	-0.04
		계층인식(하위1~상위6)	0.10	0.06	0.05
		개인경제 전망(악화1~호전5)	0.16***	0.06	0.08
정치 성향		이념성향(진보0~보수10)	0.04	0.03	0.05
		새누리당 호오도(0~10)	0.10***	0.02	0.14
		대통령 국정운영(부정1~긍정4)	0.37***	0.08	0.15
빈곤 인식		가난의 책임(개인0~국가10)	0.05**	0.02	0.07
		가난극복 역할(정부 = 1, 개인 / 기업 = 0)	-0.21**	0.10	-0.06
		청년실업 원인(정부 = 1, 개인 / 기업 = 0)	-0.35***	0.13	-0.07
		최저임금 인식(부정1~긍정5)	0.17**	0.08	0.06
근로 빈곤 정책	인지도	최저임금 / 민간일자리(1~5)	0.05	0.07	0.02
		근로장려세제 / 공공일자리(1~5)	-0.04	0.08	-0.02
		고용보험 / 직업훈련(1~5)	0.14**	0.07	0.07
	중요도	최저임금 / 민간일자리(1~5)	-0.27***	0.09	0.10
		근로장려세제 / 공공일자리(1~5)	0.06	0.08	0.03
		고용보험 / 직업훈련(1~5)	0.10	0.07	0.04
	성취도	최저임금 / 민간일자리(1~5)	0.19**	0.09	0.07
		근로장려세제 / 공공일자리(1~5)	0.38***	0.09	0.15
		고용보험 / 직업훈련(1~5)	0.42***	0.08	0.18
근로빈곤정책 수혜경험D(경험유 = 1, 무 = 0)			0.04	0.10	0.01
근로빈곤층D(근로빈곤층 = 1, 기타 = 0)			-0.34***	0.12	-0.08
통계량		F value	21.45***		
		R^2 (Adj R^2)	.350 (.333)		
		사례수	1024		

*** $p < .01$ ** $p < .05$ * $p < .1$

이런 결과는, 근로빈곤정책의 짧은 연혁과 포괄범위를 고려할 때, 정책평가와는 독립적으로 집권정부에 대한 국정평가가 정책평가로 대체되었을 가능성을 보여준다. 앞서 살펴보았듯이 우리나라 정부에서 근로빈곤층을 대상으로 한 정책개념이 등장한 것은 불과 10여 년의 역사를 가지며, 각 정책별로 포괄범위의 편차는 크다. 이런 조건에서 전반적인 국정평가에 비추어 정책평가를 구성했다는 추정이 가능하다. 이렇게 본다면, 소득이 낮은 계층일수록 새누리당과 소속후보를 더 지지하는 경향이 발견된다는 기존 연구(강원택, 2012)에 비추어, 근로빈곤층일수록 국정운영평가가 정책평가에 더 큰 영향을 미치고 있는 〈표 11〉의 결과도 해석이 가능하다. 〈표 10〉과 〈표 11〉에서 객관적인 소득변수는 정책평가에 직접 영향을 미치지 않지만, 정치변인을 매개로 영향을 미치는 것으로 해석할 수 있다.

다음으로 응답자들의 빈곤인식도 정책평가에 유의한 영향을 미쳤는데, 빈곤층과 비(非)빈곤층에서 영향을 미친 내용은 서로 달랐다. 전체 응답자 수준에서는 4개의 빈곤인식 문항이 모두 유의한 영향을 미쳤지만, 〈표 11〉을 보면 빈곤층은 가난의 책임 변수가 영향을 미쳤고, 비(非)빈곤층에서는 청년실업의 원인이나 최저임금수준에 대한 평가가 영향을 미쳤다. 비(非)빈곤층은 청년실업의 원인이 정부책임이라고 인식할수록, 최저임금의 수준이 낮다고 생각할수록 정책만족도가 낮아 일관된 경향을 나타냈다.

반면, 빈곤층에서는 다른 변수의 유의성이 없거나 약한 대신 가난의 책임이 국가에 있다고 생각할수록 정책만족도가 높게 나타난다. 이런 결과는 '가난의 책임'과 '가난 극복의 책임' 변수의 차이에서 비롯된 것으로 추정된다. 본 연구는 빈곤인식에서 '개인이 가난하게 된 원인'과 '가난극복의 책임'을 나누어 문항을 구성했는데,5) 그 취지는 빈곤극복을 위한 정부책임과 빈곤의 원인을 차별화하여 전자의 효과를 보다 분명히 확인하기 위한 것이었다. 조

---

5) 전자는 "개인이 현재 가난하게 된 것에 대해, 누구에게 책임이 있다고 생각하십니까?"를 물었고, 후자는 "근로빈곤문제를 해결하는 데 누가 가장 큰 책임을 져야 한다고 보십니까?"로 물었다.

〈표 11〉 근로빈곤정책 종합만족도의 회귀모형 분석결과: 근로빈곤층 여부

구분		변수	근로빈곤층			기타		
			회귀계수	표준오차	표준계수	회귀계수	표준오차	표준계수
		상수	-1.43	1.37		-0.83	0.73	
개인 적 배경		성별D(남=1, 여=0)	-0.45**	0.21	-0.11	0.05	0.11	0.01
		연령(만 나이)	-0.002	0.01	-0.01	-0.01	0.01	-0.06
		학력(중졸1~대학3)	0.35*	0.18	0.11	-0.03	0.11	-0.01
		거주도시유형D(도시=1, 농촌=0)	-0.06	0.43	-0.01	-0.28	0.22	-0.04
		소득(1~6)	-0.12	0.09	-0.08	-0.01	0.05	-0.01
		계층인식(하위1~상위6)	0.21*	0.11	0.10	0.04	0.08	0.02
		개인경제 전망(악화1~호전5)	0.14	0.11	0.07	0.17**	0.07	0.09
정치 성향		이념성향(진보0~보수10)	0.01	0.05	0.01	0.05*	0.03	0.06
		새누리당 호오도(0~10)	0.14***	0.05	0.18	0.08***	0.03	0.13
		대통령 국정운영(부정1~긍정4)	0.52***	0.16	0.18	0.28***	0.09	0.12
빈곤 인식		가난의 책임(개인0~국가10)	0.15***	0.04	0.19	0.003	0.03	0.005
		가난극복 역할(정부=1, 개인/기업=0)	-0.38*	0.22	-0.09	-0.06	0.12	-0.02
		청년실업 원인(정부=1, 개인/기업=0)	-0.48*	0.26	-0.09	-0.33**	0.16	-0.07
		최저임금 인식(부정1~긍정5)	0.02	0.16	0.005	0.26***	0.09	0.10
근로 빈곤 정책	인지도	최저임금/민간일자리(1~5)	0.06	0.15	0.03	0.04	0.09	0.02
		근로장려세제/공공일자리(1~5)	0.04	0.17	0.02	-0.06	0.09	-0.03
		고용보험/직업훈련(1~5)	0.14	0.13	0.06	0.12	0.08	0.06
	중요도	최저임금/민간일자리(1~5)	-0.32*	0.19	-0.10	-0.23**	0.10	-0.09
		근로장려세제/공공일자리(1~5)	0.06	0.17	0.02	0.07	0.09	0.03
		고용보험/직업훈련(1~5)	-0.15	0.16	-0.06	0.20**	0.08	0.09
	성취도	최저임금/민간일자리(1~5)	0.01	0.18	0.004	0.28***	0.10	0.11
		근로장려세제/공공일자리(1~5)	0.52***	0.19	0.19	0.32***	0.10	0.14
		고용보험/직업훈련(1~5)	0.38**	0.16	0.15	0.41***	0.08	0.19
근로빈곤정책 수혜경험D(경험유=1, 무=0)			0.01	0.21	0.002	-0.01	0.12	-0.002
통 계 량		F value	7.99***			14.81***		
		R^2 (Adj R^2)	.409 (.358)			.338 (.315)		
		사례수	302			722		

*** $p < .01$ ** $p < .05$ * $p < .1$

사결과 가난극복의 책임이 정부에 있다고 생각할수록 정책만족도는 낮아, 정책수요가 높을수록 만족도가 낮을 것이라는 가설을 지지했다. 그러나 〈표 8〉의 이변량 분석과는 달리, 개인의 가난이 개인보다는 국가에 원인이 있다고 생각할수록 만족도는 높았다. 이는 빈곤극복의 책임 변수를 통제한 상태에서 나타나는 허위적 인과관계일 가능성이 큰 것으로 추정한다.

정책평가와 관련하여, 본 연구는 인지도가 높을수록, 중요도가 낮을수록, 성취도가 높을수록 정책만족도는 높다는 가설을 수립했다. 〈표 10〉에서 전체 응답자 기준으로, 모든 정책범주에서 성취도가 높다고 평가할수록 정책만족도는 높았는데, 공공재정 수단을 활용한 정책과 사회보험 관련정책이 민간규제를 통한 정책성취도 평가보다 정책만족도에는 더 큰 영향을 미치는 것으로 나타났다. 민간규제보다 공적 수단을 사용한 근로빈곤정책이 전반적인 정책만족도에 더 큰 영향을 미친다는 것이다. 한편, 〈표 11〉에서 빈곤층은 특히 공공재정이 직접 투입되는 소득보장과 일자리정책 성취도 평가에 더 민감했고(표준계수 0.19), 비(非)빈곤층에서는 사회보험을 통한 소득보장과 직업훈련에 더 민감하게 반응한 것으로 나타난다(표준계수 0.19).

이런 결과는 정책의 포괄범위를 고려하여 해석할 수 있다. 우리나라 고용보험제도는 1999년까지 5인 이상 사업장에만 적용되었고 2004년 이후에야 임시, 일용직을 포함하여 포괄범위가 확대되었다. 고용보험료 재정은 정규직 노동자들의 사회보험료를 주로 해서 만들어져 있으며 실업급여의 1차적 지급대상도 보험료 납부자들이기 때문에, 빈곤층보다는 비(非)빈곤층에서 정책효과에 더 민감할 수 있다. 그러나 2004년 이후 고용보험 포괄범위가 전체 노동자로 확대되면서 고용보험료를 납부하지 않았던 사업장 종사자가 실업상태에 놓였을 때에도 실업급여를 청구할 수 있게 되었고, 정부는 국가재정으로 실업급여를 제공한 다음 해당 사업장에 보험료를 사후 청구할 수 있게 됨으로써, 실질적 빈곤층도 실업급여의 포괄대상이 되었다. 이런 측면에서 비(非)빈곤층의 정책성취도 평가가 높은 계수값을 가지는 것을 설명할 수 있다. 반면 공공재정으로 직접 소득을 보장하거나 일자리를 제공하는 정책은 빈곤층을 타깃으로 하는 정책이므로 빈곤층에서 더 민감하게 반응한 것으로 해석된다.

정책인지도에서는 사회보험 수단의 정책을 잘 알수록 정책만족도가 높았고 다른 정책들은 유의하지 않았는데, 이것 역시 정책 포괄범위로부터 이해가 가능하다. 세 가지 정책범주에서 고용보험을 통한 정책들이 가장 포괄범위가 크기 때문인 것으로 보인다.

또한 본 연구는 정책중요도를 높게 설정할수록 만족도는 낮다는 가설을 수립했는데, 이 가설은 민간규제정책들에서만 유의하게 확인되었다. 특히 이 결과는 〈표 11〉에서 비(非)빈곤층에서 유의도가 높아, 향후 정책적 시사점을 던져준다. 비(非)빈곤층에서는 빈곤층과는 달리 민간규제를 통한 소득 및 일자리 보장에 관한 정책수요가 발견되며 이 정책수요가 만족도에 유의한 영향을 미친다는 것은, 비(非)빈곤층을 대상으로 한 정부정책에서 민간규제수단을 적절히 활용할 필요가 있다는 것을 의미한다 하겠다.

V. 결론

본 연구는 지금까지 개별정책 차원에서 분산적으로 도입, 발전되어온 근로빈곤정책이 일반 국민과 근로빈곤계층 수준에서 하나의 독립적인 정책영역으로 인지, 평가되고 있는지를 발견하고, 정책만족도에 영향을 미치는 요인을 분석하여 향후 정책발전 방향에 미치는 함의를 찾고자 기획되었다. 이런 시도는 아직까지 정부정책담론에서 '근로빈곤(층)'이 존재하기는 하지만 부처 간 정책을 체계적으로 조율하고 정책대상 집단에 초점을 맞춘 다차원적이고 종합적인 접근이 부재한 상황에서, 향후 정책발전방향을 가늠하는 데 중요한 의의를 갖는다고 하겠다.

본 연구의 분석결과를 토대로 한 정책적 함의는 다음과 같다. 첫째, 본 연구는 일반국민과 근로빈곤계층 수준에서 모두, 근로빈곤정책이 분산된 개별정책 차원이 아니라 하나의 독립적인 정책영역으로 인지되고 있다고 해석한다. 그 이유는 무엇보다 〈표 10〉과 〈표 11〉에서 확인되듯이, 근로빈곤층정책에 대한 성취도 평가가 종합만족도 평가에 유의한 영향을 미치고 있다는 점을 근거로 한다. 만약 응답자들이 근로빈곤층 대상 각 정책들을 분산적으로만 인지하거나 평가하고 있다면, 정책평가보다 성, 연령, 학력, 소득, 계층인식 등의 개인배경변수와 정책수혜경험의 영향력이 두드러졌을 것이다. 하지만 조사결과는 정책수혜경험이나 개인배경변수보다 정책평가가 종합만족도에 더 유의하고 크게 영향을 미치고 있음을 확인해 줌으로써, 정책범주 차원의 평가가 이루어지고 있음을 확인시켜 주었다. 이런 결과는, 향후 정부가 정책방향을 수립하고 추진함에 있어 각 부처의 정책을 집약하여 보다 종합적이고 체계적인 대응이 필요함을 말해준다고 하겠다.

둘째, 종합만족도에 영향을 미치는 성취도 평가는 정책우선순위를 결정하는데 일정한 함의를 제공한다. 성취도 평가는 '사회보험 〉 공공소득보장 및 일자리정책 〉 민간 소득보장 및 일자리정책'의 순을 나타내, 공적 수단에 의한 정책이 잘 이루어지고 있다고 평가할수록 만족도가 높았고, 특히 사회보험 수단의 성취도가 중요한 영향을 미쳤다. 하지만 아직까지 고용보험이 근로계층 전체를 포괄하는 범위는 38%정도로, 기존연구들은 광범위한 고용보험 사각지대가 존재함을 확인해 왔다(방하남, 2012; 이병희, 2011a; 이병희, 2011b). 그러나 여전히 다른 정책영역에 비해 그 포괄범위가 가장 넓으며, 향후 정책대상을 더 넓혀갈 여지가 크다는 점에서 정부의 정책적 고려가 요구된다. 이런 맥락에서 보면, 이명박 정부에서 공공재정으로 저소득층 사회보험료를 지원했던 정책은, 정책에 대한 사회적 수요에 부응하는 정책방향이었다고 평가할 수 있다.

셋째, 정책수단별 정책에 대한 중요도와 성취도를 함께 고려할 때, 정부는 빈곤층과 비(非)빈곤층에 대해 서로 다른 정책수단을 활용해 정책수요를 충족할 필요가 있다. 빈곤층의 경우 공공재정으로 직접 소득을 보전하거나 일자리를 제공하는 정책에 민감한 반면, 비(非)빈곤층은 사회보험 성취도평가가 큰 영향을 미치긴 했지만 민간규제 정책에 대한 정책수요를 유의하게 나타냈다.

최저임금이나 민간규제를 통한 일자리의 질을 보장하는 정책이 중요하다고 생각할수록 정책만족도는 낮았고, 해당 정책이 잘 이루어지고 있다고 판단할수록 유의하게 만족도가 높았던 점을 고려할 때, 정부는 현재보다 민간규제를 통한 정책수단을 효율적으로 활용할 필요가 있을 것으로 보인다. 현재 비(非)빈곤층은 고용시장에서 상대적으로 안정적 지위를 가지고 있을 가능성이 크지만, 동시에 미래 빈곤층으로의 전락에 대한 불안을 가진 계층으로 볼 수 있다. 이 집단에는 공적 소득이전이나 사회보험을 통한 소득보장 등의 정책보다, 당장의 일자리와 소득을 지키는 것이 미래의 빈곤 가능성을 낮추는 관건적인 문제가 될 것이다.

사회전체적으로 보더라도, 근로계층의 소득이 안정적으로 보장되어야 이들의 세금이나 사회보험료를 재원으로 비(非)근로빈곤층을 지원하는 시스템도 안정적으로 가동될 수 있으며, 현재 고용되어 있으면서 빈곤층이 아닌 집단이 빈곤층으로 전락할 위험을 최소화하는 것이 최선의 근로빈곤정책일 수 있다.

【참고문헌】

강원택. 2012. "사회계층과 투표선택."「2012 대선에서 나타난 한국정치의 특성과 변화」. 서울대학교 한국정치연구소 학술회의 자료집. 53-67.

금재호. 2006. "외환위기 이후 한국의 근로빈곤 실태에 관한 연구."『한국노동경제논집』, 29(1): 41-73.

김문길·김태완·박신영·이병희·임병인·이서현. 2011.『빈곤통계연보』. 한국보건사회연구원.

김신영. 2010. "한국인의 복지의식 결정요인 연구: 국가의 공적책임에 대한 태도를 중심으로."『조사연구』, 11(1): 87-105.

김유진. 2009. "빈곤층 소득보장 정책의 쟁점과 대응과제."『사회운동』, 89: 59-76.

남춘호·이성호·이상록. 2006. "노동 빈곤층의 사회적 배제와 빈곤화 유형분석: 전주시 사례에 대한 생애사 분석을 중심으로."『산업노동연구』, 12(1): 259-303.

노대명·홍경준·최승아·전지현·박은영. 2009.『근로빈곤층 지원정책 개편방안 연구』. 한국보건사회연구원 기초보장·자활정책평가센터.

박능후. 2011. "근로장려세제 시행초기 효과 실증분석."『사회복지정책』, 38(2): 165-191.

방하남. 2012. "고용보험의 사각지대 개선방안."『보건복지포럼』, 185: 25-32.

백학영·구인회. 2010. "비정규 노동과 근로빈곤의 관계: 임금차별과 근로시간의 영향을 중심으로."『노동정책연구』, 10(3): 87-117.

보건복지부. 2011.『기초생활보장수급자 현황』.

______. 2012. 희망리본(Re-born)으로 새로운 내일(My work) 창출. 2012년 12월 21일 보도자료.

심상용. 2006. "우리나라 근로빈곤의 사회구조적 원인에 대한 실증 연구(1982-2004): 거시경제. 노동시장. 분배제도가 근로자가구의 빈곤에 미친 영향의 검증."『한국사회복지학』, 58(4): 313-339

유길상. 2012. "이행노동시장의 관점에서 본 고용보험제도 발전방안."『노동정책연구』, 12(2): 131-164.

윤희숙. 2012. "근로장려세제로 본 복지정책 결정과정의 문제점."『KDI포커스』, 24.

이병희. 2005. 빈곤계층의 경제활동상태와 빈곤탈출 정진호·황덕순·금재호·이병희·박찬임 편.『한국의 근로빈곤연구』. 한국노동연구원, 99-118.

______. 2010a. "근로빈곤의 노동시장 요인과 빈곤 동학."『경제발전연구』, 16(1): 93-116.

______. 2010b. "근로빈곤과 고용안전망 확충 방안."『동향과 전망』. 2010년 여름호, 79: 249-280.

______. 2011a. "근로빈곤."『2011 빈곤통계연보』. 한국보건사회연구원.

______. 2011b. "근로빈곤의 추이와 동태적 변화."『보건복지포럼』, 181: 33-41.

이태정. 2010. "근로장려세제의 발전적 개선방안 연구."『경영교육연구』, 61: 335-355.

임병인. 2012. "근로장려세제(EITC)의 소득재분배효과."『한국경제통상학회논집』, 30(2): 147-169.

전영준·남재량. 2011. "저소득 근로자 지원정책의 실효성 분석: 실업보험. EITC. 최저임금제. 기초생활보장제도 상호 비교."『재정학연구』, 4(2): 1-46.

지은정. 2007. "근로빈곤층의 빈곤탈출 결정요인 연구: 근로빈곤노동시장의 경로제약성을 중심으로."『한국사회복지학』, 59(3): 147-174.

최옥금. 2009. "근로빈곤층의 정의에 따른 직업 배열의 탐색적 고찰."『한국사회정책』, 16(1): 123-161.

홍경준. 2005. "근로빈곤층에 대한 탐색적 연구: 개념정의와 실태파악."『한국사회복지학』, 57(2): 119-142.

______. 2011. "공적 소득이전의 분배효과분석: 근로빈곤층을 중심으로."『사회복지정책』, 38(2): 65-88.

Blank. Rebecca M., Sheldon H. Danziger, Robert F. Schoeni. 2008. "Working and Poor: How Economic and Policy Changes Are Affecting Low-Wage Workers." Russell Sage Foundation.

Lindert, Peter H. 2004. *Growing Public: Social Spending and Economic Growth since the Eighteenth Century*. Cambridge University Press.

Levitan, Sar A., Frank Gallo, Issac Shapiro. 1993. *Working But Poor: America's Contradiction*. Revised edition. The Johns Hopkins University Press.

Piven, Frances Fox, Richard Cloward. 1993. *Regulating the Poor: The Functions of Public Welfare*, 2 Upd Sub edition. Vintage.

제8장

정책지도(Policy Map)

I. 고령자정책 정책지도

[Map 1] 정책영역별 관련 법-정책수혜대상-담당부처 연계표

정책영역		관련법	고령자 대상범위	관련법안/정책내용과 연혁	정부 담당부처
대주제	소주제				
기본 정책		노인 복지법	전체 (2010년 기준, 65세 인구(내국인) 542만여 명)	• 1981년 「노인복지법」 제정 • [총칙/연금/보건복지조치/노인복지시설]로 구성되었다가, 2007년 「기초노령연금법」 제정과 함께 연금부분 삭제 • 고령자의 실질적 복지에 관한 기본법	- 보건 복지부
		저출산 고령 사회 기본법	전체	• 2005년 「저출산고령사회기본법」 제정 • 고령사회정책 원칙 및 집행 프로세스에 관한 기본법 • 2006년 정부 「제1차 저출산고령사회기본계획」 발표 • 2008년 정부 「제2차 저출산고령사회기본계획」 보완판 발표 • 2010년 보건복지부 「제2차 저출산고령사회기본계획」 발표	- 보건 복지부
소득	기초 생활 보장	국민 기초 생활 보장법	매년 발표되는 최저생계비 기준 이하 해당자 - 65세 인구의 7.6%(2010년 기준)	• 1999년 「국민기초생활보장법」 제정 • 2000년 10월 1일 시행 • 최저생계비 미만자에 생계/주거/의료/교육급여 제공 • 매년 9월 1일, 보건복지부장관이 다음해 최저생계비 공표	- 보건 복지부
	기초 노령 연금	기초 노령 연금법	만 65세 이상 노인 중 소득인정액 하위부터 70%까지 - 65세 인구의 68%(2010년 기준)	• 2007년 「기초노령연금법」 제정 • 2008년 1월 1일 시행, 국민연금가입자의 연금 수급 전 3년간 평균소득월액(A값)의 5% 보장 • 2009년 1월 1일, 종전 소득인정액 60% → 70%로 확대실시	- 보건 복지부 - 지방 자치 단체
	국민 연금	국민 연금법	노령연금/ 장애연금/	• 1973년 「국민복지연금법」 제정, 공포 후 시행 무기연기	- 보건 복지부

		유족연금/ 반환일시금 -65세 인구의 26.2% (2010년 기준, 노령+ 유족연금)	• 1986년 「국민연금법」으로 전면개정, 1988년 시행예정 • 1988년 10인 이상 사업장 근로자 및 사업 주 대상 첫 시행 • 1992년 5인 이상 사업장으로 적용대상 확대 • 1993년 특례노령연금 지급 개시 • 1995년 농어촌 지역으로 적용대상 확대 • 1999년 도시지역 자영자 포함 적용대상 확대 • 2003~2006년 근로자 1인 이상 사업장 전 체 포함 확대 • 2007년 법 개정: 급여 A값 60% → 40% (2028년)로 조정, 보험료율 9%로 인상	- 국민 연금 관리 공단
직역 연금	공무원 연금법	퇴직/재직 중 사망 또는 부상, 질병, 장애를 가진 공무원 (18만여 명)	• 1960년 「공무원연금법」 제정 • 2001년부터 수지적자, 국가재정으로 보전 • 2010년 법 개정: 급여삭감, 보험료 인상안	- 행정 자치부 - 공무원 연금 관리 공단
	사립 학교 교직원 연금법	퇴직/재직 중 사망 또는 부상, 질병, 장애를 가진 사립학교교직원 (1만 8천여 명)	• 1975년 「사립학교교직원연금법」 제정 • 2010년 법 개정: 급여삭감/보험료 인상안	- 교육 과학부 - 사립 학교 교직원 연금 공단
	군인 연금법	퇴직/재직 중 사망 또는 부상, 질병, 장애를 가진 군인 (7만 5천여 명)	• 1963년 「군인연금법」 제정, 「공무원연금 법」에서 분리 • 1973년부터 수지적자, 국가재정으로 보전	- 국방부
	별정 우체국 연금법	퇴직, 사망한 별정우체국 직원 (1,056명)	• 1991년「별정우체국법」개정, 연금제도 실시	- 지식 경제부 - 우정 사업 본부

				별정 우체국 연금 관리단
	국민 연금과 직역 연금의 연계에 관한 법률	직역연금과 국민연금 연계자	• 2009년 법률 제정 및 시행	보건 복지부
기초 의료 보장	의료 급여법	기초생활보장 수급자 -65세 인구의 7.6% (2010년 기준)	• 1977년 「의료급여법」 제정	보건 복지부
의 료	건강 보험	국민 건강 보험법	2010년 기준, -건강보험 혜택자 중 65세 이상 인구 10.1% -건강보험 전체 진료비 중 65세 이상 진료비 32.2%	• 1963년 「의료보험법」 제정 • 1977년 500인 이상 사업장 근로자 의료보험 실시 • 1979년 공무원 및 사립학교교직원 의료보험 실시 • 1981년 100인 이상 사업장 근로자 의료보험 확대실시 • 1988년 농어촌 의료보험 확대실시 • 1988년 5인 이상 사업장 근로자 의료보험 확대실시 • 1989년 도시지역 의료보험 확대실시_전국민 의료보험적용 • 1997년 「국민의료보험법」 제정, 1999년 폐지 • 1999년 「국민건강보험법」 제정 • 2001년 5인 미만 사업장 근로자 직장가입자로 편입	-보건 복지부 -국민 건강 보험 관리 공단
요 양	장기 요양 보험	노인 장기 요양 보험법	장기요양 등급판정 1-3등급자 -65세 이상	• 2007년 「노인장기요양보험법」 제정 • 2008년 7월 노인장기요양보호제도 시행	-보건 복지부 -국민 건강

			인구의 5.8% (2010년 기준)		보험 관리 공단
주거	고령자 주거 정책	노인 복지법 8조, 31조-33 조의 3	60세 이상 노인	• 1997년 「노인복지법」 전부개정, 제8조(노인전용주거시설) 제32조(노인주거복지시설), 제33조(노인주거복지시설의 설치) 신설 • 2007년 「노인복지법」 일부개정, 제33조의2(노인복지주택입소자격 등) 신설	보건 복지부
고용	고령자 고용 정책	고용상 연령 차별 금지 및 고령자 고용 촉진에 관한 법률	대통령령으로 정하는 연령 이상인자	• 1991년 「고령자고용촉진법」 제정 • 2006년 노동부 「고령자고용촉진기본계획(2007~2011)」 발표 • 2008년 제9차 개정, 「고용상 연령차별금지 및 고령자고용촉진에 관한 법률」로 법명 변경 • 고령자 고용정책에 대한 기준 및 원칙을 명시한 기본법	노동부
		노인 복지법 제23조, 제23조 의 2 저출산 고령 사회 기본법 제11조	2010년 기준, 전체 노인일자리 참여자수 249,207명 (65세 인구의 4.6%)	• 2005년 「노인복지법」 제23조의2(노인일자리전담기관의 설치·운영 등) 신설 • 노인일자리 사업은 일자리 1개당 1인*20만원*7개월(4월~10월)=140만원의 예산으로 책정됨. • 사업영역은 공공부문(공익형, 교육형, 복지형)과 민간부문(시장형, 창업모델형, 인력파견형)으로 나뉘어 있음. • 일자리 사업은 지자체, 노인복지관, 노인복지센터, 대한노인회, 시니어클럽, 종합사회복지관, 지역문화원, 기타기관이 주체로 추진하고 있음.	보건 복지부

[Map 2] 고령화정책, 정책영역별 중앙부처 예산 현황(2008~2009)

	예산				증감률(%) (2008~2009)
	2008년도 예산 (단위: 억/%)		2009년도 예산 (단위: 억/%)		
보건복지가족부	29,230	90.5%	43,028	92.0%	47.2
기초노령연금	22,280	69.0%	33,924	72.5%	52.3
노인 구강건강 증진	139	0.4%	331	0.7%	139.1
치매조기발견	8	0.0%	16	0.0%	100
노인장기요양보험	1,530	4.7%	3,284	7.0%	114.6
노인일자리	1,785	5.5%	2,479	5.3%	38.9
노동부	5	0.0%	5	0.0%	0
퇴직연금 컨설팅	5	0.0%	5	0.0%	0
신규사업장 퇴직연금 의무화 검토	비예산	-	-	-	-
교육과학기술부	0	-	0	-	-
사학연금제도개선	비예산	-	-	-	-
국토해양부	1,352	4.2%	2,049	4.4%	51.6
고령자 주거안정법	비예산	-		-	
고령자용 임대주택공급	비예산	-		-	
고령자배려 대중교통	1,352	4.2%	2,049	4.4%	51.6
문화체육관광부	1,463	4.5%	1,562	3.3%	6.8
노령기 기초건강	90	0.3%	92	0.2%	2.2
노인여가활동 인프라	1,320	4.1%	1,401	3.0%	6.1
노인여가 프로그램 개발 및 인력양성	52	0.2%	68	0.1%	30.8
농림수산식품부	252	0.8%	120	0.3%	-52.4
농촌취약가구가사지원	11	0.0%	13	0.0%	18.2
농촌장수, 테마마을	241	0.7%	107	0.2%	-55.6
행정안전부	9	0.0%	5	0.0%	-44.4

공무원연금 부담/급여체계조정	비예산	-		-	
고령화 정보교육	9	0.0%	5	0.0%	-44.4
기획재정부_개인연금 세제정비	비예산	-		-	
국방부_군인연금 체계조정	비예산	-		-	
경찰청_고령자 보행환경/교통환경	비예산	-		-	
합계	32,311	100.0%	46,769	100.0%	44.7

[Map 3] 정부의 「저출산 고령사회 기본계획」 중 고령사회정책 분석

정책 영역	대과제	중과제	세부과제	정책대상
고용	베이비붐 세대 고령화 대응 체계 구축	고용연장	임금피크제 활성화	중고령
			고령자고용촉진장려금 제도 개편	중고령
			베이비붐세대 고용대책	중고령
		전직 및 취업지원	민간위탁 전직지원서비스	중고령
			고령자특화 직업훈련/취업지원	중고령
			취업성공 패키지 운영	중고령
			중고령 여성 취업지원	중고령 여성
		일자리 창출 및 창업지원	사회서비스 일자리 내실화	중고령
			유아교육 인력 풀 구축	중고령
			고령전문인력 우선 채용 사회적 기업 육성	중고령
			시니어 창업지원	중고령
		전문인력 활용 제고	과학/연구분야 퇴직인력 채용시 지원금 지급	중고령 전문직
			취업상담 일자리 제공	중고령 전문직
			전통시장, 유통기업, 행정공무원의 퇴직인력 연계사업	중고령 전문직
			대기업 전문인력 채용시 장려금 지급	중고령 전문직
			전문직 출신 중고령 여성의 사이버 멘토링 사업	중고령 전문직 여성
		고용상 연령차별금 지제도 정착	에이지 캠페인 실시	중고령
	안정되고 활기찬 노후생활 보장	노인일자리 양적 확충 및 질적 고도화	공공 및 민간 일자리 확충	고령 일반
			사회적으로 가치가 높은 일자리사업 발굴－ 아동안전지킴이, 도서관도우미, 문화재지킴이, 학교급식도우미, 해안환경정비, 실버택배 등	고령 일반
		일자리	한국노인인력개발원 조직확충 및 정책지원	고령 일반

대분류	중분류	소분류	세부사업	대상
			강화	
		사업체계화	노인일자리 전담기관 구축 및 지원 확대	고령 일반
			직능/직장 시니어클럽 확대 및 제도적 기반 마련	고령 일반
			연령차별 모니터링 실시	고령 일반
연금	베이비붐 세대 고령화 대응체계 구축	국민연금의 장기지속 가능성 개선	보험료 조정 등 재정안정화 검토	고령 중산층
			안정성을 바탕으로 한 기금운용, 기금운용수익률 제고 추진	고령 중산층
			국민연금 대국민 신뢰성 제고	고령 중산층
		국민연금 사각지대 해소	특수고용관계 근로자 사업장가입 적용 확대	고령 서민층
			임시/일용직 근로자의 가입제고 방안 추진	고령 서민층
			유족 연금 급여수준 적정화 방안 검토	고령 여성
			기초생활수급자 중 직장근로자 사업자 가입 당연 적용	고령 서민층
			농어민 연금 보험료 지원	고령 농어민
		사적 소득보장 제도 확충	퇴직연금제도의 조기정착 및 활성화	고령 중산층
			개인 연금 활성화	고령 중산층
	안정되고 활기찬 노후생활 보장	무연금/저연금 노인을 위한 연금제도	기초노령연금수급대상 확대	고령 서민층
			주택연금제도 활성화	고령 서민층
		국민연금 급여의 근로유인성 제고	재직자 노령연금 제도 개선	60~64세
			연기연금제도 활성화	60~64세
		농어촌 고령자 소득보장	경영이양 직접 지불제 내실화	65~70세 농어민
			농지연금도입	고령 농어민
의료	베이비붐 세대	사전예방적 보건의료	생애주기별 맞춤형 건강정보 제공	고령 일반
			건강검진 사후관리 및 수검률 향상	고령 일반

		보건소 중심 통합건강관리 체계구축	고령 일반
고령화 대응체계 구축	체계 구축	건강관리서비스 제도화	고령 일반
		만성질환자 관리 프로그램 도입	고령 일반
		U-health 서비스 산업 기반 확충	고령 일반
		노화종합연구소 설립 추진	고령 일반
안정되고 활기찬 노후생활 보장	노년기 주요질환 관리체계 구축	75세 이상 노인을 대상으로 틀니 보험적용	75세 이상 노인
		골다공증, 당노병, 골관절염 등 노인성 질환 치료제 급여 확대	고령 일반
		눈, 귀질환, 낙상, 골다공증 등 다빈도 질환 관리체계구축	고령 일반
		노인 구강증진 서비스 확대	고령 일반
	치매노인 관리체계 구축	체계적인 치매 예방, 치료, 관리	고령 일반
		치매관리를 위한 인프라 구축	고령 일반
		치매환자 인식 개선	고령 일반
	장기요양 보험내실화	요양-의료기관 간 서비스 연계 - 전담주치의 제도	고령 일반
		요양-치료-지역사회 서비스 연계 추진	고령 일반
		요양보호사 역량강화 지원	고령 일반
		장기요양보험 수급질서 확립	고령 일반
		장기요양보험 대상자 확대 검토	고령 일반
	노령기 기초건강 증진	노인운동사업 활성화	고령 일반
		노인운동문화 확산 및 전문인력 확충	고령 일반
	의료비지출 적정화	중증환자 중심으로 건강보험 급여구조 전환	고령 일반
		의료비지출 효율화 방안 추진	고령 일반
노후 생활	안정되고 활기찬 노후생활 보장	노후설계 기반조성	노후설계 프로그램 개발 및 표준화	고령 중산층
		노후설계 교육기관 인증제 도입 검토	고령 중산층
		노후설계 전문인력 자격관리 검토	고령 중산층

		노후설계 서비스 지원	민관합동 노후설계기간 협력체계 구축	고령 중산층
			노후설계서비스 제공체계 확립	고령 중산층
			노후설계지원센터 지정 운영	고령 중산층
여가 문화	안정되고 활기찬 노후생활 보장	고령자 자원봉사 활성화	[어르신 자원봉사단]의 확대 운영	고령 중산층
			자원봉사 활동의 전문화	고령 중산층
			자원봉사 정보망 연계 구축	고령 중산층
		고령자 여가문화 향유 기반 확대	여가문화 프로그램 보급 및 개발	고령 중산층
			복지시설 인프라 확충	고령 중산층
			문화바우처 지원	고령 중산층
			지방문화원 노인 문화프로그램 개발 보급	고령 중산층
주거/ 교통	고령 친화적 사회환경 조성	고령친화적 주거환경 조성	[고령자주거안정법] 제정	고령 일반
			고령자용 임대주택 지속 공급	고령 일반
			농촌 건강 장수마을 육성	고령 농어민
		고령친화적 대중교통 개선	철도 및 지하철 승강기 확충	고령 일반
			저상버스 보급 확대	고령 일반
		안전한 보행환경 개선	보행우선구역 시범사업, 장애물없는 생활환경 인증 확대	고령 일반
			노인이용이 많은 시설중심으로 노인보호구역 지정	고령 일반
			노인보호구역 신호기 및 과속방지턱 추가설치	고령 일반
		고령운전자 안전교육 추진	노인 운전자 교육프로그램 개발	고령 일반
			전국 면허시험장에서 무료 교육 실시	고령 일반
권익 증진	고령 친화적 사회환경 조성	독거노인 및 노인부부 보호강화	독거노인 가사/활동지원	고령 서민층
			손자녀 양육노인 가사돌봄 및 상담서비스 지원	고령 서민층
			농촌 가사도우미 지원	고령 일반
		학대노인 보호강화	지방노인보호전문기관 및 쉼터 확충	고령 일반
			신고의무자 범위확대 및 학대행위자 처벌강화	고령 일반

	노인공경 및 복지기반 마련	효행자, 경로우대 기여자에 대한 표창 및 홍보 확대	고령 일반
		노인의 날 및 경로의 날 행사 활성화 추진	고령 일반
		노인 부양가족 지원 강화	고령 일반
		지역특성에 맞는 노인복지 우수사례 개발	고령 일반

[Map 4] 18대 국회, 고령화정책 관련 입법 발의안(2011년 3월 10일 현재)과 정책 쟁점

대상 법안	소관위	발의자					쟁점 및 내용
		현황	발의자	정당	선거구	일자	
기초 노령 연금법	보건 복지위	계류	신상진	한나라당	지역구	08/06/30	국가가 이 법에 따른 연금과 유사한 성격의 급여·수당을 지급하는 지방자치단체에 대하여 대통령령으로 정하는 국가부담비율에서 100분의 10을 차감한 비율을 부담할 수 있도록 하되, 사전에 미리 지방자치단체의 장과 협의하도록 함
			주승용	민주당	지역구	10/10/01	연금지급을 위한 지자체 국고 지원을 지자체 재정력에 따라 차등 지급하는 안
			김우남	민주당	지역구	10/12/06	기초노령연금의 비용을 전액 국가에서 부담하도록 하여 지방자치단체의 재정부담을 없애는 안
			원희목	한나라당	지역구	09/06/22	가. 관계 기관에 요구할 수 있는 정보에 교정기관에 수용 중인 자의 입·출소 정보를 추가함 나. 기초노령연금 지급정지 대상에서 집행유예자를 제외함
			손숙미	한나라당	비례구	09/11/12	연금지급 관련 업무를 지자체에서 국민연금공단에 위탁하는 안
			최영희	민주당	비례구	09/11/19	
			김충환	한나라당	지역구	08/08/19	양벌규정 완화
			양승조	민주당	지역구	08/08/29	수급액의 인상과 수급대상의 단계적 확대
			박은수	민주당	비례구	09/09/30	
			백원우	민주당	지역구	10/04/09	
			오제세	민주당	지역구	10/09/28	
			김금래	한나라당	비례구	10/03/19	「호적법」이 「가족관계의 등록 등에 관한 법률」로 대체됨에 따라 이 법 18조에 명기된 「호적법」을 「가족관계의 등록 등에 관한 법률」로 변경하자는 안

노인 장기 요양 보험법	보복위	계류	백원우	민주당	지역구	08/12/03	국민보험공단의 장기요양기관에 대한 감독과 책임 강화
			원희목	한나라당	지역구	08/12/16	장기요양보험료 예상수입액과 공단이 부과·징수한 실제수입액의 차이로 인한 국가 지원금의 차액이 발생하는 경우 이를 정산하여 국가 지원금의 차액만큼 가입자의 장기요양보험료에 전가되는 것을 막음
			임두성	한나라당	지역구	09/03/06	영양상태를 급여제공의 기준에 추가
			양승조	민주당	지역구	09/04/13	표준장기요양이용계획서를 등급판정위원회가 심의·의결하도록 하여 권고적으로만 활용되고 있는 표준장기요양이용계획서의 실효성을 제고함
			정부			09/06/12	저출산·고령사회기본계획과 통합하여 수립·운영하게 함으로서 지방자치단체의 업무 부담을 줄이고, 현행 보건복지가족부령에서 규정하고 있는 장기요양급여비용 등의 지방자치단체 간 분담비율에 관한 조례 제정의 근거를 법률에 마련
			권경석	한나라당	지역구	09/10/16	부담금액의 지방자치단체간의 분담비율에 관한 사항을 대통령령으로 정하는 범위 안에서 특별시·광역시·도의 조례로 정하도록 법률에 명시함으로써 지방자치단체 자치법규의 근거를 보다 명확히 하려는 것임
			곽정숙	민노당	비례구	10/07/12	요양기관 지정 기준의 강화
			김우남	민주당	지역구	09/12/08	장기요양서비스를 받을 수 없는 등급 외 판정자에 대한 관리공단에서의 체계적·지속적 관리
			정미경	한나라당	지역구	09/10/29	신청인이 장기요양인정신청서를 제출할 때 인정 심의를 위하여 다른 기관으로부터 필요한 개인정보를

법	위원회	상태	의원	정당	선거구	날짜	내용
노인 장기 요양 보험법	보복위	처리					제공받는 것에 동의한다는 서면을 제출하도록 함
			전혜숙	민주당	비례구	09/04/17	도서·벽지·농어촌 등의 지역에 거주하는 자에게 특별히 본인일부부담금을 경감하는 안
			이애주	한나라당	비례구	09/03/02	장기요양보험료만 내고 현실적으로 수급대상자는 될 수 없는 외국인근로자의 경우 제외신청을 할 경우 예외적으로 제외를 허용하여 보험료 부담을 완화시켜 주자는 안
			이재선	자선당	지역구	10/02/18	1)장기요양급여 제공내역의 기록 의무화와 기관의 휴폐업 시 자료를 공단으로 이관, 2)기초생활수급자의 본인일부부담금 면제를 제외, 3)양벌 규정에 대해 사용자의 책임을 완화
		폐기	김충환	한나라당	지역구	10/02/18	사용자가 책임이 있는 경우에는 양벌규정이 적용될 수 있도록 하는 반면 사용자가 상당한 주의와 감독을 게을리 하지 아니하였을 때에는 처벌을 받지 않도록 함
			백성운	한나라당	지역구	10/02/18	장기요양사업의 관리운영기관인 국민건강보험공단의 업무에 장기요양기관의 설치 및 운영을 추가함
			임두성	한나라당	지역구	10/02/18	노인장기요양급여 본인일부부담금 감경대상에서 「국민기초생활 보장법」에 따른 수급자를 제외함
			전혜숙	민주당	비례구	10/02/18	장기요양기관의 폐업·휴업시 자료 이관제도의 신설, 장기요양사업의 관리운영기관인 국민건강보험공단 업무 추가
노인 복지법	보복위	계류	황영철	한나라당	지역구	11/01/31	독거노인 실태조사
			양승조	민주당	지역구	11/01/20	고속철도 경로우대
			손범규	한나라당	지역구	10/12/31	노인복지시설 안전관리인

노인 복지법	보복위	계류	변웅전	자선당	지역구	10/12/22	노인학대 신고의무
			김재윤	민주당	지역구	10/12/09	노인여가복지시설
			황진하	한나라당	지역구	10/11/30	분양형 노인복지주택 폐기
			윤석용	한나라당	지역구	10/11/05	노인복지주택 입소자격
			강창일	민주당	지역구	10/09/30	노인대상사기 가중처벌
			이낙연	민주당	지역구	10/08/25	경로당 급식비 지원
			김혜성	희망연대	비례구	10/08/16	노인일자리전담기관 관리 및 지원
			정해걸	한나라당	지역구	10/08/09	경로당 급식지원
			정부			10/08/05	노인전문병원, 노인복지시설에서 제외 실종노인복귀체제 구축
			김학용	한나라당	지역구	10/06/01	노인복지시설 구매자자격완화와 입소자관리체계
			김영록	민주당	지역구	10/05/19	경로당 난방비 지원
			전현희	민주당	비례구	10/05/06	공공부문 노인일자리사업 관리체계 구축
			유정현	한나라당	지역구	10/04/30	수송료면제비용 정부보존
			김영록	민주당	지역구	10/02/26	노인복지주택 분양/ 임대자격 완화/입소자격 완화
			이재선	자선당	지역구	10/02/18	경로당 활성화
			정의화	한나라당	지역구	09/12/31	노인주거복지시설/의료복지시설 신고의무위반 제재방안 정비
			백재현	민주당	지역구	09/10/07	독거노인 실태조사
			임동규	한나라당	비례구	09/09/14	위법 노인복지주택사업자 처벌방안
			임동규	한나라당	비례구	09/06/16	고령자운전차량 식별표지
			김재윤	민주당	지역구	09/06/15	노인학대신고의무
			김재균	민주당	지역구	09/05/06	노인생산품 공공기관 구매
			유재중	한나라당	지역구	09/04/03	실종노인, 실종아동전문기관에서 관할하도록.

			제안자	정당	선거구	날짜	내용
노인 복지법	보복위	계류	정부			09/03/18	노인복지상담원폐지, 노인복지주택 소유, 양도, 임대 기준 준수의무…
			최욱철	무소속	지역구	09/03/17	정부기관 용역발주 시 노인 10% 고용기관 우선
			김재균	민주당	지역구	09/03/11	비영리단체 노인자원봉사에 지원규정 마련
			임동규	한나라당	비례구	09/02/03	노인학대 신고의무
			양승조	민주당	지역구	09/01/12	기초노령연금비수급자 교통비 지원
			이명수	자선당	지역구	09/01/08	노인여가복지위원회 신설
		처리	김정훈	한나라당	지역구	08/12/30	노인보호전문기관에서 노인소비자 피해구제 담당
			백원우	민주당	지역구	08/12/22	노인일자리전담기관 확대지정
			송훈석	무소속	지역구	08/12/19	노인복지주택 입소자격기준 완화
			손숙미	한나라당	비례구	08/12/04	노인학대신고의무자, 노인대상사기범죄 처벌
			이진삼	자선당	지역구	08/08/19	노인복지주택 입소자격기준 완화
			이주영	한나라당	지역구	08/07/25	노인주거복지시설의 설치 주체로 국민연금관리공단 및 국민연금관리공단투자회사 지정
			이윤석	민주당	지역구	08/06/24	보철, 보청, 백내장치료비지원
			김우남	민주당	지역구	08/06/23	보철, 보청, 안경 지원
		처리	위원장			09/12/29	요양보호사 자격시험제도
			전혜숙	민주당	비례구	08/09/22	요양보호사 자격시험제도
			이명수	자선당	지역구	08/11/28	노인관련시설 고용주의 관리감독 책임 면제
		철회	이명수	자선당	지역구	09/01/06	노인여가복지위원회 신설
			주호영	한나라당	지역구	08/10/08	노인관련시설 고용주의 관리감독 책임 면제

			강성천	한나라당	비례구	10/08/16	정년 60세 보장방안
고용상 연령 차별 금지 및 고령자 고용 촉진에 관한 법률 일부 개정 법률안	환노위	계류	이재선	자선당	지역구	10/02/18	사용자 고용촉진방안 준수 의무화 규정
			조해진	한나라당	지역구	09/04/03	임금피크제 활성화 (노조의 동의 → 개인동의)
		처리	임두성	한나라당	비례구	09/04/17	사업주가 퇴직자들을 위한 구직지원프로그램을 운영, 이직예정자들에 대한 구직활동시간을 보장, 고령근로자 및 퇴직예정자들의 재취업 기회를 확대.
			정부			09/09/11	가. 고령자고용촉진과 관련한 지방자치단체장 사무 신설 나. 고령자인재은행 지정대상 기관 및 기능 확대 다. 고령자 기준고용률 이행계획 작성·제출 절차 폐지 라. 정년연장에 관한 계획 작성·제출 절차 폐지
			위원장			09/12/30	
		폐기	이성헌	한나라당	지역구	08/08/07	
노인 일자리 창출 및 인력 개발 등에 관한 법률안	보복위	계류	임두성	한나라당	비례구	09/03/03	노인인력개발원 등
고령자 주거 안정 법안	국해위	계류	이병석	한나라당	지역구	08/12/26	고령자임대주택, 정부고령자주택정책
		상정	김소남	한나라당	비례구	08/08/01	
저출산 고령화 대책		처리	의장			08/08/26	시한: 08/08/26~09/08/25 위원: 18인 위원장 이석현.

특별위원회 구성의 건							간사 이애주(한) 김우남(민)
	운영위	계류	전현희	민주당	비례구	09/10/07	기한연장
저출산·고령사회 기본법 일부 개정 법률안	보복위	계류	유재중	한나라당	지역구	08/12/31	국립노화연구원
			유재중	한나라당	지역구	09/07/17	대통령 직속기관화
			임두성	한나라당	비례구	09/07/31	저출산·고령사회정책 사전영향평가제
			전현희	민주당	비례구	09/11/27	대통령 직속기관화
			임명호	자선당	지역구	10/01/26	국무총리 직속기관화

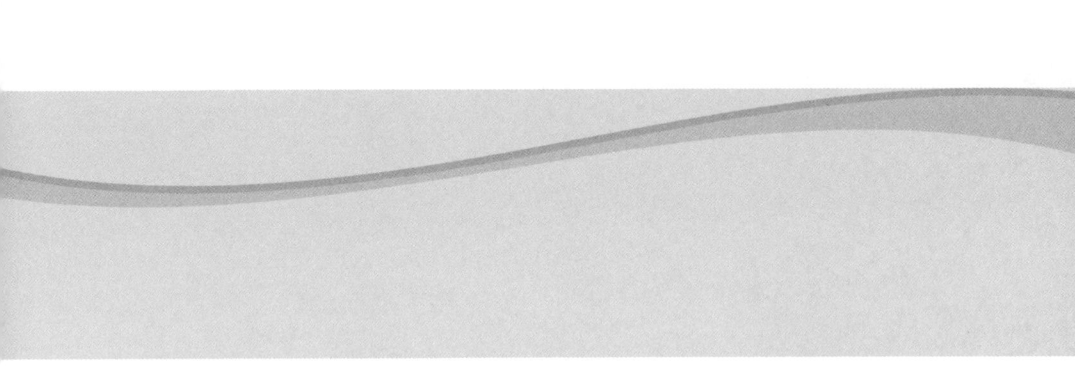

II. 근로빈곤층정책 정책지도

[Map 1] 근로빈곤층 정책영역별 관련 법-정책수혜대상-담당부처 연계표

정책영역			관련법	대상범위	관련법/정책내용과 연혁	소관부처
대주제	중주제	소주제				
노동	소득	최저임금제	최저임금법	2011년 기준, 최저임금 미만 급여자 약 170만 명	• 1988년 「최저임금제」 제정 • 최저임금의 수준, 최저임금결정제도, 단체협약 효력확장, 위반시 처벌 규정	고용노동부
	보험	고용보험	고용보험법 일부개정 법률안	50인 미만 자영업자와 그 고용인	• 1993년 「고용보험법」 제정 • 고용보험료를 징수하여 이직이나 실업 시 필요한 급여 실시 • 근로빈곤 관련하여 적용 대상을 확대하는 문제 • 2012년 50인 미만 자영업자, 자활수급자로 대상 확대	고용노동부
	고용	비정규직 보호	기간제 및 단시간 근로자 보호 등에 관한 법률안	기간제 근로자와 단시간 근로자	• 2006년 제정 • 비정규직 노동자의 차별적 처우 금지 • 2007년, 1012년 법 개정	고용노동부
적극적 노동시장	소득	근로장려세제	조세특례제한법 개정안	가구 총소득 1,700만 원 미만 차상위 근로빈곤층, 2011년 기준 51만 9천 가구	• 2006년 조세특례제한법 제100조의 2에 규정 • 가구 총소득 1,700만 원 미만 근로자에게-소득 수준에 따라 산정된 근로장려금을 세금 환급의 형태로 지급 • 2008년부터 법 시행	국세청
	자활	직업훈련제도	근로자 직업훈련 촉진법 개정안	실업자와 일용근로자 및 단시간 근로자 등 취약계층 근로자	• 1997년 제정 • 2004년 개정 • 시장 탈락자들의 재교육을 위한 법으로 내용 강화 • 직업능력개발사업의 참여자·지원대상 및 지원범위를 확대	고용노동부
	고용	사회적	고용정책	취약계층	• 1993년 「고용정책기본법」 제정	고용

	일자리 창출	기본법 개정안		•2005년 개정안에 사회적 일자리 창출 개념 도입 •적극적 노동시장정책 추진기반 마련 •고용차별의 개선 •지역의 고용촉진 지원 강화 •고용정보원 설립 •사회적 일자리 창출 지원 •2011년 개정안에 지역일자리창출 조항 강화	노동부
		사회적 기업 육성법	취약계층	•2007년 「사회적 기업 육성법」 제정 •사회서비스와 새로운 일자리 창출을 위해 사회적 기업의 설립운영을 지원하고 육성 •사회적 기업은 취약계층에게 사회서비스와 일자리 제공하는 목적을 추구하면서 재화 및 서비스를 생산판매하는 기업	고용 노동부
복지	구호	기초 생활 보장 생계 급여	국민기초 생활 보장법	2010년 기준 87만 9천 가구로 전체 가구의 3%	•1999년 「국민기초생활보장법」 제정 •부양의무자가 없거나, 부양의무자가 있어도 부양 받을 수 없는 사람으로서 소득인정액이 최저생계비 이하인 사람 •생계급여를 기본으로 필요에 따라 의료급여, 주거급여 등의 지급 •2012년 수급자와 차상위자의 자활촉진을 위한 조항을 강화	보건 복지부

[Map 2] 근로빈곤층정책, 정책영역별 중앙부처 예산 현황(2011~2012)

	예산				증감률(%)
	2011년도 예산 (단위: 억/%)		2012년도 예산 (단위: 억/%)		(2011~2012)
고용노동부	1,446	1.72	2,060	2.37	42.46
고용보험사각지대해소			67	0.08	순증
자영업자고용보험임의가입사업			173	0.20	순증
자영업자고용보험지원			6	0.01	순증
사회적기업 육성	944	1.12	572	0.66	-39.41
사회적기업 진흥원운영	161	0.19	235	0.27	45.96
실업자/재직자 직업능개발지원 (일반회계)	708	0.84	754	0.87	6.50
실업자/재직자 직업능력개발지원 (고용보험기금)	2,380	2.83	2,607	3.10	0.95
시간제 일자리창출 지원	68	0.08	84	0.10	23.53
국세청	4,001	4.76	6,301	7.25	57.49
근로장려세제 조세지출	4,001	4.76	6,301	7.25	57.49
보건복지부	78,671	93.52	78,528	90.38	-0.18
근로빈곤층 자활사업	4,203	5.00	4,430	5.10	5.40
긴급복지사업	589	0.70	589	0.68	0.00
기초생활보장사업	73,879	87.83	73,509	84.60	-0.50
총계	84,118	100.00	86,889	100.00	3.29

[Map 3] 18대 국회, 근로빈곤층정책 관련 입법 발의안(2012년 5월 31일 현재)과
정책 쟁점

관련법	의안결과	발의자	일자	쟁점 및 내용
최저임금법 (발의안 11개, 원안가결 1개)	원안 가결	이주영 등 20인 (한나라당)	2011-10-07	1년 미만의 기간제 근로자의 경우 단순업무에 종사하는 경우가 대부분임에도 불구하고 수습기간을 3개월까지 설정하여 최저임금의 90%를 지급하는 등 수습기간과 최저임금 감액적용 제도의 취지를 악용하는 사례가 빈번하게 발생하고 있어 이를 개선하고자 1년 미만의 기간을 정하여 근로계약을 체결한 근로자에 대하여는 수습 사용기간 중의 최저임금 감액 규정을 적용하지 않는 방안
	임기 만료 폐기	이미경 등 19인 (민주당)	2011-07-06	최저임금위원회의 심의에 의한 최저임금안을 고용노동부장관이 결정하도록 되어 있는 현행법을 국회가 하도록하는 개정안. 최고임금위원회의 결정이 정부 성향에 따라 노사 어느 한 방향으로 결정되는 문제를 개선하려는 방안
	임기 만료 폐기	홍희덕 등 10인	2011-05-31	사용자에 최저임금에 달하지 못하는 임금액을 지급하라는 현행법의 실효성이 낮고 위반자만 양산하게 되니 고용노동부장관이 사용자를 대신하여 지급하자는 안
	임기 만료 폐기	김재윤 등 16인 (민주당)	2011-06-30	최저임금 준수규정을 위반한 사용자에 대하여 현행법이 이를 저지할 실효성이 약하기 때문에 위반자의 명단을 공표하도록 함으로써 근로자에 대한 임금의 최저수준을 보장하자는 개정안
	임기 만료 폐기	박주선 등 27인 (민주당)	2011-06-23	최저임금상승률을 소비자물가인상률보다 낮게 정하지 못하도록 하는 안
고용보험법 (발의안 45개, 가결 3개)	원안 가결 (대안)	환경노동 위원장	2011-06-30	자영업자도 고용보험의 실업급여 피보험자로 임의 가입하여 실업급여의 수급 혜택을 받을 수 있도록 하고, 육아를 이유로 근로시간을 단축한 근로자에게 소득 감소

			의 일부를 보전해주는 육아기 근로시간 단축 급여 제도를 신설하며, 자활급여의 수급자를 고용보험의 보호를 받을 수 있도록 이 법의 적용 대상에 포함하는 방안
	임기 만료 폐기	김상희 등 13인 (민주당)	2011-09-01	근로기준법 개정과 연계하여 가사도우미를 고용보험 적용대상에 포함시키자는 안
	임기 만료 폐기	홍영표 등 11인 (민주당)	2010-11-02	실업급여 지급종료자, 자발적 이직자 중 미취업자, 고용보험 미가입 실업자 등 고용보험제도 사각지대에 존재하는 사람들에게 최저임금액의 80%를 180일 범위 내에서 구직 인정을 받은 날에 대하여 지급하는 구직촉진수당제도 도입안
기간제 및 단시간 근로자 보호 등에 관한 법률 일부개정 법률안 (발의안 12건, 가결 1건)	원안 가결 (대안)	환경노동 위원장	2011-12-28	현행 차별시정 제도는 차별적 처우를 받은 기간제 및 단시간 근로자의 신청과 노동위원회의 시정명령을 통해 사후적으로 차별이 해소되는 구조이며, 당사자가 불이익을 우려하여 차별시정을 신청하지 않는 경우가 있음. 이에 따라, 정부가 사전적·적극적으로 차별을 해소할 수 있도록 하는 동시에 현행 3개월인 차별시정 신청 기간을 연장하여 제도를 활성화 할 필요가 있음.
	임기 만료 폐기	김상희 등 14인 (민주당)	2009-01-23	기간제나 단시간 근로자를 고용하거나 통상근로자로 전환하는 사용자에게 부담의 일부를 지원하는 방안
근로자 직업능력 개발법 (발의안 5건, 가결 3건)	수정 가결	정부	2008-11-12	근로자의 자기 주도적 직업훈련을 촉진하기 위하여 직업능력개발에 관한 이력 등을 종합적으로 관리하는 직업능력개발계좌제도를 운영하고, 직업능력개발훈련을 위탁받아 훈련을 실시하는 직업능력개발훈련시설 등에 대한 제재 규정을 합리적으로 정비하는 등 현행 제도의 운영상 나타난 일부 문제점 등을 개선·보완
	수정 가결	정부	2009-12-31	「기능대학법」을 이 법으로 통합하여 근로자의 직업능력개발 및 고용안정 전반을

				포괄하도록 하며, 실업자 등이 자율적으로 직업능력개발훈련과정을 선택할 수 있는 직업능력개발계좌제도의 본격적인 시행을 위하여 관련 정보를 실업자 등에게 제공하는 절차를 마련
사회적기업 육성법 (발의안 10건, 가결 2건)	원안 가결 (대안)	환경노동 위원장	2010-04-29	사회적기업의 활동이 제한되고 있는 목적 범위를 지역사회 공헌 등으로 확대하여 관련단체들의 참여를 확대하고, 지역 중심의 사회적기업 육성체계를 마련하기 위하여 시·도별 사회적기업 지원계획을 수립·시행하도록 하며, 시회적기업 전문인력의 확보와 사회적기업의 날 및 사회적기업 주간을 지정하여 사회적기업의 확산을 촉진하는 한편, 한국사회적기업진흥원을 설립하여 사회적기업 육성 및 지원에 관한 업무를 종합적·전문적·체계적으로 수행하도록 함
	수정 가결	조해진 등 10인	2011-10-17	취약계층에게 일자리를 제공하고 사회서비스를 제공하는 사회적기업의 활성화를 위한 제도적 기반을 마련할 필요가 있음. 이에 사회적기업 인증이 가능한 조직형태를 추가하고, 국유·공유재산 등의 대부와 사용허가에 관련 규정을 명확하게 하며, 공공기관의 장은 사회적기업 제품의 구매 증대를 위한 구매 계획과 구매실적을 고용노동부장관에게 통보하도록 하고, 고용노동부장관은 구매계획 및 실적을 공고할 수 있도록 하여 사회적기업의 지속가능성을 제고하려는 것임.
	임기 만료 폐기	손숙미 등 12인 (한나라당)	2009-05-20	사회적 기업의 대상이 되는 취약계층의 범위에 출소자, 북한이탈주민, 경력단절여성, 다문화가족 구성원을 포함시키자는 안
임대주택법 (발의안 30건, 가결 5건)	수정 가결	안홍준 외 10인	2011-09-27	기초생활수급자 등 저소득층의 주거안정을 위하여 전세임대주택을 임대주택에 포함하고, 공공임대주택 입주자 관리에 문제점이 발생하고 있어 이를 개선하고자 하는 수정안으로써 기존 공공임대주택제

				도를 보완적 성격
국민기초 생활 보장법 (발의안 39건, 가결 3건)	원안 가결 (대안)	보건복지 위원장	2011-12-30	시·도 단위 광역자활센터를 설치하는 법적 근거를 마련하고 중앙자활센터와 광역자활센터의 기능을 확대함으로써 기초단위에서 단편적으로 추진하고 있는 자활지원 체계를 전국·광역단위의 자활사업 인프라 구축으로 확대하여 자활사업 전체의 효율성을 제고하려는 것임 가. 중앙자활센터의 기본 사업으로 수급자와 차상위자에 대한 취업·창업 지원 조항을 추가함
	임기 만료 폐기	김성식 등 15인 (한나라당)	2011-05-16	부양의무자가 부양할 수 없다고 보는 소득기준을 수급권자 및 해당 부양의무자 각각의 최저생계비를 합한 금액의 100분의 185까지 상향 조정함으로써 국민기초생활보장제도의 사각지대를 해소하려는 안

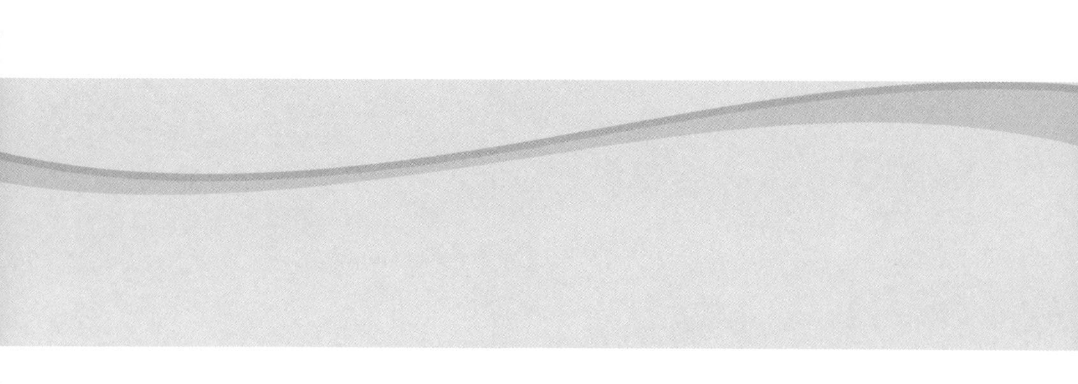

III. 다문화정책 정책지도

[Map 1] 외국인정책(다문화정책) 정책영역별 관련 법-정책수혜대상-담당부처(기관) 연계표

정책영역		관련법	대상범위	관련법/정책내용과 연혁	소관부처 (위원회)
기본법		재한외국인 처우 기본법	합법체류 재한 외국인	• 2007년 법 제정 • 제1차 외국인정책 기본계획 (2008~2012) • 제2차 외국인정책 기본계획 (2013~2017)	- 법무부 - 외국인 정책위원회
법적 지위 및 출입국· 체류 관리	일반	출입국 관리법	국민, 외국인	• 1963년 법 제정 • 1992년 외국인 불법고용 규정 도입 • 1997년 산업연수생제도 관련 규정 신설 • 2001년 불법입국, 체류규제 강화 • 2010년 산업연수생 제도 폐지 • 2012년 외국인 사회통합프로그램 규정 신설	- 법무부 - 출입국· 외국인 정책본부 - 사회통합 프로그램 자문위원회
	재외 동포	재외동포의 출입국과 법적 지위에 관한 법률	재외동포	• 1999년 법 제정 • 2004년 정부수립 이전 국외 이주동포 포함 • 2008년 재외동포 최장체류기간 2년에서 3년으로 연장	- 법무부 - 출입국· 외국인 정책본부
고용 및 노동		외국인 근로자의 고용 등에 관한 법률	이주 노동자	• 2003년 법 제정 • 매년 외국인 근로자 도입계획 공표(3월 31일까지)	- 고용노동부 - 외국인력 정책위원회
국제결혼		결혼 중개업의 관리에 관한 법률	국내/ 국제 결혼 중개업	• 2007년 법 제정	- 여성가족부
가족·보육· 교육		다문화가족 지원법	다문화 가족 구성원	• 2008년 법 제정 • 제1차 다문화가족정책 기본계획 (2008~2012) • 제2차 다문화가족정책 기본계획 (2013~2017)	- 여성가족부 - 다문화가족 정책위원회 - 다문화가족 지원센터

[Map 2] 외국인정책(다문화정책), 정부 정책조정 기구 현황

구분	외국인정책위원회	다문화가족정책위원회	외국인인력정책위원회
근거 법령	재한외국인 처우 기본법	다문화가족지원법	외국인 근로자의 고용 등에 관한 법률
위원장	국무총리	국무총리	국무총리실장
실무 위원장	법무부차관	여성가족부장관	고용노동부차관
위원	기획재정부장관 교육과학기술부장관 외교통상부장관 법무부장관 행정안전부장관 문화체육관광부장관 농림수산식품부장관 지식경제부장관 보건복지부장관 고용노동부장관 여성가족부장관 국토해양부장관 중소기업청장	기획재정부장관 교육과학기술부장관 외교통상부장관 법무부장관 행정안전부장관 문화체육관광부장관 농림수산식품부장관 보건복지부장관 고용노동부장관 여성가족부장관 국무총리실장	기획재정부차관 교육과학기술부차관 행정안전부차관 문화체육관광부차관 농림수산식품부차관 지식경제부차관 보건복지부차관 고용노동부차관 국토해양부차관
주요 목적	재한외국인 처우정책	다문화가족의 사회통합과 삶의 질 향상	외국인근로자의 체계적인 도입, 관리
주요 대상	재한외국인 (영주권자, 난민 포함) 결혼이민자 및 자녀	다문화가족 (결혼이민자, 귀화 허가자 및 자녀)	외국인근로자 (재한외국인 중 임금 목적으로 근로하는 자)
활동 내용	외국인정책 기본계획 (5년 단위) 외국인정책 기본계획 시행계획(1년 단위)	다문화가족정책 기본계획(5년 단위) 다문화가족정책 기본계획 시행계획(1년 단위)	외국인 근로자 도입계획(1년 단위)

[Map 3] 외국인정책(다문화정책), 중앙부처별 예산 현황

(단위: 개, 억원)

	2009년		2010년		2011년		2012년	
	과제수	예산집행	과제수	예산집행	과제수	예산집행	과제수	예산
총 합계	190	1,033.15	173	1,274,63	165	1,993.39	149	2,104.47
교육과학기술부	13	296.30	13	414.01	13	479.25	14	532.09
외국인 장학생 사업·외국교육기관 유치·유학생 관리 등	-	232.00	-	337.91	-	352.39	-	386.21
다문화이해 교육·다문화가정의 교육 지원	-	64.30	-	76.10	-	126.66	-	145.88
법무부	93	87.96	78	94.52	68	217.16	64	195.50
비자관리·외국인 통역서비스·법률지원 등	-	39.68	-	27.04	-	24.38	-	28.17
사회통합프로그램 마련·교사 확충 등	-	19.64	-	36.01	-	44.07	-	57.81
불법체류·출입국 관리 행정	-	18.79	-	26.29	-	123.13	-	54.47
외국인 인권보호 등	-	9.85	-	5.18	-	25.58	-	55.05
행정안전부	9	14.48	8	8.72	13	18.45	8	23.36
결혼이민자 및 다문화가정 교육 지원 등	-	12.68	-	6.92	-	11.45	-	16.36
외국인 집중거주지 안정화 지원	-	1.80	-	1.80	-	7.00	-	7.00
문화체육관광부	17	45.07	16	60.84	18	60.45	15	71.55
한국어교육·국악강좌·도서관서비스 등	-	35.30	-	50.27	-	54.21	-	52.38
다문화교육 프로그램 마련 등	-	9.77	-	10.57	-	6.24	-	19.17
농림수산식품부	1	4.26	2	11.76	2	11.76	2	11.76
이민여성농업인 교육	-	4.26	-	11.76	-	11.76	-	11.76
지식경제부	2	26.00	2	30.00	2	20.00	2	19.00

해외 전문· 기술인력 유치 등	-	26.00	-	30.00	-	20.00	-	19.00
보건복지부	0	0	7	1.00	7	236.00	8	230.70
다문화아동 보육료 지원	-	0	-	0	-	235.00	-	194.00
외국인근로자 의료지원 사업	-	0	-	0	-	0	-	35.70
고용노동부	18	157.12	20	125.37	18	157.25	14	159.05
외국인근로자 지원센터의 지자체 이양	-	123.45	-	0	-	0	-	0
소규모 사업장 보건관리 기술 지원	-	31.95	-	61.87	-	49.32	-	54.48
외국인근로자 고충상담 및 법률지원 서비스	-	0	-	52.27	-	68.14	-	60.26
결혼이민자 취업지원	-	0	-	0	-	29.00	-	31.00
인력도입·고용절차· 지도점검 등	-	1.72	-	11.23	-	10.79	-	13.31
여성가족부	3	380.96	25	508.41	23	757.05	21	827.24
다문화가족 아동양육지원서비스 (2012년 지방 이전)	-	241.03	-	266.00	-	374.00	-	0
취학 전 유아 언어 및 교육 지원	-	15.83	-	28.23	-	57.88	-	57.88
지역 서비스 전달체계 구축	-	70.00	-	119.00	-	187.00	-	592.00
결혼이민자 통·번역 서비스	-	19.01	-	32.84	-	32.84	-	42.65
가정폭력 피해여성 지원	-	26.95	-	50.22	-	51.02	-	56.33
다문화이해교육·홍보· 이중언어교육·청소년 적응 등	-	8.14	-	12.12	-	54.31	-	78.29
중소기업청	1	21.00	1	20.00	1	36.02	1	34.22
외국전문인력 도입 지원	-	21.00	-	20.00	-	36.02	-	34.22

* 자료: 외국인정책위원회, 「제1차 외국인정책기본계획 제2012년 시행계획」을 토대로 재구성

Ⅰ. 고령자정책 정책참여자 인터뷰

1. 정책결정자 인터뷰

- 인터뷰 대상 : 참여정부 전 보건복지부 장관
- 일　　　자 : 2011년 6월 22일
- 장　　　소 : 서울시 00구 00동 000 커피숍

Q 참여정부 당시 취임하시자 곧 보건복지부에서 2006년 5월 27일자로 [신개혁안]을 내셨는데, 취임하시기 전부터 관심을 가지고 준비를 하셨는지?

A 제가 2월 달에 임명을 받고 5월 말에 그 안을 냈는데, 신개혁안은 취임하고 나서 준비한 게 아니라, 16대 국회부터 광범위하게 축적된 정부안, 의원발의안, 관련 자료들이 있었다. 또 제가 그 이전에 관련 법안을 낸 것도 몇 건이나 있었다.

Q 관련 법안을 내신 건 알고 있다. 하지만 [신개혁안]은 연금체제 전반에 걸친 광범위한 안인데 어떻게 준비가 되었나?

A 신개혁안이 나오기 전에 16대 국회에서 이미 정부에서 준비된 안이 있었다. 국회에서 제대로 심의는 안 되었지만 김대중 정부 때부터 검토되기 시작해서 정부안이 있었고, 토대가 되는 기본 재정안 등은 당시에 이미 존재했다. 당시에 국민연금에 대한 불신이 높았기 때문에 연금에 대한 신뢰성을 높이는 문제가 중요했고 관련하여 국가지급의무가 규정된 조항이 준비되었다. 국가지급의무란 국가가 책임지고 수급자들에게 반드시 연금을 지급한다는 보장을 하는 장치다. 또 국민연금기금운용의 투명성을 확보하기 위해 기금운영본부를 독립적인 지위로 끌어올리고, 안정성, 투명성을 확보하기 위한 장치들을 마련했다. 그것들을 토대로 폭넓게 수용가능한 안을 마련한 것이 신개혁안이었다.

Q 국민연금 재정 안정화를 위해 5년마다 재정개산을 하도록 법 개정을 한 것이 1998년 12월 31일이었다.

A 그렇다. 그 개산 시기가 2003년이었다. 2003년의 과정에서 연금을 둘러싼 문제 제기가 광범위하게 있었고, 그 때 정부에서는 정부가 가지고 있던 자료를 바탕으로 새로운 보험요율과 지급요율을 조정하는 안이 마련되었고 의원들과 정당 차원에서 논의가 진행되었다. 다수의 국민연금재정안정화 방안을 포함해서 정치권에서 이미 논의가 되고 있었던 거다. 관련된 각 주체들은 거의 다 나왔고 안을 제기한 상황이었다. 그런 안들을 포괄해서 실행가능성을 고려해 마련된 것이 신개혁안이다. 당시 정부안은 그대로 국회에 제출된 것이 아니라 OOO 의원이 대표발의한 의원 발의안 형태로 제출되었다. 그 안이 실질적으로 정부안이었는데 이후 복잡한 재협상과정에서 절충안이 7월에 통과된 것이다.

Q 대표님께서 장관에 재직하시기 전에 OOO 전 장관님이 보건복지부 장관으로 재직하셨는데, 그때는 연금정책 관련해서 진행된 바가 있었나? 바통을 이어받아 진행하신 것인가, 아니면 취임하신 후 새롭게 추진하게 된 것인가?

A 법안만 국회에 제출된 상태였고 실질적인 프로세스는 없었다. 실제 국회에서 법안이 통과되기 위해서는 2가지가 필요하다. 첫 번째가 내용을 손질하는 것이다. 국민연금의 재정을 안정화하고, 신뢰성을 제고하고, 연기금운용을 합리화하고, 수익성을 강화하는 안을 패키지로 묶어서 관련된 주체들의 의견을 수렴, 수용 가능한 안을 만드는 것이다.

두 번째는 의회의 처리과정과 관련해서 다수의 지지를 얻을 수 있는 방안을 만드는 것이다. 국회에서 처리가 되려면 다수의 지지를 얻어야 하는데 국회에서는 당시 심의 자체를 하지 않는 상황이었다. 그래서 국회에서 처리하지 않을 수 없도록 하는 방법이 필요했다.

첫 번째가 콘텐츠의 문제라면 두 번째는 프로세스의 문제라고 보면 된다. 콘텐츠의 문제는 비교적 수월했고, 그건 정책적 접근을 하면 되었다. 두 번째는 여야합의가 필요한 문제여서(좀 더 복잡한 고려가 필요로 했다).

(두 번째 문제와 관련해서) 임명받고 난 후 약 두 달간 보건복지부와 한나라당 OOO 대표 간의 비공식협상이 진행되었다. 당시 노 대통령은 백지위임장을 주고 장관이 한나라당과 협상을 하라고 했고, 두 달간 집중적으로 비공식회의를 진행했다. 개혁안의 내용, 합의방식, 발표방식, 정치적 대가로 (정부가 OOO 대표 및 한나라당에게) 줄 수 있는 것들을 검토했다. 만약 양당 간에 합의가 이루어졌다면 바로 처리가 가능했기 때문에, 첫 번째 경로로 그 방식을 택한 것이다.

보건복지부는 청와대의 의중을 대변해서 협상에 임했고, OOO 대표는 한나라당의 전권을 가지고 협상에 임한 거라고 보면 된다. 당시 대부분의 쟁점에 대해서 접근이 이루어졌지만 결과적으로는 협상이 결렬되었다. 이제 사전 합의가 안 되었으니 내용을 공표하고 공개적으로 처리하는 단계로 넘어가야 했다.

Q 마지막에 결렬된 이유는 무엇인가?

A 결국 한나라당이 주장했던 기초연금제를 받으면서 국가재정투입의 액수가 문제가 되었는데, OOO 쪽에서 제시하는 재정규모가 여당이나 정부 쪽에서는 크다고 본 것이고 그 쪽에서는 크지 않다고 본 게 문제가 되었다. 이렇게 협상이 결렬되고 5월 말에 안을 발표했고 의원 입법발의는 그보다 좀 늦게 되었다. 의원입법은 '노인3법'을 묶어 진행했다. '노인3법'이란 국민연금 개정안, 기초노령연금 제정안, 장기요양보험법 제정안이다. 당시 장기요양법은 몇 가지 실무적인 쟁점이 남아 있어서 표류하던 상황이었다. 노령연금은 제가 효도연금법으로 발의했던 안으로, 당시 100만 명을 대상으로 월 10만 원씩 소득에 따라 차등 지급하는 안이었는데, 입법발의 후 정부에서 반응이 없었고 국회에서도 심의를 하고 있지 않았던 상태였다. 장관으로 지명된 후 OOO 총리와 논의를 했고 총리는 적극적으로 지지를 해주었다. 그리고 4월 초에 대통령께 보고를 하고 허락을 받았다. 당시 국민연금법은 의회에서 동력을 갖기 힘든, 무동력법안이었다. 그래서 독자적인 추진이 어려웠기 때문에 기초노령연금법과 장기요양보험법을 함께 묶어 추진하기로 한 것이다. 국민연금 자체가 보험료 납부에 대해 불만이 있었고 제도에 대한 신뢰는 부족한 상황에서, 재정안정화 방안을 거론할 경우 비난이 쏟아질 가능성이 높았다. 자체 동력이 없는 법안이었기 때문에 여러 해 동안 필요성이 제기되었음에도 표류하고 있었던 것이다.

Q 그 부분이 궁금하다. 누군가는 해야 하지만 제기하는 사람은 욕을 먹을 수밖에 없는 것이 연금개정인데, 대통령께서도 결단을 한 것으로 본다. 욕을 안 먹고 넘길 수도 있었는데.

A 그래서 연금개혁 때문에 난리가 난 나라들이 많은 것이다. 사람들이 대중적으로 심각한 인식을 갖게 되는 시점은 이미 늦게 된다. 그런데 미리 예측해서 기금이 고갈되는 사태로 가는 걸 막기 위한 예방적 입법을 하는 사람은 욕을 먹게 되어 있다. 무동력 법안이고 보니 많은 나라에서 제때 연금개혁이 안 되고, 재정위기 상황이 오면 이미 늦어져서 난리가 나는 것이다.

그래서 무동력법안에 동력을 붙이기 위해서 노인3법을 패키지로 묶기로 한 것이다. 장기요양법은 반대가 많지 않았다. 입법과정에서 신속하게 처리는 안 되었지만, 해야 된다는 취지는 대부분 공감을 하고 있었다. 김대중 정부에서부터 시범사업이 추진되고 있었고 제가 취임했을 때 이미 2차 시범사업을 거쳐 3차 시범사업 단계에 와 있었다. 의원들의 입장에서 장기요양제도는 의정보고서를 통해 성과를 자랑할 수 있는 사업이었기에 상당한 동력을 가질 수 있었다. 기초연금법은 그 동력이 더 강하다. 그래서 그 뒤에 국민연금법 개정안을 달아서 패키지로 통과시켜보자고 한 것이다. 결국 의원들이 2007년 4월에 장기요양법과 기초노령연금법만 통과시키고 국민연금법을 누락시키면서, 대통령에게 장관을 문책해서 의제를 살려야 한다고 건의했지만 대통령께서 사의를 표명한 것으로만 하자고 해서 다시 협의에 들어갔다.

Q 재정부에서 추가재정 부담 문제로 반대를 하지는 않았나?

A 정부 부처 간에 토론을 많이 했다. 장기요양법안에 대해서는 이견이 없었다. 국민건강보험제도와 같이 만들었고 그 제도 안에서 작동할 수 있게 만들었기 때문이다. 기초노령연금법은 처음 제안할 때 총 2조 8천억 정도가 들 것으로 예상했고, 이 가운데 신규부담은 2조 정도로 추산되었다. 당시 국가재원배분회의에 총리, 보건복지부장관, 재경부 장관, 기획예산처장 등이 모두 모여 토론을 했고 기획예산처에서 오케이를 했다.

Q 2조 8천억 가운데 8천억은 지자체 예산이었나?

A 지자체 예산이라도 결국 중앙정부에서 지방교부금으로 넘어가야 하니까 그건 아니고, 기존에 경로연금, 교통비 등으로 지급되던 것을 통폐합해서 만들 수 있는 재정규모가 그 정도였다. 대통령께서 지시하니까 기획예산처에서 2조 원을 신규로 만들어내기로 한 것이다.
나중에 협상과정에서 수급범위가 넓어지면서 다시 8천억 정도가 추가되었고 대통령께 보고한 후 결제가 났다. 총리께서 관계장관긴급회의를 소집했고 총리, 경제수석, 사회수석, 보건복지부 장관이 다 모였다. 토론과정에서, 국민연금(법 개정을) 통과시키는 것이 국가적 과제이며 기초노령연금은 예인선이기 때문에, 이것이 통과되지 않으면 국민연금도 개정을 할 수 없으니 포기해야 한다, 연금재정을 안정화시킴으로써 위험성을 완화하는 대가로 현 정부에서 2조 8천억 신규재정을 투자해야 한다고 설득을 했고 받아들여졌다. OOO 총리가 적극적으로 지지를 해 주었다. 국민연금이라는 무동력선에 2개의 예인선을 붙인 것이다.

Q 국회에 제출된 최초 안과 실제 통과된 안에는 차이가 컸는데?

A 어쩔 수 없었다. 안을 처음에 제출할 때에도 국회에서 변경될 가능성을 염두에 두었고, 지루한 협상은 어쩔 수 없다고 보았다. 수정된 안이 그래도 당시의 시행안보다는 재정안정화 효과가 있다고 판단했다. 통과과정에서 보건복지부 차원에서 작업을 많이 했다. 2개의 예인선과 1개의 무동력선이 같이 하기 위해서는 정치과정이 많이 필요했다.

국회입법과정에서 의원들을 움직이기 위해서 정보서비스를 하고, 보좌관들 모아서 설명도 하고 합법적으로 할 수 있는 건 다했다. 보건복지위 위원들과는 지역구 현안 등을 함께 논의했고, 여론의 지지를 구하기 위해서 심포지엄, 간담회 등을 개최했다. 언론의 도움을 구하기 위해 언론사 논설위원, 기자, 사회부장들하고 장기간 집요하게 대화를 진행했다. 그 결과로 언론의 우호적 지원이 결정적 도움이 되었다.

사실 의원들에게 개별적으로 협조를 이끌어내기 위해 할 수 있는 모든 합법적 방법을 사용했다. 복지부 사업을 가지고 긍정적 인센티브를 제공하기도 했고, 네거티브 방법도 사용했다. 의원들에게 역인센티브를 제공한 셈이다. 보건복지부에서 노인 단체들을 많이 접촉했고 사업설명회도 많이 하면서 노인회에서 이 사업을 완전히 이해할 수 있게 도왔다. 대한노인회뿐 아니라 많은 단체들에게 장기요양법, 기초노령연금법이 국민연금법과 같이 가야 한다고 설득을 했고, 국회에서 반대가 있어 법안통과가 어렵다는 이야기도 했다. 이런 작업을 위해 행정고시 출신 보건복지부 간부들을 고향으로 출장 보내서 사업을 설명하도록 했다. 이 분들이 모두 지역에서는 행정고시 붙었을 때 플래카드가 붙고 하던 분들이다. 그렇게 지역 어르신들에게 정보를 제공하고 설득을 했다. 그러면 어르신들이 지역구 의원들에게 전화를 하기도 했다. 국회의원들은 지역구 노인회 어르신들이 전화를 하면 다 받는다. 어르신들이 지역구 의원들에게 전화를 해서 도움을 요청한 것이다. 그래서 상임위에서 국정감사를 할 때 보건복지부가 헛소문을 유포한다고 항의를 많이 받았다. 특히 한나라당 의원들이 우리가 언제 반대를 했냐고 문제제기를 했다. 그러면 재발하지 않도록 하겠다고 답변했지만 대국민 설득작업은 불가피했다.

국민연금공단은 재정안정화가 현안이었기 때문에 적극적이었고 건강보험공단도 합류했다. 건보는 공공분야 구조조정 과정에서 징수업무 분리 등이 논의되던 차에 새로운 업무영역이 추가되는 것이었기 때문에 불안감을 느끼던 차라, 적극적인 참여가 있었다. 그렇게 집요하게 6개월 이상 작업을 한 것이다.

그렇게 상임위에서 법안이 처리된 것이 2006년 11월경이었다. 다음에 법사위 통과가 있었는데 제2소위 심의과정에서부터 소위원회 위원들을 설득했다. 법사위에서 심의를 해주지 않았기 때문에 소위원회 위원들과 상당한 접촉이 있었고 거래도 있었다. 지역구 의원들에게는 지역구 현안을 해결하는 것이 임무였기 때문에 의원들과 협상을 하고 거래를 한 것이다. 그렇게 법사위를 통과한 후 본회의 상정에도 어려움이 있었다.

4월 1차 본회의 표결에서 부결이 되었는데, 여당이 분열되는 과정에서 기권도 많았고 한나라당 의원들 중에는 이혜훈 의원 한 사람만 찬성표를 던졌다. 당시 여당에서 탈당한 의원들이 20명 가까이 되었는데 대부분 불참하거나 기권했고 상봉균 의원 한 사람만 참석해서 찬성표를 던졌다. 개정법안이었기 때문에 기권은 반대와 같다. 본회의 표결하는 날 아침에 3표 정도 모자랄 것으로 예상을 했었다. 상정을 할까 말까 고민을 했지만 부결이 되더라도 상정을 하자고 결정했다. 부결이 되더라도 상정이 되어야 다시 과정을 시작할 수 있다고 보았고, 매듭을 짓자고 생각했다. 그래서 대통령에게 보고를 하고, 부결이 되면 대통령이 장기요양법이나 기초노령연금법에 대해 거부권을 행사하든지, 장관을 해임해서 새로 논의를 시작하든지 하는 방안을 생각했다. 그래서 부결이 되더라도 정부에서 대책을 세울테니 안건을 상정해달라고 당시 임채정 국회의장에게 부탁을 했다. 당시 1차 표결에서 한나라당과 민주노동당의 수정안이 나왔고 부결이 되었고, 정부안인 원안은 폐기가 되었고 상임위 수정안도 부결이 되었다. 그래서 결국 현행법만 살아남게 되었다.

Q 과정을 지켜보면서, 이처럼 리스크가 크고, 손을 대지 않으면 순연시킬 수 있는 법안을 왜 통과시키려고 했는지가 궁금해진다. 대통령의 의지였나?

A 대통령께서 의지를 갖고 계셨다. 하지만 현실적으로 어려워 포기를 하고 계셨는데 제가 대통령이 결심만 하면 법안을 통과시킬 전략이 있다고 보고하면서 일이 추진되었다. 전략은 앞서 말한 바처럼 국민연금이라는 무동력법안에 장기요양법이랑 기초노령연금법이라는 예인선을 붙여 연계시키는 것이다. 추진전략으로 1단계는 먼저 여야합의를 위한 비공식협상을 진행해 보는 것이다. OOO 대표 입장에서도 대통령이 영수회담을 받고 예인선격인 2개의 법안을 통과시키면서 반대급부로 국가에서 비난을 감수해 준다면 야권의 위상도 높아질 수 있기 때문에 받아들일 수도 있다고 보았다. 하지만 결국 받아들이지를 않았고, 다음 단계로 3개의 법안을 패키지로 국회에 던져 정면돌파를 하는 방안을 택했다. 결국 2007년 4월, 국민연금법안은 누락된 채 나머지 2개의 법안만 통과가 되었고, 이 단계에서 저는 책임을 지고 사의를 표명했다. 하지만 대통령께서 나머지 2개

의 법안에 대해 재의요구를 하지 않고 대신 국민연금법안을 위해 협상주체를 보건복지부 장관에서 당시 한덕수 부총리로 승격시키면서 다시 논의를 추진했던 것이다. 당시 전 과정에서 언론의 도움이 컸다. 많은 언론들이 연금법 개정의 필요성에 대해 사설이나 칼럼을 통해 주장을 했고 부결된 것에 대해 국회의 직무유기라는 엄청난 성토가 있었다. 그 과정에서 한나라당이 압박을 받을 수밖에 없었고 협상에 다시 임하게 되었다.

Q 특히 어떤 언론이 협조적이었나? 언론이 정부의 연금법 개정안에 손을 들어준 이유는 무엇인가?

A 많은 언론이 도움을 주었지만 조중동의 도움이 컸다. 당시 각 언론사의 사회, 경제분야 의사결정자들은 연금문제에 대해 중립적인 태도로 접근했고 지체될수록 문제해결이 심각해진다는 사실을 인지하고 있었다. 언론인의 사명으로 이 문제에 접근했고, 국민연금의제가 공적의제라는 데 인식을 같이 했던 것이다. 고맙게 생각하고 있다. 이 법안은 매우 흥미로운 법안이다. 정책의 내용은 매크로 레벨의 문제였지만 입법의 정치과정은 마이크로 파운데이션이 필요한 문제였다. 중요하지만 입법동력이 없는 법안이 어떻게 의회를 통과할 수 있었나를 연구하는 데 중요한 사례라고 본다.

Q 장기요양보험법에 대해 여쭙겠다. 장기요양보험법은 당시 반대가 없었다고 했는데, 김대중 대통령의 선거공약사항으로 알고 있고, 당시 선거공약에서는 일본의 개호보험을 모델로 했던 것으로 안다.

A 그렇다. 일본의 개호보험을 상당부분 벤치마킹했고 독일의 수발보험도 많은 부분 참조했다. 참여정부 초기부터 000 장관께서 임기를 마칠 때까지 법률안의 기본내용을 만들어 놓았고 보험료 징수방식, 등급설정, 재가요양서비스의 인정범위, 도서벽지의 서비스 방식 등의 기술적인 문제만 남겨놓은 상태였다. 제가 취임할 당시 2차 시범사업이 완료되고 3차 시범사업이 추진되고 있던 시점이었고, 남은 문제가 실무적이고 행정적인 문제, 어떤 주체가 이를 담당할 것인가의 문제 등이 합의가 안 된 채 남아 있었다. 그래서 빨리 결정해서 진행하고 문제가 발생하면 고쳐 나가자는 취지로 빠른 속도로 미타결 쟁점에 대해 논의를 진행했다. 전문가들에게 용역을 의뢰하는 시간이 걸리는 프로세스 말고 전문가들을 직접 불러서 이야기를 듣고 바로 반영하여 정책을 추진해 나갔다. 그래서 서둘러진 측면이 좀 있다.

Q 특히 재가요양서비스 쪽에서 서둘러 인프라를 구축하는 과정에서 무리가 있었던 것으로 보인다. 1년 만에 인프라를 구축했는데.

A 요양보험은 공급자가 없었기에, 일단 요양시설만 이미 1년에 100개 이상 짓고 있었다. 지역 불균형을 맞추는 문제에 너무 집착하지 말자, 시군구 경계를 좀 넘어가도 일단 시설공급을 확대하는 측면에서 접근했다. 재가서비스는 공급자가 아예 없는 상황이어서, 일정 정도 규모에서 시작하되 진입장벽을 대폭 낮추어 빨리 확대하는 방안을 택했다. 사실 당시 재가간호서비스의 경우 현행 의료법 상으로는 할 수가 없는 상황이었다. 우리나라는 의료수가 때문에 왕진 자체가 없지 않은가. 이런 상황에서 재가간호서비스를 도입하는 건 의료법에 위반될 수밖에 없었다. 왕진서비스를 수가에 책정하면 재정을 감당할 수 없고 의료법을 개정하지 않는 상황에서 재가서비스를 도입하면 문제가 엄청 심각해질 수 있는 상황이었다. 그래서 재가간호서비스를 하는 업체 책임자는 전문 간호사만이 할 수 있도록 요양보험법에 명시하는 방법을 택했다.

Q 재가요양서비스 업체의 책임자는 간호사 말고 사회복지사도 할 수 있지 않은가.

A 일반 재가서비스는 그런데, 방문간호서비스는 전문 간호사만이 할 수 있게 했다. 원래 전문 간호사에 대한 자격요건은 세부규정이 있었다. 하지만 이것도 쟁점이 되어버리면 의사협회에서 난리가 날 상황이었기 때문에 가능하면 조용히 처리할 수밖에 없었다. 상임위 심의과정에서 쟁점이 되거나 언론을 통해 문제가 터지지 않도록 최대한 주의를 기울였다. 그렇게 해서 장기요양보험법에 그 조항이 들어가 버리면, 의료법과 장기요양보험법이 평등한 법이고 장기요양보험법이 신법이기 때문에 양립을 할 수 있다고 보았다. 물론 이렇게 하고 보니 역량이 부족한 사람들이 서비스를 하기도 해서 문제점은 있지만 당시에는 어쩔 수가 없는 상황이었다.

Q 기초노령연금법에 대해 여쭙겠다. 현재는 국민연금법과 기초노령연금법이 별 법으로 되어 있지만, 당시 법안처리과정에서는 장기적으로 두 제도를 하나로 통합하는 전망을 두고 당장에는 별 법으로 처리한 것으로 알고 있다. 두 제도의 통합에 대한 전망은 무엇이었나.

A 원래 제가 효도연금법을 발의했었다. 사실 효도연금이라는 이름이 적합한 것이었다. 기초생활을 보장하는 수준이 아니라 사회가 어르신들에게 효도하는 의미에서 추진이 되었던 것이기 때문이다. 그것이 한나라당에서 기초연금법을 주장하면서 기초연금으로 이름이 바뀐 것이다. 원래 그 제도는 최소연금제도를 염

두에 두고 장기적으로 최소연금으로 발전시키기 위한 발판의 의미를 가졌다. 그런데 당시 상황에서 최소연금제도를 도입하는 것은 엄청난 재정투입이 필요했기 때문에 감당할 수 있는 문제가 아니었다. 국민연금이 (그 시점 이후) 10~20년 정도 지나 수급자가 늘어나게 되면, 노후소득의 공백이 줄어들게 되고 그 시점에서 최소연금의 의미로 제도를 발전시키자는 것이었다.

하지만 당시 법안을 처리할 때는 공적연금 수혜자수가 전체 고령인구의 10% 남짓이었고, 이런 조건에서 최소연금제를 도입하면 80~90%의 고령자들의 최소연금은 모두 재정으로 해결해야 하는 것인데, 그것이 가능한가. 그래서 별 법으로 갈수밖에 없었다. 원리상 국민연금은 사회보험이고 기초노령연금은 공적부조의 성격이다. 사회보험의 수급자 범위가 충분히 넓은 상황에서 공적부조가 부차적으로 배치되어야지, 그렇지 못한 조건에서 두 제도를 통합하면 소득의 역전현상을 피할 수 없게 된다. 다수가 사회보험 혜택을 못 받고 있고 사회보험 혜택을 받는 사람도 그 액수가 크지 않은데, 공적부조로 일괄적으로 소득을 보장해버리면 결국 사회보험 혜택을 받는 사람이 공적부조의 혜택을 받는 사람보다 소득이 더 적어지는 소득의 역전현상이 나타나게 되는 것이다.

당시 정부는 법에 국민연금 평균수급액의 몇 %라는 규정을 넣지 말고 액수에 대한 부분은 시행규칙으로 가겠다고 했다. 의원들이나 정부나 당시 시점에서 고령자들에게 지급하는 연금, 이름이 무엇이 되었든 그 연금액은 같았다. 다만 그것을 법에 명시해 버리면 제도를 바꿀 때 법 개정사안이 되어버리지만, 시행규칙에 명시하면 여야합의만 있으면 되기 때문이었다. 장차 국민연금 수급자수가 급격히 늘어날 것이고 그러면 그 비율에 맞추어서 기초연금 대상자를 축소해 가면서 슬라이딩 시스템으로 비율을 맞춰주면 역전현상 없이 제도를 통합해 갈 수 있었다. 하지만 각기 별개의 제도로 가면 공적연금에 대해 재정지원은 그대로 나가야 하고, 기초연금에 대한 재정은 또 별개로 집행되어야 한다. 하지만 결과적으로 법에 %가 명시되어 버렸고, 정부의 의지와 입법동력 사이에는 차이가 있었기에 만들어진 산물이다.

Q 항상 제도는 도입 시점의 타협의 산물이지만, 일단 제도화되면 그 자체에서 다른 쟁점과 효과들이 나타나게 마련이다. 어쨌든 그렇게 만들어진 기초노령연금법의 부칙을 두고 현재 수급범위 70%를 80%로 늘이는 문제와 수급액을 5%에서 10%, 15%로 올리자는 논쟁이 18대 국회에서 벌어지고 있다.

A 현재 5%도 지키지 않고 있지 않은가. 나는 5%라도 먼저 지켜놓고 이야기하라고 하고 싶다. (유권자들에게) 인심 쓰는 건 좋다. 용돈 개념으로 만든 제도지

최저생계비를 보장하려고 만든 제도가 아니다. 국가 수준에서 어르신들이 짜장면이라도 사먹고 고스톱 칠 때 판 돈이라고 하고 만 원이라도 손주들한테 용돈줄 수 있도록 하기 위해 만든 것이다. 물론 농어촌의 특례노령연금 13만 원을받느냐 안 받느냐는 노인들의 삶에 차이가 크다.

Q 국민연금과 기초노령연금을 검토하면서 장기적으로 최소연금제로 갈 것을 염두에 두셨다고 했는데, 당시에는 언제 그것이 가능하리라 전망을 했었나?

A 그런 전망은 안 해봤다. 아니 내부에서는 자료도 검토하고 토론도 했는데 의제로 할 상황은 아니라고 보았다. 말을 꺼내면 또 논쟁이 불붙을 수밖에 없기 때문에 새로운 이슈를 또 제기하지 말자고 생각했다. 그래서 내부적으로는 최소연금제에 대해 많은 검토를 했지만 나중에 발전시킬 일이니 더 이상 언급은 하지 말자고 정리했다.

Q 당시 한나라당 안에 대해서는 어떻게 평가하시나? 한나라당은 국민연금 수급액을20% 수준으로 낮추고 대신 기초연금으로 20%를 보장해서 40%를 맞추자고 한 것으로 아는데.

A 솔직히 한나라당 안에 대해서는 평가하고 싶지 않다. 재정적으로 감당할 수 있는가 여부를 떠나 이치상 성립되기 힘든 안이었다고 본다. 당시 수준에서 이미20여 년간 국민연금을 납부한 사람들이 있었고 이 사람들 입장에서는 법에 의해 보장된 수급액을 기대하고 납부를 한 것인데 그걸 갑자기 20% 수준으로 낮춘다는 걸 받아들일 수 있겠는가. 또 그 안대로 가면 현재 근로세대들이 대체몇 배의 재정을 감당해야 하나? 국민연금 재정이 고갈될 것이니 세금으로 메워야 할 테고, 거기다 기초연금은 모두 재정으로 해결해야 하고, 40% 수준으로는어차피 생계를 해결할 수 없을 테니 개인들은 모두 민간 보험이나 추가 대처방안을 마련해야 한다. 그러면 근로세대의 입장에서 3중고를 겪는 것인데 그런짐을 넘기라는 것은 말이 안 된다. 아마 지금은 입장이 다르지 않을까 한다.제 생각에는 당시 한나라당 대표와 비공식협상을 진행할 때 협상실무자가 대표께 잘못된 정보를 제공한 것이 아닌가 한다. 정부안과 한나라당 안의 재정부담차이가 3천억 정도밖에 안된다고 추계한 걸로 아는데, 그건 전혀 납득을 할 수없는 추계였다.

Q 다시 한나라당에서는 어떤 분이 주도적 역할을 하셨나? 저희는 OOO 전 의원께서 중요한 역할을 하셨다고 판단을 하고 인터뷰를 요청했지만 잘 안 되었다.

A 당시 000 의원께서 중요한 역할을 해 주셨고 고맙게 생각한다. 협상을 타결시키려고 중간에서 노력을 많이 하셨다.

Q 그럼 개정안에 대한 입장보다 정치적 역할만을 하신 것인가?
A 개정안에 대해서도 합리적인 입장을 가지고 계셨다.

Q 다른 의원님들은 어땠나? 저희가 조사한 바로는, 당시 한나라당의 당론을 000 의원께서 대표발의를 하셨는데…
A 000 의원이 당시 어떤 입장을 가졌는지는 잘 모르겠는데, 기억에 남는 것은 2007년 4월 국민연금 개정안이 부결될 당시 한나라당 의원으로는 유일하게 혼자 찬성표를 던졌다. 제 생각에는 양심적 행위였고 정직한 의사표시였다고 본다.

Q 지금 시점에서 제가 대략 추산을 해보니 65세 인구 가운데 기초생활수급을 받으면서 기초노령연금 혜택을 받는 사람이 7.6% 정도 되는데, 이 두 제도는 어떻게 연계가 되나?
A 처음엔 그렇게 안 되어 있었는데 법이 개정되었다. 기초노령연금과 기초생활보장은 모두 공적부조다. 공적부조를 이중으로 하는 건 맞지가 않다. 수급자 입장에서 나쁠 거야 없지만 소득 역전현상이 심해진다는 게 문제다. 그 뒤로 정리가 잘 안되어 있어 말하기 조심스럽지만, 기초생활보장제도는 그 자체로 문제가 있었고 구조적으로 손을 봐야한다. 현재 기초생활수급자로 선정이 되면 소득, 주거, 교육, 의료급여를 통합지원을 받게 되어 있는데, 이걸 개별급여체계로 바꾸어야 한다. 재직 당시 기초생활보장제도를 개선하려고 했다가 내부결제만 하고 실제 추진은 하지 않았다.

Q 두 가지 수급을 함께 받으면 어떤 문제가 있는 것인가?
A 이렇게 통합급여를 하게 되면, 한 번 들어오면 절대 안 나가게 된다. 나가면 손해기 때문이다. 학자들은 모럴 헤저드라고 말하는데, 일을 해서 소득이 생기면 오히려 손해가 나는 구조이기 때문에 그 안에 안주하게 되는 것이다. 문제는 차상위 계층과의 소득 역전현상이다. 사실 기초 생보자와 차상위 계층을 구분하는 기준은 미세한 차이다. 그런데 일단 기초생보자로 지정이 되면 통합적인 혜택을 보게 되므로 결국 차상위계층과의 사이에 소득 역전현상이 나타나는 것이다. 개별급여체제로 가서 누구는 이것만, 또 다른 이는 저것만 받게 하는 것이 맞다. 심각한 문제인데, 개별급여체계로 전환하기 위한 기획안을 말을 꺼내

지 못했다. 당시에는 받아들일 수가 없을 것이라는 전망이 컸고, 국민연금 등의 문제로 진보시민단체들의 비난이 엄청난 상태에서 이것까지 손을 대면 어렵다고 했다. 정부에 대한 기본적인 불신 때문인지, 이런 안들은 그나마 있는 것도 해체하려고 하는 신자유주의라고 비판을 받았다.

Q 재임 기간이 길지 않았는데 많은 의제를 다루었다. 어떻게 다 준비를 할 수 있었나?

A 장관 재임 이전에 보건복지위를 2003년부터 2005년까지 3년 정도 했고, 독일에서 관련 공부를 했다. 그리고 원래부터 관심이 있던 영역들이었기에 보건복지부 장관을 한 것이다. 이미 문제점들은 학자, 시민단체들이 언급을 해 놓았고 정부 안에도 상당한 보고서들이 있었다. 국회에도 기본적인 자료는 다 있었다. 공무원들이 문제인식을 잘 갖고 있었고 제도를 개선할 때 기본적인 방침이나 복지 분야에 대한 접근방법을 공유하고 있었다. 그러니까 개혁안을 준비하라고 하면 다 한다. 그 과정에서 장관도 배우게 되고 그런 것이다. (공무원들이) 상대적으로 젊고 하니까 그런 장점도 있었다.

Q 다시 연금제도로 돌아가서, 당시 정책을 입안하고 추진하는 과정에서 관련 이해관계자, 이익집단은 어떤 단체들이 있었나?

A 대한노인회 OOO 회장님이 많이 도움을 주셨고 은퇴자협회도 많은 성명을 내주었다. 장기요양법의 경우 눈에는 안 보이지만 많은 사람들이 관심을 가져주었다. 기존에 시설을 운영해오던 사람들의 경우 상당한 기대가 있었다. 또 지식인층 가운데 가족 중에 치매나 중풍이 있는 어르신을 모시는 50대가 관심이 높았다. 연금공단과 보험공단은 3개의 법이 함께 추진되면서 함께 하게 되었다. 건강보험공단의 경우 당시 공공부문 효율화 과정에서 징수사업 일원화 등의 문제가 논의되어 불안감이 있었는데 신규사업이 생김으로써 안정감을 가질 수 있었고 적극적으로 함께 했다. 비판을 하는 사람들도 있었는데 불가피한 측면이 있었다. 당시 여러 가지 입장들이 맞섰는데 장관이 건강보험공단 손을 들어 준거다. 이런 것들 때문에 조직의 사람들이 열심히 뛰는 계기가 되었다.

Q 지금은 지자체에서 집행문제, 재정문제와 관련해서 말들이 많다. 당시 지자체가 집행주체로 결합된 건 재정문제 때문이 아닌가?

A 사실 100% 국고로 해야 한다고 보았는데 집행단위인 지자체의 책임성을 높이기 위해 매칭방식을 도입한 거다. 재정으로 하려 했으면 큰 돈은 아니었다. 관리업무를 함에 있어 자기 일이 아니면 책임성이 떨어지기 때문에 지자체가 주체

로 참여하게 하자, 그래서 매칭방식이 도입된 것이다.

Q 제도도입 이후 예측했던 것보다 훨씬 빠르게 수급자가 늘어나서 지자체의 재정부담을 해소해 달라는 목소리가 높다.

A 국회의원들이 퍼센트 수치를 법에 넣음으로써 융통성을 없애버린 것이다. 하지만 그렇게 한 것도 정부에 대한 불신에서 비롯된 것이기 때문에 국회의원들에게만 뭐라고 할 수는 없는 일이다. 사회적인 효과로는 똑같다. 하지만 논리적으로는 100% 국고로 하는 것이 합당할 것이다. 보편적 제도라고 보니까.

Q 지금 평가할 때, 당시 복지부장관으로 재직하면서 했어야 하는데 하지 못한 것, 하지 말았어야 하는데 했던 것, 이런 점에서 후회하는 부분은 없는가?

A 하지 말아야 할 것을 한 건… 크게 없는 것 같다. 재직 당시 입법과정이 필요한 건 가능하면 하지 말자, 시행규칙으로 할 수 있는 건 적극적으로 하자고 했다. 후자는 법이 없이도 집행의지만 있으면 할 수 있는 것들이었으니까. 했으면 좋았을 텐데 하는 건 기초생활보장제도 개선이다. 재임한 이후 정부 안에서 오랫동안 해결되지 못하고 있었던 밀린 의제들이 여러 가지 있었는데, 거의 다 했지만 기초생활보장제도는 못했다.

Q 당시 참여정부는 저출산과 고령사회의 문제를 어떻게 바라보고 접근을 하셨나? 일부에서는 사회의 효율성 측면에서 볼 때 저출산에 더 투자하는 것이 맞다고 보기도 한다.

A 저출산과 고령사회는 동전의 양면이 아닌가. 참여정부 중반기 저출산고령사회위원회를 만들 때 이 두 가지 문제를 한꺼번에 엮어서 고민을 했던 것이고, 보건복지부가 고령사회문제해결에 좀 더 집중을 했다면 위원회는 저출산문제 해결에 더 집중을 했다. 그런데 이명박 정부 들어와 논의 자체가 사라져 버렸다. 다음 정부의 부담이 커질 것이라고 본다.

결국 우리사회가 급격히 고령사회가 되고 있는 건 저출산 문제 때문이다. 산업화 과정에서는 보통 4단계를 거친다. 고출산 고사망단계, 고출산 저사망단계, 출산율이 낮아지고 저사망율은 유지단계, 저출산 저사망단계의 안정화로 이어진다. 우리사회는 산업화과정에서 급격하게 2단계로 이행했고 출산율이 급격하게 낮아지면서 금방 4단계로 들어왔다. 급격하게 오다 보니까 사회가 그 변화를 따라가기 벅찰 정도로 힘이 든다. 사회적 인구구성의 변화는 모두 인식을 하고 있는데, 막을 수는 없다. 그렇다면 충격을 완화하는 장치가 필요하다. 장기적 추세에서 이미 벌어진 상황을 당장 어떻게 할 수는 없다. 아무리 출산율을 높이는 정책을 쓴다 해도 그 효과는 장기적으로 나타날 것이고 그렇다면 당장에는 충격완화를 위한 대책이 필요한 것이다.

정부가 노력을 해서 다음, 그 다음 정부에서나 효과가 나타난다 해도 그 기간 동안에는 대책이 필요하다. 80년대 출산율이 떨어진 것이 지금 효과를 나타내지 않나. 출산, 장려정책을 쓰더라도 10년, 20년 뒤에 효과는 나타난다. 그동안 재정부담, 국가경제에 미치는 영향, 사회적 영향에서 악영향을 최소화해야 하는 것이다. 고령자들의 소득 사각지대를 완화하고 고령자들의 건강악화로 인한 재정 부담을 예방하는 문제 등이 필요했고 그것이 노인3법에 들어있는 내용들이다.

또 노인 일자리, 여가활동을 지원해야 하는데, 그래도 대책이 안 서면 사회복무제 도입을 생각했었다. 사회복무제는 국방개혁문제와 연관해서 추진되던 것이다. 예외없는 병역의무제도를 만들기 위해 현재 복잡하게 되어 있는 병역제도를 현역복무와 사회복무 2가지로 정리하고, 사회복무에서 10만 명 정도를 만들어서 이런 정책을 집행하는데 투입을 하려고 했던 계획이었다. 당시 전반기 교육은 국방부에서 하고 후반기 교육은 복지부에서 하려고 오송생명과학센터에다 교육기관을 세우려고 설계도까지 다 만들었는데 백지화되었다. 고령사회정책의 일부였는데 실종이 되어 버렸다.

현 정부 들어 고령사회 대책이 모두 사라져버려 앞으로 부담이 크게 늘어날 것이다. 현 정부는 어르신들이 만든 정권이다. 그런데 이렇게 노인정책을 도외시하는 게 믿기지가 않는다.

Q 긴 시간 말씀 감사하다. 인터뷰 자료는 소중히 쓰겠다.

2. 정책집행자 인터뷰

- 인터뷰 대상: 장기요양보험제도 도입 당시 실무총괄 책임자
- 일　　　자: 2011년 4월 21일
- 장　　　소: 국민보험공단 서울지역본부 0000지사 000 사무실

> 전화와 메일로 말씀드린 바와 같이, 서강대학교 현대정치연구소에서 진행하고 있는 연구와 관련해서 인터뷰를 요청드렸다. 현재 진행하고 있는 연구가 노인정책과 관련해서 정책결정과정과 배경에 관한 것인데, 국회 쪽에 인터뷰를 진행하고 자료를 조사하다보니 노인장기요양보험제도 도입과 관련해서 000님께서 실무를 총괄하신 것을 알게 되었다. 당시 정책결정의 배경과 진행경과에 대해 편하게 말씀해 주시면 감사하겠다.

Q 저희가 진행하고 있는 연구의 총괄주제는 '좋은 정부'다. 정부와 국회가 국민들의 요구를 제대로 반영해서 정책을 입안하고 집행하고 있는지, 어떤 방식으로 요구를 수렴하고 있는지 등에 관한 것이 주된 관심이다. 노인요양보험과 관련해서 질문을 드리겠다. 먼저 제도 도입배경에 관한 질문이다. 저희가 조사한 바로는 정부 주도로 진행된 것으로 파악했는데, 정부의 어떤 곳에서 논의가 시작되었는지, 그리고 진행과정은 어떠했는지에 대해 설명을 부탁드린다.

A 사실 노인요양제도는 김대중 정부 때 대선공약으로 제출된 거다. 당시 아이디어를 낸 사람이 국회의원이었던 000 씨였고 공단이사장을 역임하시고 지금은 법무법인을 하고 계신다. 그렇게 출발했기 때문에 정부 주도로 진행될 수밖에 없었다. 정부에서도 어떤 특정부서가 한 거라기보다 대통령 공약이었다. 당시에는 건강보험정책과 중심으로 노인정책관실에서 TF팀을 구성했다. 그 후 노인요양 준비단, 노인요양 추진단을 만들었고 별도의 TF가 구성되었으며 복지부 안에서도 TF가 만들어졌고 공단에서도 만들었다. 1대 추진협의회 추진단장님을 000 기획실장님이 맡았다.

당시 복지부에서 노인요양정책을 주도할 수밖에 없었는데, 일부 학자들이 노인요양 문제에 대해 일본이나 독일을 보면 노인비율이 15%가 넘었을 때 시작했는데 우리는 아직 9%대이기 때문에 너무 이르다는 문제제기를 했다. 진보정부에서 대선공약으로 나오고 해서 만들어졌는데, 지금은 빨랐다는 사람이 아무도

없다.

Q 실제 노인장기요양보험법이 만들어진 건 노무현 정부 때로 알고 있다.

A 김대중 정부에서부터 준비를 하다가 노무현 정부로 넘어온 거다. 2005년도부터 시범사업이 시작되었다. 전국 5개 지역 농어촌, 시에서 1차 시범사업을 했고 2차에서는 2군데가 더 추가되었고 3차도 진행되었다. 2005년 7월 1일부터 수원, 부여, 안동, 북제주, 강릉 5군데에서 시범사업이 시작되었고, 2차에서 부산 북구, 전남완도가 추가되었고, 3차에서는 청주, 익산, 대구북구, 경남 하동이 다시 추가되었다. 시범사업준비단은 2003년도부터 시작되었다. 이런 사업을 하려면 체제도 갖추어야 하고 사람도 뽑아야 하기 때문에 (준비기간이) 많이 든다. 일본은 2000년 시작했고 한국은 2005년 시작했는데 한국은 큰 혼란이 없이 잘 정착을 한 거다.

Q 당시 제도도입을 할 때 주도적인 단체나 인물이 있었다면 어떤 곳인가?

A 김대중 정부 때는 OOO 의원이 적극적이었고, OOO 복지부장관이 가장 앞장섰다. 전국 공청회에서 좌장노릇을 했고 OOO 연세대학교 교수도 앞장을 섰다.

Q 김대중 정부가 공약했다고 하셨는데 시작은 2003년이라고 하셨다. 그럼 김대중 정부 때는 어떤 일이 진행되었나?

A 김대중 정부 때는 준비하다가 밀린 거다. 공약에서 우선순위에 있던 것도 아니었고. 노무현 정부 열린우리당 오면서 진보가 노인(유권자의 지지)에서 약하다 보니까 열린우리당에서 노인장기요양, 기초노령연금의 두 가지를 들고 나왔다. 당시 한나라당에서는 보편적인 연금을 들고 나왔고. 그때 거기에서(정부와 열린우리당) 갑자기 세게 나온 거고. 하지만 시초는 김대중 정부 공약에서부터였다.

Q 그럼 정부 부처 가운데는 보건복지부가 주축이었나?

A 그 전에 대통령 직속 위원회에서 먼저 다루었다. 그리고 대한노인회 OOO 당시 회장님이 많이 앞장을 섰다. 그 분이 2개의 법안이 통과되는데 가장 공이 많았다. 의원실에 일일이 찾아다녔고 혼자도 다녔다. 노무현 정부 출범 이후에 적극적으로 나섰는데, 그 분이 일본에서 박사학위를 받았고 일본 개호보험에 대해 잘 알고 있었다. 관련단체는 대한노인회에서 가장 많이 했다. 다음으로 간호사협회, 사회복지사협회가 들어왔고 의사협회는 주춤했다. 실익이 없다고 봤고 설계 당시에 (정부에서도) 의료와는 거리를 두었다. 의사소견서 하나가 관련되어

있었는데, 아무튼 의사협회는 소극적이었고, 그 밖에 재활협회 쪽에서도 관여를 했다.

Q 제도 도입 당시 쟁점은 무엇이었나?

A 법안 통과 당시 가장 큰 쟁점은 대상자 선정범위였다. 대상자를 노인만 할 것인가, 장애인도 포함할 것인가의 문제였다. 결국 장애인 포함 문제를 부대의견으로 달았다. 장애인은 1년 운영해 보고 경과를 보건복지부에 보고해서 결정하자고 했다. 결국 2년 동안 시범사업을 몇 개 했고 2012년 10월부터 장애인도 대상이 되게 되었다.

당시 대한노인회에서는 (장애인과) 같이 하면 안 된다, 먼저 노인부터 하자고 했고, 장애인 단체들은 장애인총연합회와 장애인총연맹이 전국조직인데 입장이 둘로 갈렸다. 총연맹은 같이 하자고 했는데 총연합회 측은 조세로 하면 했지 보험으로는 안 한다고 주장했다. 결국 장애인 단체 목소리가 통일이 안 되어서 압력단체로서 효력을 갖지 못한 것이고, 노인회가 먼저 치고 나오는 바람에 노인 먼저 시행을 하게 된 거다.

Q 관리운영주체 문제도 있지 않았나?

A 그렇다. 또 다른 쟁점이 관리운영주체에 관한 문제였는데 관리운영주체를 지방자치단체로 할 것이냐, 공단으로 할 것이냐 이런 문제가 대두되었다. 복지부에서는 절대 자치단체가 하면 안 된다는 입장이었다. 정책의 통솔에도 문제가 있지만, 정책평가를 하면 자치단체에 지역주의가 개입되어 유리하게 판정을 하게 되는 문제도 있어 중앙부처에서 강경하게 가야 한다는 것이었다.

국회에서는 지자체가 해야 한다는 주장들이 있었고 000 의원 등 몇 분이 의견을 냈다. 법안이 6~7개가 나왔다. 000 지금 국민건강보험공단 이사장님도 냈고 000 의원, 정부법안이 있었고 민노당 의원 한 분도 냈고 한나라당에서도 내고 해서 6~7개 법안이 나왔다. 법안심사소위에서 조정을 하면서 건보(건강보험공단)로 하면서 별도기관으로 두는 안이 논의되었고 수발평가원을 두는 안이었다. 지금은 건강보험공단 산하부서로 들어와 있다. 수발평가원 독립설치 안은 국무회의 통과까지 되었는데, 막판에 김근태 장관이 그만두고 차관대행체제로 가다가 000 장관으로 넘어가면서 입장이 바뀌었다. 복지부에서는 산하기관 하나 더 만들어서 자리를 만들어보려는 욕심이 많았지만 당시 기획예산처나 경제부처에서는 반대를 했다. 비용-효과 면에서 설치하면 안 된다고 했고 건보로 다 넘어가야 한다고 주장했다.

일부 의원들이 지자체 운영 법안을 내다 보니까, 절충안으로 된 것이 지금의 이원화 안이다. 건보가 모두 관리하는 '정부안'에서 좀 후퇴를 해서 시설인프라와 인력관리는 자치단체에서 하는 것으로 했고 등급판정위원회에서 자치단체장이 50%를 추천하는 것으로, 등급판정위원장을 자치단체장이 선정하는 것으로 하고 나머지는 공단이 다 맡는 것으로 정리가 되었다. 이렇게 노인장기요양보험은 이원화되었고 시설인프라 신청부터 지정은 자치단체가 맡고 인력시설도 자치단체가 하고 운영은 건보가 하게 된 것이다.

Q 당시 자치단체에서는 어떤 입장이었나?

A 자치단체 협의에서는 반대를 했다. 우리는 인력도 없고 안 한다, 협의회 차원에서 반대 성명서까지 냈다. 자기들이 예산만 들어가지 실익이 없다고 판단했다. 지금은 인프라를 하다 보니까 보수비 이런 건 들어가지만 잘 한 것 같다. 인프라도 개인이 (부담을) 지니까 크게 문제는 없다. 다만 요양보호사들이 지금 90만~100만에 이르는데 교육이 제대로 되지 않는 문제가 있다. 요양보호사협회를 정식으로 설치해서 컨트롤할 수 있게 만들어야 한다.

또 다른 쟁점으로 조세방식이냐 보험방식이냐 하는 논쟁이 있다. (관리운영주체로) 자치단체를 선호하는 의원들은 조세방식을 주장했다. 하지만 대부분의 의견이 조세로 하면 대상자가 한정될 수밖에 없기 때문에 부정적이었다. 장애인 요양에서도 그런 문제가 대두된다. 대상이 한정되기 때문에 보험으로 갈 수밖에 없다는 것이다. 가장 중요한 건 보험으로 가되 본인부담을 줄이고 정부부담을 늘이는 방식으로 노인부담을 덜어주는 거다. 건강보험처럼 정부부담을 20%만 할 거냐 뭐 이런 문제다.

Q 초기 준비할 때 수혜대상은 어느 정도였고 지금은 어떤가?

A 처음 설계할 때는 7만 6천 명 정도로 잡았는데 지금은 32만 명이다. 노인 인구의 3% 정도를 수혜대상으로 봤는데 지금은 5.8%에 이른다. 막상 뚜껑을 여니까 시행 그 해에 확 늘어버린 거다. 7만 5~6천 명으로 설계를 하다보니까 (담당)인력도 그 수준에 맞추었는데 신청률이 늘고 그래서 첫 해에 벌써 10만 명대로 늘어나 버렸다. 작년부터는 4등급까지 확대하는 것으로 계획했었다(지금은 3등급까지만 대상). 부대의견으로 대상자를 시험해 보고 넓히는 방안을 강구하자는 부대의견이 있었고, 그 밖에 장애인 포함 문제, 본인부담금 조정문제 등 5~6개의 부대의견이 있었다. 아, 막판에 보훈처에서 찾아와서 보훈대상자들은 어떻게 할 거냐고 해서 보훈처가 국회에서 혼이 났다. 진행되는 동안 내내

가만히 있다가 통과될 무렵에야 갑자기 찾아와서 보훈대상자에 넣자고 해서 부대의견으로 포함되었다.

Q 공단에서 준비한 안이 국회에 제출될 때 경로는 어떠했나?

A 의원입법이라는 게 그렇다. 관련단체에서 해주는 경우가 많다. 정부입법은 정부 내에 공단과 복지부가 포함된 추진단이 공단 사무실로 와서 만들어진 거고, 의원입법들은 직능단체에서, 예를 들면 사회복지계에서 하나 만든 것이 000 의원에게 청원 식으로 들어갔으며, 간호협회에서 만든 안이 있었다. 추진단은 비공식으로 의원님들과 관련학과 교수님들의 자문을 구해 정부안을 만들어 제출한 것이다.

Q 000님도 위원회 논의에 직접 참여하셨나?

A 법안소위에 원래 공무원은 못 들어간다. 차관, 국장만 들어갔는데 추진단은 옵서버로 참여를 했다. 노인요양에 대해 법안소위할 때 큰 소리나 그런 건 없었다. 여당인 열린우리당에서 관심이 많았고 한나라당에서도 반대하는 기류가 없었다. 000 전 의원, 000 장관, 지금 노동부 장관이 거기에 있었는데, 000, 000 의원만 동의하면 대개 통과되었다. 큰 문제제기가 없었다.
대상자 확대문제, 본인부담 문제, 장애인 포함여부, 자치단체냐 공단이냐의 문제를 놓고 크게 실강이가 없었다. 한나라당이 야당이었는데 대한노인회에서 로비를 잘해서 많은 동의가 있었다. 000 대한노인회 회장님은 당시 일일이 의원사무실에 찾아가 설득했다. 000 의원은 자신의 지역구에 시범사업을 유치하였고, 대한노인회 회장님이 000구 현황보고회 하면 3번 내려가서 축사 해주었다. 그 당시 000 전 의원님은 000구에 2차 시범사업까지 끌어들였다. 반대하는 사람은 없었다.

Q 의원들이 장기요양보험에 대해 정책지식을 많이 갖고 있지 않아 주도적이지 않았다고 하는데 어땠나?

A 그건 아니다. 보좌관들이 시범사업을 모를 수가 없는 것이 시범사업을 다 오픈했기 때문이다. 한나라당 보좌관들, 열린우리당 보좌관들이 전국투어를 하면서 현장을 다 가봤다. 열린우리당 의원님들이 제주도 시범사업할 때 제주도가 생긴 이래 국회의원들이 가장 많이 왔다. 000 보건복지위 상임위원장까지 다녀갔다. 000 의원은 법안까지 냈다.
또 하나는 열린우리당 정책자문위원회에서 보좌관들과 국회의원을 대상으로 교육을 많이 했다. OOO 위원장, 여성국회의원들이 제주도에서 방문 조사할 때 다 따라다녔다. 방문조사가면 집안에서 냄새가 엄청 났는데, 나중에 나와서 눈물까지 흘렸다. 동네 가게에서 소주 한 잔 먹으면서 이거 빨리 해야겠다고 하시더라. 1차는 기초수급권자부터 했고, 2차는 일반인까지 포괄해서 시범사업을 진행했다.

A'[1] 저는 1차 시범사업부터 결합해서 2차까지 참여했고, 3차 때는 본부로 들어왔다. 시범사업은 방문조사와 등급판정을 실시해 보고, 홍보 차원에서 외부전문가나 정치인들이 오면 장기요양보험제도를 설명하고 이해시키는 것이 주요 업무였다. 저는 수원의 시범사업에 참여했었는데 OOO 의원은 거기에서 정책토론회를 실시했다.

A 의원님들이 일부 학자들 이야기대로 정치적으로 활용한 건 있었다. 노인표는 고정표다. 그래서 자기지역구에 시범사업을 끌어들이려고 엄청 노력했다. 노인요양 시범사업을 유치함으로써 의정보고에 활용 가치가 높았다. 추진단과 복지부에서 시범사업하는 지역에서 정책토론회를 가졌다. 천안의 OOO 의원은 시범사업은 안했어도 자기 지역구에서 정책토론회를 가졌다. 대한노인회가 느슨한 조직 같지만 광역으로 공문이 내려가면 지회로 내려가서 인원동원하기가 가장 좋은 전국조직이다. 이를 정치인들이 이용하는 것이다. 3차 때는 거의 모든 대도시의 시민회관에서 토론회를 했다. 노인요양만큼은 자기가 직접 현장을 가보지 않은 사람(의원)이 없었다.
OOO 교수 등은 지방대 교수님들과 25인승 서틀버스로 대구, 안동, 부산의 시험사업지구의 현장을 다 들렀다. 시범사업 직원들과 등급판정 토론회도 하고 그때서부터 학계로 파급이 되었다. 그게 아마 2차 때일 거다.

Q 수원의 시범사업 당시 토론회에는 주로 누가 참여했나?
A' 시민사회단체, 시청, 교수님들, 시설이나 기관들에서 참여했다.

A 첫 토론회는 OOO 국회의원지역구인 국민건강보험공단 OOO지사 건물 회의실에서 했다. 다른 법안은 몰라도 노인장기요양은 의원님들이 이용하려고 해서 관

---

1) 당시 시범사업에 참여했던 실무자가 함께 배석했고 논의를 도왔다.

심이 많았다.

Q 법안이 논의될 때 정당에서는 어떤 역할을 했나?
A 한나라당이나 열린우리당은 당론으로 통과시켜 결정했다. 그건 당론이니까 당 대표부터 동의한 것이다. 또 하나는 당의 정책위원장과 당 전문위원실에서 맡아서 했다. 시범사업 할 때는 열린우리당 지역구 사무실로 매달 통계현황을 공유하기 위해 자료를 제공했다.

Q 법안이 시행되고 나서 지자체하고 관계는 어떤가?
A′ 공단이 그 전에는 지자체하고 관계가 없었는데 지금은 공단하고 시군구하고 굉장히 가까워졌다. 요양보험사업이 이원화되는 바람에 실태조사 나가더라도 지자체, 공단, 관련협회 3자가 함께 나간다. 요즘에는 현지조사도 함께 한다. 장기요양기관들이 비용 청구할 때 문제가 많다. 한 건인데 불러서 하기도 하고. 국회까지 문제가 되었다. 작년에 대대적인 현지조사를 실시하고 강제폐쇄도 시키고 했는데 그걸 시와 함께 했다. 업무가 밀접하게 되었다.

Q 노인정책 집행과정에서 중앙정부, 지자체, 정부부처 간에 집행에 대한 조율에 큰 문제는 없었나?
A 장기요양에서는 별로 그런 것이 없는데, 현장에 와보니 혜택 보는 사람은 엄청 혜택을 보고 있다. ○○○ 의원이 사회보장기본법을 제안하는 것이 이러한 문제를 해결할 필요가 있다고 보는 것 같습니다. 강남이 다 잘산다고 한다. 잘사는 건 틀림없지만 그 반면에 가장 못사는 사람도 많이 있다. 일원동, 수서동은 기초생활수급자들이 많다.

A′ 장기요양업무를 하다가 경주지사에 내려가 운영센터에서 근무하다가 월요일자로 올라왔다. 장기요양업무 일선조직은 신청 받고, 조사하고, 등급판정하고, 기관 관리하고 교육시키는 전체를 다한다. 요양보호사는 지자체 즉 광역시도 업무다. 도청에서 자격증을 발급한다. 그쪽에서 하는데 교육이 없다(하지 않는다). 요양기관에서는 자기네가 요양보호사 교육을 해야 하는 건데, 영세기관에서는 공단 운영센터에서 교육을 해달라고 건의를 한다. 복지부에서는 광역시도 업무이기 때문에 공단에서 관여하지 말라고 하고. 중간에서 직접 부딪치는 것은 공단이다.

Ⓐ 시범사업 때는 공단에서 요양보호사를 합숙 훈련시키고 재교육을 시켰다. 법이 통과되는 과정에서 요양보호사 관리를 자치체에 주는 바람에, 복지마인드 없는 사람들이 부동산 투기식으로 난립하면서 지금은 요양보호사가 98만 정도 나왔다. (노인요양보호제도가) 가장 취업을 많이 시켰다. 아이엠에프(IMF)는 고용보험이, 2차 금융위기는 노인요양보험에서 구제해줬다고 삼성경제연구소에서 발표할 정도다.

아까 말했지만 일원동, 수서동 가보면 열악하다. 장애인, 노인들밖에 없다. 극단적으로 못사는 사람도 많다. 물론 가장 열악한 사람들이 많은 곳은 강서구다. 서울시에서 임대주택을 강서구에 많이 지었다. 수서파동 나면서 일원, 수서에도 임대주택을 지으면서 수서는 아파트값이 안 오른다. 강남이 재정자립도가 높으니까 이쪽으로는 기초생활수급자 선정이 용이해서 가난한 사람들이 이 지역으로 온다. 송파구는 장애인 시설이 가장 잘 되어 있어서 서울의 장애인들이 그쪽으로 몰리는 것처럼.

서초, 강남이 부자동네이지만 노인인프라를 안 했다. 서초가 노인요양시설을 지난달에 하나 열었다. 강남은 없다. 세곡동에 노인복지타운을 공단 직영으로 지을 예정이다. 강남, 서초는 선거 때 표가 아파트 아줌마들이 관심 많은 교육에서 오다보니까 노인들이 힘이 없다. 그래서 상대적으로 시설이 열악하다. 지금은 교부세가 강북으로 가고 하니까 강남에서는 짓고 싶어도 짓지 못한다.

Ⓠ 공단에서 요양기관을 직영으로 하자는 법안은 아직 계류 중인 걸로 아는데?
Ⓐ 2년 전에 안이 통과되었다. 세곡동에서 첫 삽을 뜨는 것이다.

Ⓠ 소위원회에서 OOO 의원 등 민주당 의원들의 반대가 있는 걸로 아는데 특별한 배경이 있었나?
Ⓐ 법안소위에서 OOO 의원이 반대를 한 것은 OOO 수석님과 여당 간사님이 저희에게 협조를 해주려고 하다 보니까 안건 순서가 있는데 이 법안이 앞으로 오고 OOO 의원 법안이 뒤로 가서 갑자기 문제제기를 한 것이다. 그 보좌관이 아는 사람인데 과천까지 가서 상황을 잘 설명했었다. 또한 민간시설협회에서 로비를 했다. 민간시설도 많은데 공단시설이 들어오면 자기들은 다 죽는다, 들어오면 안 된다는 것이었다. 그런 것은 아니고, 공단은 수가책정을 해야 하는데 민간시설의 보고로는 잘 측정이 안 되고 원가분석을 잘 해서 적정 수가를 책정하는 등 표준화를 위한 것이다. 영리 목적도 아니고 직영시설도 우리 직원이 5명 이상 가지 않는다. 자체에서 직원 뽑고 알아서 하는 것이다.

Q 민간시설이 반대를 했다고 했는데, 이유는 무엇인가?

A 시설기관들은 그동안은 영세했다. 시설협회는 2개다. 입소시설협회(법인, 50%/50%)와 개인시설협회. 기존 협회는 자기들 영역을 지키려 하고 개인시설은 영세해서 수지 맞추기가 힘들다. 이들 협회의 로비가 있었다. 보건복지위 간사이자 친박계 00 출신 위원이 처음엔 직영시설을 반대했다. 마산 시설협회에서 로비를 한 거다. 그런데 막판에 입장이 바뀌었는데 너무 빨리 처리하려고 하다 보니, 민주당에서 000 의원이 브레이크를 건 것이다.

Q 노인 복지사각지대는 어디라고 생각하나?

A 차상위층이다. 지금 그걸 위해서 강남구는 건강보험료 1만원 이하의 65세 이상에게 혜택(보험료)을 주는 조례를 시행하고 있다. 이 조례로 해서 현재 350명 정도가 혜택을 보고 있다. 4~5천 원 보험료도 낼 수가 없는 사람들이다. 병원 가면 보험료 안 내서 안 된다고 하고. 보험료가 올라가다 보니까 만 원을 인상해야 해서 강남구 의회는 15,000원 이하는 도와주자는 조례개정안을 추진 중이다. 65세 이상 어르신만 하다가 장애인도 포함하게 되는데, 다음의 사각지대는 소년소녀 가장, 편모가정이다. 이 사람들은 65세 이상이 아니고 장애인이 아니라 혜택을 못 본다. 라이온스 클럽이랑 협의해서 조례대상에서 빠지는 사각지대 경제빈곤층 250명 정도에게 (보험료를 내 주는 것으로) 하고 있다.

Q 정책의 개선방안을 생각할 때 수혜대상자들의 욕구를 어떻게 체크하고 있나?

A 방문조사를 할 때 알게 된다. 이명박 후보의 공약에서 대통령 되면 2007년까지 4등급까지 수혜대상을 확대한다고 공약하고 복지부도 홍보를 했고, 공단도 4등급까지 확대한다고 직원들이 홍보하고 다녔다. 1, 2등급만 입소하고 재가서비스는 4등급까지 확대한다고. 그걸 데이터로 뽑은 건 없겠지만 방문조사하면서 홍보를 해서 그 사람들이 좀 더 기다리면 되겠지하고 기대했으나 막상 안 되고 보니까 곤욕스러운 것은 공단 직원들이다. 사실 5등급부터는 수발이 필요한데 이 분들은 등급외자로 처리되어 꼭 도움을 받을 분인데 등급을 못 받으니까 설득이 어렵다.

지금 4등급 중에서 a형은 요양보험 혜택을 받도록 해도 된다고 본다. 건강보험이 적자다, 적자다, 하지만 노인요양은 9,000억 이상 흑자다. 3개월 치 이상 재정이 유보되어 있기 때문이다. 그리고 처음엔 3%에서 기하급수적으로 대상자가 늘었는데 지금은 조금씩 줄어들고 있다. 서비스 받다 좋아진 경우나 사망하시는 분들도 있고 해서, 대상자가 늘어나긴 해도 증가율이 떨어지고 있다.

Q 그래도 대상자를 확대하면 예산이 늘어나는 거 아닌가?

A (복지예산이 늘어나야 하지만) 기재부가 용납할 수 없다. 방문조사 하는 사람이 2사람 가야 한다. 지금은 한 사람만 가고 의사소견서로 등급판정을 하는데, 55점 이하, 54점 및 53점에서는 민원이 날 수밖에 없다. 제도시행 2주년 당시 설문조사를 보면 수급자 가족한테 제도에 대한 만족도를 조사했는데 수급자 가족 93%가 만족한다고 답변했다. 등급 경계선상에 있는 사람들은 확대해 달라고 하고. 내년 총선, 대선 공약 때 다시 제기되지 않을까 생각한다. 선거용으로 일부러 딜레이 하는 것은 아닌가 생각되기도 한다. 기재부도 사실 2007년에 4등급 하는 것을 찬성했었다. 지금 4대강 같은 것을 하다 보니까 복지예산이 줄어드는 바람에 그렇지. 기재부 예산국장도 현장을 다 다녔고 그때 4등급이 필요하다고 인정을 했다.

Q 정책집행 시 중앙과 지방, 혹은 부처 간 조율 문제는 어떤가?

A 기초노령연금은 노인요양과 같이 했어야 했다. 국민연금이 당시에 아주 소극적이었다. 지자체가 한다고 한 것도 아니다. 연금에서 적극적으로 나왔으면 훨씬 효율적이지 않았나 생각한다. 국민연금과 연계도 되고.

일원화가 되어야 한다고 본다. 각 부처로 산재되어 있는 것에 대한 컨트롤 타워가 있어야 한다. ㅇㅇㅇ 의원법안이 그런 것이다. 복지부가 이 일을 맡든지 해서 (통합을 해야 한다). 기초생활대상자 집 보면 (정부 각 부처, 지자체 등에서 보낸) 물건들이 풀지도 않은 채 쌓여 있다. 요즘 복지 전산이 통일되고 하니까 해결이 되겠지만 빨리 일원화가 되어야 하지 않나 생각한다.

Q 좀 범위를 넓혀서, 노인복지정책 전반에 대한 의견을 말해 달라. 직접 일선에서 보면 정착 필요한데 부족한 부분이 어떤 부분인가.

A 노인회에서는 노인 연령을 상향조정해야 한다는 이야기가 많다. 내놓고 말하지는 않지만, 사실 경로당에 가면 60대는 없고 70대 초도 많지 않다. 강남(구)에서 47개 경로당에 노인건강운동을 6개월씩 해주는데 노인들이 좋아진 게 경로당 도우미가 생긴 것이다. 운동을 하고 나면 구청에서 나온 아주머니들이 직접 밥을 해서 드린다. 식대는 구청에서 제공한다. 강남구 경로당, 노인건강운동 하는 데에도 다 해주고 있다. 그건 참 잘한 것이다. 여름에 시원하고 겨울에 따뜻하고, 에너지 절약 측면에서도 좋다. 경로당 지원이 확대될 필요가 있다.

Q 경로당에 가는 분들만 해도 옷도 좀 차려입고 그런 분들이 가는 것 아닌가?

A 그렇지 않다. 못사는 일원동, 수서동 가면 경로당이 매우 활성화되어 있다. 경로당이 꽉꽉 차 있다. 노인들 중에서 신문, 폐지 주으면서 일하는 사람들도 개중에 있어 경로당 활용을 못하는 분들도 있기는 하다. 건강증진센터에는 여유 있는 사람들이 가지요.

Q 경로당에 못가고 집에 있게 되는 노인분들을 위해서 노인 방송 같은 것이 더 필요하다는 의견은 어떤가?

A 집에 있는 어르신들을 밖으로 나오게 해야 한다. 그래야 건강해진다. 노인건강운동에 대해 설문조사를 해보니 50% 이상이 병원에 덜 가게 되었다, 10번 갈 거 5번밖에 안 갔다고 하고, 87%가 운동을 하니까 움직이고 싶더라… 이런 응답을 했다. 방에서 있는 분을 밖으로 나오게 하는 정책이 필요하다.

Q 노인일자리 창출에 대해서는 어떤가?

A 우리 공단 이야기를 하면 은퇴자들을 민원담당관으로 각 지사에 1~2명씩 계약직으로 채용한다. 연금공단에서도 한다. 호응이 좋다. 기관에서 퇴직자 모임이 많은데 활성화되어야 한다.

Q 마지막으로 복지서비스 전달체계에 대해 개선할 점 등 의견을 부탁드린다.

A 복지부에서 정책이 있어도 현장까지 전달되지는 않는다. 기본적으로 복지는 사람이라고 생각한다. 재정도 양대 산맥 중 하나지만 사람이 있어야 한다. 인력 인프라를 늘여야 한다. 그렇지 않으면 현장에서 효과가 나올 수가 없다. 현 정부 와서는 기재부에서 인원 구조조정만 했지 실업자 구제에는 신경을 쓰지 않았다. 복지 분야에서는 사람이 중요하다.

노인요양 수혜자 3%대 7만 5~6천 명 기준 2천 명이 담당 인원이었는데 현재 33만 명인데 인원은 동결되었다. 방문조사가 엉터리다, 객관적이냐? 전문화되었냐? 고 비판을 한다. 그런데 본래 2인 1조, 간호사와 사회복지사로 해야 하지만 지금은 혼자 간다. 혼자 가니까 형평에 맞지 않는다는 말이 나오는 거다. 노인요양이 크게 봐서는 등급판정과 이용지원이 양대 산맥인데, 이용지원은 사실상 못하고 있다. 일본의 이용지원을 보면 한 사람이 45명 정도의 어르신을 관리하고 있다. 우리는 시범사업에서 70~80명으로 설계했는데, 1사람이 관할하는 데가 400명이다. 이용지원을 할 수가 없다. 제도는 잘 되어 있지만 복지는 현장에서 사람이 뛰어야 한다. 건강보험은 찾아오는 민원이지만 노인요양과 장애인은 찾아가야 한다.

국회에서 이런 일도 있었다. 2009년도에 국회의원들이 봐도 지역에 사람이 없으니, 보건복지 의원들이 추경에서 1,500명 증원하는 예산을 넣었다. 로비 엄청했다. 막판 예산 승인할 때 기재부 장관이 승인해야 하는데 500명 증원을 결정했다. 예산 20 몇 억을 집어넣었고, 막상 통과했는데 기재부에서 계약직을 뽑으라고 해서 노인요양이 전문인이 하는 건데 계약직으로 할 수 없어 결국 예산이 날아가 버렸다.

시범사업할 때 안동에서 일어난 일이다. 노인요양 발굴을 시범 사업하는데 어머니와 정신박약 아들하고 살았다. 할머니가 치매가 왔는데 아들이 돌보지 못해 할머니가 돌아가셨다. 결국 굶어 돌아 가셨다. 만약 시범 사업하는 사람들이 발굴하러 가지 않았으면 한 달이 지나도 (돌아가신 사실을) 몰랐을 것이다.

4등급 중 a만 수혜대상을 확대해줘도 일자리 창출이 10만 명이다. 요양보호사가 늘어나고 인프라 확대, 교육기관, 복지용구사업 등에서 그렇게 된다. 일본이 잃어버린 10년을 개호보험으로 빠져나왔다고 한다. 우리나라는 장애인사업이 없다. 유럽에서 들여오고 일본에서 들여오지만 비싸서 대개는 중국산을 쓰는 실정이다. 이 사업은 중소기업 살릴 수 있는 사업이다.

A' 장기요양 일자리는 사회통합에 필요한 제도다. 서민들을 위한 일자리이기 때문이다. 요양보호사들의 가족수발제도를 보면, 가족이 자기 부모를 모실 때 요양보호사 자격증이 있으면 한 달 수입으로 50~55만 원이 들어온다. 경주 있을 때 만족도 조사를 보면, 가족요양보호사들의 만족도는 엄청 높았다. 이 제도 때문에 가족의 버팀목이 되었다는 것이다.

A 최근의 문제는 입소시설 장기요양기관에 가보면 남자직원이 없다. 수가에 통제를 받다 보니까 상한호봉을 정해놓던가 오랜 사람은 내보내고 새로운 직원을 받아야만 하기 때문이다. 가만 있어도 호봉은 올라가니까. 노인요양시설 60% 이상은 공공이 되어야 하는데, 30%만이 공공이고 나머지는 민간이 하는 실정이다.

Q 긴 시간 말씀 감사하다. 인터뷰 자료는 소중히 쓰겠다.

3. 정책전문가 인터뷰

• 인터뷰 대상: 사회공공연구소 연구실장(전 민주노동당 교섭단체 전문위원)
• 일   자: 2011년 5월 19일
• 장   소: 서울시 마포구 대림동 사회공공연구소 사무실

Q 실장님은 기초노령연금제도 도입과정에 어떻게 결합을 하게 되었나?

A 2002년 [국민연금발전위원회]에 당시 김형탁 민주노총 사무금융연맹 위원장이 참여하게 되면서 실무팀에 결합했고, 2004년 17대 총선 이후 민주노동당 정책전문위원으로 활동하면서 국민연금법 개정 및 기초노령연금법 도입에 관여하였다.

Q 우선 국민연금제도 개혁 및 기초노령연금제도 도입과정에 대해 개괄적인 설명을 부탁드린다.

A 민주노동당은 국민연금법 개정 및 기초노령연금법 제정을 위해 2006년에는 정부·여당과 딜을 했고, 2007년에는 한나라당과 딜을 했다. 당시 보건복지부 장관은 유시민 장관이었는데, 유 장관은 장관에 임명되면서 노무현 대통령으로부터 연금제도 개혁을 완수하라는 임무를 제1과제로 받은 상태였고, 유 장관은 이 문제의 해결에 강력한 의지를 갖고 있었다. 당시 유시민 장관의 입장을 가지고 국회와 협의를 이끌어냈던 실질적인 플래너, 정책타워는 유시민 장관이 의원 재직 시 보좌관이었던 장윤숙 보좌관이었고, 장윤숙 보좌관은 유시민씨가 장관에 임명되면서 장관 보좌관으로 자리를 옮긴 상태였다.

Q 유시민 장관 이전에는 김근태 장관이 있지 않았나? 대통령이 연금제도 개혁에 의지를 가졌다면 김근태 장관 때는 왜 이루어지지 않았나?

A 연금제도 개혁안은 2002년 대선 당시부터 중요쟁점이었기 때문에 노무현 대통령은 재임 직후부터 이 문제 해결에 의지를 갖고 있었고 신년연설 등에서 핵심과제로 수차례 언급을 한 바 있었다. 하지만 2003~5년 시점에는 이후에 살펴보겠지만 한나라당의 안과 거리가 커 논의가 진척되지 못했고, 개인적으로는 김근태 장관의 경우 유권자들의 표를 잃을지도 모르는 일에 적극적으로 나서지 않는, '정치'적인 태도를 가지고 있었다. 그래서 실질적인 진척이 없는 상태에서

임기 초반을 보내다가 유시민 장관을 임명하면서 본격적으로 연금제도 개혁이 추진되었다고 볼 수 있다.

Q 2002년 대선에서 연금개혁안이 큰 쟁점이었다고 했다. 당시 상황에 대해 설명해 달라.
A 우리나라에 국민연금제도가 도입된 건 1988년이었다. 이후 10여 년을 초기 제도로 유지해 오다가, 이대로 가다간 문제가 있겠다는 문제의식이 발생하고 이것이 법제화된 것이 1998년이었다.

Q 구체적으로 그 문제의식이 뭔가?
A 연금재정 고갈시점에 대한 문제였다. 모든 공적 연금은 제도도입 초기에는 미래의 수급자들이 가입을 하게 만드는 동인을 제공해야 하기 때문에 상대적으로 후한 제도디자인을 하게 되며, 점차 가입자들이 늘어나면서 현실화과정을 거치게 된다. 우리나라 국민연금제도도 초기 디자인에서 '수익비', 즉 급여액이 지나치게 높게 설정된 문제가 있었다. 하지만 이것은 공적연금제도의 특성에서 양해 가능한 면이 있다. 문제는 예측한 것보다 훨씬 급격하게 진전된 '고령화 속도'였다. 예컨대, 연금가입자들에게 연금지급을 10년 정도 하면 될 것이라고 제도디자인을 했는데, 고령화 속도가 너무 빠르게 진행되어 20년, 30년 이렇게 급격히 수급기간이 늘어나게 된 거다. 이 문제가 당장 연금재정을 고갈시킬 수 있다는 문제의식이 반영된 게 1998년 국민연금법 개정을 통해서였다.

Q 법 개정의 내용은?
A 당시 국민연금법을 개정하면서 연금법 제4조에 '5년마다 국민연금의 재정수지에 관한 계산을 실시하고, 국민연금의 재정전망과 연금보험료의 조정'을 포함한 운영 전반에 관한 계획을 수립하여 국무회의 심의를 거쳐 대통령 승인을 얻고 이를 국회에 제출하고 공시해야 한다는 내용이 도입되었다. 그에 따라 2003년이 전망과 조정을 해야 하는 해당해가 되었고, 이를 준비하기 위해 2002년 봄 [국민연금발전위원회]를 구성하게 되었다.

Q 국민연금발전위원회는 어떻게 구성되었나?
A 국민연금기금운영위원회와 동일한 원리로 구성되었는데, 총 21명으로 구성되었고 한국노총, 민주노총 등이 수급자 입장으로 참여했는데 제가 참여하게 된 건 민주노총 몫으로 참여하게 된 것이었다. 2002년 봄부터 '발전위원회'가 활동에

들어가면서, 논의 테이블을 통해 국민연금 재정추계상황 등이 외부에 드러나기 시작했고, 언론에서도 2002년 여름부터 이 문제를 공론화하게 되었다. 당시 '2047년 연금재정 고갈설' 등이 유포되었는데, 이건 '발전위'에 제출된 연금재정 전망자료들로부터 정보가 나온 것들이었다. 재정고갈이 예측되면서 연금가입자들의 불안이 고조되었고, 사회적 쟁점이 되기 시작했다.

Q 대선 당시에도 이 문제가 현안이었나?

A 그렇다. 각종 토론 등에서 후보들은 이 문제에 대해 입장을 밝혀야만 했다. 당시 한 TV토론에서 연금문제에 대한 질문이 두 후보에게 주어졌는데, 이때 노무현 후보가 처음 '용돈연금'이라는 말을 만들어내면서 '내가 대통령이 되면 절대 깎지 않겠다'는 입장을 밝혔다. '용돈연금'이란 얘기는 그렇지 않아도 연금수급액이 작은데 여기에서 더 깎으면 용돈밖에 더 하라는 소리냐, 뭐 이런 맥락에서 나온 말이었다. 여기에 반해, 한나라당 이회창 후보는 이런저런 재정자료들을 참조하면서 '우리 국민들이 급여삭감을 감내할 수밖에 없다'는 취지로 발언을 했고, 이회창 후보를 지지했던 보수언론들도 '급여삭감 불가피' 등의 제목으로 한나라당의 입장을 옹호했다. 그런데 결국 대선패배 이후 한나라당에서는 이회창 후보의 연금에 대한 이런 태도 때문에 노인표 100만 표가 떨어져 나갔고, 이것이 결정적 패인이었다는 평가가 나오게 된다. 이른바 '잃어버린 연금표'라는 거다. 그리고 2004년 6월, 17대 총선이 끝난 직후 한나라당 안에 '연금TF'를 구성되게 되는데, 여기에서 '잃어버린 연금표'를 되찾아오기 위한 방안으로 연금 사각지대에 주목할 것을 제안하면서 '기초연금제'를 제안하게 되는 것이다.

Q 대선에서 당선된 뒤 노무현 대통령의 입장은 무엇이었나?

A 당선 뒤 노 대통령은 입장을 바꾸어 버렸다. 국민연금 상황에 대한 보고를 받고 보니 정말 문제가 심각했던 거다. 2002년부터 활동한 [국민연금발전위원회]는 국민연금의 재정안정화 권고안을 작성했고 2003년 봄에 정부에 재정안정화 개선안을 제출했다. 그리고 2003년 정부는 이 안을 토대로 정부안을 작성하여 국회에 제출하였다. 당시 제출된 정부안의 핵심은 국민연금 재정의 안정화문제였고, 당시 안에는 '사각지대'에 대한 문제의식은 전혀 담겨있지 않았다.

Q 한나라당 안의 핵심내용은 무엇이었나?

A 2004년 한나라당 연금TF의 안은 '기초연금'으로 승부를 보자는 것이었다. 한나라당의 기초 연금안은 국민연금수급자 평균 수급액의 20%를 65세 이상 고령자

100%에게 기초연금으로 지급하되, 국민연금 수급액은 20%까지 낮추자는 안이었다. 당시 한나라당 연금TF는 윤건영 의원이 주도했는데 윤건영 의원은 17대 국회의원이 되기 전에 연금발전위원회 위원으로 활동했었다. 한나라당은 이 안으로 9월~10월경 정당 차원의 공청회를 시행했고 11월에 개정법안을 국회에 제출했다.

Q 이후 정부·여당과 한나라당 사이에 논의는 어떻게 전개되었나?

A 앞서 말했듯이 유시민이 보건복지부장관이 되기 전까지 정부와 한나라당 사이에는 아무런 논의진척이 없었다. 정부 측 관심은 국민연금의 재정안정화 문제였는데 한나라당은 사각지대 해소방안을 들고 나왔기 때문이다. 그런데 유시민이 복지부장관이 되면서 연금법 통과미션을 부여받았고 유시민 개인적으로 이 문제의 해결에 강한 의지를 갖고 있었다. 유시민은 장관이 되기 전인 2005년 11월, [효도연금법안]을 대표 발의했고, 이때부터 국민연금 사각지대 의제에 관심을 가지고 있었다. 2006년 2월 10일 복지부장관에 취임을 하고 약 2달 후인 3월 31일, 복지부 연금개혁 참고자료를 발간하는데, 여기에 유시민 장관 구상이 담겨있었다. 당시 제출된 참고자료는 연금정책관 명의 발표문이었다(오건호 실장, 이 자료를 제공함). 그리고 2006년 5월, 보건복지부 차원의 '신개혁안'이 발표되었고 이 때 효도연금의 명칭이 기초노령연금으로 수정되었다(오건호 실장, '신개혁안' 자료를 제공함). 유시민 장관 구상에서 정부안에 처음 사각지대 해소방안이 담겨지게 된 것이고, '기초노령연금'이라는 명칭도 처음 사용된 것이다.

Q 당시 논의되었던 '사각지대'문제란 구체적으로 어떤 것이었나?

A [민주노동당의 연금개혁 활동평가 및 과제](오건호 실장, 자료를 제공함)에 보면 관련 내용이 조금 나와 있다. 2006년 기준으로 우리나라 경제활동인구는 2,400만이었는데, 이 가운데 국민연금 납부자는 1,400만이었고 나머지 1,000만은 미납자, 체납자 등으로 나중에 국민연금 급여를 지급받을 수 없는 사람들이었다. 이 사람들에 대한 대책문제가 '사각지대'문제였다.

Q 1,000만은 어떤 사람들인가?

A 당시 납부예외자가 400~500만으로 추산되었다. 납부예외자란 국민연금가입 대상자이긴 한데 소득이 0원으로 납부를 하지 않았던 사람들이다.

Q 소득이 0원?

A 실제 소득이 0원이 아니라, 국민연금제도에 대한 불신이나 필요를 못 느끼다보니 국민연금공단에서 연금보험료 액수를 산정하기 위해 수입액을 물으면 수입이 없다, 연금보험료를 내지 않겠다는 입장을 피력해서 결국 소득 0원, 납부예외자로 처리된 사람들이다. 지금은 직장가입자 비율이 더 늘어났지만, 2006년 시점 직장가입자와 지역가입자의 비율은 50 : 50 정도였는데 지역가입자들 가운데 이런 납부예외자들이 많았다.

나머지 500~600만은 실업자, 불안정노동자 등으로 미가입자를 말한다. 당시 5인 미만 사업장에서 국민연금 가입은 의무사항이 아니었고, 비정규직 등 불안정노동자들은 고용주와 합의해서 국민연금을 가입하지 않았다. 이런 사람들의 입장에서는 당장 국민연금 보험료를 냄으로써 급여가 줄어드는 거보다 연금가입을 하지 않고 손에 쥘 수 있는 현금이 조금이라도 더 남는 것을 원했기 때문이다.

Q 사각지대 해소방안이란?

A 당시 한나라당은 국민연금에 가입하고 연금보험료를 낸 1,400만 명만을 대상으로 한 재정건전화 방안만으로는 대책이 안 되며, 사각지대에 있는 1,000만에 대한 대책이 중요하다고 주장했던 것이다. 이 점에서는 민주노동당도 같은 입장이어서, 연금수급을 받을 수 있는 사람에 대한 대책만이 아니라 당시 현행제도로는 받을 수 없는 사람들에 대한 대책이 함께 논의되어야 한다고 생각했다.

Q 다시 원래 이야기로 돌아가 보자. 유시민 장관 안의 핵심내용은 뭔가?

A 유시민 장관의 안은 기초노령연금을 7만 원이라는 금액으로 제시했고 수급범위에 대해서는 당장 45%로 시작하되 32%까지 낮추는 안을 제시했다. 한나라당안과 비교해 보면, 한나라당은 65세 이상 고령자에게 조세방식으로 100% 지급하자고 주장했다는 점에서 보편연금제도를 제안한 것인 반면, 유시민안은 전체 대상자의 일부만을 선별적으로 대상으로 했다는 점에서 선별복지 방식에 해당한다. 또한 저소득층 일부에 대해서만 제공하는 공공부조 방식을 제안한 것이다.

Q 그 안에 대해 한나라당이나 민노당의 반응은 어땠나?

A 한나라당은 그 전에도 있었던 지자체들의 '경로연금'과 뭐가 다르냐며 콧방귀를 꼈고, 논의는 진척이 되지 않았다. 위원회에서 정부안이 상정되면 한 번 논의해보다가 평행선을 달린 후 다시 연기되는 그런 식이었다. 민주노동당은 당시까지 입장이 없어서 테이블에 안지조차 못하다가, 2006년 8~9월에 공청회를 거쳐 10월에 법안을 제출하였고, 이때부터 정부 및 한나라당과의 테이블을 가질 수

있게 되었다.

Q 민주노동당 안은 어떤 내용이었나?

A 기초노령연금 수급액의 5% 시작, 15% 목표액과 수급범위 80%안이었다. 그리고 대신 국민연금 재정안정화를 위해서 수급액을 40%(?)로 낮추고 보험요율을 13%로 올리는 안이었다.(확인 필요, 오건호 책에서…). 민노당이 안을 내놓자, 정부로부터 오퍼가 왔다. 보건복지부 입장에서 한나라당 안과는 갭이 너무 컸기 때문에 기재부에서 도저히 받아들일 수 없는 안이었고, 그래서 민노당과 보건복지부, 열린우리당이 테이블을 갖고 조정을 해보자는 것이었다. 이렇게 해서 2006년 가을부터 보건복지부 장관의 장윤숙 보좌관과 민주노동당에서 제가 테이블을 가지기 시작했다. 당시 장윤숙 보좌관은 유시민 장관에게서 대 국회교섭의 전권을 위임받고 있었던 컨트롤타워였기 때문에, 만나볼 필요가 있을 것이다.

Q 민노당안은 어떻게 만들어졌나?

A 민주노동당안은 정당이 독자적으로 만든 안이 아니다. 가입자단체들 간에 만들어진 [연금개혁연석회의]를 구성해서 안을 성안했고, 정부 및 한나라당과 협의를 하는 과정에서 계속 연석회의에 보고를 하고 승인을 얻은 후 진행했다.

Q 연석회의 가입단체들은?

A 한국노총과 민주노총, 참여연대, 여연이 함께 했고 민주노동당이 참여했다. 당시 민주노동당은 연석회의 합의안으로 제출되었다.

Q 그러면 정부안과 각 당의 안을 좀 더 세부적으로 비교해 달라.

A 유시민 장관 측과 테이블에서 최초 쟁점은 기초연금수급액을 %로 할 것인가, 금액으로 표시할 것인가였다. 당시 정부안 7만 원은 당시 국민연금수급평균액의 5%정도에 해당하는 것이었지만, 민노당의 안처럼 5%로 명기하게 되면 물가인상분 등을 고려해 평균액이 올라갈수록 연동하여 기초연금안도 상승하는 것이 되지만 유시민 안처럼 7만 원으로 명시할 경우 법을 고치지 않는 한 국민연금수급액평균과 대비해 계속 그 비율은 낮아지는 효과가 나타날 수밖에 없다. 정부에서도 5%로 명기할 경우 계속 재정이 증가해야 하기 때문에 기재부가 받아들일 수 없다고 반대하여 금액표기방식이 된 것이다. 민노당은 정부에 최초 법안에서 %로 명기하는 것을 정부가 받아들이지 않으면 협상에 임할 수 없다고 입장을 밝혔다.

당시 유시민 장관 측은 이 문제를 마무리하는 것이 중요했으므로, 민노당과의 협상을 성사시키기 위해 5%로 명기하는 방안을 정부 내에서 관철시키고자 했고, 이 건으로 당시 국무총리였던 한명숙 총리 주재로 조정회의까지 열렸고 여기에서 유시민 장관과 기재부 장관이 대립을 했는데 한 총리가 유시민 장관의 손을 들어줌으로써 5%안이 받아들여지게 되었다. 그렇게 해서 5%안이 받아들여지면서 민노당과 유시민 장관 측 장윤숙 보좌관 사이에 실무협상이 진전되게 되었다.

다음 쟁점으로 목표급여율의 문제였다. 민노당 안은 시행 첫 단계에서 5%에서 시작하되 2028년까지 목표급여율을 15%까지 올리는 것이었다. 이 부분도 결국 보건복지부가 안을 받아들였다.

Q 수급범위에 대해서는 어떠했나? 민노당은 65세 이상자의 80%를 대상으로 했고, 유시민 장관 측은 45%에서 32%로 낮추는 안이었다고 했는데?

A 그 부분은 설왕설래가 많았는데 다시 확인이 필요하다. 기억이 구체적이지 않다.

Q 다음 단계는 어떻게 진행되었나?

A 논의가 구체화되면서 국회 보건복지위원회를 통과해야 했는데, 당시 보건복지위원회에서 가결이 되려면 민주당표가 필요했다. 그래서 민주당과 민노당, 장관실의 테이블이 꾸려졌는데, 당시 민주당의 파트너는 김효석 의원이었다. 민주당과의 논의에서 5% 출발 15% 목표급여율안이 조정되었다. 마지막으로 정부는 15% 목표급여율을 부대결의에 붙이고자 했고 민노당은 부칙이 아니면 안된다고 했다. 부대결의는 법적 구속력이 없지만 부칙인 경우 법적 구속력을 갖기 때문이다. 이 문제를 결정하는 자리에는 민주당이 없었는데 장관실과 민노당 사이에서 부칙안이 통과되었고 장관실에서 어떻게 해서든 민주당을 설득한다고 하여 최종안이 합의되었고, 민노당은 당장 이 안을 최종안으로 당에 보고를 했고 언론에도 정보를 제공했다.

Q 그런데 4월 본회의에서는 다르게 진행되지 않았나?

A 그렇다. 그 날 밤 민주당이 '부칙'안을 받아들일 수 없다고 반대를 했고, 장관실과 민주당이 '부대결의'로 가자는 안에 합의를 함으로써 민노당과의 합의를 파기했다. 장관실에서는 민주당의 반대를 들어 민노당의 협조를 구했지만 민노당은 연석회의의 동의를 얻어 일을 추진해야 하는 상황이라 이를 받아들일 수 없

었다. 결국 2006년 10월인가 11월, 보건복지위원회 회의에서 열린우리당과 민주당, 국민중심당이 부대결의로 15% 목표급여율을 통과시키면서 민노당은 이탈을 하게 되었다.

그리고 2007년 4월 본회의에 동 안이 상정될 예정이었다. 한나라당과 민노당은 본회의 상정을 앞두고 계산이 복잡해졌다. 먼저 한나라당은 가장 먼저 기초연금안을 제출했지만 정부과 민노당의 협상과정에서 배제되어 있었고 이대로 정부안이 통과된다면 정치적 손실이 너무 큰 상황이었다. 한편 민노당은 정부와 협상과정에서 5% 급여액 명시규정이나 15% 목표급여율 등 민노당의 안을 모두 관철시킨 조건에서 '부대결의'냐 '부칙'이냐를 둘러싸고 이탈한 상황이라, 본회의에 상정된 안의 내용은 민노당 안이 상당부분 반영되었지만 결과적으로는 결정에서 배제되는 모양새가 되어버렸다. 그렇다고 '부대결의'안을 받아들일 수도 없었다. 이런 조건에서 한나라당이 본회의를 앞두고 본회의에서 수정안을 발의하겠다는 입장을 밝혔다.

Q 자기 안으로 말인가?

A 일단 당시 한나라당에서의 입장은 '장렬히 전사하자'는 것이었다. 한나라당의 원안을 수정안으로 던져놓고 표결에서 지더라도 유권자들에게 어필을 할 수 있다는 계산이었던 것 같다. 본회의 수정안은 30명 의원이 있으면 제안이 가능했기 때문에 한나라당의 입장에서 수정안 발의는 가능했다. 그래서 원안인 20%수급액에 100% 수급범위 안과 국민연근 20% 축소안을 모두 던지는 것을 안으로 가지고 있었다.

이 과정에서 민노당은 한나라당과의 수정안 협상이 가능하다면 함께 해 볼 수 있겠다는 판단이 있었고, 당시 민노당 원내대표는 권영길 의원이었는데 권영길 의원이 당시 한나라당의 연금개혁안을 추진했던 정형근 의원을 개인적으로 잘 알고 있었다. 그래서 권영길 의원과 정형근 의원 사이에 협상이 있었고 정형근 의원이 민노당 안을 모두 받아들일 수 있다는 입장을 밝혀와 정형근 의원실과 민노당 사이에 테이블이 꾸려졌다.

Q 양 당 간의 합의안의 내용은 무엇인가?

A 합의안은 출발시점 5% 급여액에서 출발해 2018년까지 10%로 목표급여율을 정하는 것이었다. 이것은 민노당안이 그대로 반영된 것인데, 왜냐하면 민노당의 목표급여율은 2028년까지 15%였으므로 그 중간단계인 2018년에 10%면 기간을 축소한 민노당안이라고 볼 수 있었다. 한나라당은 같은 안이라도 2028년까

지 멀게 잡지 말고 2018년까지 좀 더 가깝게 당겨잡자는 입장이었고 민노당은 안이 훼손되는 것이 아니었으므로 이를 받아들인 것이다. 대신 민노당은 한나라당의 안 가운데 국민연금의 A값을 약화시키는 안을 받아들였다. A값을 약화시킨다는 건 국민연금의 균형을 맞추는데 평등화효과는 낮추는 것이다. 이렇게 해서 합의안이 정형근/현애자 공동대표발의안으로 4월 본회의에 제출되었다. 이건 17대 국회에서 최초이자 마지막으로 민노당과 한나라당의 공동안이었을 것이다.

Q 본회의 표결에서는 어떻게 되었나?

A [민노당 연금개혁안…] 6쪽에 나와 있는데, 결국 국민연금개정안은 열린우리당 안과 민주노동당, 한나라당 안이 모두 부결되었다. 그리고 기초연금안은 열린우리당 안이 통과되었다. 당시 표 계산을 했을 때, 외유 등 참석하기 어려운 의원 등을 계산했을 때 결과를 예측하기 어려운 상황이었고, 한나라당+민노당 안이 통과될 수도 있는 상황으로 예상했다. 하지만 결과적으로 국민연금개정안은 모두 부결되고 기초연금안만 통과된 것이다.

Q 어떻게 그렇게 되었나?

A 민노당이 한나라당에 뒤통수를 맞은 것이다. 국민연금안과 기초연금안은 패키지였기 때문에 둘다 부결되는 게 정상이었으나, 국민연금안이 부결된 뒤 한나라당 의원들이 대거 기초연금안에는 찬성표를 던졌다. 아마 정치적 부담 때문에 기초연금안을 어떻게 해서는 끝내자는 것이 한나라당의 입장이 아니었을까 추측한다. 당시 한나라당은 2007년 12월 대선에서 다시 국민연금 문제가 대두될 경우, 자신들이 제출한 기초연금안의 취약점 때문에 또다시 정치적 공격을 받을 수 있다는 부담을 안고 있었다.

Q 그 부담이 어떤 것인가?

A 원래 한나라당이 기초연금 20%와 100%수급범위 안을 제출했을 때 재정충당방안으로 부가가치세 증세방안을 포함하고 있었다. 그런데 한나라당의 공청회 과정에서 재계로부터 엄청난 반대에 부딪혀 결국 부가가치세 증세방안이 생략되었다. 결국 한나라당 안은 재정마련방안 없는 기초연금제가 되었고, 이런 입장은 수차례 각 정당 TV토론회 등에서 공격을 받았다. 당시 TV토론회에서는 열린우리당과 민주노동당이 한편에 있고 한나라당이 다른 한편에 서서 토론을 진행했는데, 재정마련방안에 대해 두 정당이 공격을 하면 한나라당은 대개 수세에

몰릴 수밖에 없었다. 열린우리당과 민노당은 재정충원방안이 없는 한나라당의 기초연금안은 무책임한 파퓰리즘정책으로 공격했고 이 부분은 한나라당 안의 맹점이 되었다. 이런 조건에서 어떻게 해서든 12월 대선 이전에 기초연금안을 털어버리는 것이 정치적으로 유리하다는 판단을 했던 것 같다. 그래서 확인할 수는 없지만, 당시 본회의에서 아마 국민연금안이 부결되면 기초연금안에 대해서는 찬성을 하라는 내부방침이 있지 않았을까 한다. 그리고 그 해 7월 본회의에서 국민연금 개정안도 통과되었는데, 통과된 안은 열린우리당과 한나라당의 협의안이었다.

Q 그 내용은 무엇이었나?

A 자료 6쪽에 나와 있는 바대로, 4월 본회의에서 열린우리당은 연금급여율을 50%로 하고 보험료율을 12.9% 인상하는 방안을 제출했는데, 이 안대로라면 연금고갈시점은 2047년에서 2065년까지 연장이 되는 것이었다. 그런데 7월에 통과된 안은 4월 본회의에서 민노당과 한나라당이 합의했던 방안, 급여율을 40%로 내리는 대신 보험요율을 9%만 올리는 안으로, 이렇게 되면 기금소진 시점이 2047년에서 2060년으로 연장되는 것이었다. 7월 본회의에서는 국민연금 재정안정화 방안에 대해 열린우리당과 한나라당이 합의했는데, 당시 열린우리당이 한나라당의 안을 받아들여 40%, 9% 인상안을 제출했고 통과되었다.
그리고 그 대신 4월 통과된 기초연금안의 개정이 이루어졌는데, 그때 2028년까지 기초연금을 10%까지 올리고 이를 부칙에 명기하는 방안이 통과된 것이다.

Q 자세한 설명 잘 들었다. 그런데 설명에 따르면 한나라당은 2002년 대선 패배 후 정치적필요에 따라 기초연금제도를 들고 나왔고 정부는 국민연금재정안정화 방안의 관점에서 연금개혁을 마무리하려다 보니 기초연금제를 받아들이게 된 것이라는 이야기다. 여기에서 궁금한 건, 민노당의 경우 안을 마련하고 협상하는 과정에서 가입자단체들과의 협의테이블이 있었고 이들의 입장을 반영했는데, 그럼 다른 정당들이나 정부는 어떤가? 어떤 정책 네트워크나 이익집단 영향들이 있었나?

A 한나라당의 안은 현재 보건사회연구원장 김용하의 안이라고 보면 된다. 당시 김용하는 순천향대학교 교수였고, 한나라당의 안을 전반적으로 성안한 핵심인물이다. 그래서 정권이 바뀐 후 김용하가 보건복지부장관을 하지 않을까 하는 예측도 있었는데, 어쨌든 현재는 보건사회연구원 원장으로 재직중이다. 한나라당의 안이 성안되는 비하인드 스토리는 김용하가 제일 잘 알 것이다.

Q 정부안은 어떤가?

A 정부안의 변화는 유시민의 안에서부터였는데, 2006년 3월 31일 제출된 유시민의 개혁안은 아마 유시민의 자기생각이었을 것이다. 유시민은 입각하기 전부터 국민연금을 '불효연금'이라고 하는 등 사각지대에 관한 관심이 있었고, 평소 정책결정을 할 때 스스로 공부해서 책도 내고 그런 성향이라 다른 학자들이나 단체들의 입장을 짜집기하는 성향은 아니었다. 또한 3월 31일 개혁안의 내용 역시 일관된 자기입장하에서 기술되고 있어, 아마 스스로 이 부분을 공부하면서 얻게 된 자기결론을 가지고 있지 않았을까 한다. 더 자세한 내용은 장윤숙 보좌관이 잘 알 수 있을 것이다. 장 보좌관은 노무현 정부 말기 공기업 감사로 이전했는데 정권이 바뀌고 난 현재에는 어떤 직위에 있는지 잘 모르겠다. 연락처는 줄 수 있다.(오건호 박사로부터 장윤숙 전 보좌관의 연락처를 받음)

Q 그러면 다른 쟁점으로 집행주체 문제를 알고 싶다. 다른 인터뷰를 통해 확인한 바에 따르면, 집행주체를 연금공단으로 할 것인가 지자체로 할 것인가도 쟁점이었다고 들었다. 세부내용에 대해 말씀해 달라.

A 사실 기초연금 집행주체의 문제는 재정마련방안의 문제가 핵심이었다. 중앙정부가 전액 국고로 지원하면 공단이 집행주체가 되는 것이고, 지방과 재원을 매칭하게 되면 지자체가 집행주체가 되는 것이다. 따라서 재원마련을 어떻게 할 것인가를 결정하는 문제와 직접 연동되어 있었는데, 당시 정부는 전액 국고로 지원하는 것이 불가능하다고 했고 지자체 매칭방식이 최종 통과되었기 때문에 지자체 집행은 당연한 귀결이었다.

당시 민노당은 전액 국고로 하고 공단이 전담하는 안을 주장했는데, 사실 개인적으로는 지자체가 전담해도 큰 문제는 없다고 판단했다. 하지만 민노당의 안을 성안하는 과정에서 민노총의 영향력이 컸고, 민노총의 안은 국민연금관리공단 노조의 안을 그대로 차용한 것이었는데 연금노조의 경우 연금이 집행주체가 되는 안을 선호했다. 그래서 민노당도 공단안과 국고지원안을 주장할 수밖에 없었다.

Q 그럼, 당시 연금공단 노조위원장님을 인터뷰하면 연금의 입장을 알 수 있겠다.

A 그럴 것이다. 당시 노조위원장이던 조계문 위원장이 지금 현재 위원장이다. 원한다면 제게 소개를 받았다고 하고 인터뷰를 요청하면 도움이 될 것이다.

Q 민노당과 민노총, 혹은 국민연금관리공단노조와는 갈등은 없었나?

A 마지막 순간에 갈등이 빚어지기도 했다. 7월 본회의를 앞두고 법사위 통과 과정에서 당시 민노총 위원장이 이석행 위원장이었는데, 이석행 위원장과 연금노조 위원장은 정부안이 법사위 통과를 막아야 한다고 했고 이를 위해 점거를 요구했다. 그런데 민노당 의원들은 표결에 참여해 반대표를 행사할 수는 있으나 점거를 할 사안은 아니라고 하여 농성제안을 거부했는데, 이를 둘러싸고 갈등이 있기도 했다.

Q 한나라당 안은 어땠나?
A 한나라당도 공단이 집행하는 안을 제안했던 것으로 기억한다. 아마 연금공단에서 민노당만이 아니라 한나라당에도 로비를 했을 것이다.

Q 지자체의 입장은 어땠나?
A 당시 지자체의 입장에 대한 뚜렷한 기억이 없다. 지자체에서 입장을 발표했다면 지자체 연합회 등에서 했을 텐데 확인이 필요하지만, 당시 우리나라 지자체들이 그런 문제에 대해 분명한 입장을 제출하기에는 한계가 있었던 것 같다.

Q 지금 시점에서, 당시 개정안에 대한 평가를 해달라.
A 개인적으로 최종안이 그렇게 나빴거나 많은 독소조항을 가지고 있었다고 평가하지 않는다. 분명 기존 국민연금제도보다는 더 나아진 것이고, 가입자한테 유리하게 바뀐 것이다. 국민연금의 재정안정화 방안도 어느 정도 실효가 있었고 기초노령연금으로 사각지대를 해소한 것도 없는 것보다는 나은 것이다. 필요하다면 현재 5%급여액을 10%가 아니라 15%까지 올리자는 운동을 할 수는 있지만, 통과되지 않는 게 더 나았다고 평가할 수는 없다.

Q 18대 국회에서도 연금특위가 운영되는데, 쟁점은 현재 수급범위 70%를 80%로 늘이는 것과, 수급액을 10%로 올리는 단계별 계획에 관한 것이다. 연금특위의 운영방향에 대해서는 어떤 입장인가.
A 두 가지는 좀 다르게 봐야 한다. 2028년까지 목표급여율을 10%까지 올리는 것은 부칙에 명기된 것이기 때문에 어떤 안이 나오든 하지 않으면 안 되고 다분히 기술적인 문제들이 존재할 것이다. 원래 2008년부터 시행이 되었어야 하는데 3년이 밀렸으므로 3년 간 까먹은 것을 어떻게 반영할 것인가, 당장 내년부터 시작급여율을 어느 정도로 올릴 것인가 등이 쟁점이 될 것이다. 반면 수급범위를 80%까지 올리자는 것은 전혀 새로운 제안이다. 기존 안에서 70% 확대안은

이미 시행되었으므로 80% 확대안은 지금에 새롭게 제기되는 안이다. 이 안은 보편복지로 갈 것이냐 등의 관점에서 논의가 시작되어야 할 것이다.

Q 제도 도입 논의과정을 보면 [국민연금발전위원회] 활동 등에서 수급자들의 참여가 있었다. 그런데 실제 논의과정을 보면 민노당을 제외한 다른 정당들의 성안이나 협상과정에서 이해관계자, 이해당사자들의 개입이 잘 보이지 않는다. 어떻게 평가하나?

A 가장 큰 문제는 수급자들이 전혀 조직화되어 있지 않다는 것이다. 사실 민노당의 안이 성안되고 승인되었던 [연석회의]에서도 한국노총, 민노총이라는 노조와 참여연대, 여연 등이 참여했지만 이들이 수급자들의 직접적인 이해관계를 대변한다고 보기는 어렵다. 건강보험제도가 운영되는 과정에서 여러 이해당사자들이 결합하고 있는 것과 비교할 때는 너무 대조적이다. 수급자들이 조직되어 있지 않다 보니 실질적인 목소리가 반영되기 어려운 구조다.

Q 다른 나라에서는 어떤가?

A 다른 나라에서는 연금정치를 둘러싼 운동이 활발하다. 2000년대 해외 각국에서 100만, 200만 명이 동원된 대규모 운동은 대개 연금과 관련된 것이었다. 하지만 다른 나라와의 결정적인 차이가 있는데, 해외 각국에서 수급자들은 이미 수십 년, 100년 넘게 연금을 수급받다 보니 제도에 대한 신뢰가 있고 기존 제도가 보장했던 내용을 지키기 위해 운동을 벌이는 것이다. 반면 우리나라 수급자들은 제도에 대한 신뢰가 너무 낮다. 아마 현재 우리나라 공적 보험 가운데 국민연금에 대한 신뢰가 가장 낮을 것이다. 제도에 대한 사회적 수용성이 가장 낮은 제도가 국민연금제도다.

Q 그 이유가 무엇인가?

A 미래 수급자들, 현재 국민연금 보험가입자들은 제도에 대한 근본적 불안과 저항감이 심하다. 연금과 관련하여 (민주노총 노조원들에 대해) 교육 등을 해보면, 가장 많은 요구사항이 국민연금을 선택하게 해달라는 것이다. 가입하고 싶은 사람만 가입하게 해달라는 것이다. 이는 기금고갈론이나 기금운용에 대한 불신감 때문에 지금 보험금을 납부하더라도 과연 나이가 들어 수급이 가능할까에 대한 회의가 만연해 있다. 다른 하나로, 피부로 느끼는 보험요율의 문제가 있다. 현재 공적 보험 가운데 국민연금의 보험요율이 가장 높다. 현재 9%의 보험요율인데 건강보험이 5%정도인데 비해 체감납부액이 많다고 느끼는 것이다. 건강보험은 당장 병원에 가면 실효성을 확인할 수 있지만 국민연금은 몇십 년

지나서야 받을 수 있으면서 당장 많은 보험료를 내야 한다. 그런데 받을 수 있을지도 회의적인 조건에서 당장 내는 보험료가 더 크게 느껴지는 것이다.

또한 언론도 연금제도 자체에 대한 불신과 연금저항을 조장하는 보도를 주로 한다. 이런 조건에서 제도에 대한 사회적 신뢰도와 수용성이 매우 낮은 것이다.

Q 제도에 대한 저항은 주로 어떻게 확인할 수 있나?

A 사실 우리나라에서 연금과 관련된 오프라인의 대규모 대중적 행위는 없었다. 법이 개정되면 연금노조나 민노총에서 가끔 시위를 조직하지만 규모도 크지 않고 반향도 크지 않다. 2004년 국민연금 문제가 이슈가 되었을 때 인터넷에서 '안티-연금'의 입장에서 [국민연금 8대 비밀] 등이 유포되기는 했지만, 전반적으로 연금제도에 대한 이해도 낮고 신뢰도 낮다. 반면 서구 국가들에서는 연금이 첨예한 이슈고 수급자들의 정치적 관심이 높다.

Q 해외 연금관련 운동 등에 대해서는 어디서 정보를 구할 수 있나?

A 스웨덴 연금정치를 전공한 대구대학교 주은선 교수가 이 부분에 대해서는 많은 정보를 가지고 있을 것이다.

Q 기타 이 부분에 관련해 저희가 더 인터뷰를 하거나 해서 도움이 될 만한 분을 알려달라.

A 각 정당 교섭단체 전문위원들이 그동안의 역사에 대해 많이 알고 있을 것이다. 민주당의 허윤정 위원이 복지담당인데 아마 연금도 담당을 했을 것이다. 그리고 허윤정 위원을 통하면 장윤숙 전 보좌관과 연결이 용이할 것이다. 그리고 상임위원회 위원실이 정보를 축적했을 것이고, 연금공단을 통하면 당시 연금공단의 입장을 들을 수 있을 것이다.

4. 정책수혜자 인터뷰

• 인터뷰 대상:
  안OO(이하 A): 34년생, 노인종합복지관에서 노인일자리 사업에 7년째 참여
                (송파구 문화 해설사)
  장OO(이하 B): 41년생, 노인일자리 사업에 참여
  고OO(이하 C): 45년생, 기업체에서 30년 근무, 노인일자리 사업에 6년차 참여.
  박OO(이하 D): 38년생, 동네 경로당 회장.
  이OO(이하 E): 42년생, 노인일자리 사업 7년째(시니어 클럽에서 시험감독관 활동, 국시원이
                나 일반기업체에서 요청하면 시험 감독관으로 활동), 전직 교사 출신. 99년
                명예퇴직.
  민OO(이하 F): 41년생, 전직 교사 출신, 동에서 자원봉사활동 중.
  배OO(이하 G): 37년생, 노인복지관 일자리 사업에 참여했는데 작년과 올해에는 참여 못함.
                (저소득층 위주 배정으로 기준미달)

• 일   자: 2011년 6월 8일
• 장   소: 서울시 송파구 삼전동 송파구민회관 회의실

Q 저희는 서강대학교 현대정치연구소 소속이며 한국연구재단 프로젝트를 수행하고 있
  다. 정부가 국민들의 욕구를 제대로 반영하는지, 잘 안되면 어떤 문제가 있는지를 조
  사하고 있다. 올해는 노인복지정책에 대해 연구하고 있으며 그동안 국회의원, 보좌관,
  정부관료, 보험공단이나 연금공단, 지자체에서 정책집행을 하는 사람들을 인터뷰 했
  다. 실제로 노인정책을 지켜보시는 어르신들을 뵙고 평소 노인정책에 대해 느끼시는
  부분에 대해 말씀을 듣기 위해 모셨다. 편하게 말씀해 주시면 감사하겠다. 먼저 간단
  한 자기소개를 부탁드린다.
A 송파구 노인복지관에서 일자리 사업에 참여하고 있다.

Q 어떤 사업인가?
A 교육용으로 분류되는 문화유적해설을 하고 있다.

Q 문화유적 해설에 대해 설명을 부탁드린다.
E 1년에 7개월만 일을 한다.
A 노인 일자리 사업은 직종에 관계없이 1년에 7개월만 근무를 한다. 4월에서 10
  월까지 하고 추울 때는 안 한다. 그리고 1달에 20만 원을 받는다. 4월에 연계약

을 하게 되고 그러면 140만 원을 받는다. 노인복지 혜택을 가장 크게 받는 일일 것이다. 하나 더 말씀드릴 건, 저는 7년차가 되었는데, 7년 전에는 20만 원에 20시간이었는데 지금은 똑같은 20만 원인데 36시간을 일해야 한다.

G 노인일자리는 교통정리, 마을청소 등등이 있는데 모두 20만 원이다. 송파구만 1천 명 정도가 하는 것으로 안다. 그 중에서 우리는 교육형으로 분류되는 문화유적 해설사를 하는 것이다.

Q 송파구는 문화유적이 많지요?

G 종로, 중구 다음으로 유적이 많다.

B 송파구에 문화유적해설사가 총 124명이 있는데 30명 정도의 노인들이 참여한다. 다른 기관에서 유사한 일을 하는 사람들이 더 있다.

G 재작년까지 노인들이 40명 참여했는데 작년에 30명으로 줄었다.

Q 저도 이 근처에 살았던 적이 있어 동네를 잘 안다. 노인복지센터에서 하는 다른 프로그램들도 많지 있지 않나?

E 송파구청에서 받아서 하는 국가정책이라 뭐든지 노인복지센터에서 결정권은 없다. 해설이라는 게 그냥 아무나 나가서 할 수 있는 게 아니다. 교육도 받았을 뿐 아니라 개인적으로 공부도 하고 활동을 하는 것이다. 예전에는 20시간이었는데 지금은 36시간으로 늘었다. 노인일자리를 좀 더 발전적으로 해서, 보람을 느끼고 혜택을 줘야 하는데 시간이 양적으로 2배나 늘었다. 이게 복지 차원의 일자리인가 재고해 봐야 한다. 저 개인적으로 이건 아니다 싶다. 이 보수가 절대적으로 필요한 사람들이 있다. 보수가 7년 전에도 20만 원, 지금도 20만 원인데, 이 일을 하면서 정말로 자기가 살아가는데 도움이 되는 액수인가를 고려해 볼 필요가 있다.

Q 선생님들 말고 주변 다른 어르신들도 포함해서, 구에서 하는 노인복지센터 프로그램에 많이 참여하시나?

E 많이 한다.

G 안 가는 사람들도 많다. 그런 사람이 더 많다.

E 그런 면에서는 좋아졌다. 노인들이 노인생활을 즐길 수 있는 뒷받침은 많이 좋아졌다. 노인들이 바쁘다 요즘.

Q 선생님들도 많이 참여하시나?

E 많이 한다.

F 오늘 주제가 노인 일자리만 중심으로 하는 거냐?

C 일자리만 하는 게 아니라 고령사회 문제점으로 하는 거 아닌가.

Q 실생활에서 필요한 노인복지 관련 개선사항이 무엇인지, 이런 걸 기록해서 정부나 지자체가 노인정책을 펴는데 도움이 되고자 한다.

D 사실 (노인 일자리가) 통계상으로 몇 개 이렇게 나오지만 실제로는 득이 되지 않는다. 형식적인 것에 지나지 않는다. 이런 식으로는 복지혜택이나 일자리가 되지 않는다.

A 복지예산에서 시발된 것은 맞다. 각 구 종합복지관에서는 노인 일자리 사업을 하는데 예산은 복지부에서 내려오는 것이고 그 집행만 하부기관에서 하는 거다. 그런데 이 사람들이 복지사라는 명목을 가진 사람들인데 실질적으로 선발할 때 자기가 속한 구에 노인복지를 위해 일을 하느냐, 그렇지 않으면 위에서 내려오는 규정에 의해서 규정대로 집행만 하느냐 하는 문제가 있다. 국회의원들도 만났다고 하는데 제일 말단에서 집행을 하는, 노인들하고 맞닥뜨려서 집행하는 사람들과 대화할 필요가 있다. 노인복지를 우선으로 생각해서 그 정책을 집행하는지에 대해 물어봐야 한다.

G 복지, 복지 말로만 했지 진짜 20만 원이 필요해서 하고자 하는 사람도 모가지가 되고, 이런 건 교육형 특수직인데도 쫓겨난다. 그냥 시간만 때우는 사람들도 있는데 (집행자들이) 자기들 마음대로 하는 것이다. 적어도 노인복지를 위한다면 정신상태, 육체상태가 건강하고 생활력이 떨어지는 사람들은 무슨 일이든 할 수 있게 해줘야 한다. 모두에 설명했지만 재작년까지 40명이던 것이 30명으로 줄어들고 자기네 필요한대로 제명하고 새로 모집한다. 아무나 하라고 해서 되는 게 아닌데 그걸 행정편의로만 생각한다는 그 얘기다.

C 이걸 일자리로만 접근을 하는데 이건 문제가 있다. 보건복지부를 포함해서 (노인복지를 위한) 중앙예산으로 2011년부터 2015년까지 75조 원을 계상한 것으로 한다. 지금 현재 65세 이상 노인들이 550만 명 정도 되지 않나. 그걸 나눠봤을 때 1인당 얼마가 돌아오는지, 노인 일자리는 그 중에 하나다. 그렇게 접근을 하는 게 옳지 않나. 중앙에서 세우는 예산이 있고 각 지자체에서 세우는 예산이 있을 거다. 중앙 예산이 75조라면 지자체 편성예산도 있을 텐데 그 정도가 얼마나 되는지 알고 싶다.

F 복지정책이라고 했는데, 복지정책이 국가에서는 국민기초생활수급자나 차상위 계층들에게만 집중적으로 혜택이 가고 있다. 노인복지는 경제를 떠나서, 다양한

노인들이 혜택을 골고루 받아야 한다. 나는 요양문제에 대해 말하고 싶다. (내가 아는) 독거노인이 있는데, 그 독거노인은 여건이 되어 있다. 여건이 되어 있다고 해서 건강보험료에 노인요양보험료는 계속 내는데 (혜택은 못 받는다). 65세 이상인데 재산이나 집이 있다고 해서 건강보험료에서 요양보험료만 빼가고 있는 거다. 만약 그렇게 한다면, 내가 아프다면 요양보험의 혜택을 받나? 못 받는다는 거다. 이게 어느 부분에 복지를 위한다는 건가. 세금은 다 내고 있는데 어느 날 건강보험료에 그런 게(요양보험료) 들어가 있었다. 인터넷을 찾아보니 노인복지로 노인요양문제, 주택문제, 소득문제 이런 걸 해준다고 한다. 말이 좋지. 근데 누가 그 혜택을 받나? 그러면 이건 복지가 아니기 때문에 정책에 반영하는 거라면 골고루 혜택이 가도록 해야 한다.

(내가) 혜택을 받는 건 전철 공짜로 타는 것 외에는 없다. 안주면 그만인데 그거라도 주는 건 감사하다. 하지만 그거 가지고 복지라고 볼 수는 없다. 독거노인도 많고 자녀가 외국에 가 있어 나 혼자 아픈데, 병원에 입원해야 하는데 보호자가 없는 사람들이 있다. 보호자가 없다고 병원에서는 (필요한 처치를) 안 해준다. 주변에 이런 사람이 많다. 여유는 있는데 (돌볼 사람이 없는 사람들). 일본 같은 데 보면 지자체가 우선이 되어 그 분들을 체계적으로 관리하는데 (우리나라는) 돈 있는 사람은 알아서 하라고 한다. 노인들 뻔한 돈 가지고 매일 사람을 집으로 부르면 돈이 엄청 든다. (내가) 동사무소에서 자원봉사를 하는데, 노인들이 일자리 찾으러 올 때 집이 있으면 일자리를 안준다. 나는 자원봉사를 어떤 집에 가서 하면 좋겠는데, 그 집은 잘사는 집이라서 갈 수가 없다. 이게 복지가 아니다. 그야말로 필요한 사람에게 손길을 뻗쳐줘야 한다. 가난한 사람에게만 줘도 다 부족하다고 한다. 받아도 불만, 안받아도 불만. 이런 복지는 복지가 아니다. 만약 65세가 너무 많다(65세 인구가 너무 많아 모두 혜택을 주기 어렵다)고 하면 70세로 상향조정을 하든지 해서, 가가호호 파악을 해 혼자 있는 사람이면 재산여하를 떠나서 인간다운 삶을 살 수 있도록 배려가 되어야 한다.

Q 우리나라 정부가 기초노령연금, 장기요양보험을 핵심 사업으로 한다. 그런데 이런 사업이 아무래도 저소득층에 편중되는 면이 있다.

F 내가 (세금을) 냈으면 늙었을 때, 나 혼자 있을 때 혜택을 못 받으면 (안 된다). 남을 위해서 세금을 냈나? 집이 있다고 혜택을 못 받는 건…

E 혜택 받는 사람도 한정되어 있지 않나? 기초생활수급자 기준도 모순이다. 자식이 있어도 자식 같지 않은 자식이 있는데 그 사람은 (혜택을) 못 받는다. 호적상 자식이 있다고 해서 수급자격을 박탈당하는데, 이런 건 현실적으로 파악되어야

한다. 재산이 있는데 호적상 자식이 없으면 기초생활수급자 자격을 갖기도 하더라. 그 분은 혼자 생활하면 넘칠 정도로 (지원을) 받는다. 쌀을 혼자 못 먹어서 내다 팔아달라고 한 걸 본 적이 있다. 현실성이 없는 복지정책이다. 자식이 있어도 수급자보다 더 어려운 사람들이 있다. 그 노인들이 폐지 주으러 다니는 거 아니냐. 최소한 보장만 받아도 그런 짓까지는 안할 거다.

A 앞서 최일선에서 복지집행을 하는 사람들하고 이야기를 해보라는 게 연관이 있다. 실질적인 복지가 되어야 하는데, 정해진 틀에서 성과를 이루는 복지를 하려고 한다. 복지가 필요한 곳을 찾아다녀야 하는데 그렇지 못한 거다. 최전방에 있는 사람들이 복지에 도움이 되도록 움직여야 한다.

G 같은 임대주택이라도 어떤 사람은 임대주택에 살면서 자가용 3~4대 굴리고, 어떤 사람은 임대주택비용도 내지 못하는 경우가 있다.

E 저희가 다녀보면 각자의 입장에서 복지확대를 요구하기도 한다. 정부 재원은 한정되어 있어 모두 충족하기 어려운 한계가 있는데, 선생님들 입장에서 뭐가 좀 더 필요하다는 걸 듣고 싶다. 정부에서 하고 있는 기초노령연금이나 장기요양보험, 주거나 여가 등 욕구가 있을 텐데 그런 부분에 대해 이야기를 해달라. 먼저 돌아가면서 우리나라 복지정책에 대해 점수를 준다고 하면 몇 점까지 주실 수 있겠는지, 그 이유가 뭔지 이야기를 해보자.

B 낙제점까지는 아니더라도 절대 좋은 점수를 줄 수 없다. 단적으로 우리나라 복지정책이 경제적인 것을 떠나서 눈에 보이는 효과만을 중요시하는 것 같다. 지금 활동을 해서 (돈을) 받는 사람들을 보면 소득격차가 굉장히 심하다. 어떤 사람은 감격하는 사람이 있는가 하면 푼돈으로 생각하는 사람들도 있다. 이질감이나 격차가 굉장히 크다. 예산을 투입해 복지정책이 잘 되었느냐 못 되었느냐를 어떻게 평가하고 있는지 궁금하다. 1조 원을 투입해 골고루 분배되었느냐만 기준으로 하면 문제다. 필요한 사람에게 적절하게 투입되어 있느냐를 알아봐야 한다. 예를 들어, 송파구에서 1억 원을 지원 받았다면 그냥 쓰고 보고할 때 이렇게 썼다고 하면 끝나는 거 아니냐. 유효 적절하게 사용되었는지 평가하는 곳이 없다. 1억 원 받아서 레포트를 내면 끝나는 거다. 주민들은 그 돈이 제대로 쓰였는지 알 수가 없는 구조다.

C 학점으로 주면 D학점 정도일 것 같다. 왜 그러냐면 국민연금이 88년 12월부터 생겼다. 제가 16년 하고(연금을 적립하고) 퇴임을 했으니까 현재 85만 원을 수령한다. 전부는 아니지만 30여 년 근무를 했으니까 평생을 직장에서 보냈다. 그러면 이게 그만큼 부었으면 퇴임 후에는 국가에서 뭔가 보장이 되어야 하는데 그게 안 되더라. 일자리 사업 수혜자지만 일자리 사업을 할 수 없는 사람이 몇

십 배는 더 많을 거다. 그런 사람들 입장에서는 보건복지부 예산이 있는지 지자체 예산이 있는지 피부에 와닿지 않을 것이다. 그나마 7개월만 하고 끝난다. 이게 과연 일자리냐? 이걸 해준다면 1년 12달을 계속 하든지.

전체 공무원의 몇 %는 65세 이상 노인으로 채용을 하고 기업체도 몇 % 채용하라고 요구하고 해야 한다. 요새 젊은 사람들 취업 못해서 아우성이지만, 동사무소 가보면 공익요원들이 호적초본 떼주고 앉아 있다. 그런 사람은 국방의 의무를 지키고 노인들이 그 일을 하면 얼마든지 할 수 있다. 노인분들이 한자도 잘 알고 그러는데…

D (일자리) 7개월에 끝나서는 복지라는 말을 붙이는 게 민망하다. 국가예산 나왔으면 제대로 평가해서 복지혜택을 주려면 1년 12달 주든지. 일자리 같질 않다. 숫자 통계상으로 일자리가 늘었다. 이렇게만 하면 안 된다. 집집마다 다니면서 확인을 해야 한다.

내가 가락2동에 사는데 동회에 가면 통장이 전부 30~40대 여자들이다. 왜 이런 식으로 하냐. 나도 통장을 할 수 있다. 형식적으로 한 달에 20만 원 주는 걸로 생색을 낸다. 하려면 제대로 하던지 근본적으로 해야지, 말만 노인 일자리지 아무것도 아니다. 이런 식으로 하는 건 반대한다.

E 일자리 측면은 그런 불만사항이 많지만 여가 쪽은 잘 이루어진다. 저 같은 경우를 소개하면, 제가 1주일이 바쁜 사람이다. 월화수목금까지 닷새를 배우면서 즐기면서 산다. 노인문제를 일자리 측면을 떠나 좀 즐겁게 생활할 수 있도록 하는 게 복지다. 복지관에 가 보면 아침에 학교 가듯이 등교해서 저녁에 퇴교를 한다. 노래 부르고, 춤추고, 배우고 이렇게 바쁘게 산다.

제가 한국무용하지, 댄스하지, 일어 배우지… 수준 높은 강사들이 가르치는데 거의 무료다. 약간의 수강비는 있지만 그렇게 1주일을 굉장히 바쁘게 산다. 수입에 대한 불만이 많다. 하지만 그런대로 복지가 잘 이뤄지고 있다고 높이 평가하고 싶다. 저를 위시해 퇴직한 사람들이 어울려서 즐겁게 지낼 수가 있다. 노인이 여가를 보내고 있다는 건 돈하고 바꿀 수 없는 즐거움 아닌가. 우리 남편도 동사무소에서 춤 배운다니까 어서 배우라고 한다. 그러니까 노후에 좋은 복지혜택이 아닌가 이런 생각을 가지고 바쁘게 살아간다.

그런데 정책적으로 노인문제는 불만사항이 있다. 아이들에 대해 부상급식이네 유치원 의무교육이네 반값 등록금이네 하고 그쪽으로 편중되어 논의가 있지만 노인복지에 대해서는 여론화되어 논의되는 게 없다. 점심 때 여자들 고급 레스토랑 가면 전부 애 엄마들이다. 그 분들 몇만 원짜리 밥 먹고 있는데 그 사람들 자식들을 모두 무상으로 밥을 줘야 하나? 그런 생각이 든다.

6 뭐 대동소이하다. 우리나라 복지정책에 대해서는 중간 정도로 평가한다. 그 문제는 아까 말했지만 차상위 계층까지 복지혜택이 가고는 있다. 여가 선용할 수 있는 곳도 많다. 저는 무용은 못해서 안하지만 역사관에도 가고 인문학 강의도 듣고 있다. 노후에 책을 못보더라도 석학들이 와서 강의하는 거 들으면 서울대에 가 앉아 있는 것 같아 훌륭한 강의가 많다. 지금부터 10~20년 전에는 생각도 할 수 없었다. 노인들이 자기만족을 위해 살 수 있는 사람이라면 대단히 발전된 것 아닌가.

하지만 그런 쪽으로만 복지를 몰아갈 수는 없다. 어려운 문제를 해결해 주는 게 복지이기 때문에, 이웃의 도움이 필요한 부분을 경제로 묶지 말고 나이로 정해서 몇 세 이상의 독거노인에게는 (사람을) 파견해서 수시로 본다든지, 어느 요양소에 보내서 보살펴준다든지, 1주일에 1번은 가서 말벗을 해준다든지, 그런 게 필요하다. 그런 것들은 차상위까지만 혜택이 가지 그 이후 사람들에게는 안 되고 있다. 귀도 안 들리고 그런 사람인데, 경제적인 여건이 좀 된다고 혜택이 안 가는 건 복지가 아니다. 가장 많이 보는 건 일본 사례다. 일본은 얼마나 잘 되어 있나. 우리가 소원이 죽을 때 깨끗하게 죽자는 거다. 자식에게 안 좋은 거 보여주지 말고 죽자, 이런 시스템이 갖춰지면 좋겠다.

G 저는 50점 정도는 주지 않을까 싶다. 물론 서울역이나 각 지하도에서 자는 행인들이 많이 있다. 그 사람들은 도시에서 항상 정책입안자들의 눈에 뜨이는 곳에 있다. 시골에 가면 70~80대 노인들이 농사를 지으면서 버티는 경우가 많은데 이런 경우는 눈 밖에 있다. 도시에서도 마찬가지다. 복지, 복지 하는데 일개 동에 노인회관이 2개 이상 있다. 거기에 보면 출입을 하는 사람들은 80대 이상이다. 장기, 바둑 두다가 밥 해주면 먹고 하루를 보낸다. 그런 게 다 복지정책으로 나갈(홍보될) 것이다.

하지만 자기 집도 없고 세 살면서 그런 곳에도 못가는 사람들이 있다. 80살까지 안 되는 사람들이 몸은 건강해도 하지나 주으러 가는 게 기껏이다. 그런 사람들 앞에서 복지 이야기를 하면 이 나라의 복지정책이 있겠나. 지하철 공짜로 타는 것도 장족의 발전이다. 하지만 아직 멀었다. 70세 이상 되는 분들은 6·25세대다. 우리는 연금정책 이런 것도 없었다. 부모나 자식들 교육시키고 밥 3끼 먹기도 바빴다.

그 사람들이 이제 와서 자식들한테 얼마나 대우를 받냐면 그렇지가 못하다. 50대 이상의 사람들은 노후를 준비하겠지만 예전에는 없었다. 자식들한테도 배반을 당하고 있다. 동사무소에는 자식이 있다고 안주지, 이런 사람들이 복지의 음지다. 그래서 50점 정도일 것 같다.

Ａ 고령화 사회가 급속히 진행되면서 정책을 허둥지둥 쫓아가면서 세웠다. 하지만 사실 정책이 쫓아가지를 못한다. 집권자나 권력자가 바뀔 때마다, 선거 때마다 그게 춤을 춘다. 선거가 임박했거나 직후에는 햇볕을 보다가 흐지부지 일관성이 없어지는 정책이 태반이다. 좋은 정책들이 빛을 보지 못하고 사장되기도 한다.
여가에 대한 건 많이 좋아졌다. 찾아다니면 정말 하루 24시간을 다 써도 모자랄 만큼 여러 군데서 각종 프로그램이 있다. 하지만 육아에 대한 관심에 비해서 노인에 대한 관심은 많은 차이가 있다. 이런 것이 문제다. 육아정책에 들어가는 예산의 1/3이라도 노인복지에 오느냐, 노인 쪽에서 보면 피부로 느끼지를 못한다. 선거철이 지나더라도 그대로 진행되어야 하는데, 이런 게 복지정책이 발전하지 못하는 원인이다.

Ｄ 재정적자가 800조라는데 다 새고 있는 거다.

Ａ 프로젝트가 정해져서 정권이 바뀌면 그걸 마무리 못하고 다음 정권이 세우는 새로운 프로젝트에 투자를 하고, 다음 대 가면 또 중단되고 또 새로 하고. 이런 전반적인 것이 노인복지에도 그대로 반영이 된다. 전임자가 했던 정책의 연속성이 필요하다.

Ｇ 그런 걸 보면 정치적인 쇼 같다.

Ａ 노인복지에서 가장 문제가 되는 게 의료문제다. 노인전문요양기관이 아주 미약하다. 치매나 알츠하이머는 치료할 수 있는 병원이 있어야지. 정부에서 하는 병원, 이런 게 구에 1개 정도는 있어야 한다.

Ｆ 그런 곳에도 기초생활수급자만 들어갈 수 있다.

Ｃ 수원에 가면 삼성에서 지은 요양시설이 있다. 저희 한 선배 부인이 치매가 있어 거기에 들어가려고 하는데 월 300만 원에 100만 원이 더 추가되더라. 거기를 보고서 삼성답게 만들었다고 생각했다. 기가 막히게 만들어놨더라.

Ｂ 저희 어머님을 노인요양원에 입원시켰다. 경비를 줄이기 위해서 송파구에 있는 요양소 몇 군데를 알아봤다. 저같은 신분으로는 들어갈 수가 없었다. 장지동에 있는 송파구에서 하는 요양원은 비용이 저렴했다. 월 60만 원 정도면 들어갈 수 있었다. 그런데 대기인원만 126명이었다. 그 담당자가 솔직하게 말하더라. 들어오는 사람 중에 죽기 전에 나가는 사람은 없다고. 별 수 없이 용인에 있는 요양병원에 입원을 시켰다. 민간병원이다. 제일 싼 게 120만 원이더라. 비싼 거는 더 비싸고. 근본적으로 대책이 필요하지 않을까 싶다. 없는 사람은 그냥 죽는 거다. 그래도 좀 뭐가 있으니까 했지, 그런 것도 없으면 그냥 죽는 거다. 직접 겪으니까 피부로 느끼게 되었다.

Q 장기요양보험을 담당하는 공단 분들의 이야기는 공실률이 5%라고 하더라.

B 그게 문제다.

C 송파구에 1천 명 수용하는 시설이 있다고 해도 꽉 찰 거다. 노인복지관 옆에 요양소가 하나 있다. 봉사활동을 2년 했는데, 장 선생 말씀대로 그 분들이 다 죽어야 다른 사람이 들어가지 절대로 못 들어간다. 200미터만 가면 (민간시설 이) 있어 그 곳에 가게 된다. 각 구마다 1천 명 정도 수용할 시설은 필요하다.

A 독거노인 문제도 그렇다. 부모 자식 간에 따로 살지 같이 살지 않으려 한다. 남자들 문제가 더 심각하다. 남자 독거인은 그래도 뭔가 복지 쪽에서 베풀어 주는 요양원이 필요하다. 또 복지에서 가장 심각하게 느끼는 건 노인의료보험 이다. 나이 먹어가면서 가장 손상되기 쉬운 게 이다. 이가 제대로 되지 않으면 먹을 수가 없다. 의치나 임플란트 하면 보험이랑 관계가 없는데 이건 아주 심각 한 문제다.

Q 틀니 지원하는 안이 국회에 상정된 것으로 안다.

G (나는) 일찍이 이가 없어졌다. 임플란트, 의치 이런 걸 특수계층만 하는 건 문제 다. 의치를 바꾸려면 200만 원 정도가 들어간다.

D 공익요원들이 하는 일을 노인들이 하게 해 주면 다 할 수 있을 거다.

Q 청년 실업이 있으니 군대에 묶어두는 것도 있을 것이다. 만약 군대에 묶어두지 않으면 엄청난 청년실업이 발생하지 않겠냐.

C 그럼 군복 입혀서 보내라. 지하철에서 역무원 보조나 동사무소에서 보조하는데 그 애들이 왜 거기 와 있냐.

D 정부에서 젊은 사람 일자리, 일자리 하는데 먹고 자고 1달에 100만 원만 주면 다 도망나온다더라. 외국인들은 얼씨구나 하는데, 젊어서 일자리를 차고 들어앉 아야지.

F 교육이 잘못된 거다.

A 반값 등록금이 문제가 되는데, 사실 선거공약 바람에 문제가 된 거다. 우리나라 고급 인력 실업자가 얼마나 많은데 국민세금으로 그걸(등록금을) 도와줘서 더 양산하려고 하는지, 정치인들 공약이 진짜 문제가 많다.

Q 그러면 현재 교통비, 지하철 말고 정부나 지방자치단체로부터 지원을 받는 게 어떤 게 더 있으시냐.

A 노인 일자리를 받는데, 그것도 모두 받는 건 아니다.

Ｄ 지하철, 일자리 20만 원이 전부다.

Ｇ 기초노령연금을 받는다.

Ａ 박물관, 고궁 무료입장을 할 수 있다.

Ｅ 영화관람료도 싸다.

Ｆ 기차도 40% 싸다.

Ｄ KTX 타보니까 월요일부터 금요일까지 할인되더라.

Ｅ 코엑스 전시장 무료입장인데 4~5천 원 하는 걸 무료로 해주더라.

Ｑ 노인복시센터에 오면 많은 분들이 있는데, 안 오시는 분들은 어떤 분들이냐? 혹시 옷이라도 제대로 갖춰서 입고 와야 하는데 그런 게 어려운 분들은 못 오시는 게 있지 않나?

Ｅ 그런 문제도 있지만, 자기 수준에서 아무리 좋은 프로그램을 줘도 내가 평생 살아왔던 바탕에서는 적응하기 어려운 그런 문제도 있다. 빈부의 차이를 떠나서 내가 살아왔던 기초 위에서 접근하기 어려운 거다. 그런 사람들은 대부분 기웃거리다가 돌아가더라.

Ｆ 복지관에 가지 않으면 경로당이 간다. 내가 거기서 자원봉사를 했는데, 경로당에서 아이들 청소 자원봉사를 시켰다. 나중에는 싫어하더라. 아이들이 일은 하지 않고 시간만 채웠다고 해달라고 하는 거야. 차라리 생활이 어려운 분들 일자리로 경로당 봉사를 하는 게 낫겠다 싶었다. 경로당에서는 정말 잘 먹는다.

Ｄ 1달에 36만 원 나온다. 내가 가락 경로당 회장이다. 36만 원으로 반찬 사고 밥을 해 먹는다. 집에서 먹던 찌개나 고기를 들고 와서 해 먹는다. 겨울에 연료비는 60만 원, 여름에 에어컨비가 20만 원 나오기 때문에 봄, 가을에 아껴써야 한다. 한 60명 정도가 있다.
내가 기업체 사장이랑 자매결연해서 지원을 받았다. 일요일엔 문을 닫는데, 집에 아무도 없어 갈 데가 없다. 내가 은평구 가서 경로당 교육시킨 적이 있다. 송파구 경로당이 잘 된다고 가서 해달라고 했다. 은평구, 송파구 가 보면 솔직히 비참하다. 우리는 쌀이 들어온다. 예산 나오는 건 비슷한데, 우리끼리 고스톱 쳐서 30만 원 정도 모으고 돈 많은 회장들 끌어다 자매결연을 맺고 형편에 맞게 기부도 받는다. 그렇게 해서 현상유지를 하고, 집에서 고구마, 된장 이런 걸 가져와서 운용하는 거다. 점심식사는 서로 준비 안하려고 해서 내가 하기도 한다. 그래서 밥 하는 건 문제가 있다.

Ｇ 작년까지만 해도 희망근로로 여자 도우미가 있었다(경로당에). 올 해는 없어졌다.

F 우리 동네 경로당은 아이들 봉사활동을 오지 말라고 한다. 봉사활동을 30분도 하지 않고 4시간 했다고 해달라더라.

E 경로당에 못 가는 노인들도 많다. 경로당에 가는 것도 그래도 끼리끼리 가고 수준 있는 사람들이 간다. 어떤 수준 이상에서 가는 거지, 정말 집에서 가고 싶어도 못 가는 사람들이 있다.

Q 그런 분들은 어떻게 하나?

D 어떤 따님이 엄마를 모시고 온 적이 있다. 사실 솔직히 왕따를 당하더라. 따님이 떡을 1박스 보내기도 했다. 똘똘한 노인네들이 있어서 그렇게 하지 말아라 그랬는데, 딱 1주일 다니다 그만 두더라. 남자들도 그렇다. 꼭 저녁에 나와서 3~4명 자기들끼리 고기를 먹는다. 다른 사람들과 나눠 먹지 않고 자기들끼리만 먹어서, 요 전 회장이랑 싸웠다.

F 복지관이나 경로당에 못 가는 사람들은 자기네 동네에서 자기네끼리 모임이 있다. 바깥에서 논다던지, 송파에는 공원이 있어서 공원단위로 모여서 같이 대화를 한다든지, 고스톱을 하고 막걸리를 마시고 이렇게 여가를 보내는 게 현실이다. 남자들은 석촌 호수에 잔뜩 모여 있다. 종로3가처럼. 생활수준과 지식수준과 취미, 이런 거에 따라 여가 누리는 단위가 달라지는 거다.

D 상위그룹이 즐기는 거지.

Q 주로 집에 있는 분들은 TV를 트는데, TV틀어도 아이들만 나온다는 이야기도 있다. 노인방송이 필요하다는 이야기도 있는데…

C 내가 아들과 딸을 데리고 파고다 공원에 간 적이 있다. 저 사람들 눈을 자세히 봐라, 어디를 주시하는지. 그랬더니 아빠 멍한 것 같아 그러더라. 제가 그랬다. 맞다, 저 사람들은 어디 갈 지를 모르는 거야, 그냥 허공을 쳐다보고 가는 거야. 아빠는 저렇게 되고 싶지가 않다, 새끼들한테 줄 돈도 없거니와 마지막까지 자식들한테 올인 안 한다고.

그 전에는 대한민국 어버이들이 자식들한테 올인했다. 그 사람들도 마찬가지였을 거다. 집에서 며느리 눈치보고 하니까 나온 거다. 그 사람들은 (자기들만의) 집이 없다. 때 되면 밥 한 그릇 먹고 그러는 거다. 앞으로는 가치관이 많이 바뀔 거다.

D 우리집 지하방에 조선족이 산다. 이북에 갔다 왔다는데 이북에는 노숙자나 장애인이 길거리에 없다고 하더라. 한 군데에다 전부 수용해서 길거리에 없다는 거다. 종로 3가에 내리면 정말 심각하다. 대통령이나 국회의원들이 종로3가에 나

와 봐야 한다. 소주 한 잔 500원에 사 먹고, 눈에 초점이 없고 심각하다. 점심시간에 현장을 다녀봐야 한다.

G 송파구 석촌호수 서호도 심각하다. 점심값이나 있는 사람은 바둑 두고 장기 두고 하지만 그것도 없는 사람은 멍하니 있다. 절반이 그렇다.

A 아침에 분당에서 출근 시간에 노인네들이 너무 많다. 노인들이 전철 타고 점심 얻어 먹으러 가는 거다. 지금 가서 줄을 서야 얻어먹지 늦으면 줄 섰다가 그냥 돌아서야 한다. 그렇다고 하더라. 또 하나는 여기 봉은사에서 중식을 무료로 제공했는데, 봉은사는 그래도 시주가 들어오고 부자절이었다. 그런데 하다하다 견디실 못해 천 원씩 받는다고 한다. 그런 정도로 독거노인들 식사문제가 심각한 거다.

Q 다음으로, 노인복지정책을 입안하거나 실행할 때 가장 우선해야 할 게 뭐라고 생각하시냐? 의료? 주거? 일자리?

B 경제적인 게 중요하다.

E 일자리보다는 의료가 첫번째다.

C 일자리다. 집 사람은 교직에 12년 있었다. 그만두고 아픈 데가 너무 많았다. 무슨 큰 병이 걸렸나 진단을 해 보면 특별한 병이 없고 그랬다. 그러다 모집광고가 나서 내가 자기소개서를 써줬다. 그렇게 취직을 했는데, 거기에 나가면서 아프다는 소리를 안 한다. 아침 7시에 나가 저녁 6~7시에 들어오는데 아프다고 하질 않는다. 퇴직금 상여금 없고 월정 120만 원을 받는데, 그 사람한테는 그 돈이 아주 큰 돈이다.

F 사모님은 대단히 좋은 기회를 얻은 거다.

C 일자리가 있으면 건강은 자동적을 보장이 되더라.

F 20만 원 일자리는 일자리도 아니지. 국가에서 매년 (노인일자리)발대식을 하는데, 어마어마한 사람들이 오는데 항상 이야기할 때 여기 앉은 분들은 선택받은 사람들이라고 말한다. 7~8만 명 정도가 그 일을 하는데, 20만 원 가지고 선택받았다고 하더라. 일자리를 숫자로 누계를 해서 홍보하는 단위가 되는지는 몰라도, 가족과 1끼 식사를 제대로 해도 15~20만 원이 든다. 1달 36시간 고생을 해야 20만 원인데. 그런 일자리는 그 일자리나마 있으니까 내가 오늘 일하러 간다는 긴장을 주는 효과는 있다. 그러나 이왕에 일자리를 준다면 기본은 해야 한다. 하나를 하더라도 받는 사람이 노인복지 잘하고 있다, 그렇게 해야 다른 나라의 모델이 될 수 있다. 그것만큼은 잘 진행되고 있다, 그렇게 할 수 있는 게 나와야지.

B 말씀하신 것과 유사하다. 금년 들어 새롭게 생긴 게 초등학교에 파견된 보안관이다. 노인 일자리 중에 하나다. 저희 집이 당산초등학교 근처에 있다. 보안관 옷 입은 분은 좋은 데 서서 이렇게 저렇게 하는데, 정작 일하는 사람은(노인 일자리로) 근처에 추레하게 서 있다. 학교 보안관이라는 사람은 4대 보험 되고 90~100만 원 주는 걸로 안다. 깃발 들었다 내렸다 하는 노인들은 20만 원을 받을 거다. 그게 국가에서 선전할 때는 노인 일자리다. 혜택 받는 사람 입장에서는 어떻게 받아들여야 할까? 참 안 되었다는 생각이 든다.

D 20만 원은 일자리가 아니야.

A 생계형 복지가 되었으면 좋겠다.

C 순서를 하자고 하니까 나는 일자리다.

F 나는 요양이 첫째야. 일에는 한계가 있다. 일할 수 없는데 도움의 손길이 필요한 사람들을 도와야 한다. 그럴려면 나이를 65세기 아니라 70세나 75세로 해서라도 (필요한 사람들이) 도움을 받을 수 있게 해야 한다. 내가 아는 선배가 건강보험공단하고 싸웠다. 요양보험료를 내고 있고 도움이 필요한 사람인데, 도와주는 사람도 없다. 그런 사람은 어떻게 살라는 말이냐. 우리도 그러지 말라는 법이 없다. 그런 사각지대에 잇는 사람들에게 복지의 손길이 미치게 해야 한다.

E 나는 의료가 중요하다. 건강을 챙겨주는 방향으로 해야 한다. 주변에서 경제적으로 여유가 있는데, 고독사를 했다. 심장수술하고 1주일 만에. 건강문제가 가장 심각하다. 정책적으로 나라에서 노인들한테 건강을 보살피고 아플 때 의탁할 수 있도록 해줘야 한다. 재가 복지사가 필요하다. 경제적으로는 갖춰져 있는데 본인이 남에게 신세지기를 싫어하는 사람이 스스로 그런 걸 선택하는 사람들이 있다. 자존심, 외로움…

C 지금 이야기하는 건 임시처방이다. 공무원연금 나오는 게 어느 시점 가면 고갈이 될 거고, 지금도 세금으로 보전을 한다. 세계에서 가장 복지가 잘 되어 있는 스웨덴은 (가입자들이) 대단히 많이 내놓는다. 보건복지부는 (공무원 연금, 사학연금) 정책을 못 바꾸고 섣불리 바꿨다간 큰 일이 난다. 기존의 분들(기존의 공무원, 사학 연금 납입자들)은 지금처럼 하는 걸 계속하는데, 지금 현재 공무원이나 교사들이 많이 내놓아야 한다. 국가재정이 파탄나면, 국가예산을 다 거기에 던져주면 안 된다고 생각한다.

Q 장기적인 정책도 그렇지만 현재의 불만은 어떤 것인가?

E 기초노령연금을 보편적으로 확대하면 안 되나?

C 여기는 기초생활이 되니까 집도 있고 차도 있고 하니까 안 되고…

A 젊어서 내던 세금을 노후에 받는 거다. (서구는) 우리보다 무지하게 옛날부터 해온 거고, 거기에서 쌓인 노하우나 자금이 있으니 (우리보다 풍족하게) 집행이 되는 거다. 우리는 급속히 고령화되면서 대비가 전혀 없었고 우왕좌왕하고 있다. 여태까지 제대로 된 정책이 없었다. 선진국들은 소득의 최소한 30% 이상을 내놓았으니까 유지가 되었는데 우리는 재정이 펑크가 나는 거다.

G 지금 복지정책이라고 해서 노인건강문제가 의료보험에서 2년마다 1번씩 건강검진을 해 준다. 종합검진 받으러 오라고 해서 갔는데, 챠트를 보니까 70%는 엉터리야. 병원수가만 높여주는 거고 나에게 도움이 되는 게 없더라. 난데 없이 내시경 검사를 한다고 하면서 돈을 조금만 더 내면 조직검사도 해주겠다고 하더라. 할 수 없이 1만 원을 더 내는 걸로 해서 검사를 했는데, 1주일 동안 아스피린을 먹지 말고 오라, 혈압약만 먹고 오라고 하더라. 내가 혈압이 있어 약을 먹으니까. 3알을 먹는데 아스피린이 뭔지 알 수가 있어야지. 그래서 뭔가를 빼고 먹긴 했는데 나중에 보니 엉뚱하게 아스피린은 먹고 혈압약을 빼고 먹었더라. 그런데 아스피린을 빼고 먹어야 조직에 상처가 생기면 지혈이 된다고 하더라. 검사를 했는데, 혈압은 이상이 없는데 내시경 검사를 했다는데 아무렇지도 않은 거야. 조직검사를 안했다는 이야기야. 결국 복지부는 예산을 쓰고 검사기관은 돈을 버는 거다.

II. 근로빈곤층정책 정책참여자 인터뷰

1. 정책결정자 인터뷰

> • 인터뷰 대상: 참여정부 대통령 직속 양극화민생대책위원회 위원장
> • 일　　　자: 2012년 3월 15일 오후 4시~6시
> • 장　　　소: 00대학교 000관 000 연구실

Q (좋은 정부 프로젝트에 대한 소개) 000 위원장님을 뵈었더니 000 선생님을 만나야 한다고 하셔서 연락을 드리게 되었다.

A 000 선생님께서 좋은 답을 해주셨겠다.

Q 좀 포괄적으로 말씀해 주셨고, 선생님을 뵙기 위해 000 선생님을 졸랐다.

A 그렇군요…

Q 편안하게 말씀해 달라. 우리나라에서 근로빈곤정책이 처음 체계화된 시기가 김대중 정부, 참여정부였고, 특히 참여정부에서 많이 진척이 되었다. 선생님께서는 그 과정에서 많은 참여를 하시고 이끌어오셨는데, 전반적으로 근로빈곤정책, 특히 선생님께서 위원장으로 계셨던 양극화민생대책위원회의 활동에 대해 말씀해 달라. 위원회는 빈부격차 차별시정위원회와 사람입국 일자리 위원회가 합쳐져서 만들어진 것이라는데.

A 두 위원회가 합친 건 (참여정부) 말기다. 000 위원회가 하던 게 있고 &&& 위원회에서 하던 게 따로 있다가 합쳐진 것이다. 000 위원회 위원장님, 000 선생님께서 그쪽 일을 하셨다. 근로빈곤층이 사회정책의 중요한 쟁점이 된 건, 근로하지 않는 사람들의 빈곤문제도 있지만 노동시장 내부에 있는 사람들의 빈곤도 심각하다는 문제의식에서 출발한 것인데, 이것을 국가 정책적 차원에서 받아들이려고 한 건 참여정부다. 근로빈곤층에 대한 접근은 한편으로 고용조건이 나

빠서 근로빈곤층이 발생한다는 접근이 있고(고용정책 차원의 접근), 다른 한편으로 기초보장제도를 도입하고 나서 보니 차상위계층 문제가 드러나면서 주목된 측면(사회보장정책 차원의 접근)이 있다.

기초생활보장제도를 만들면서 중요하게 편입된 대상자가 근로능력이 있어도 기초보장을 받는 사람들, 정확하게 근로빈곤층인 거죠. 근로를 해도 가난한 사람들을 말한다. (기초생보에는) 일 안하는 사람도 포함되지만, 근로빈곤층도 포함되었다. 기초생보를 시행하고 나니까, 논리적인 측면에서 정책적 관심이 되었던 것이 일할 수 있는 능력이 되는 가난한 사람, 일하는 상태가 취약한 사람들이었다. 우리나라 기초보장제도의 특징이 자활을 강조한 것인데, 자활을 조건부로 하는 구조로 만들어졌다. 사실 근로빈곤층에 관한 문제의식은 기초생보를 도입하면서 배태되어 있던 것이다. 그건 빈곤정책의 관점에서 볼 때 그렇다.

노동정책이나 사회정책 차원에서 보면, 그야말로 근로빈곤층이 많아진 것이다. 간헐적으로 일하는, 실업을 들락거리는 인구 계층이 생긴 것이다. 그 빈 지점이 근로빈곤층의 문제제기를 하게 만든 구조적 현상이다. 그것을 참여정부가 건드리게 된 것이다.

Q 근로빈곤정책 가운데 양극화위원회에서 한 활동을 보면, 일자리 창출, 사회안전망 확충, 빈곤대물림 방지, 민생안정대책 이렇게 4가지 정도가 있었다. 그리고 그 안에 여러 가지 정책방향들이 있었다. 선생님께서 기억하시기에, 그 당시에 중요하게 바라봤던 것이나 주요하게 관여하셨던 정책에 관해 말씀해 달라.

A 근로장려세제가 근로빈곤층정책으로 채택된 대표적 정책이다. 이게 진보주의자들의 선택이라기보다는, 사실 매우 신자유주의적 선택이었다. 처음에는 논란이 많았고 참여연대는 반대를 했었다. 근로장려세제는 근로하는 사람들에게 조세를 통해 크레딧(credit)을 주겠다는 건데, 우리나라에서는 새로운 아이디어였기에 많은 논란이 있었지만 성사를 시켰다. 그리고 여러 가지 자활프로그램을 다양화했다. 예를 들어, 사회적 기업이라든가 이런 것들이 참여정부 때 양극화대책위원회에서 했던 일들이다. 당시 위원회는 사회적 기업을 활성화하려고 했다.

그 다음에 더 중요한 것으로, 일자리 창출과 소셜 서비스를 같은 축으로 교차시킨 것이다. 사회서비스가 일자리 창출 전략이 된 거다. 사회서비스로 고용을 창출한다, 이런 방향을 세우고 사회서비스가 탄력을 받게 되었다. 보육서비스를 늘리고 장기요양보험제도를 갖추는 것, 이건은 명백하게 서비스 일자리를 만드는 것이다. 참여정부는 소셜서비스를 인적자본에 대한 투자, 일-가정 양립 사회서비스를 통한 고용창출로 해석을 했다. 기능적으로 해석한 것이다. 그 당시 양극화 담론이나 '비전 2030'을 보면, 일자리 창출은 국가가 해야 할 일이고, 저출산 문제를 해결하고 일-가정 양립 역시 국가가 해야 할 일이었는데, 소셜서비스는 이 3가지를 충족하는 전략이었다. 물론 결과적으로 질이 좋지 않은 일자리를 창출하는 결과가 되었지만 구조나 접근은 이렇게 되었던 것이다.

Q 그 가운데 당시에 가장 중요했던 정책이라고 한다면?

A 근로빈곤층 정책영역에서는 근로장려세제가 가장 공을 들여서 만들어낸 것이다. 다음 정부가 그걸 더 확대시키고 있는 상황이다.

Q 당시 참여연대가 반대한 이유는?

A 근로장려세제는 소득에 따라 차별적인 세제환원 방식을 사용한다. 일을 많이 할수록 환불을 많이 받게 하는 방식인데, 공공부조제도 자체가 확충되지 않은 채 근로장려세제가 효과를 가질 수 있느냐의 문제였다. 근로장려세제는 일 자체에 치중하는 모델이다. 내용상 (세제환원의) 사다리꼴을 어떻게 만드느냐에 따라 효과가 달라질 수 있다. 우리나라는 소득파악이 제대로 안 되어 있기 때문에 근로장려세제를 시행하면 자영업자나 소득파악이 안되는 사람들은 혜택의 대상에서 빠지게 된다. 봉급생활자만 대상으로 하게 되면 형평성에 문제가 있을 수 있었다. 그런 저런 이유로 도입을 달가워하지 않았다.

Q 또 다른 반대집단은 없었나?

A 당시 근로장려세제는 미국이나 영국에서 활발히 채택했던 정책이며, 좌파에서는 반대입장이었던 걸로 안다. 참여연대가 대표적이었다.
한편 참여정부는 보육서비스를 중점적으로 추진했다. 이해찬 총리 시절, 명확히 말한 게 '대한민국의 국력은 여성에게 있다, 여성들의 양질의 노동력을 사장시켜서는 안 된다, 생산현장으로 끌어내는 일이 중요하다, 그렇게 하려면 보육서비스가 보편화되어야 하며 한국 복지제도는 보육을 중심으로 만드는 게 좋겠다', 이렇게 해서 보육서비스가 상당히 진전이 되었다. 실제로 여성 단체들은 보육서비스를 확대해도 공공부문을 30%까지 확대하라는 조건을 걸었다. 그건 전혀 채우지를 못했다. 구조적으로 채울 수 없는 상황이었다. 보육서비스를 하게 되면 지자체들이 나서야 되는데, 중앙정부가 해준다 그래도 지방정부가 이를 거절하는 상황이었다. 중앙정부가 초기 투자를 해도 시군구에서 운영을 하려면 비용이 드는데 감당할 의사도 없고 자신도 없었던 거다. 민간시설도 포화상태인데 공보육을 더 만들려고 하느냐고 해서, (관련 이익집단들의) 반발이 심각했다. 보육정책은 직접적인 근로빈곤층정책은 아니지만 포괄적인 근로빈곤층 지원정책으로는 중요한 정책영역이 아니었을까 싶다.

Q 근로장려세제가 도입되게 되는 배경에 사회적 압력이 있었는지, 사회적 압력과 정치적 요인 가운데 어떤 요인이 더 중요했는지에 대해 말씀해 달라.

A 근로장려세제는 제가 관여하기 전에 정책도입이 이미 결정되어 있었다. 제가 000 선생님 다음에 빈부격차차별시정위원회에 갔는데 000 선생님이 이미 하기로 결정하고 계셨던 상황이었다.

제 생각에 근로장려세제는 정책집단이나 시민단체 쪽에서 나온 아이디어는 아닌 것 같다. 원래 근로장려세제는 미국에서 시작했고 영국에서 받아간 것이다. 참여정부에서는 생산적 복지에 도움이 된다고 생각했던 것 같다. 미국에서는 근로장려세제가 아동수당 역할을 한다. 아이가 없으면 혜택이 유명무실하다. 근로장려세제는 (정책 디자인을 어떻게 하느냐에 따라) 여러 가지로 활용을 할 수 있는 메커니즘이었다.

그리고 사회서비스를 통해 보험, 장기요양 등으로 일자리를 창출했다. 요양사가 처음엔 5만 명, 지금은 몇십만 명이 자격증을 가지고 있다. 요양시설을 만드니까, 시설관리직도 일자리 창출기회가 될 수 있었다. (참여정부 당시) 사회서비스는 전 (정부부처) 분야에 걸쳐 일자리 창출사업과 연계가 되었다. 예컨대 노인들에게 문화유산을 설명하게 하는 일자리를 제공한다거나 해서 모든 부처들이 일자리 창출과 관련된 계획을 내게 하고, 대통령이 직접 사회자가 되는 회의를 엄청나게 여러 번 주최했다. 여성부는 여성부대로 소셜 서비스 개념으로 일자리 창출 사례를 발표하고, 일하는 사람들이 자기 사례를 발표하는 기회를 갖고, 그런 분위기를 많이 만들었다.

Q 일자리 창출, 이 부분도 사회적인 흐름이나 압력이 컸는가?

A 그렇다. 참여정부가 만들어낸 양극화 담론 속에는 고용 없는 성장이 엄청나게 부각이 된다. 일자리 없는 성장이 받아들여져야 하는 일이라면, 직업 창출은 국가가 해야 할 일이 된다. 그런데 어느 분야에서 국가가 일자리를 창출할 수 있느냐, 소셜 서비스가 다른 나라에 비해 너무 취약하니까 여기다, 이렇게 본 것이다.

Q 국민의 정부는 기초생보 등 공공부조로 갔다면 참여정부에서는 소셜 서비스로 변화가

있었는데, 참여정부 초기와 후기도 좀 달랐던 것 같다.

A 초기에 참여정부는 참여복지라는 슬로건을 내세웠다. (그런데 중간에) 참여복지를 포기해 버렸다. (김대중 정부에서) 생산적 복지의 담론을 만드는데 시간이 많이 들었다. (참여정부는 새로운 패러다임을 만드는데 시간을 허비하기보다) 생산적 복지를 계승 발전한다, 이렇게 나갔다. 생산적 복지를 계승발전 하는 방향으로 가게 되면, 기초보장을 탄탄히 하고 사회보험을 잘 마무리하고, 이런 방향을 잡게 된다.

그런데 (참여정부는) 양극화 담론과 저출산 고령화 문제를 다루게 되는데, 참여정부는 저출산 문제를 진지하게 건드린 최초의 대한민국 정부다. 2003년 당시 상황은 이랬다. 2002년 출산율이 1.17로 OECD 최하위를 기록하면서 저출산 문제가 갈 데까지 갔구나 하면서 저출산 고령화위원회를 만든 것이다. 저출산 고령화 위원회가 여러 대책을 만들었는데, 결국 그 내용은 사회복지였다. 저출산 문제를 해결하려고 하면서 데이케어 보육서비스가 중심정책으로 나오게 된 것이다. 그러면서 참여정부의 사회복지 지도 속에서 서비스가 차지하는 비중이 아주 높아지게 된다.

그 전에는 공공부조와 사회보험, 사회권적 관점이 복지의 대부분이었는데 참여정부에서는 서비스가 중요한 요소가 된 것이다.

국민의 정부는 소득보장, 참여정부는 사회서비스 확충으로 갔다. 저출산 대책으로 보육서비스를 하게 되면, 자연히 보편주의로 가게 되는 것이다. 중산층을 빼고 보육서비스를 이야기할 수 없다. 사회서비스를 중산층까지 확대하는 일이 참여정부의 중요한 일이었다. 그야말로 연착륙하게 되는 과정이 쉽지 않았지만, 굉장히 중요한 기여를 했다. 중산층 이상에게까지 (혜택이 돌아가는) 소셜 서비스, 보험으로 한 장기요양 서비스는 사회서비스를 보편주의로 옮겨놓았고 참여정부의 터닝 포인트가 되었다.

Q 보육정책 관련해서 진전되기 힘들었던 이유는 무엇이고, 민간에서의 반대는 어떤 내용이었나. 관여했던 단체들 가운데 긍정적이었거나 부정적이었던 단체는?

A 보육서비스 확대에 반대하는 사람은 찾기 힘들다. 하지만 이해관계가 걸리면 작은 사안을 둘러싸고 반대자가 생긴다. 보육서비스를 확대하기 위해 보육예산을 늘리겠다 그러면 그 지원을 어떻게 할 것이냐가 문제가 된다. 이때 벽에 부딪히게 된 것이 무엇이냐면, 그동안 대한민국 보육서비스는 국공립 서비스 말고는 다 민간이 맡아서 했다. 민간의 보육 서비스는 다 민간에 맡겼던 것이다. 지자체들이 자기 구역에 보육시설의 현황파악도 안 되어 있는 상황에서,

많은 보육시설들에게 국가가 보조를 하는 기준을 마련하는 게 큰 문제였다. 먼저 이 정도 기준은 갖추어야 한다는 국가 인증이 필요했다. 이건 하루 아침에 절대로 안 되는 일이다. 합의가 어려웠다. 보육교사들도 자격이 있어야 되는데 이걸 요구한다는 게 하루아침에 되지 않았다. 합의가 어려웠고 진짜 어려운 과정이었다.

거기에다가, 그동안 정부가 보조하는 방법에 대해서도 상당한 변화가 일어났다. 예전에는 복지시설이 이런저런 일을 하면 보상이 얼마이고, 이런 방식으로 보조금을 지급했다. 그게 수요자 중심으로 바뀌는 경향이었다. 보육도, 시설에 지원하는 건 말이 안 된다, 보육을 맡기는 부모에게 이뤄져야 하고 수혜 당사자에게 지원하는 게 맞다, 이렇게 하다보니까 더 복잡해진 것이다. 연일 시설들이 시위를 하고 엄청났다. 복잡한 상황이었다.

거기다 더 복잡하게 하는 건, 한편으로 교육부가 관할하는 시설이 있었고 다른 한편으로는 복지부가 관할하는 보육시설이 있었다. 각종 미술학원 등이 교육부가 관할하는 미술학원인데, 이 사람들이 하는 이야기가 우리도 하는 일이 똑같다, 더 질 좋은 돌봄을 한다는 거다. 이러다 보니까 교육부와 복지부 사이에 갈등도 생기고, 이해관계자들이 너무 많이 등장하고 그 갈등을 해결해야 보육정책이 정착할 수 있었다. 다양한 이해관계의 조정이 필요했다.

Q 결국 지원방식이 시설에서 부모에게로 옮겨졌나?

A 그렇게 하면 시설이 죽겠다고 하니까 할 수가 없었다. 시설에 오는 아이들의 숫자에 따라 주는 방식으로 했는데, 이건 개인에게 주는 방식을 변형한 거다. 그 아이가 그 시설에 가야 지원하는 것이 되니까. 보육 서비스가 또 다른 정책 쟁점에 부딪힌 게, (당시 참여연대도 그런 주장을 했는데) '보육시설에 보내는 아이들만 지원하냐, 집에서 아이들 보는 부모에게도 지원을 해야지, 그러니까 아동수당으로 가자'는 아이디어가 등장했다. 이렇게 되면 예산은 엄청나게 들지만 보육서비스는 죽는 거다. 여성부 소관이었으니까 당시 여성부와 복지부의 갈등이 있었다. 이걸 한명숙 총리가 정리를 했다. 일단 시작한 데이케어로 가기로 하고 아동수당이 뒤로 밀렸다.

그것에 비해면 장기요양보험은 큰 이슈가 없었다. 건강보험공단이 하는 게 맞냐, 지자체가 하는 게 맞냐는 논쟁이 있었는데 건보가 이겼다.

Q 여성 근로빈곤층에 대해 별도로 접근을 했나?

A 여성 근로빈곤층 문제를 따로 다루지는 않았다. 오히려 참여정부의 사회복지

서비스들은 대체로 중산층을 겨냥한 것들이었다. 보편주의적으로 간 것. 근로빈곤층에게 해당되는 건 자활프로그램이나 사회적 기업에 여성가구주가 많이 참여하게 하고 여성단체들이 많이 참여하게 하고 그런 독려는 했지만 따로 독립된 여성빈곤층으로 나가지는 않았다.

Q 그때 양극화 민생대책위에서 사회안전망 확충과 관련 기초생보를 통합급여 방식에서 개별급여방식으로 바꾸자는 안이 있었던 걸로 아는데.

A 연구만 되고 진행이 안 되었다. 고질적인 문제라서. 양극화 민생대책위는 정권 말, 기획예산처가 관리하는 기획예산처의 위원회로 전환되었다. 대통령은 그렇게 하는 게 더 영구적으로 갈 수 있다 그랬는데, 그렇게 옮기니까 기획예산처의 직원들이 위원회 안에 중요한 스텝이 되게 되었다. 저는 위원장이었는데 (실무를) 총괄하는 사람이 청와대 사람도 아니고 그렇게 되니까 기획예산처는 복지에 관심이 없었기 때문에 부서 자체가 탄성을 잃었다. 그렇지만 두 개의 위원회가 합쳐져 대한민국 사회복지 문제를 구조적으로 접근하게 만드는 담론을 구현할 위원회를 만들긴 했다.

Q 왜 기획예산처 산하로 옮겼나?

A 예산으로 받쳐지지 않으면 안 된다고 생각했었다.

Q 다른 빈곤층정책과 관련해서 정책내용이 있었나? 예를 들면 아까 자활교육프로그램…

A 자활프로그램은 기초수급자 대상이었다. 기초보장에서 노동능력이 있어도 자활프로그램에 꼭 참여해야 되는 사람이 있고 적용 예외자들도 있었다. 노동능력이 있어 보이는 사람 중에서 고용 가능성이 높아 보이는 사람은 노동부로 보냈다. 노동부에 자활프로그램이 있었다. 노동능력에서 그보다 급이 낮은 대상자들은, 복지부 기초보장에서 자활프로그램의 서비스를 받게 되었다. 그게 기초보장제도를 만들 때 '노동능력이 있는 사람도 수급자가 될 수 있다, 노동능력이 있는 사람은 자활하도록 서비스를 받아야 된다'는 게 법의 정신이었다.

복지부는 그동안 자활을 위해 한 게 제한적이었다. 그래서 일부 취업 가능성이 있는 사람은 노동부에 맡긴 것이다. 기초수급자를 정하면서 노동부에 가서 훈련받을 사람과 복지부 자활프로그램 참여자가 갈라지게 되는 구조였다. 노동부에서는 그런 사람이 오면 고용센터 이런 데서 상담해서 직업업소개를 하고 그랬다. 그런데 노동부는 직업안전센터를 운용하기는 했지만, 기초수급대상자 정도의 클라이언트를 다뤄본 적이 없었다. 그래서 그 체제로 가서 다시 복지부로 오는 사람도 많았고 시행착오가 많았다. 노동부가 근로빈곤층 문제도 있고 고용안전망을 강화해야 한다는 요구도 있고 해서, 고용안정 네트워크를 확충했다. 지금 노동부가 하는 중요한 일 가운데 하나가 사회적 기업 인증이다. 이쪽에서는 자활을 하는데 노동능력이 없는 사람이 너무 많다. 경제적 잣대로 가지고 성과 측정을 하기 어려운 상태가 되었다. 어떤 사람은 '지자체에 자활하라고 40억을 주는데 1년에 참여하는 사람이 100명이다. 나눠주면 되지 무엇하러 자활을 시키냐'고 주장한다. 평가가 굉장히 엇갈린다. 지금까지도 남아 있는 숙제다. 그리고 노동부가 사회적 기업 쪽으로 가서 일자리 창출을 지원하게 된 것이다.

Q 노무현 대통령의 양극화 담론은 어떻게 탄생했나?
A 000씨한테 가서 알아보는 게 낫겠다.(웃음)

Q 주요정책이 나왔을 때 정치적 동인, 정책적 동인, 사회적 동인 가운데 어떤 게 컸나?
A 정치적 동인이 뭔가?

Q (설명)
A 사회적 동인이란?

Q (설명)
A 시민의 복지욕구가 동인이 되어 복지정책 개발을 한 건 아닌 것 같다. 시민단체가 실험을 하면 얼른 정책으로 택해서 시기상조가 많았던 것 같다. 정치적인 동기도, 이게 표에 도움이 된다 그런 것도 별로 없었다. 예컨대 김대중 정부가 기초보장할 때는 정치적인 동인이 있었다고 봐야 한다. 선거를 앞두었고 IMF 졸업하기도 하고 정권이 워낙 정체성과 다른 신자유주의 개혁을 하고 있었으니까 정치적 작용을 한 것 같은데, 노무현 정부에서는 그런 걸로 확대한 건 아닌 것 같다.
양극화 담론도 진보진영에서도 이야기하기 시작하니까 (참여정부가 받아들인 것 같다) 엄청난 백래쉬가 있었다. 000 씨 같은 사람이 '무슨 양극화냐. 더 정확한 정의가 있는데 그 정의에 따라서 양극화라는 말을 쓰느냐'며 굉장한 반론이 있었다. 그럼에도 불구하고 담론이 형성되고 그 담론으로 가다보면 논리적으로 소셜 서비스가 늘어나게 된 경우가 아닐까.

대통령과 대통령의 정책 네트워크의 정향이 굉장히 중요하다. 대통령이 관심을 가질 때. 참여정부는 국민의 정부 때부터 이미 정해진 궤도가 있었고 그 궤도 위에서 소셜 서비스가 확대된 건 중반 이후였다. 그건 점진적인 누적으로 아이디어에 도달한 것이다. 물론 실험들이 너무나 다 미완성인 것들이 많고 훨씬 더 많은 기간이 필요한 것들인데 정부가 끝난 것이고. 지금 보면, 이명박 정부가 (참여정부의 것을) 그대로 하고 있다. 제가 그때 그랬다. 노무현 정부가 만든 복지정책들은 신자유주의 마지막 단계에 나온 아이디어들을 종합한 것이기 때문에 다음 보수정부가 다른 대안을 가지기 어려울 것이라고 했다.

Q 하나의 정책을 둘러싸고 정책 네트워크는 어떤 게 있었고, 정부기관, 참여연대 등 참여기구들이 어떤 게 있었는지, 그리고 그 접촉빈도라든지 그런 것이 궁금하다.

A 노무현 정부에서 정책 아이디어를 발굴하고 개발하는 데는 특별한 구조가 있었다. 대통령 위원회 조직이다. 민간 시민단체를 총망라하는 참여자가 들어오고 자유로운 장이었기 때문에, 특별히 어떤 조직과의 교섭이라든가 그게 아니고 위원회를 통해 이루어질 수 있는 구조를 가졌다. 그것도 대통령의 성향과 너무나 관계가 있다. 대통령이 원했으니까.

위원회의 구조를 알겠지만 위원회가 아이디어를 내고 위원회가 관련부처의 실무자들과 협의를 하고 장관과도 협의를 한다. 그리고 대통령이 회의를 소집한다. 그 회의에 장관이 온다. 주무부처만이 아니고 기획예산처나 관련 장관들이 함께 온다. 반론이 있는 장관은 반론을 하고 지지장관은 지지발언을 한다. 그러면 대통령이 결론을 내린다. 예산이 필요하면 예산처 장관에게 지시하고 주무장관에게 지시를 한다. 이렇게 일이 결정되는 구조였다. 에너지가 많이 드는 프로세스다. 여러 위원회를 두고 그 작업을 대통령이 직접 했으니까 쉽지 않았다.

예를 들어, 어떤 위원회가 사회복지 전담 공무원을 늘여야 한다 이런 안을 냈다. 복지부는 하자고 하는데 행자부는 안된다고 할 것이다. 대통령 앞에서 싸우지 않으려면 위원회가 조정을 잘 해야 한다. 대통령 보고회를 할 때에는 갈등되는 부처의 조정을 해서 가는 것이고, 못할 때는 대통령의 허락을 받고 교통 정리를 해 달라는 위원회도 있었다. 새로운 정책의 개혁이 이런 방식으로 진행되었다.

Q 위원회 방식의 운영에 대한 평가는 어떤가?

A 위원회가 갖는 특수한 역할이 있는데, (정부정책에는) 부처 간 협조가 없으면 안 되는 일들이 너무 많다. 부처 간 벽을 허무는 게 제일 중요하다. 부처 간 협력을 기대하기가 어렵다. 이슈 자체가 부처 간 이슈여서 그 조정을 할 수 있

다는 건 정말 중요한 일이다. 장관들끼리 하라고 해서는 절대로 해결 안 된다. 대부분의 사람들은 노무현 정부에서의 위원회가 옥상옥이다, 다 필요없는 거다 그렇게 이야기했는데, 사실상 순기능이 상당히 있었다. 물론 노무현 정부처럼 개혁하려는 생각을 하지 않는다면 필요 없는 조직일 수 있다.

Q 마지막으로 우리나라 정부가 앞으로 근로빈곤층정책을 펴 나갈 때 고려해야 할 점이라든지 개선해야 할 상황에 대해 말씀을 해 달라.

A 참여정부가 소셜 서비스 쪽으로 방향을 전환하고 강조한 건 아주 잘한 일이다. 그건 그야말로 미래지향적인 선택을 한 것이다, 당시 시대의 문제, 시대정신을 잘 파악한 것이라고 생각한다. 제가 이야기하는 소셜 서비스는 투자적인 복지로서의 사회서비스고 사회투자적이라고 하면 능력을 개발하는 것이다. 21세기 지식기반경제에서는 개개인의 능력은 기술사회가 필요로 하는 기술을 습득하는 것이다. 빠른 속도로 변하고 있고 기회격차가 벌어지고 있기 때문에 국가가 능력을 개발하는 사업을 강조해야 한다. 그것이 없이 성장 동력을 기대할 수는 없다.

두 번째는 일-가정 양립 소셜 서비스다. 여성인력 확충뿐 아니라 여성들이 지속적인 고용을 할 수 있도록 정책방향을 삼아야 한다. 세 번째는 활성화다. 노인도 최대한 근로참여, 사회참여, 노동시장 참여를 할 수 있어야 하고 여성도 마찬가지며 장애인도 마찬가지다. 이 세 가지가 사회서비스의 기본방향으로 가야 한다. 원칙적으로 그 3개 분야가 중요하다고 인식해야 하고 이 3개가 유기적으로 연결되어 있다는 걸 알아야 한다. 소득보장분야는 점진적인 개혁을 해야 한다. 소득보장이 없으면 소셜 서비스가 제대로 작동할 수 없다.

Q 소득보장 분야의 개혁방향은?

A 제도디자인을 재구성해야 한다. 지금은 다 합쳐서 최저생계비 개념이다. 개별급여를 하려면 하나하나 기준을 만들어야 하는데 이게 엄청난 일이다. 김대중 정부의 리더십 정도가 아니면 (만들어내기가 어려울 것이다.) 기초생보를 준비할 때 IBRD가 엄청난 돈을 줬다. 조사 엄청나게 했고 그 조사결과로 연구를 엄청나게 했다. 그것 없이는 불가능한 엄청난 작업을 했다. 근거를 만들고 기준을 만들고 업무분장을 하고, 또 그렇게 개별급여를 하게 되면 정말 기대한 효과가 나타날까? 하는 문제도 있다. 탈수급이라는 게 간단하지가 않다. 나는 탈수급해도 의료급여는 받고 싶다, 그러면 의료급여 수준을 높여야 한다. 의료급여를 높이면서 다른 걸 줄일 수는 없다. 이렇게 되면 전반적으로 늘어날 수밖에 없

다. 있는 대로 찢어 놓으면 벌집만 쑤셔 놓는 것일 수도 있다.

또 이게 정말 전달체계도 중요하다. 참여정부가 못한 것이다. 사람이 늘어야 하는데 대통령도 못 풀었다. 그런데 이명박 정부가 복지공무원을 7,000명 늘렸다. 이 사람들을 지자체에 배분했다. 7천 명의 계획을 지자체에 나눠줘서 지자체가 뽑게 한 것이다. 7천 명 가운데 2천 명은 일반 행정, 5천 명은 복지직인데 그 사람들을 3년에 나눠서 늘린다. 이미 3년 치를 다 배정했다. 어떤 지역은 50명, 30명 이런 식으로.

복지는 여야 막론하고 정말 예측하기 어렵다. 보수여당이 이렇게 하고 있으니 말이다. 인력을 늘이는 건 정말 중요한 일이고 보건복지부의 희망사항이었다. 이명박 정부는 복지행정 효율화를 도모했다. 핵심은 가짜 수급자 찾아내고 중복 수급자 찾아내고, 또 이명박 정부가 강조한 게 전산망을 만든 것이다. 이른바 '사통망'이라는 거다. 어떤 개인이 무슨 서비스를 어디에서 받느냐는 통합시스템을 만들었다. 잘못 책정된 수급자는 날아가게 되었다. 그런 걸 하다 보니까 인력이 필요한 것이고, 시스템을 운영하기 위해서 7천 명을 뽑는다는 것이다. 복지는 이래저래 발전한다. 낙관적이다.

2. 이해관계자 인터뷰

• 인터뷰 대상: 전국실업극복단체연대 정책위원장
• 일　　　자: 2012년 6월 5일 오후 2시~4시
• 장　　　소: 000구 000동 건물 000호

Q 프로젝트에 대한 설명…
A 정책과정을 연구하시는군요.

Q 전국실업단체연대에 대해 소개를 해 달라.
A IMF때 만들어졌다. 단체들이 개별로 있다 보니까 힘이 모아지지 않았다. 당시에는 고용보험제도가 협소해서 기초권이 없었다. 그래서 모여서 법제도투쟁을 해야 했다. 처음엔 100개 회원단체였다가 2000년도에 풀뿌리 단체들이 흩어지기 시작해서 정리가 되고, 지금 현재는 전국에 28개 지부 남아서 활동한다. 주된 사업으로는 우선 지역 자활센터를 많이 가지고 있고, 20개 정도 부설기관이 있다. 그리고 사회적 기업 등 일자리 사업을 대부분 하고 있다. 단일 연대조직으로는 사회적 기업을 가장 많이 가지고 있다. 또 상조회나 협동조합처럼 실업인구들의 연대사업도 한다. 일하는 사람 당사자 중심성을 강화하기 위해 한국가사노동자협회로 지지난주에 이름을 바꿨다. 이런 식으로 인프라 사업을 하면서 실업인들을 협회라던가 주민공제회 형태로 조직하는 것이 주요한 사업이다.

Q 연대라는 이름이지만 지부를 가지고 있다!
A 법적 지부는 아니고 모임조직인 셈이다. 창원 지부는 경남고용복지센터, 이런 식이다. 회원단체들로 운영된다.

Q 근로빈곤정책 영역에서 떠오르는 문제들이 있다.(미리 송부한 설문지 제시) 이것들 중에서 어떤 것이 가장 중요하다고 생각하시는지? 그 이유는 무엇인지 밝혀 달라.
A 질문지를 보면서 우선 내용이 굉장히 포괄적이고 정부마다 경제적인 상황 때마다 결을 달리 하고 있어서 정리하기가 복잡하다. 저는 근로빈곤에서 가장 중요한 건 두 가지라고 본다. 임금인상을 통한 소득보장, 두 번째는 고용안정이다. 이 두 가지가 핵심의제다.

예를 들어, 근로빈곤에서 사회서비스 확대를 이야기하는데 이 부분이 근로빈곤에 대한 대안이 아니라 문제를 야기한 측면이 크다. 똑같이 8시간을 일하는데 누구는 80~90만 원을 받는다. 이런 문제가 근로빈곤을 확대시키는 측면이 있다. 두 번째로 정부의 사회서비스정책은 고용안정이 되어야 되는 게 있다. 유럽에서도 하위임금이기는 한데, 고용기간이 다르다. 우리나라는 주로 1년 계약이다. 따라서 고용안정이나 소득보장 두 측면에서 모두 기여를 하지 못하고 있다. 예를 들어, 우리나라 근로빈곤층들은 저임금노동자와 영세자영업자이고, 저임노동자들은 영세업체에서 일을 한다. 하청업체나 비정규직종들이다. 그렇기 때문에 정부에서도 근로장려세제 같은 걸 말하지만, 이런 기업은 지불능력이 제한적이다. 정부가 이런 기업의 기업복지를 해결해줘야 한다. 삼성의 직장 내 보육시설은 지원받지만 영세기업은 지원책이 있다는 것도 모르고 하라고 해도 굳이 뛰어다니면서 하겠나? 직원 몇 명 되지도 않는데. 대기업은 직원 자녀들 등록금도 대주지만 영세기업은 주지 않는다. 임금인상으로 제약이 있다면 기업복지를 지역이나 국가가 지원해주는 방식이 있어야 한다. 현재 근로빈곤정책에는 이 부분이 없다.

Q 참여정부를 거치면서, 사회서비스 확대를 통해 일자리 창출을 한다고 했는데, 워낙 실업이 많으니까 이를 커버하기 위해서 그런 정책을 썼고 잘한 정책으로 자부심을 가지고 있던데, 부정적으로 보시는 것 같다.

A 저는 잘했다고 생각하는데, 탱자가 됐다는 거다. 참여정부에서 처음 설계한 연구자들은 유럽방식을 택한 것이다. 유럽방식은 기본적으로 정부가 공적지출을 통해 이런 일자리를 만들어냄으로써 민간시장에서도 일자리를 넓힌다는 게 있었는데, 참여정부 2년이 거치고 이명박 정부로 들어와서는 미국방식으로 완전히 바뀐 거다.

김대중 정부 때는 근로빈곤정책이 없었다. 이때는 사회안전망이 중심이었고 근로빈곤을 고민할 수 없었다. 2000년 들어와 실업률은 4%대로 떨어졌고, 2001년에는 3.7%대였다. 그리고 정부에서는 실업문제가 끝났다고 봤다. 하지만 당시에는 미국의 경제호황이 1~2년 영향을 미친 것이다. 김대중 정부는 생산적 복지를 표방했고, 기초법이라는 안전망을 깐 다음에 여기에 들어온 사람이 복지도 누리게 할 거라고 했다.

그런데 갑자기 2001~2002년부터, 가정해체 이야기가 나오기 시작한다. 승용차 타고 집단 자살하는 현상도 일어났다. 2003~4년도에는 신용카드 대란이 왔다. 2004년도까지는 고용 없는 성장 이야기가 나오지 않았고, 정부는 생산적 복지를 추진했다. 2004년 되니까 현장에서 장기실업문제가 나타나고, 일자리가 안 만들어지고 소득 격차가 눈에 보이기 시작했다. 이러면서 이때부터 실업문제가 대두될 것 같다는 생각에 2003년 하반기 시범사업이 시도되고 2004년부터 사회적 일자리사업이 본격화되었다. 김대중 정부와는 달리 정부지출에 의한 지속적인 일자리 창출계획이 나왔다.

2005~6년 되면서 그동안 학자들이 1999년부터 주장해온 바대로, 상대적 빈곤율이 높아지기 시작했다. 중고령자들이 일하러 나오고 있는데 갈 데는 없고 청소임금은 오르지 않고 이 와중에 용역업체는 덤비고… 이런 현상들이 보였다. 저희도 고민이있다. 취업시킬 때도 없고 청소, 경비임금은 오르지 않고 용역업체가 대대적으로 들어오면서 임금은 뜯기고, 실업자는 비정규직이고, 그래서 근로빈곤층이라는 층위로 존재하는구나, 했다.

이 당시까지도 계속적으로 논의된 것이 근로연계복지, 참여복지였다. 근로빈곤의 문제는 별로 나오지 않았고 기초법의 사각지대를 줄이는 문제나 수급권 문제 등이 이야기되었다. 기초법 시행된 게 5년 정도 되니까 부정수급 문제가 등장하고 EITC가 등장한다.

근로빈곤문제가 나온 건 양극화나 고용 없는 성장에 대한 전면적 고민에서라기보다는 생산적 복지나 근로연계복지를 고민하다가, 근로의욕을 높이기 위한 부분적인 프로그램으로 도입되었다. 그래서 참여정부 때는 EITC 하나뿐이었다. 이때도 저희는 '최저임금을 높여야 한다, 기업복지가 뒷받침되어야 한다, 특수고용이나 가사 노동자처럼 법제도의 지원을 받지 못하는 다양한 노동자들이 제도의 틀 내로 들어와야 한다'고 주장했다.

이명박 정부하에서는 아예 이런 프로그램도 이야기되지 않았다. 단지 관료들, 노동부 관료들은 안다. 저소득층 취업 패키지 사업이라고, 구직등록하고 취업교육 받는 동안 수당을 좀 주는 것이다. 그 밖에는 하나 있었다. 2008년 금융위기 때 긴급지원제도가 생겼는데, 차상위층에 대한 최초의 지원이었다. 1년 동안만 갑작스럽게 시행했다. 지영업자들이 20만이 줄었나? 그랬으니까 1년 동안 임시로 기초법 혜택을 보게 해주겠다는 것이다. 긴급지원제도 기한이 끝나고 입을 씻었는데, 단체들이 난리가 났다.

사회적 일자리에 대해서도, 저희들은 연구자들과 알았기 때문에 2004년 사회적 일자리, 2007년 사회적 기업, 사회적 기업과 일자리가 병용해서 사용되었다. 그런데 이명박 정부가 2009년 하반기부터 사회적 일자리라는 용어 자체를 폐기시키기 시작했다. 사회주의적이라고. 이때부터 사회서비스라는 용어가 많이 쓰이기 시작했다. 2009년 하반기부터 정식으로 사회적 일자리가 아니라 사회서비스 일자리로 바뀌었다. 용어가 바뀌는 과정을 보면, 사회적 일자리는 사회적으로 유용한 서비스나 재화가 있는데 지불능력이 없는, 아무 곳에서도 공급하지 않기 때문에 정부가 투자해서 제공하는 것이다. 그런데 사회서비스는 굉장히 다르다. 이건 넓은 용어고 하다못해 일반 선생님들의 일자리도 사회서비스에 포함되기도 한다. 근로빈곤층의 일자리라는 색을 잃어버리게 되는 것이다. 처음에는 간병, 재활용처럼 사회적으로 필수적인 서비스와 재화인데 저소득층은 간병비를 낼 수 없고 재활용은 돈이 안 되니까 정부가 주도적으로 제공한 것이다. 그렇게 되면 정부가 업무 영역을 위탁하는 게 최고의 방법이다. 초창기에는 업무영역을 비영리단체나 이런 데 위탁한다. 사회보험이나 퇴직금, 적정한 관리비를 지불하는 적정비용에 위탁을 하면 일하시는 분들은 노동법 적용, 고용안정, 이를 통해 비영리 사회적 기업도 안정을 찾을 수 있었다. 이런 시스템이 있을 때는 여기서 이야기한 사회서비스 확대를 통한 근로빈곤층정책이 될 수 있고, 이것이 프랑스, 벨기에 등 이런 나라들에서 시행하는 것이다.

그런데 2004년에도 노동부 관료를 만나면서 놀랐다. '이건 복지지 노동이 아니다. 왜 퍼주어야 하나. 직업훈련 시켜서 나가서 돈 벌라고 하면 되지.' 이런 입장이었다. 그래도 이때까지는 (정부가 추진했으니까 노동부 관료들이) 이해하려고 노력했다. 최고 권력자가 중요하다는 것이, 참고로 박 시장(박원순 서울시장)이 등장했다. 당선자 시절부터 공무원들이 전화를 돌리기 시작했다. '마을공동체가 뭐야?' 이제 서울시 공무원들과 최근에는 말이 좀 통한다.

왜 사회적 일자리고 정부가 돈을 퍼붓느냐, 기업이면 기업이지 왜 사회적 일자리냐. 이런 생각을 하다가 관료들은 점점 변하면서 업무위탁은 최소화하고, 생산적 복지와 섞이면서 '너희가 자립해!'로 바뀌었다. 2007년 사회적 기업부터 본격화되면서 이런 사회적 기업이나 일자리 단체들한테 1년 단위로 계약을 한다. 임금은 최저임금만 주고 사업비는 주지 않는다. '너희가 취약계층을 고용하는 거니까 나가서 돈을 벌어와!' 뭐 이런 식이었다. 직업훈련비는 주지도 않은 채 사회공헌도 해라! 이런 걸 강요하기 시작했다.

사회서비스나 이런 부분이 아니라고 하는 건, 최초의 디자인이 무너지면서 임금과 4대 보험만 제공했다. 그리고 시장에서 경쟁을 요구하고 사회공헌도 요구한다. 이 상태에서 정부지원금 5년 정도 주는데, 이게 끊기면 살아남을 수가 없다. 유럽에서는 이걸로 5~7%의 일자리를 만드는데, 우리는 불완전 고용상태의 근로빈곤층을 양산하는 결과를 낳았다.

Q 노무현 정부에서부터 변화가 일어난 것인가?

Ⓐ 노무현 정부에 대해서는 별 차이 없다. 김대중 정부 때는 안전망을 깔아준 게 치적이다. 노 정부가 사회적 일자리라는 화두를 던진 건 공헌이다. 내용에서는 별 차이가 없다. 중앙정부 책임성이 노 정부 말에 약해지기 시작해서 이명박 정부에서는 중앙정부의 책임을 방기하고 있는 상태다. 중요한 정책이 되기 위해서는 정책결정과정이나 시스템을 중앙정부가 잡아야 하고, 예산을 잡아야 한다. 전라도 예산과 강남은 다르다. 이걸 지자체로 내리면 격차가 엄청나다. 이명박 정부에서 이런 경향을 강화시켰다. 사회적 기업정책 자체를 폐기하려고 했다. 사회주의적이라고 했다. 왜 사회주의적 정책을 하나? 이러면서도 폐기를 못 시킨 건, 내 생각에 4대강이 성과가 없어서였던 것 같다. 사회적 일자리는 적어도 정부가 재정을 투자하면 1년에 20만 개는 나온다. 그래서 포기할 수 없었던 거다.

하지만 내실을 보면 중앙정부 예산을 거의 없앴다. 지자체가 전부 하게 하고 기업들을 들쑤셨다. 2009년~2010년 동안 기업들에게 사회투자에 공헌하라고 했는데, 기업들이 차일피일 미루다가 작년부터 좀 들어온다. 기업들이 이제 좀 풀긴 하는데, 직접 하청업체를 만드는 방식으로 (돈을) 푼다. 보잉사가 자기네 생산라인 하나를 장애인들로 고용했는데, 여기엔 부품단가를 비싸게 쳐준다. 직접 투자하는 방식이다. 이런 방식도 있을 수 있지만 기업이 직접 하면 꼬인다. 하청과 얽히게 한다든가 퇴직한 임직원이 운영한다든지 아무튼 자체적으로 만들어가는 방식이 나타나고 있다.

Ⓠ 정부가 기업에 협조를 요구하던 그 시기를 말하나?

Ⓐ 그 시기에 관련된다. 정부가 2009년부터 기업을 압박하기 시작했다. 2009년이 어떤 상황이었냐면, 2008년 사회적 기업 없애려다 안 되고 도저히 돈을 풀 수는 없고 중앙정부 예산이 대폭 깎이면서 임태희 장관이 다니면서 압박을 했다. 기업들이 늦출 수 있는 대로 늦추다가 들어온 거다.

Ⓠ 대표님은 어떤 부분의 정책 활동을 주로 하셨나?

Ⓐ 실업대책 일반이라고 봐야 한다. 그 다음은 사회적 기업이다. 2010년까지 연대 조직 모아서 토론회도 열고 정부 면담도 하고 항의 집회도 하고 그랬다. 2011년부터 사회적 기업은 손을 놓고 있고, 실업 일반에 대한 것과 일자리정책, 노동부의 고용지원 서비스 관련 일을 한다. 또 한편으로는 돌봄 노동자, 비공식 노동자라고 한다. 30만 명 정도 된다. 가사관리, 간병인, 이런 사람들인데 근로기준법 적용예외 대상이다. 이 사람들 노동권 확보운동을 하고 있다. 2010년부터.

국회랑 연구용역도 했고 노동연구원과 연구 작업도 한다.

Q 그 분들은 왜 근로기준법 예외가 되었나?

A 1953년 근로기준법이 생겼을 때부터다. 그때는 주로 가사 사용인, 흔히 식모였다. 당시에는 전쟁 직후니까 시골에서 올라온 일가친척을 식모로 고용하고 그랬다. 일본 법을 빌려온 건데, 근로기준법 11조에 가사사용인은 이 법을 적용하지 아니한다, 이렇게 되어 있었다. 그런데 지금은 사회가 달라졌다. 베이비시터, 간병인, 가사 도우미 등 돌봄 노동자가 다양해졌다. 이 직업군들은 IMF 이후 대표적으로 확대된 직종들이다. 그런데 근로기준법이 이렇게 막고 있으니까 산재보험 적용이 안 되고 고용보험 적용도 안 되고 근로장려세제도 대상이 아니고 성희롱 예방 뭐 이런 것이 하나도 안 되고 있다. 근로기준법 상 노동자가 아니니까 줄줄이 안 되는 거다. 너무 억울한 일이다. 일하다가 다쳐도 자기 돈을 들여야 한다.

이 사람들이 30만 명 정도 되는데, 2005년 이전엔 한 부모 가정이나 50~60대가 많았고, 2006년 이후 40~50대가 늘어나고 고졸이 늘어나고 있다. 절반 정도는 남편이 생계활동을 하지 않는다. 나이가 많거나 장애가 있거나 그런 이유다. 나머지 절반은 하는데 불안정하다. 이런 대표적인 근로빈곤층이 돌봄 노동자들이다. 실업을 왔다 갔다 한다. 돌봄 노동자 문제가 또 하나 중요한 건, 굉장히 확대되는 일자리라는 거다. 그런데 이렇게 불안정하다 보니까 안 들어오려고 한다. 들어와서 10년 일해도 반장이 되나, 승진을 하나, 사회적으로 인정을 받나. 그러니 들어오지 않으려고 하고, 들어와도 2-3년 있다가 나간다. 그래서 늘어나는 일자리에 들어올 사람이 없다는 건 국가적으로 굉장한 문제다. 그리고 이 틈새로 외국인 노동자들이 들어온다.

우리나라에서 요양병원이나 시설에는 (돌봄 노동자들이) 100%가 조선족이다. 다만 현재 법 때문에 필리핀이나 이런 쪽 분들은 못 들어오고 조선족만 들어올 수 있다. 그래서 그나마 나머지 일자리를 내어주지 않고 있는 것이다. 급성기 병원, 한강성심병원 등에도 30%가 조선족으로 채워져 있다. 가사 관리사도 입주형은 20~30%가 조선족이다. 베이비시터만이 아직 진입을 못하고 있는데, 언어 때문이다. 어머니들이 언어 때문에 원하지 않는다. 법적으로도 못 들어오게 되어 있다. 강남에서 필리핀 영어교사를 베이비시터로 쓰는데 이건 불법이다. 법을 정비해 주면 일자리도 늘어나고 이런 문제도 풀어줄 수 있다. 그런데 정부는 대책이 전혀 없다. 지난달에 기재부가 앞으로 일자리가 늘어나니까 필리핀 가사도우미를 수입해 올까? 이런 생각을 한다는 기사가 실렸다. 외국인 노동자가 들어오는 걸 반대하지는 않는데, 돌봄 일자리는 저임금의 외국인 일자리가 되면 한국인은 더더욱 들어가지 않는다. 그 문제 때문에 지금 현재는 경쟁의식이 크다. 가사 관리사나 베이비시터는 혼자 일하고 수요가 많으니까 상관이 없는데, 간병은 같은 병원에서 보니까 경쟁이 장난 아니다. 우리나라 간병사들이 자존심이 상해한다. 교육훈련도 안 받은 사람이 물을 흐리고 값을 후려친다, 일을 못한다, 같은 노동자로 인정할 수가 없다, 하루아침에 사라져버릴 사람들이… 뭐 이런 생각들을 하는 것이다. 잘못되면 외국인 노동자에 대한 비하로 갈 수 있어 문제가 있다.

Q 돌봄 노동자정책과 관련해서 정부와 정치인, 국회에 어떻게 압력을 주고 활동을 하나.

A 돌봄 노동자들이 복잡하게 얽혀 있는 게, 노동자니까 노동부와 환노위에 연관이 있고, 여성이니까 여성가족부와 여성위가 얽힌다. 또 하나, 이쪽에는 바우처 제도로 운용되는 부분이 있어서 보건복지부도 얽혀 있다. 얽힌 와중에서 누구도 책임을 명확히 하지 않아 문제다. 여성가족부는 노동문제니까 노동부로 가라, 이런 식으로 돌린다. 처음에 민간 네트워크를 짤 때 양대 노총, 보건의료 등 노동, YWCA, YMCA, 여성인력개발센터연합(일종의 복지관, 노동부 산하기관), 당사자 조직(우렁각시-협회조직), 전실련을 모았다.

그리고 나서 법 개정에 들어갔다. 그 다음에 양 쪽으로 작업을 했다. 국회에는 의원과 접촉해서 법안발의 작업을 시작했다. 다른 한편으로는 노동부와 면담을 진행했다. 이 과정에서 ILO 협약이 작년에 채택되었다. 가사노동자들에게 노동권을 보장하자는 협약이다. 국내적으로는 근로기준법 개정안이 발의된 상태였다. ILO 비준운동에 들어가면서 노동부를 만났는데, 그 과정에서 어려웠던 게 이게 여성의 문제냐, 노동의 문제냐 하는 것이다. 발의한 의원도 집중을 못했다. 또 내용이 너무 어려웠다. 50년 동안 아무도 언급을 안 해 온 것이다. 그러니 이게 올라가도 좋은 이야기라고는 하지만 아무도 손을 대지 않는다. 노동부로 가니까 골치 아파진 게 ILO 협약이랑 근로기준법을 함께 들고 가니까 소관과가 없는 거다. 내부에서 우왕좌왕 하더라. 처음에 근기법 개선 건이니까 근로기준 개선과로 갔다. 그런데 이게 근로기준법 적용을 하게 되면 고용보험을 적용해야 한다. 그러면 근로를 했는지 확인을 할 수 있어야 한다. 또 취업알선을 해야 하니까 고용센터 문제라고 하더라. 그래서 고용정책과로 갔다. 그런데 ILO 협약은 국제관실 담당이더라. 그래서 또 그곳에 갔더니 본인들도 죽으려고 하는 거지. 이런 식이다.

또 저희가 입법조사처의 도움을 얻을 수 있었다. 여기서 동의를 해 줘서 의견을 가지고 노동부에 가니까 동의를 했다. 더 이상 근로기준법을 이대로 둘 수 없다는 것에는 동의하는데, 누가 방울을 달 것인가가 문제인 거다. 한나라당도 동의는 했는데, 문제는 누가 이걸 자기과제로 가져 가냐는 것이다.

당시 입법조사처도 적극적이었다. 하지만 너무 정리된 게 없었다. 예를 들어, 근기법을 적용하면 퇴직금을 줘야 한다. 그러면 이용자가 더 내거나 정부가 지원을 더 해야 한다. 또 개인 집에 가서 일했는데 일을 했는지는 어떻게 확인을 하나? 다쳤으면 어떻게 다쳤는지 확인을 어떻게 하나? 이런 문제 때문에 모두 어려워했다. 이건 올 해 안에 19대 국회에 다시 발의하려고 한다. 그런데 똑같은 문제가 발생할 거다. 환노위에서 대표의원을 잡아야 한다. 쌍용차 사태, 비정규직 문제가 있으니까 3~4순위 정도 될 듯하다. 환노위는 보건의료 쪽이라고 할 테고, 이거 담당하는 의원은 노동 쪽이 아니니까 돌리고. 돌봄에 얽히고 노동에 얽히고 여성에 얽히고… 이것 때문에 역시 난관이다.

Q 주로 접촉하시는 의원은 어떤 분들인가?
A 민주당, 진보당, 한나라당 다 접촉을 했다. 솔직히 한나라당 쪽에 발의해 달라고 하기는 어렵다. 먼저 논의가 된 게 민주당 000 의원이었고 발의를 해 줬다. 발의 후 환노위 위원 중심으로 만났을 때는 우호적이었다. 한나라당 의원들도 절반은 만나줬고 절반은 안 만나줬다. 만난 사람들은 다 우호적이었다. 총선 때는 질의서를 보냈다. 한나라당은 당론이 없고 논의한 바가 없었고, 진보당과 민주당은 적극 동의한다는 입장이었다.

Q 사회적으로는 문제로 확인되는데 의제설정에서 뒤로 밀리는 문제인 것 같다.
A 근로빈곤층의 의제설정이나 마찬가지 문제 실업문제도 의제설정이 안 된다. '일자리정책, 고용 없는 성장' 까지는 되는데 실업자 문제로 떨어지면 '공장에 가면 되지!' 일하는 사람을 도와주자고 하면 '일을 해야 도와주지!' 이것 때문에 의제설정이 어렵다. 꼭 일을 해야 한다는 전제가 항상 붙어있다. 긴급지원이나 근로장려세제 외에는 정책을 의제화하기 어려운 환경이다. 근로빈곤층에 지원하자, 이러는 순간 도덕적 해이의 문제가 따라 나온다.

Q 정치인들이 표를 얻는 건데, 돌봄 노동자 30만 명이면 메리트가 없지 않을까? 근로빈곤층 전체로 보면 숫자는 많은데 이들이 평소에 어디를 찍어 왔는지, 그걸 확인해 볼 수 있으면 좋겠다. 한국에서는 저소득층이 한나라당을 많이 찍는다는 통설이 있다.

A 그 부분들이 조금씩은 바뀌고 있다. 사실 전통적으로 법제정 활동을 한다는 건 어렵다. 참여연대랑 고용안전망 확충운동, 민노총이랑 최저임금 확대 운동도 해 봤는데, 중앙단위가 강한 곳, 전통적인 조직들, 노조나 상공회의소, 직능인 협회, 참여연대처럼 저명인사를 포괄한 조직이 로비력이 있다. 실업단체는 풀뿌리, 가사노동자도 풀뿌리, 그러다보니 로비력이 없다. 입법운동을 해 본 경험이 없고 직능인 협회처럼 모여서 로비할 정도도 안 된다. 고용안전망 확충운동도 지지부진하다. 이 부분도 각이 잘 서지 않는 건 전통적인 입법운동과는 다른 문제다. 당사자들은 능력과 역량을 갖추고 배워야 한다. 시민사회단체들은 연대단위를 통해 풀뿌리 조직을 엄호해 주는 역할, 부각시키는 역할을 해야 하는 게 아닐까 한다.

참고로, 우렁각시 회원들하고도 이야기하는데, 3년 동안 교육한 게 10명이 지자체 사무실 쳐들어갑시다. 이거였다. 한 번도 안 해 본 것이다. 장애인들이나 이런 사람들은 지자체로 쳐들어간다. 그런데 이 사람들은 한 번도 안 해 봤다. 당사자들의 조직 활동 훈련이 중요하다. 이제 시작이 아닐까.

Q 작년 고령자정책 하면서 기초노령연금이나 장기요양이 입법화되고 결정되면서 대한노인회라는 막강하고 표를 움직이는 조직이 있으니까 국회의원들이 빨리빨리 움직였다.

A 전통적인 직능조직이 많이 필요하다. 고용안정 확충도 캠페인 하느라 쳐들어가자고 하면 전실련 정도만 움직인다. 양대 노총은 관심은 있지만 실업자가 아니니 동력이 안 붙는다.

Q 어느 정도로 움직이나?

A 지역에서 많이 움직인다. 예를 들어서, 최저임금 캠페인 한다, 집회 한다 그러면 인천 경남 전남북 지역에서는 저희가 제일 많이 간다. 그런데 중앙단위로는 못 모인다. 돈 때문에. 전국에서 차량을 움직이면 식대랑 차비가 너무 많이 든다.

Q 정부쪽 관료와 국회의원들을 접촉할 때 어떤 차이를 느끼나?

A 국회의원은 4년이다. 관료가 틀면 되는 일이 없다. 고용문제에 대해서는 제가 만나본 국회의원들은 실력이 없다. 기초법 10년, 근로빈곤 7~8년인데 관료나 전문위원들이 내놓은 이야기를 그대로 따라한다. 또 노동부걸 그대로 받아서 하더라. 그래서 이 영역에서는 관료가 중요하다. 복지부, 여가부보다 노동부가 더 역량이 낮다. 하지만 (노동부) 영감님들이 삐딱선을 탄다. 절대로 말을 안

듣는다. 예전에는 논의 테이블을 했고 시민단체 불러다가 듣는 게 있었는데 이
명박정부에서는 완전히 사라졌다.

Q 아까, 돌봄 노동자들의 문제나 정책을 협의하는데 여러 군데 정부부처를 거쳐야 한다
고 했는데 이런 부분에서 오는 애매함이 있다. 정책결정 체제를 어떻게 개선해야
할까?
A 저도 그 부분은 뭐라고 말을 못하겠다. 사실 사회적 기업법 제정 운동할 때
제일 심각했다. 사회적 일자리 때부터 국회 작업을 했다. 과정에서 보니까 (단
체들이) 노동부로 가기를 원하지 않았다. 사회적 기업은 교육서비스, 환경, 컴
퓨터, 재활용, 학교청소 등 다양하고 각 부서가 얽힌 문제기 때문에 노동부 소관
으로 가면 조율을 못한다. 국무총리실 직속으로 현안을 다루면 어떨까 했는데
경험한 사람은 이것도 반대하더라. 대통령이 힘을 실어주지 않으면 땡이라는
거다. 노무현 정부 때는 실어주려고 했었다. 저도 개선해야 한다고 생각하는데
어느 방법이 좋은지는 모르겠다.

Q 참여정부 때는 위원회 체제였는데,
A 그렇다. 국무총리실 산하였는데 노동부가 다 거부하면서 굉장한 문제가 있었다.
노동부가 준 법을 민주당이 2~3달 만에 그냥 발의해 버렸다. 이명박 정부에서
는 위원회가 다 없어졌다. 노사정에서 이걸 다루게 하고 정부랑 특별의제로 하
면 어떨까? 이 생각도 했는데 양대 노총이 빠져 있는 역학관계도 있고 노사정이
의제로 받아들이기는 힘든 조건이다. 작년 말에 드디어 보고서를 냈다. 실제로
는 TF팀이나 특위로 하면 좋겠는데 장관이나 대통령선에서.

Q 부처 간, 위원회 간 협업구조가 필요하다는 이야기인 것 같다.
A 그렇다. 근로빈곤층정책도 마찬가지다.

Q 이 사안으로 의원을 만나본다면 어떤 분이 좋을까? OOO 의원?
A 그렇다. 만나서 들어보시면 좋다. OOO 의원님이 대표 발의하셨다. 실제로는 법
안내용을 네트워크에서 준비를 했고, 민주당 의원이고 여성이어서 그렇게 했는
데 법안 발의할 때쯤 이 분이 상임위를 옮길 시기여서 그때 고민을 했다. 새로
위원회가 바뀌면 할까 그랬는데 관심은 OOO 의원실이 가장 컸다. 그래서 의리
를 지키자면서 새로 환노위 위원이 된 의원으로 하자는 의견이 무시되었다. 그
런데 그 다음에 이미경 의원에게 넘겼는데 역시 자기가 발의한 게 아니니까 안

되더라. 이미경 의원 성향이 꼼꼼하고 자기 우선순위가 분명했다.

그리고 저도 국회에서 제일 많이 느낀 건, 보좌관의 역할이 굉장히 중요하다는 거다. 이 부분에서, 저희는 보좌관들에게 실망을 했다. 의원님이 관심을 가지면 공부를 할 수밖에 없다. 그렇지 않으면 일이 얽히고 섥혀서 잘 진척이 안 된다.

Q 혹시 돌봄 노동자 실태사자료 같은 건 어디서 구할 수 있나?

A 홈페이지에서 공개자료실에 있다. 작년에 많이 올렸다. 저희도 차상위 문제를 다시 연구에 들어간다. 이 부분도 관심이 있으신가? 차상위에 존재하고 있는 게 대표적으로 근로빈곤층, 자활 근로자들이다. 이 양반들이 자활급여만 받는다. 그런데 이 양반들이 받는 건 최저임금 이하여서 몇 년 전에 소송도 내고 그랬다. 노동자가 아니라 복지수혜자이고, 복지수혜자에게는 노동법 적용을 하지 않는다. 연구 작업에 들어간 건 기초생보 일반수급자는 최저임금에 영향을 받는다. 의료비도 지원받는다. 그런데 차상위는 보충을 못 받는다. 예컨대 내가 2인 가족인데 나가서 일하면 90만 원 받는다. 최저임금 미만이라 생계비 충당이 안 된다. 그런데 의료급여도 안 된다. 이 부분은 법적으로도 문제고 차상위를 빈곤에서 빠져나갈 수 없게 하는 거다. 법적으로 풀 수 있는지 없는지를 살펴보려고 한다.

Q 고령자정책 연구할 때 전 보건복지부 장관 인터뷰를 한 적이 있었는데, 개별급여 말씀을 하시더라.

A 000 씨가 개별급여법만 했어도 좋았을 텐데 말이다. 아무튼 6번은 전부 불만족이다(미리 배포한 설문지 참조). 직업훈련제도는 근로빈곤층이 이용할 수가 없다. 이게 특히 직업능력개발계좌제로 바뀐 다음부터는 문제가 크다. 예전에는 재직자 훈련, 실업자 훈련, 고용촉진 훈련이란 게 있었다. 실업자는 학원에서 강좌신청을 할 수 있고 고용촉진 훈련은 1~4주의 간단한 과정이었다. 대표적인 게 가사 관리사, 간병사, 베이비시터 이런 것이다. 이건 너무 공급자 중심이다. 직업훈련 받으려는 사람의 이해와 요구가 반영되지 않는다. 아무튼 직업능력개발계좌제는 한도 내에서 교육을 받아라, 하는 건데 여기에선 문제가 크다. 첫째, 실업자 훈련이 그 전까지는 100% 무료였다. 비정규직도 100% 무료였고, 정규직은 90% 지원을 했다. 계좌제로 바뀐 건 일 안하고 돈만 받아먹으려 한다는 생각 때문인데, 다 생산적 복지 마인드다. 완전 실업자는 45%를 자부담으로 해야 하고, 재직자는 20%가 자부담이다. 비정규직도 100% 안 해준다. 취약계층에 대해서 도덕적 해이라는 이유로 접근하는 것이다.

둘째, 고용촉진 훈련이 없어졌다. 정부가 직업훈련 과정을 인가해줘야 돈이 된다. 그런데 고용보험이 되는 것만 인정을 해주었다. 그래서 가사관리 등 돌봄 노동자 과정 자체가 없어졌다. 모두 본인들이 돈을 내야 한다.

셋째, 학원들이 돈이 안 되는 강좌는 폐쇄해 버린다. 직업훈련제도는 사각지대가 있고 비용부담을 근로빈곤층들한테 떠넘겨 놓고 있다. 전반적으로 바뀌어야 한다. 6번은 모두 매우 불만족이다.

근로장려세제는 괜찮은데 매우 불만족한 이유는 돌봄 노동자를 제외시켰기 때문이다. 보험설계사는 포함시켰다. 매번 대상자층을 바꾸는데 퀵이나 보험설계사를 포함했다. 입법사항은 아니고 지침사항이다.

Q 돌봄 노동자 당사자 단체 입장에서 봤을 때 정부기관과 접촉의 빈도는 어디가 많나?
A 국회가 많다.

Q 사회단체를 만날 때는 어떤가?
A 여성 쪽이 많다. 노동 쪽은 정규직 노조이기 때문에 개별 관심은 있어도 힘은 못 받는다. 정부 접촉은 노무현 정부와 이명박 정부가 확실히 다르다. 노 정부에서는 정말 많이 만났다. 사회적 일자리나 바우처 등에 관해서는 정부 관계자를 자주 만났다. 하지만 이명박 정부에서는 달랐다.

3. 정책전문가 인터뷰

• 인터뷰 대상: 보건사회연구원 사회보장연구실 연구위원
• 일   자: 2012년 11월 12일 오후 2시~4시
• 장   소: 보건사회연구원 사회보장연구실 연구위원실

Q 프로젝트에 대한 설명…
우선 정부정책 영역에서 '근로빈곤정책'이 어떻게 인식되어 왔고, 세부내용은 무엇이 었는지에 관해 개괄적인 말씀을 부탁드린다.

A 제가 정부를 대변할 입장은 아니지만, 지금까지 역대 우리나라 정부정책에서 근로빈곤정책은 계속 중요한 정책이었다고 생각한다. 예산을 많이 쏟고 강력한 정책 드라이브를 걸고 했다는 측면에서가 아니라, 생산적 복지를 기본 방향으로 했고 이 방향에서 일관성을 가져왔다는 것이다. 우리나라 정부정책은 기본적으 로 현금을 주는 복지정책 방향에 대한 거부감이 컸던 반면 일자리를 통한 빈곤 정책을 선호해 왔다. 기초보장제도 이전에 있었던 생활보호제도에서도 그랬다. 생활보호정책을 거택보호와 자활보호로 나누었고, 근로능력자에게는 현금급여 를 제공하지 않았다.

기초생활보장제도는 김대중 정부가 도입했던 혁신적인 빈곤층정책이었다. 정부 보호가 필요한 일정 소득의 선을 정해두고, 그 미만이면 정부가 채워주겠다, 만약 채워지지 않으면 청구권을 준다는 것으로 사회권적 권리 개념에 토대를 둔 제도였다. 하지만 이 제도도 도입 시점, 근로능력이 있는 사람에겐 조건부 급여를 제공했고 이런 점에서 김대중 정부 이후 근로빈곤정책 역시 생산적 복지 바운더리 안에 있었다고 볼 수 있다.

이후 모든 복지정책 기조도 크게 다르지 않았다. 김대중 정부가 생산적 복지를 주장한 이후, 노무현 정부는 참여복지를 주장했지만 근간은 유사했다. 복지와 고용의 선순환, 성장과 복지의 선순환 프레임 안에 있었다. 이명박 정부는 능동 적 복지를 주장했고 그 기조가 좀 더 강해졌지만 큰 프레임에서는 비슷한 경향 으로 볼 수 있다. 성장을 통해 분배의 필요성을 해소하겠다는 기조다. 이런 기 조에서는 복지급여를 주는 것보다 일자리를 주는 게 더 좋겠다는 게 복지정책의 근간이 된다. 생산적 복지, 고용연계복지의 바운더리 안에 있는 것이다.

정책이 어떤 내용을 포괄했는가를 보면, 과거 근로빈곤층에게는 일자리를 줘서

소득을 가져갈 수 있게 했는데 외환위기가 오면서 상황이 급격하게 바뀌었다. 노동시장에서 대량 실업이 발생하니까 일자리를 제공할 수 없게 된 것이다. 그래서 기초생보제도를 통해 복지급여를 지급하게 되었다. 하지만 역시 생산적 복지를 통해 현금 급여를 제한하려는 방향은 있었고, 그에 따라 생계급여는 제공하지만 일을 하라, 이렇게 해서 자활사업이 발전하게 되었다. 취업연계, 직업훈련, 창업지원이 자활사업의 골자였다.

그러다가, 전통적인 복지급여에 관한 우려가 확산되면서 도입된 것이 근로장려세제다. (개인이 노력해서) 근로소득을 증가시키면 그에 맞게 생계비도 증가하도록 도와서 근로인센티브 체계를 만든 것이다. 복지급여에는 한 가구가 생계급여를 수급할 수 있는 상한선을 두고, 가구 급여와 상한선의 차액을 정부가 지급하는 보충급여를 제공한다. 그런데 이런 방식으로 하면 항상 가처분 소득이 상한선, 예컨대 100만 원이라고 하면 100만 원에만 맞춰진다. 이러면 상대적으로 일을 할 유인이 없어질 수 있다. 그래서 개인의 소득이 50만 원이면 50만 원을 채워주지만, 80만 원을 벌면 30만 원을 채워서 110만 원이 되도록 해서 근로소득이 많을수록 가처분소득도 증가하게 만들어 일을 할 유인을 제공하자는 게 근로장려세제의 취지다.

또 하나는 미취업자에게 일자리를 줄 수 있는 정책을 추진하게 된다. 노무현 정부에서 육성했던 사회적 기업정책, 사회적 기업 육성법이 여기에 해당한다(앞서 말한 근로장려세제도 노무현 정부에서 시작되었다).

그 이후 이명박 정부에서는 새로운 정책 브랜드가 필요했고, 그걸 노무현 정부 시절부터 진행되었던 마이크로 크레딧에서 찾는다. 이른바 미소금융이라고 해서 자발적으로 생겨난 마이크로 크레딧을 정부가 육성해 크게 키워보겠다고 한 것인데, 결과적으로는 성공하지 못했다. 또 하나의 정책흐름은 기존 사회적 기업법의 한계를 보완해 협동조합법 체제 안에 끌어들인 것이다. 협동조합 기본법을 만들면서 특수 목적법이라 할 수 있는 사회적 협동조합법의 내용을 그 안에 두었다. 이건 사회적 기업을 육성하려는 큰 흐름과 맥을 같이 한다. 이것이 지난 15년 간 근로빈곤정책으로 생겨나고 변화되어온 내용들이다.

Q 근로빈곤층의 자활사업은 오래 전부터 진행되어온 것으로 안다. 희망리본 프로젝트, 취업성공패키지 등이 있는 것으로 아는데, 관련 정책에 대해 평가를 해 달라.

A 근로빈곤층은 특정 시점을 기준으로 잘라서 보면, 취업 빈곤층과 미취업 빈곤층으로 나뉘며, 대부분의 나라에서 근로빈곤정책은 미취업 빈곤층에게 취업을 촉진하는 정책에 초점이 맞춰져 왔다. 직업훈련을 시켜 취업을 알선하거나, 훈련

없이 곧바로 취업을 알선하는 것이다. 지난 30여 년간 유럽도 그렇고 미국도 그렇고, 미취업자들을 취업시키면 인적 자원 개발도 이루어지고 이를 통해 복지 문제도 해결될 수 있을 것이라는 방향에서 접근을 해 왔다. 하지만 OECD 국가들의 이런 정책들은 대부분 성과를 거두지 못했다. 노동시장에서 필요로 하는 인력의 성격은 빨리빨리 변하는데, 공공기관이 제공하는 직업훈련은 노동시장의 수요를 따라가지 못했다. 그러다 보니 돈은 돈대로 들고 성과는 내기 어렵다는 평가를 받았다.

인적 자본을 육성한다는 측면에서도 근로빈곤정책은 굉장히 중요하게 취급되었다. 그런데 근로빈곤층이 빈곤에서 벗어나는 방법은 두 가지가 있다. 한 가지는 (미취업자의 경우) 일자리를 가지거나, (취업자는) 더 나은 일자리를 가지면서 빈곤에서 벗어나는 것이다. 그런데 근로빈곤층의 대부분은 학력이 낮고 가구여건도 좋지 않아 더 나은 일자리를 갖기가 쉽지 않다. 취업자는 더 나은 일자리로 가기가 어렵고, 미취업자가 취업을 한다고 해도 취업과 실업 상태를 오가는 경우가 많다. 근로빈곤층이 빈곤에서 벗어나는 다른 한 가지 방법은 가구의 다른 가구원이 취업을 하는 것이다. 그런데 후자의 경우, 모든 근로빈곤 가구에서 가능한 방법은 아니다. 일단 한 부모 가정, 특히 여성 한부모 가정은 안 된다. 외국의 경우 빈곤정책이 한 부모 여성 가정을 대상으로 초점이 맞춰지는 것 이런 이유다.

한편, 이미 일하고 있는데도 빈곤한 계층을 대상으로는 방법이 마땅치 않다. 직업을 가지고 있는데 빈곤한 계층의 경우 정부가 (개인의 노력보다) 더 잘 도와주기는 어렵다. 취업해 있는 사람을 끌어내 재교육시켜 시장에 돌려보낸다고 해서 더 나은 일자리를 얻는다는 보장이 없고, 취업빈곤층 문제는 개입이 어렵다. 취업빈곤층에 대한 정책으로는, 본인의 노력으로 소득을 증가시키는 방법인데, 이것은 고용안정으로 일정기간 이상 시장에 머물 때 가능하다. 고용유지가 중요하다는 것이다. 일자리를 유지하는 방향에 인센티브를 주는 것인데, 오랫동안 취업을 하면 정부가 더 나은 소득을 보장하는 방향으로 근로장려세제가 여기에 해당한다.

21세기에 워킹푸어라는 말은, 과거와 다른 의미에서 접근된다. 포디즘 시대에 워킹푸어는 장기 실업자, 미취업빈곤층을 의미했다. 그래서 실업자대책 등이 중요했다. 그런데 고용 유연성의 21세기에는 취업과 실업을 반복하는 계층의 의미로 접근될 수 있다. 이들은 특정 시점을 기준으로 하면 취업상태이거나 실업상태로 진단될 수 있지만, 조금 더 긴 시점을 두고 보면 취업과 실업을 반복한다. 이처럼 고용불안이 심한 집단을 어떻게 지원해야 하는가가 정책의 관심이 되는 것이다.

한국에서도 핵심 문제는 장기간 실업자가 아니라, 취업과 실업을 반복하는 집단이다. 실업률은 낮아졌는데 빈곤율은 높은 상태를 해결하는 것인데, 이것은 우리나라나 미국처럼 전형적인 신자유주의 국가들의 문제이기도 하다. 반면 유럽은 노동시장의 보호가 강하기 때문에 들어가면 잘 나오지 않고, 일단 쫓겨나면 들어가기가 어렵다. 쫓겨났는데 생계가 어려우면 (한국처럼 신자유주의 국가에서는) 저임금 노동시장으로 들어가야 하는데, 상대적으로 복지가 잘 되어 있기 때문에 저임금 노동시장으로 들어가는 선택을 하지 않는다. 그러면 실업기간이 1년을 넘기는 장기 실업자가 늘어나는 것이다. 그래서 유럽의 근로빈곤문제는 실업자 중심이고, 미국의 근로빈곤문제는 저임금노동자 중심이라고 한다.

한국은 유럽과 미국의 절충형이다. 취업빈곤층도 많고 실업빈곤층도 많고 자영업 빈곤층도 많다. 한국의 자영업자들은 OECD 국가의 2~3배에 이른다. 이들을 대상으로 마땅한 정책수단이 무엇인지 찾기가 어렵다. 기존에는 이것을 미국에서 빌려온 EITC로 대응을 했는데, 이것이 좋은 정책인지에 관해서는 문제제기들이 있다. 고용주의 (임금)부담을 덜어주는 대신 세금으로 부담하는 것은 미국식 방법인데, 이것이 장기적으로 좋은 효과를 가질 수 있느냐에 관한 것이다.

한국에서 미취업 빈곤층의 대표적인 취업정책은 취업성공패키지(이하 취성패)와 희망리본 사업이다. 취성패는 노동부, 희망리본은 복지부에서 담당한다. 동일 정책을 두 부처가 나눠가진 것이다. 우리나라 정부 부처는 서비스 받을 대상자들을 중심으로 생각하기보다 부처가 어떻게 일을 잘 나누느냐에 관심이 있다. (미취업 빈곤층 취업정책은) 기초생활보장제도를 만들고 자활사업을 추진하면서 도입했다가 망했는데, 다시 도입한 것이다. 한 사람의 근로빈곤층을 위해 복지부가 가진 자원 가운데 무엇이 필요하고, 노동부가 가진 자원 가운데에서는 어떤 것이 필요한가를 고민해서 종합적으로 서비스를 하는 것이 아니라, 각 부처가 필요한 사업에 따라 대상자를 선정하는 방식이다. 취성패와 희망리본은 최근 수년 간 가장 성공한 사업으로 평가되지만, 사업의 의도가 순수하지는 않다고 본다. 단기간 사업성과가 좋다고 해서 계속 좋은 성과를 낼 수 있다고 보기는 어려우며, 무엇보다 동기가 불온한 것이 문제다.

Q 동기가 불온하다는 것은 어떤 의미인가?

A 요지는 간단하다. 근로빈곤층을 취업시키려면 사례관리를 잘 해서 적성에 맞게 네트워킹을 해야 한다. 취성패는 외환위기 이후 장기실업 사태가 벌어졌을 때 실업극복운동을 진행하던 단체들이 있었는데 그 사업을 노동부가 받은 것이다.

당시 단체들은 실업자들에게 일자리를 제공하기 위해 그 사람들 손을 잡고 공장지대를 찾아다녔다. 이 사람에게 필요한 일자리를 고용주와 직접 대면해서 하나하나 연결시켜 줬다. 일자리를 찾는 사람들에게 맞춤형 취업알선을 했다. 시민단체 활동가들이 자활사업을 시작한 것이다.

반면 당시까지 (노동부의) 고용지원센터는 (미취업 빈곤층의 취업정책에 관해) 별 성과가 없었다. 외국에서는 정부 고용센터가 지역 저소득 취약계층을 주 정책대상으로 활동한다. 그런데 우리나라에서는 (담당 공무원들이) 그런 일을 하기를 원치 않는다. 가난한 사람들에게 서비스하기보다 폼 나는 일을 하고 싶어 한다. 당시 우리나라 정부에서는 근로빈곤층 대상 정책이 별로 없었다. 지금 하고 있는 취성패 또한 공무원들이 직접 하는 게 아니라, 영리업체에 일을 넘긴 것이다. 이 방식은 신자유주의가 한창일 때 호주에서 시작해서 유럽으로 넘어가 영향을 미쳤던 방식이다.

이건 여러 가지 의미가 있다. 유럽에서 인저스(인저스 글로벌, 일자리제공 민간 기관)를 이용하게 된 건 어쩔 수 없는 측면이 있었다. 일자리가 노동조합과 연관이 크고 한번 굳어지면 움직이기가 어려운 구조다. 그래서 프랑스나 독일의 우파 정권들은 정부 차원에서 극약처방을 하고 싶어 했다. 영리업체를 끌어들였고, 영리업체들은 관료들에게 더 싹싹하게 대하고 페이퍼워크도 잘 했다. 미취업 빈곤층 취업 사업을 민간기관에게 위탁하는 방식은 빠른 속도로 확산되었다. 그러나 수익을 내는데 목적을 둔 단체들은 선의를 가지고 출발을 했겠지만 성과급을 더 받기 위해 취업시키기 쉬운 대상자들을 골라 사업을 진행했고, 나라마다 여러 가지 사건들과 맞물리면서 부침을 거듭했다.

우리나라의 취성패든 희망리본이든 영리업체를 끼고 있다. 하지만 한국은 유럽처럼 공공기능이 강한 나라가 아니고 복지든 고용이든 서비스 전달 인프라가 약하다. 유럽처럼 공공부문의 서비스가 너무 커서 경화된 사례가 아닌데, 그 사례를 모방한 것이다. 이처럼 우리나라의 복지는 극과 극을 오가고 있다. 미국처럼 하다가 유럽의 사례를 모방하기도 한다. 어쨌든 이 두 사업이 진행되는 방식은, 수급자를 골라서 일자리에 집어넣으면 성과급을 주는 방식이다. 그런데 이렇게 일자리를 얻은 사람들이 그 자리에 계속 있다는 보장을 할 수가 없다. 한번 들어갔다가 또 나오고, 또 다시 들어가고⋯ 회전문 효과를 보인다. 근로빈곤층 문제를 계속 이런 식으로 접근할 것인가에 대해서는 생각을 해봐야 한다. 이 방식은 사람을 자활시키고자 하는 것이지만, (근로빈곤층을 상대로) 계속 실험을 하고 있는 것인데, 대상자들은 이런 체제가 힘들다.

Q 기초생활보장제도가가 처음에 도입될 때도 부처 간 갈등이 있었고, 이것이 지금도 반복되고 있다고 하셨는데 설명을 부탁드린다.

A 기초생보는 당시로 큰 법이었다. 지금은 재정당국이 예산을 통해 수급자 규모를 통제하고 있지만, 그 제도를 처음 만들 때 김대중 정부는 매우 야심적이었다. 물론 당시 '옷 로비 사건' 등 여러 가지로 수세에 몰려서 이를 탈출하기 위한 정치적 공세로 시작했다는 평가가 있기도 하지만 어쨌든… 이 제도를 만들 당시 관건은 근로능력이 있는 빈곤층을 어떻게 할 것인가였다. 노인이나 장애인은 생계급여를 주면 된다. 그런데 근로능력이 있는 사람에게 생계급여를 주는 것은 사회적 저항이 있을 수 있었다. 그래서 조건부 급여를 주기로 결정했다. 그런데 불과 15년 전만 하더라도 복지수급자 수요파악조차 제대로 되어 있지 않았다. 제도를 처음 만들 때, 기초보장수급자 가운데 근로능력이 있는 수급자가 몇 명인지, 미취업자가 몇 명인지에 관한 추정을 했다. 그래야 자활사업 참여를 조건으로 생계급여를 줄 수 있는 사람의 규모를 파악하고, 정부 부처의 자활사업에 필요한 인력과 예산을 추정할 수 있었으니까. 당시 추정으로 근로능력이 있는 빈곤층 가운데 미취업자가 이십 몇만 명이라고 했다. 그리고 가능한 한 빨리 이 사람들의 취업을 지원할 수 있는 인프라를 만들라고 했다. 그때 나온 안이 근로능력이 있는 사람을 젊은 사람과 나이든 사람으로 나누고, 젊은 사람은 노동부에서, 나이든 사람은 복지부에서 관할하기로 한 것이다. 그리고 20만을 절반으로 나눠서 노동부 10만, 복지부 10만 이렇게 대상자 숫자를 정하고, 각 부처별로 미취업자 취업지원 서비스 인프라를 만들기 시작했다.

그런데 어떤 사람은 훈련을 받아야 하지만 그 기간 동안 애가 있어서 복지급여도 필요할 수 있고, 사람마다 처한 상황은 모두 다를 것이다. 그런데 젊은 사람, 나이든 사람, 이런 이분법으로 정책에 접근하는 방식은 문제가 컸다. 그 사람에게 필요한 서비스가 뭔가를 고민해서 한편으로 훈련도 시키고 한편으로 복지급여도 제공하는 접근이 필요했다. 그런데 이런 고민이 없이 접근하다보니 얼마 지나지 않아 (노동부와 복지부로 나뉜 미취업 빈곤층 취업 지원정책이) 작동이 안 되었다. 복지부에서 수급대상자 가운데 일정 기준을 넘은 사람을 노동부로 보내야 했는데, 이것이 원활하게 진행되지 않은 것이다. 또 수급자 입장에서는 노동부 사업에 가봐야 취직도 안 되고 해서 기피를 하는 현상이 나타났다. 일부에서는 복지부가 의도한 것이라 말하기도 하는데, 사실 복지부 입장에서 근로능력자를 발굴해서 노동부로 보낼 의지가 별로 없었다. 그러다 보니 노동부는 10만 명을 대상으로 예산을 잡았는데 실제로는 5천 명 정도밖에 못했다. 그러자 노동부는 전달체계를 장악해야 한다, 우리가 직접 서비스 전달을 관리해야 한다고 생각하기 시작했고, 그 뒤로 노동부는 법 만드는데 고심을 하게 된다. 지금 취업성공패키지도 그 연장에 있다.

그런데 노동부가 독자적으로 고용지원 서비스를 전달하는 건 사실상 불가능하다. 100여 개도 안 되는 고용지원센터를 가지고 이걸 다 할 수는 없다. 노동부는 서비스를 전달할 손발이 없는 것이다. 전문가들은 노동부가 지자체에 직접 들어가서 함께 하라는 안을 제안했지만 노동부는 절대 들어가지 않는다. 고용센터는 그 자체로 사무관 직위가 수백 개 있는데 지자체에 이를 넘겨주면 노동부의 인사 폭이 줄어들기 때문이다. (관료조직에서는) 그게 중요하다. 그래서 의도가 불순하다고 말하는 것이다. 관료들의 입장에서 생각하면, 복지정책이나 근로빈곤정책에서 (서비스 대상자에게 필요한 서비스가 아니라) 예산이나 인력이 가장 중요한 것이다.

Q 앞선 인터뷰를 하면서도 복지부와 노동부의 자활사업 조정 건은 쟁점이었다. 근로능력을 평가해서 노동부와 복지부로 나누는데, 평가를 지자체에서 하는 바람에 노동부가 손해를 본다는 의견이 대두되었고 그 결과로 최근 국무총리실에서 이를 조정하는 안이 제출된 것으로 안다.

A 사실 총리실에서는 조정하지 않는 편이 더 나을 지도 모른다. 문제를 해결하기보다 봉합하는 안이 나올 가능성이 크기 때문이다. 현재 근로빈곤층 지원제도는 전면적인 개편이 필요한 상황이다. 제가 2011년에 근로능력 판정 관련 연구를 진행했다. 고용을 연구하는 연구원과 복지를 연구하는 연구원이 함께, 과연 어떤 사람의 근로능력을 판별하는 것이 가능한 것이냐를 고민했는데 가능하지 않다는 게 결론이었다.

(노동부 고용지원센터의) 직업상담원이 직접 사람들을 만나 보면, 모두가 다 다르다. 수치상으로 나오는 건 참조자료에 불과하다. 그래서 (우리 연구의 결과로 상담원이 판단할 수 있는) 재량값을 1/5로 주었다. 일단 객관적인 조건이 어떤 집단에 해당하면 거기에서 출발하되, 현장에서 일하는 사람의 판단과 재량이 중요하다는 것이다. 그런데 이 방식은 논란의 여지가 있으니 채택하지 않으려 한다. 책임을 피하고 싶은 것이다. 그러다 보니 현재와 같은 방식이 나온 것이다. (현재의 방식대로) 의사들한테 맡기면 어떤 사람이 아픈 건 알 수 있지만, 노동능력을 판정할 수는 없다. 똑같이 아파도 어떤 사람은 근로의지가 강력하고, 어떤 사람은 근로의지가 없다. 또 정부가 준 지침에 따르면 근로능력이 없는 사람인데, 복지상담사가 다니면서 만나보면 충분히 일을 할 수 있는 사람이라는 걸 알게 된다. 이렇게 때문에 객관적인 자료를 토대로 만들어진 판정을

신뢰하기가 어렵다. 노동부의 직업상담원이 지자체로 와서 복지상담사와 함께 판정을 하고 서비스를 하는 게 가장 현실적이다.

얼마 전 노동상담사랑 복지상담사가 함께 상담을 하고 판정을 내려 보는 케이스 컨퍼런스를 시도했다. 그런데 노동부에서는 인력이 없다고 하면서 고용 상담을 쭉 해 왔던 경력자가 아니라 임시직을 고용해서 지자체에 내려 보냈다. 이런 방식으로 해서는…

Q 유럽의 상황은 어떤가?

A 이 문제에 접근하는 원칙은 하나다. 연구자나 실무자, 정책결정자들이 대략 하나의 방향으로 수렴하고 있다. 지역 중심으로 고용과 복지 전달체계를 하나로 묶어서 이용하는 사람이 한 곳에서 통일적으로 이용하게 하자는 것이다. 노동부와 복지부의 갈등은 전 세계에 다 있는 것이고 강력한 갈등선이다. 좋은 정부라는 컨셉에서 보자면, 복지서비스와 고용서비스는 공급자 중심 사고를 버려야한다. 공급자 중심의 논리를 버리라는 걸 공격의 논리로 써서 그렇지, 문제가있는 게 사실이다.

Q 복지부 인터뷰를 하다 보니, 복지부는 지역자활센터를 복지 서비스 전달체계로 가지고 있던데, 선생님의 모델에서 이런 기관의 역할은 어떻게 되나?

A (지방정부 공무원인) 복지상담사와 지역자활센터는 성격이 다르다. 자활센터는 아직 그 위상이 민간조직이다. 한국에서는 공공의 역할과 민간의 역할, 영리와 비영리의 역할 구분이 잘 안 되어 있다. 수급자의 소득, 재산 등은 개인정보이고 이것을 다루는 일에 민간이 개입되면 안 된다. 정부가 지켜줘야 하는 것이다. 지자체 사회복지전담공무원과 노동부 직업상담공무원이 함께 담당하는 게 맞다. 자활센터는 상담의 주체가 되어서는 안 된다. 자활센터는 취업이 어려운 분들을 대상으로 일하는 특수한 방식으로, 사회적 경제라는 연대방식을 통해 힘을 북돋아주는 것이다. 그러려면 그 사람에 대해 많이 알아야 한다. 자활센터에서 하는 사례관리는 공공기관의 사례관리와는 다른 것이다. 이 두 가지를 섞으면 신관료주의도 아니고 모호한 뭔가가 된다. 자활센터가 이 역할을 해야 한다는 의견도 있는데, 이건 위험하다. 근로빈곤 지원의 골자는 지역중심으로 공공의 두 축이 담당하는 게 맞다. 이 축 안에서 지원이 필요한 여러 공급자가 붙는 것이다. 희망리본도 마찬가지로, 다양한 공급자 가운데 하나가 되는 것이다. 복지부와 노동부가 대상을 나눠서 하는 발상은 옳지 않다.

Q 노동부와 복지부 갈등은 다른 나라에도 존재한다고 하시는데, 사례에 대해 말씀을 해 달라.

A 영국에서는 블레어 정권이 들어섰을 때 노동부와 복지부를 통합했다. 노동부, 복지부, 인적 자원부, 교육부를 통합해서 하나의 기관으로 만들었다. 다른 나라들에서도 여러 가지 실험들이 진행되었다. 일본도 노동후생성이 통합되어 실험 중이다. 물론 관료집단을 바꿔가는 게 쉽지는 않다. 프랑스는 두 기관의 위에 우산을 씌운 경우다. 노동부와 복지부 위에 이를 하나로 통할하는 센터를 만들고 부총리가 직접 관할하는 것이다. 나라마다 관료들의 상황이 다르고, 각각의 상황에 맞세 두 부처를 통합하는 모델들이 실험중이다. 고용과 복지를 묶어서 전달하겠다는 건 지난 15년간 지속되어온 흐름이었다. 독일은 지금도 논란중이다. 영국처럼 Job Center로 통합을 하면 복지부가 반발을 하고… 프랑스에서는 근로지원은 노동부가 하고 급여는 복지부가 하는 방식을 채택하고 있다. 그런데 한국은 실험을 하지 못했다. 고용노동부가 강하게 반발을 해 왔다.

Q 블레어 정부는 중앙부처 통합을 한 것인가?

A 그렇다.

Q 그건 노무현 정부의 대통령직속위원회 구조와는 다른 것인가?

A 부처 간 업무연계를 할 수 있는 협력위원회를 만드는 건, 부처 통합의 전 단계로 상대적으로 쉬운 방법이다. 근로빈곤층 문제가 있으면 상호 협의를 하는 위원회를 만드는 방식이다. 한국도 있지만 잘 작동하지는 않는다. 부처 간 협의를 한다는 건 동등한 입장에서 이해관계를 겨룬다는 것인데, 논의의 끝을 보기가 어렵다.

Q 국무총리실의 조정은 어떤가?

A 우리나라에서는 국무총리실의 힘이 약하다. 나라마다 정권이나 권력구조의 특성이 다르다. 영국엔 총리가 권력을 가지고, 프랑스도 총리가 내무를 총괄한다. 그래서 총리실에서 관할하는 건 효력을 발휘할 수 있다. 하지만 한국은 총리실에서 관할하기가 어렵고, 문제를 더 악화시키는 경우도 많다. 총리실에서는 잘 해보려고 하지만 해결하기보다 봉합하는 경우가 발생한다.

Q 만약 집권자의 의지가 실린다고 가정한다면, 우리나라에서 부처 통합의 디자인은 마련되어 있다고 볼 수 있는가? 기존 논의나 성과들에 대해 소개해 달라.

A 기존의 논의들이 있고 어려운 일은 아니라고 본다. 문제는 의지다. 노동부가 산하 모든 조직을 동원해서 고용전달체계를 놓지 못하겠다고 하면 어려워진다. 또 고용전달체계 통합을 반대하고 노동부를 지원해주는 전문가들도 있다. 그런데 세계적 흐름을 보면 전달체계를 묶어야 할 필요성이 크다. 하지만 많은 부분이 정치적 결정에 달려 있다. 국민들의 욕구 측면에서 통합방향이 옳다고 한다면, 어떻게 개혁할 것인가가 방향이 되어야 한다.

Q 지방조직을 중심으로 통합한다고 할 때, 자치단체장들은 환영할까?

A 단체장들은 의지를 갖고 있을 것이라 본다. 하지만 중앙부처가 지방이양을 피하려고 할 때 주로 동원하는 논리가 지방정부의 무능이다. 하지만 이것은 중앙정부 차원에서 지방정부를 육성하지 않은 측면에서 접근되어야 한다.
지방정부 재정의 60~70%는 복지전달 서비스에 쓰인다. 그런데 지방정부와 중앙정부를 연결하는 채널인 내무부, 현재의 행정안전부는 원래 서비스 전달기능이 아니라 관리기능이 강한 부처다. 서울지역에서는 구청 단위로 전달서비스가 많이 배정되어 있지만, 대부분의 경우 아직 지자체에 인력이나 예산의 배정이 제대로 되어 있지 않다.
우리나라 공공부문의 인력수준이 (다른 나라와 비교할 때 그 비율이) 크게 낮지는 않은데, 인력배치가 잘 안되어 있다. 행정직, 기술직, 복지직 사이에 칸막이가 쳐져 있어 필요에 따라 원활하게 배치를 변경하기가 쉽지 않다. 또 지방정부의 재정이 취약한데, 지방정부가 일을 할 수 있도록 재정을 투입해야 한다. 중앙정부에서 지방정부에 제공하는 보조금 제공방식을 보면 권위적인 배분이 이루어진다. 지방정부는 행정안전부를 잘 모셔야 예산이 들어오고, 이런 방식으로 행정안전부는 지방정부를 관리한다. 지방정부 입장에서는 재정도 없는데 인력을 늘리기도 어렵고, 복지사업에서 매칭 펀드 방식을 도입하다 보니 점점 더 어려움에 처한다. 이런 걸 보면 원래 무능한 게 아니라 무능하게 만들어져온 것으로 봐야 한다. 어느 나라나 지방정부 공무원이 중앙정부 공무원보다 유능하기는 어렵다. 결국 지방정부의 능력을 규정하는 것은 인력과 조직인데, 중앙정부 관료들이 조직과 예산을 틀어쥐고 있다. 실제로 지방정부에 가보면 갑갑하다. 그렇다고 지방정부 공무원이 무능하니까 중앙정부가 계속 해야 할까? 안되니까 지방정부가 사업을 진행하되 영리공급자에게 복지서비스를 넘기라는 것은, 공공의 능력을 죽이는 방식이다. 공공이 무능한 게 사실이지만, 왜 그렇게 되었는가를 이해하는 게 중요하다.

Q 근로빈곤정책 결정과정에서 전문가들이 어떤 방식으로 참여하는가에 관해 알고 싶다.

A 연구자들이 정책결정과정에 큰 영향을 미쳐 왔다고 보기는 어렵다. 관료들은 돈을 가진 슈퍼 갑(甲)이다. 관료들의 입장에서는 연구자들이 자기 맘에 안 들면 자기 맘에 드는 사람으로 고르면 된다. 그런데 정치영역에서는 일정 부분 영향력을 미치는 게 가능하다. 연구자들이 오랫동안 한 분야를 연구하다 보면 그 분야에서 전문성을 얻고 이름을 얻을 수 있다. 하지만 정책결정과정에서 큰 영향을 미치진 못한다. 관료들의 입장에서는 충분히 대안적인 지식공급자를 찾을 수 있기 때문이다. 이런 점에서 지식인들이 정책결정과정에 큰 영향을 미칠 수 있다는 건 착각이다. 반면 정치가들은 유권자의 필요를 수용해야 하고 그에 맞는 정책에 대해 잘 전달해 줄 수 있는 지식인들이 필요하다. 지식인들이 정책결정과정에 참여하는 건 관료를 통하거나 정치권을 통하는 두 가지 방식이 있다. 그런데 관료를 통해 개입하는 경우는 주도권을 갖기 어렵고, 정치권에서는 조금 더 영향력을 가질 수 있다. 하지만 어떤 경로이든 연구자들이 먼저 자기 할 일을 제대로 하는 게 중요하다.

Q 노무현 정부의 대통령직속위원회 모델에 대해서는 어떻게 평가하나?

A 대통령직속위원회를 만든 기본 이념은 나쁘지 않다. 민간전문가, 관료, 정치인들이 모여 함께 일을 한다는 원칙은 좋다. 그런데 문제는 누가 어떤 방식으로 이끌어 가느냐다. 같은 위원회를 만들어도 누가 이끄느냐에 따라 성과는 천차만별이다. 그렇기 때문에 획일적으로 평가하기는 어렵다. 대통령직속위원회는 관료들이 생각하지 못한 점을 생각하고 추진해 나갈 수 있다는 점에서 장점이 있다. 하지만 인력이 충분히 준비되어 있지 않으면 관료에 쉽게 휘말린다. 노무현 정부에서는 기재부와 예산처의 싸움이었고 예산처가 이긴 것 같았지만 기재부가 나중에 이를 뒤집었다. 반면 이명박 정부에서는 기재부가 처음부터 기선을 잡았다.

전문가가 들어가서 관료조직과 겨뤄 이길 수 있다는 발상은 교만한 것이다. 개별적으로 들어가는 전문가 위원들은 모두 각각이 독립군들이다. 그런데 관료조직은 하나의 단일 조직이기 때문에 결코 만만하게 볼 수 없다. 이런 이유로 이끌어가는 사람이 중요하다는 것이다.

대부분의 위원회들을 보면, 누가 참여하고 이끌어 가느냐가 정책의 성과나 질을 결정한다. 물론 대통령이 힘을 실어주는 조직일수록 더 나은 성과를 보인다. 조직형태로는 대통령직속위원회가 나쁘다고 생각하지 않는다. 너무 많이 만들어 집권공신들을 배려하기 위한 의도가 아니라면, 굵직한 위원회들은 필요하다.

사회정책과 관련된 모든 정책을 청와대 일부 조직에서 다할 수는 없는 일이기 때문이다. 총괄조정을 해주는 조직이 필요하다. 총리실에 두어도 좋지만 총리실의 권한을 강화하지 않으면 의미가 없어진다. 어디가 되었든 내정에 실권을 가진 단위에서 조정역할을 맡아야 한다.

Q 이명박 정부에서는 초기 위원회들을 없앴는데 나중에는 새로 만들지 않았나?

A 그렇다. 어느 순간부터 계속 만들었다. 부처 간 업무조정의 필요성이 있었고, 힘을 가진 조정기관이 필요했기 때문이다. 비서관들로 이 모든 정책들을 챙기기엔 인력이 너무 부족하다. 한 나라에서 부처의 규모를 생각해 보면, 조정할 조직도 어느 정도의 규모가 필요한 것이다. 옥상옥(屋上屋)을 만들자는 게 아니라 업무를 파악해서 조정할 만한 실력을 가진 조직이 필요하다는 것이다. 우리나라도 15년 간 여러 번 시행착오를 거쳤으니까 다음 정부는 초기 세팅을 잘 해서 개혁을 하려면 빨리 추진했으면 좋겠다. 중국과 영국의 개혁과정을 최근 연구하는데, 우리나라는 너무 오래 허송세월을 보냈다. 경제시스템도 마찬가지고, 교육, 사회시스템 전반에서 위기대응이 가능한 시스템을 만들지 못했다. 세계가 경제 불확실성이 커지고 있는 상황이므로 모든 분야에서 안전망 구축이 절실히 필요하다.

Q 좀 구체적인 질문을 드리겠다. 복지체제 재구축과 관련해서 기초생활보장제도의 통합급여 방식을 개별급여방식으로 재구성해야 한다는 의견이 있고, 이렇게 할 경우 기존 제도보다 훨씬 더 많은 예산이 필요해서 쉽지 않다는 의견도 있다. 어떻게 평가하시는가?

A 기초생활보장제도 급여체계는 재구성될 필요가 있다. 저도 이 제도를 만드는 데 참여했고 기본 설계는 잘 했다고 생각한다. 하지만 저는 유럽에서 공부했기 때문에 제 상식에 어긋나는 면이 몇 가지 있다. 그러나 요즘에는 관련된 이야기를 잘 안하는 편이다.
(오프: 김대중 대통령이 기초생활보장제도를 천명한 다음부터 일은 일사천리로 진행되었다. 정부는 단기간에 성과를 나타내야 했고, 이때 이 제도를 연구해온 단체가 참여연대였다. 정부는 참여연대의 안을 받았고 급하게 제도디자인을 하고 시행에 들어갔다. 제 생각에는 제도개혁을 할 때 입법은 저항이 심해질 수 있으므로 단기간 내에 추진하는 게 맞지만, 만들어진 법률에 따라 세부적인 제도 디자인을 하는 과정은 시간이 걸리더라도 제대로 과정을 밟아야 한다고 생각한다. 당시 너무 급박하게 제도디자인을 하면서… 좀 이해하기 어려운 방식으

로 디자인이 이루어졌다.)

현재의 제도는 생계, 의료, 주거, 교육급여 등을 한꺼번에 다 주는 형태이고, 수급대상자에서 탈락되면 이 제도 전체에서 나가라는 것을 의미한다. 뭔가 다른 대안이 필요하다. 수급자들의 경우 수급체제에서 나갈 수 없는 이유들이 있다. 외국에서는 빈곤층에게 탈수급, 탈복지를 하라고 할 때 상식선에서 기준을 제시한다. 외국에서도 생계급여의 기준은 엄격하고 높지 않다. 우리나라 기초생활보장선의 최종 생계비는 60~70%선이고 생계급여의 기준이 엄격해야 한다는 건 외국에서도 대체로 합의가 있다. 그런데 해외에서는 교육급여나 주거급여, 의료급여 등에 대해서는 조건이 없는 편이다. 대신 생계급여 수급자에서 벗어나면 잘 했다, 다른 국민들에게 부담을 주지 않도록 스스로 노력했다고 본다. 하지만 생계급여 수급대상자에서 벗어났다고 해서 시스템 자체에서 나가라는 건 안 된다. 이건 제도 설계가 잘못된 것이다.

제도 설계를 할 당시에는 빈곤층의 사회권을 통합적으로 보장해야 한다는 집착이 강했다. 하지만 계란을 여러 바구니에 나누어 담아야지 한 바구니에 모두 담는 건 좋지 않다. 제도 시행 이후 12년이 지났지만 수급자 범위는 여전히 똑 같다. 이래서는 위기상황에 대처할 수가 없다. 기초생활보장제도는 마지막 사회안전망으로 불린다. 최후의 충격완화장치라는 것이다. 그런데 이 수급대상자가 145만으로 고정되어 있다는 건 문제다. 빈곤층이 도움을 청하는데 안 된다고 하면, 그 사람은 누군가에게 돈을 빌리든가 죽든가 범죄를 하라는 말밖에 안 된다. 우리나라의 경제수준에서 아직도 이런 수준의 논의가 되고 있는 것 자체가 세계적 흐름에 뒤떨어져 있다는 것이다.

Q 기초생보 설계과정에서 시민단체에 관한 말씀을 하셨는데, 그렇게 된 배경이나 원인은 뭘까?

A 정부의 급박한 일정에 따라 몇 개월 만에 만들어지면서 다른 제도와의 정합성을 평가하고 섬세하게 제도 디자인이 이루어지지 못했다. 전체 빈곤층이 300만 명이라고 한다면, 145만 명에게 수급을 통합해주는 게 아니라 나누어서 300만 전체에게 골고루 자원을 나눌 수 있는 시스템의 개혁이 필요하다.

Q 개별급여로 가면 예산이 많이 든다는 논리는 어떻게 평가하나?

A 그런 논리 자체는 옳지 않다. 통합급여를 개별급여로 한다는 건 통으로 주던 것을 개별로 나눈다는 말 뜻 그대로다. 개별급여 자체가 재정을 더 많이 들게 하는 게 아니라, 현재 대상자 150만 명을 300만 명으로 확대하려면 늘어난다는

것이다. 통합급여를 개별급여로 나누고 각각의 급여를 받을 사람을 현재 기초
보장수급자가 아닌 사람들 사이에서 더 발굴하고 포괄하려면 당연히 늘어나야
한다. 하지만 빈곤층의 극단적 상황은 막아야 하지 않겠나? 자살률이 이렇게
높은 나라에서 예산 때문에 이 체제를 유지한다는 건 옳지 않다. 이건 사회보장
제도의 ABC에 해당하는 것이다. 어느 나라 제도도 이렇게 묶어서 주는 곳은
없다. 이걸 효과적이거나 효율적이라고 하는 건 어처구니가 없는 것이다.

Q 제도 도입 당시 이처럼 문제가 있는 방식으로 디자인된 원인은 무엇이라고 보나?

A 우선 논의할 시간이 없었다. 김대중 대통령이 도입 천명을 한 상황에서 급하게
진행이 되었다. 당시에도 내부에서는, 특히 복지부에서는 너무 급하다는 문제제
기가 있었다. 일반적으로 정치권에서 먼저 문제를 제기할 때에는 관료들이 할
수 없는 걸 추진해 나갈 수 있는 장점이 있다. 그런데 지금은 위임입법이 위기
를 야기하는 상황이다. 제도 도입을 할 때 초창기 법을 만든 다음에는 관리기능
을 잘해야 한다. 제도를 작동하는데 필요한 섬세한 장치들은 시간이 필요하고,
법을 만들려면 이런 문제에 대한 안을 미리 가지고 있어야 한다. 그래야 행정부
에서 시행령 등을 통해 제도를 관리하고 작동시키는 위임입법이 야기할 수 있는
문제를 방지할 수 있다. 다음 정부는 이런 안을 가지고 있기를 바란다.

Q 위원님은 근로빈곤정책의 초기부터 연구를 하고 관여하신 것으로 안다. 우리나라 정
부에서 근로빈곤층에 대한 개념은 어떤 방식으로 도입되었나?

A 보건사회연구원에서 2002년경 자활사업에 관한 패널조사 결과를 발표하고 이
것이 보도되기 시작하면서부터 일하는 빈곤층 개념이 생겨났다. 그 이전에는
실직 빈곤층에 대한 개념만 있었는데 일하는 빈곤층이 있다는 게 충격적으로
받아들여졌고, 이로부터 근로빈곤층을 대상으로 한 정책들이 시작되었다고 볼
수 있다.

Q 현재 정부정책과정에서 근로빈곤정책에 대한 통합적 프레임이 존재하나?

A 아직 마련되어 있지 않고 개별 정책차원에서 접근되는 단계다. 근로빈곤정책
전반, 소득보장, 재정인센티브, 취업지원, 사회적 기업 등을 포괄하는 큰 법이
필요하다. 지금은 근로장려세제는 기재부, 사회적 기업은 노동부, 취업지원은
노동부와 복지부 등으로 나뉘어 있다. 과거와 달리 지금은 모든 부처가 복지사
업이 돈이 된다고 생각한다. 과거와 비교해 보면, 노동부의 경우 노사관리에서
크게 할 게 없고 하니 복지사업에 관심을 갖는다. 이 과정에서 하나의 제도 패

키지가 되어야 할 정책을 하나씩 찢어 가지게 되었다. 그런데 각각으로 분할된 사업을 조정할 수 있는 통합적인 패키지가 없다. 그걸 누가 총괄할 것인가가 핵심적인 이해관계가 된다. 기재부도 하고 싶어 하고 재경부도 하고 싶어 한다. 그런데 재경부가 하면 곤란하다. 예산과 재정을 다루는 부처에서 사업에 개입을 하게 되면 효율의 논리로 접근하게 되는 문제가 발생한다.

Q 노무현 정부 후반기에 대통령직속위원회를 예산처와 기재부로 보냈다는 인터뷰 내용이 있었다.

A 그렇다. 그런네 가져기서 모두 제대로 안 되었다. 노무현 정부의 실책 가운데 하나가 중요 위원회를 예산처와 기재부에 하나씩 보낸 것이다. 복시서비스는 경제정책과는 다르다. 예산, 재정부처에서 보면 사업부처에서 복지서비스 관리 능력이 없다고 보기 때문에 사업효율화에 중점을 두게 된다. 그런데 효율화를 하게 되면 예산통제는 잘 되지만 사업성과는 떨어진다.

외국처럼 복지예산은 국회가 강하게 관리하거나 정부 차원의 별도 대책이 필요하다. 미국의 경우 국회에서 많이 관할을 한다. 복지서비스에 대한 전문기능이 떨어지는 부처에서 관리를 하다보면 억지를 쓰게 된다. 복지예산에 대한 자원배분전략이 없기 때문이다. 행정부 내부에서 자원배분전략을 위해서는 사회서비스 담당 부처들을 총괄하는 사회부총리제가 필요할 수도 있다. 사회정책이나 교육정책의 비중이 점차 커지기 때무에 관리능력을 키워줘야 한다.

프랑스에서는 정당이 정부의 사회정책에 관한 모든 기록을 가지고 있다. 프랑스 사회당을 보면 100년이 넘은 정당인데 그 정당의 의사록을 모두 다 가지고 있었다. 모든 정책의 역사와 정책결정과정이 기록되어 있는 것이다. 또 정당이 오래되고 정당을 지원하는 전문가들 역시 오랜 네트워크를 가지고 있고 유권자들에게 알려져 있다. 그래서 누가 권력을 잡으면 어떤 정책을 할 것이다, 그 정책을 위해 누가 행정부에 들어갈 것이다, 이런 것이 예측이 가능하다. 그런데 우리나라는 정당의 정책방향이 모호하고 지지하는 사람들도 이합집산을 거듭하니까 예측을 하기가 어렵다. 좌나 우를 떠나서 정당이 좀 오래 지속되었으면 좋겠다.

Q 마지막으로 다음 5가지 정책영역들의 순위를 매겨 달라.

A 제 입장에서는 사회서비스 확대가 가장 우선이고, 차상위 소득지원이 다음이고, 실직 안전망, 적절한 소득보장의 순이겠다. 사회서비스 확대가 가장 중요한 것은 현금 급여 확대보다 서비스 공급이 늘어나야 한다고 보기 때문이다.

우리나라는 사회보험을 도입했지만 가입률이 오래 정체되어 있는데, 앞으로도 이런 추세는 지속될 것 같다. 이러면 사각지대가 발생한다. 외국의 경우 사회보험이 노동시장에서 불안정한 사람들에게 사회보험의 혜택이 돌아가도록 되어 있지만, 우리나라는 노동시장에서 안정적인 고용과 소득이 있을수록 더 많은 사회보험의 혜택을 받게 되어 있다. 복지는 노동시장에서 위기집단을 관리하는 것인데 한국은 바뀌어 있다. 이 문제를 해결하기 위해서는 차상위 계층에 대한 소득보장이 한 축이고, 사회보험 가입률을 높이는 대안이 다른 한 축으로 필요하다. 사각지대를 좁히는 정책이 가장 시급하다. 복지는 확대되는데 격차가 벌어지는 게 가장 위험하다.

실직 안정망에 대해서는 실업부조를 말씀하시는 분들이 있는데, 개인적으로는 회의적이다. 서구에서도 실업부조와 공공부조가 융합단계에 있다. 통합의 방식은 국가마다 다양하다. 독일은 조합주의가 강하기 때문에 실업보험과 실업부조 중심으로 공공부조가 통합되고, 프랑스는 공공부조 중심으로 통합이 이루어지고 있다. 한국에서 실업부조가 회의적이라는 것은, 실업부조 자체가 실업보험 급여가 중단된 이후의 사람들을 대상으로 하는 것인데 우리나라는 장기 실직자의 문제보다 불안정하게 고용과 실직을 반복하는 집단이 더 큰 문제이기 때문이다. 몇 개월 정도의 실업상태에 있다가 또 몇 개월 정도의 취업상태에 있게 되는데, 이 사람들에게 너무 관대하게 안전망을 제공하면 그 체제에 머무르게 되고, 또 너무 각박하게 디자인을 하면 효과가 없어진다. 아무튼 1990년대 이후 실업부조 제도를 새로 도입한 나라는 제가 알기로는 없다.

우리나라에서 문제는 관료도, 정치가도 기존 제도를 수선하기보다는 새로운 제도를 만들어 해결하는 방식을 선호한다는 것이다. 이러다 보니 문제가 있는 기존 제도는 그대로 두고 계속 새로운 제도들이 생겨난다. 그러면 문제가 있는데 개선이 안 된 제도들이 좀비처럼 떠돌아다니게 되는 현상이 발생한다. 문제가 있는 제도를 수선해서 해결을 하고 그 다음에 새로운 것을 만들더라도 만들어야 하는데, 그렇지 못하다 보니 법체계는 누더기가 된다. 기초보장제도를 먼저 개편해서 문제를 해결하는 게 먼저다.

Q 끝으로 전반적인 근로빈곤정책에 관한 의견을 정리해 달라.

A 근로빈곤정책을 하나의 틀에서 조망하는 게 필요하다. 법체계를 통합하고, 부처 간 이해관계를 조정하고 예산과 기능을 통합해야 한다. 사회정책분야 총괄 그림을 그려놓고 제도 정합성을 평가하고 서비스 전달체계를 재구성하고 관련 예산을 통합적으로 조정하는 문제를 한 눈으로 볼 수 있어야 한다. 그런데 근

로빈곤정책은 정책의 우선순위에 놓여 있지가 않아서 이렇게 하기가 쉽지 않을 것이다.

장기적으로 보면, 노인층의 인구가 늘어나고 정치에서 영향력이 커지게 되면 고령자정책에 우선순위를 두고 사회정책의 문제에 접근하게 되는 현상이 발생한다. 그런데 우리나라의 노인빈곤율은 시간이 지날수록 빨리 감소하게 될 것이다. 하지만 노인들의 정치적 파워가 커질수록 복지지출구조의 왜곡이 발생한다. 저출산 문제를 해결하고 보육, 교육체제 정비를 통해 근로 연령층의 생활기반이 튼튼해져야 고령사회를 떠받칠 수 있다. 그러려면 자원의 배분이 노인 표에 의해 왜곡되지 않게 해야 하는 게, 한국이 일본의 전철을 밟지 않는 방법이다. 그런데 이 선택은 정치인에게는 부담스러운 선택이다.

하지만 정책을 담당하는 브레인들은 고민을 해야 한다. 근로연령층에게 자원을 투자한다는 관점에서 보면 사회서비스 문제가 중요하다. 노인들에 대한 현금급여나 의료비, 연금 등을 생각해 보면 특별히 제도를 바꾸지 않고 현재대로 두어도 그에 필요한 재정은 급격히 증가할 수밖에 없다. 노년층의 인구는 늘고 그들의 정치적 파워도 늘어나기 때문이다. 이럴수록 근로 연령층에 대한 전략적 자원배분이 필요하다. 그래서 싱크탱크의 역할이 중요한 것이다.

사회서비스를 확대한다는 건, 구매력을 가진 집단이 사회서비스를 구매할 수 있도록 만든다는 것이다. 사회서비스에 대한 유효수요를 늘려야 한다. 사회보장세를 걷는 문제도 생각해 볼 수 있다. 최대의 문제는 현재 사회보장체제를 사회보험료의 지속적인 인상 방식으로만 해결해 나갈 수 없다는 것이다. 이럴 때 재정 확충의 한 방안으로 작은 사회보장세, 사회보장 목적세를 만드는 것이다. 유럽은 이미 복합과세전략을 채택하고 있다. 소득, 소비, 재산을 합쳐서 복합적으로 조세체제를 바꾸고 사회보장이라는 목적에 일정부분을 투입하는 것이다.

경제성장률과 복지수요를 예측한 다음, 소득과세, 소비과세, 부동산 과세, 금융거래 과세, 소득감면제도 정비 등을 해서 세원을 발굴하는 것이다. 사회보장세의 재원규모는 처음부터 크게 가지 않아도 된다. GDP의 0.5~1%선에서 시작해서 고령화 추세에 따라 세율을 조정하는 방식을 채택할 수 있다. 단계적으로 세율을 높여가는 것이다.

III. 다문화정책 정책참여자 인터뷰

1. 정책결정자 인터뷰

- 인터뷰 대상: 000 전 장관
- 일　　　자: 2013년 2월 13일
- 장　　　소: 성공회대학교 000 교수 연구실

Q 프로젝트 개요 소개… 외국인노동자 문제에 관심을 가지게 된 계기부터 말씀해 달라.

A 외국인 근로자에 접근하게 된 것이 1991년이었다. 남양주 마석 가구공단 단지에서 외국인 근로자들이 대거 몰려들기 시작했다. 처음에 일한 건 그 사람들을 위해 예배를 해 주고 격려해 주기 시작한 것이다. 초보적이지만 한국생활을 위한 가이드였고 주로 했던 일은 상담이었다. 불법이긴 했지만 환전을 도와주거나 생활을 도왔다. 이러다 자꾸 숫자가 늘어났다. 당시 필리핀에서 온 사람들은 상당히 고급인력들이었다. 회사의 사장이나 전무 하던 사람들, 학교 교사, 공무원 이런 사람들까지 (한국으로) 몰려 들어왔다. 이들을 놓고 우리사회가 어떻게 해야 할까를 생각하기 시작했다.

본격적으로 이 문제를 접하면서 여러 계층 사람들을 만나기 시작했다. 1990년대 후반 들어서면서 김대중 정부가 들어서고 IMF가 일어나 한국사회도 고용문제가 어려운 상황으로 접어들었다. 외국인 근로자 문제로 심각해지기 시작했다. 저는 2000년 16대 국회에 들어서면서부터 이 문제를 정책적으로 어떻게 풀어가야 할지를 고민하게 되었다. 당시 대통령께도 말씀을 드렸고, 당시 국정원장, 노동부, 보건복지부 장관들에게 정책건의도 했다. 가장 걸리는 분야가 법무부였다.

법무부가 산업연수생 제도라는 걸 도입한 게 1993년 11월부터였다. 그때 공식적으로 도입했고, 법무부는 산업연수생 제도를 도입하면서 '이것으로 합법적으로 외국인 근로자들을 한국에 데려오는 것이니까 정부로서는 원칙적으로 제대로 하고 있는 것이다'라고 주장했다. 그랬는데 이 사람들이 여기에 와서 형편없는 대우를 받으니까 (연수대상 기업에) 제대로 붙어 있지는 못하고 도망쳐 나와서 일반기업에 취업을 하거나 그랬다. 당시 이미 임금격차(외국인근로자와 한국인노동자 사이의)가 3~4배 정도였다. 그 사람들은 산업연수생이 되기 위해 연수생 송출회사에 보통 1,500불~3,000불 가까이 수수료를 주고 들어오는데, 이런 임금을 받아서는 갚을 방법이 없었다. 빚 때문에 결국 정상적인 연수생 생활을 할 수 없었던 것이다. 물론 연수과정도 형편없었다. 열악한 노동조건이었고 착취였다. 그렇게 연수대상 사업장을 나가서 불법체류자가 되었기 때문에, 사업연수생 제도가 불법체류자를 양산했던 것이다.

Q 고용허가제를 추진했던 구체적 과정에 대해 말씀해 달라.

A 이런 상황에서도 근로자들이 외국에서 많이 들어왔고, IMF 직후에는 불법체류자가 30만을 넘는 상황까지 갔다. 대통령이나 법무부, 국정원, 보건복지부, 노동부를 대상으로 (제가) 이런 이야기들을 했다. 불법체류중인 30만 외국인 근로자들은 이미 3D업종에서 일을 하고 있을 뿐 아니라, (우리가 법적으로 만들어 놓은) 연수생 제도를 통해 들어온 사람들이니 양성화하는 것이 좋지 않겠는가, 이 사람들을 (불법체류자 신분에서 합법적인 신분으로) 풀어주자. (고용허가제의) 입법취지 최초 목표는 불법체류자를 풀어주는 것이었다. 과거 미국에 불법체류하던 우리나라 사람들의 문제, 일본에 억류되었던 재일동포들의 문제를 생각해 보면, 우리도 풀어줄 때가 되지 않았느냐는 생각을 했던 것이다.

(고용허가제를 추진했던 이유 가운데) 두 번째는 경제계의 중소기업이나 3D업종 인력을 확보하는 문제가 있었다. 세 번째는 우리가 이제까지 미국 중심 외교 활동을 해 왔는데 아시아로 돌려야 하지 않겠느냐, 아시아와 함께 살아가는 문화적 기반을 만들려면 외교적 기반이 필요하다고 보았다. 실제로 방글라데시나 태국 대사들이 내 방(의원실)에 와서 인사를 하고 가고 그랬다. 동남아시아 주변국들과 좋은 결실을 낼 수 있을 것으로 보았다. 네 번째는, 실제 중소기업 경쟁력을 올리려면 비용절감을 해야 하고 이를 통해 중소기업에 활로를 열어줄 수 있을 것으로 보았다. 그렇게 시작이 된 것이다.

그런데 (일을 추진하려고 보니) 긍정적인 부처가 하나도 없었다. 모든 정부 부처는 반대 입장이었는데, 특히 법무부가 심했다. 당시 법무부 장관이 천정배였고 그 이전 장관들 3명을 만났는데 모두 부정적이었다. 풀어줄 수 없다는 입장이었다. 그래서 김대중 대통령 때 해결을 할 수 없었다. 다시 정부가 바뀌어 노무현 대통령을 만나 이야기를 했더니, 문화적인 문제가 있을 수 있지 않겠는가를 지적을 했다. 이 사람들을 풀어줄 경우 혈통 간의 혼혈 등의 문제가 있을 수 있는데, 문화적으로 받아들일 준비가 덜 되어 있는 게 아니냐는 걱정을 했다. 이런 이유로 노무현 대통령도 선뜻 이 문제에 접근을 못했다.

입법 당시로 돌아가면, 노동부도 적극적이지 않았고 법무부도 부정적이었다. 그래서 이 법안은 어차피 우리가 입법 발의할 수밖에 없겠구나 판단을 했다. 처음 이 법을 만들 때는 어려움이 있었지만, 세 가지 관점에서 입법을 했다. 불법체류자의 허가, 외국인 근로자의 인권보장, 외국인 근로자 고용허가와 고용보장. 이것이 주된 관점이었다. 제일 크게 반대했던 것이 한나라당이었고, 당시 노동환경위원장이 신계륜 의원이었는데 쉽게 합의가 되지 않았다. 교육위원인 내가 입법 발의를 했으니까, 제 소관사항은 아니었다. 그러나 이 문제를 가장 많이 경험했고, 실제 그 사람들과 함께 교류를 했기 때문에 발의를 한 것이다. 신계륜 위원장을 설득하고 위원들을 설득해서 입법을 추진했다.

Q 당시 반대했던 사람들 가운데 가장 큰 이권이 걸려 있었던 측은 어디였나? 중기협?

A 제일 반대했던 사람들이 송출회사였다. 이 회사들은 법무부 출입국 관리국 관리들 가운데 은퇴자들이 관여되어 있었고 중소기업중앙회가 (도입인력을) 관리했다. 1인당 1,500불~3,000불 되었는데 1년에 1만여 명이 들어왔다. 송출회사와 중기협의 연관된 이해관계 때문에 조직적인 반대가 있었다. 중기협은 인력도입TO에 대한 관리권을 가지고 있었고 업자들은(한국인들로 구성된 송출회사) 해외에 나가 모집을 했다. 산업연수생 제도의 허점으로부터 이득을 취했던 것이다.

Q 송출회사와 중기협의 역할에 대해 좀 더 구체적으로 말씀해 달라.

A 현지 업체에 외국인노동자 할당량을 배정할 권한을 가지고 있는 게 중기협이었다. 그랬기 때문에 실제 그걸 이행하는 송출회사의 결탁과 이권이 오가는 문제였다. 그래서 제도변화에 대해 법무부 이민국 출신의 송출회사를 설득하는 게 어려웠다. 불법 체류자를 양성화하자면 이들의 이권을 끊어야 하기 때문이다. 어쨌든 고용허가제를 통해 4년 미만 불법체류자 18만 4천, 199명을 양성화시켰다. 당시 불법체류자가 30만 명이 넘었는데 왜 4년 미만이었냐? 나는 전원을 풀어주고, 그 다음에 이 법에 의해 새롭게 진전을 시키자고 했고 그래야 불법체류자가 없어지지 않겠냐고 보았다. (하지만 전원 양성화는 실현되지 못했다.) 두 번째로, (한국인 출신의 현지) 송출회사를 없애도 산업연수생 제도를 없애야 불법체류자를 막을 수 있다고 봤다. 산업연수생 제도가 불법체류자를 양산하는

제도였기 때문이다. 1~2달 체류하다가 불법 체류자로 일반 기업으로 나가는 걸 막을 수 없었다. 들어올 때 (송출회사 등에 제공한) 커미션 때문이다.

Ⓐ 산업연수생들은 1년 안에 커미션으로 제공했던 비용을 갚아야 했기 때문에, 산업연수생으로 들어오자마자 바로 불법체류자가 되어야 하는 구조였다.

Ⓐ 당시 그게(연수생 제도를 없애는 것이) 가장 어려운 문제였다. 하지만 곧바로 없애지는 못했다.

Ⓠ 국회 내 입법과정은 구체적으로 어떻게 진행되었나?

Ⓐ 처음에 제가 왔을 때(아마 전 의원실 보좌관이었던 듯) 이미 발의되어 있던 제도는, 산업연수생 제도를 없애고 불법체류자를 양성화하는 안이었다. 그런데 실제 (통과된) 내용에는 산업연수생 제도를 그대로 두고 고용허가제를 도입하는 안이었다. 불법체류자도 인정하면서 일부를 풀어주는 방안이었다.

Ⓐ 그 안이 환노위에서 조정된 것이었는데, 내가 노동위원이 아니었기 때문에 어쩔 수 없는 면이 있었다. 법사위에서도 문제가 있었다. 법사위에서 가장 문제가 된 것이 불법체류자 사면에 관한 과제였다. 외국인 노동자 자체에 대한 편견이 컸고, 조순형 의원이 반대를 엄청나게 했다. 마지막 순간까지 어려운 과정이었다.

Ⓠ 반대이유는 구체적으로 무엇이었나?

Ⓐ 그때 논리는 법의 안정성이었다. (하지만 당시 상황을) 왜곡·호도했던 것이, 외국인노동자들의 임금이 올라갈 것이고 우리나라 노동자들이 설 자리가 없어질 것이라는 것이었다. 그런 논리들을 가지고 반대주장을 했다. 근거는 빈약했지만 선동적이었기 때문에 설득하는 것이 쉽지 않았다.

Ⓠ 그런데 실제 중소기업을 운영하는 사람들은 외국인 노동자들을 필요로 한 게 아니었나?

Ⓐ 중소기업도 산업연수생 제도에 종속되어 있어서 (불법체류자 양성화를 통해 고용을 하기보다는) 산업연수생 TO를 더 받는 데 관심이 있었다.

Ⓐ 아니, 중기협과 개별 중소기업들의 입장은 달랐다. 현장의 바닥 상황은 또 달랐다. 그때 가장 강력하게 반대를 했던 사람이 이인제 의원이었는데, 환노위원이었다. 이 사람과 내가 라디오 방송에서 1시간 동안 논쟁을 했다. 하지만 이 논쟁이 사회적으로 주목을 받지는 못했다. 이러다 보니, 어떻게 보면 (통과된 법안이) 악법처럼 된 것이다. 외국인 노동자 인권문제를 제기했지만 4대 보험에 대한 충분한 보장이 되지 못했다. (통과된 법안의) 두 번째 문제는, 불법체류자

일부를 허용함으로써 나머지(30만 불법체류자 가운데 먼저 합법화된 사람들 15만 명을 제외하고 여전히 남아 있던 불법체류자) 15만 명 정도의 합법화 길을 막아버린 결과가 되었다. 그 사람들은 지금까지 불법으로 남아 있는 것이다. 당시에는 몇 년 내에 (나머지 불법체류자들의 신분을) 없애겠다고 했지만, 없어지는 게 아니었다. 고용허가제를 하면서 연수생 제도를 없앴어야 했는데, 단계적으로 일을 추진하다보니 당시 불법체류자들은 여전히 남아있게 된 것이다. 지금 불법체류자의 상황에 대해서는 구체적으로 잘 모르겠다.

Ａ´ 아마 지금도 그 형식 그 틀은 유지가 되고 있지 않을까? 생각한다.

Ｑ 당시 반대논리나 단체 등에 대해서 생각하는 것을 좀 더 구체적으로 말씀해 달라.

Ａ´ 당시 제도변화를 추진하면서 어려웠던 것은, 이해관계를 가지고 극단적으로 저항하는 사람들은 소수인데 이 사람들의 논리가 오히려 국민정서에 쉽게 접근할 수 있었다는 것이다.

Ｑ 이 사건은 이익집단 정치의 전형적인 모델이라는 논문이 있었다. 수혜자는 흩어져 있는 반면 저항자는 조직되어 있는 상태라는 것이다.

Ａ´ 이인제 의원과 논쟁하는 걸 보면서, 저런 황당한 논리가 성립될 수 있을까 싶었다. 하지만 (이인제 의원의 주장이) 감성적인 부분이라, (이쪽에서) 접근하기가 어려웠다. 동남아 사람들이 들어오면 단일민족의 순수성이 훼손된다는 것인데, 이런 접근이 쉽게 먹혀들었다.

Ａ 이인제 의원과 토론을 열심히 했다. 여기 질문도 했지만(연구팀의 질문지), 사회단체 지원도 별로 없었고, 이 문제는 외면당하는 과제였다. 어려운 문제라는 걸 다들 알았기 때문이다. 외국인노동자는 몇 안 되지만, 문제를 일으키면 사회적 이슈로 부각되고 부정적인 시선을 받을 것이라고 생각했다. 그런데 산업현장에서는 이 사람들이 없으면 일을 할 수 없을 만큼 어려웠다.

Ｑ 당시 종교단체 중심으로 외국인 인권보호센터가 있지 않았나?

Ａ 종교단체에서도 크게 문제의식을 가지고 보는 데가 없었다. 공장이 있는 지역에 있는 교회가 부분적으로 하거나 그랬지. 본격적으로 이 사람들을 위해서 종교단체가 해 주는 것도 목회 차원에서 도와주는 것이었지 조직적으로 대변해주는 건 아니었다.

Ａ 하다못해 교파 하나가 관심을 가졌어도 달라졌을 것이다.

Ａ 아무튼 불법체류자를 완전히 해소하겠다고 노력을 했는데 그 꿈을 이뤄내질 못

했다.

Q 제도 도입 이후 법 집행과정에서 나타난 문제점에 대해서 평가해 달라.

A 이명박 정부에서 변화된 점이 있다. 끊임없이 외국인, 불법체류자를 색출해서 내보내는 게 이명박 정부의 정책목적이었다. 몇 % 달성(불법체류자 규제)이라는 목표를 세워두고 가차 없이 진행했다. 과거에 소극적이었던 것을 적극적으로 밀어붙였다. 경찰이 앞장서서 그 일을 했다. 여기에 출입국 관리국은 책임량 할당을 해서 무자비하게 집행을 했다. 그 과정에서 인도적 문제가 많이 노출되었고, 해당국과 우리나라 사이에 외교문제가 제기되는 상황들도 있었다. 다른 지역은 잘 모르겠고, 남양주 마석 가구공단 단지를 급습해서 잡아가고 그랬다. 이명박 대통령은 대통령이 되기 전에 마석에 들러 외국인노동자들에게 약속까지 했다. 그런데 당선된 뒤 불과 얼마 후에 급습해서 잡아들인 것이다. 국가적으로 보면, 몇 년 살다가 돌아가는 사람들한테 한국에 대한 엄청난 반감과 악감정을 심어놓았다.

다만 그래도, 이 사람들에 대해 의료기관들에서는 우호적이었다. 몇 군데 병원이 있었고 지역사회에서 협력 사업은 좋은 편이었다. 그러나 제도적인 면에서는 사회를 움직일 수 있을 만큼 언론 등에서 관심을 가져주지 않았다. 그 흔한 TV토론도 없었다. 라디오 토론 후에 시청자 의견을 보았는데…

A′ 반대한다는 전화가 훨씬 많이 왔다. 반대하는 사람이 전화를 연결하자마자 격앙된 목소리로 비난을 했다. 개별적인 이해관계가 얽혀 있거나 이런 사람들은 그럴 수 있지만, 정책결정자들도 객관성이 없이 특정 이해집단의 논리를 확대하고 왜곡하는 문제가 컸다.

Q 이 법이 제정된 후 개정과정은 어떠했나?

A 이 법이 이런 논의과정에서 만들어지면서 불합리한 점이 많았다. 우선 동남아시아에서 우리 쪽으로 일자리를 찾으러 오는 사람들의 경우, 1~2년 있다가 갈 계획으로 오지는 않는다. 그런데 법에 따르면 3년 있다가 다시 나가서(본국으로 돌아가서) 되돌아와야 하는 점이 불합리했다. 이랬기 때문에 (3년의 기한이 지나면) 불법체류가 연장되기 시작했다. 두 번째로, 역시 중소기업들이 안정적이기 않았기 때문에 고용주에 의해 초청받아 들어왔다가 착취를 당하면 다른 구제방안이 없었다. 고용주가 임금을 떼어먹고 도망을 가기도 하고 계약조건과 다른 근로를 요구하기도 했다. 그래서 이 법이 악법이었다고 여러 사람이 평가를 한다.

처음 법안 내용 자체가 '외국인 근로자 고용허가와 인권보장에 관한 법률'이었는데 나중에 '인권'은 떨어져 나가버린 것이다. 3년으로 제한한 것도 법의 취지에 맞지 않았고, 지나친 조치였다.

A′ 너무 많은 저항 앞에서 단신이었던 발의자가 선택을 해야 하는 상황이었다. 산업연수생 제도를 두고 갈 수는 없었으므로, 이 제도의 존폐에 초점을 두었다.

A 내가 기억하기에 산업연수생 제도는 노무현 대통령 말기까지 있었다. 천정배 장관 때 2년을 말했다.

Q 당시 노동계는 어떤 입장이었나?

A 잘 기억이 나지 않지만 부정적이었던 것 같다. 아무튼 적극적인 지원은 없었다. 또 한 가지, 이 법의 한계는 최저임금 문제였다. 고용허가제에 따르면 노동법 상의 권리를 보장받아야 했고 최저임금 이상을 받을 수 있어야 했지만, 결국 최저임금만 받게 만들었다. 가장 중요한 것은, 노동시장을 가능한 한 열어서 유연하게 운영해 갈 수 있도록 함으로써 노동시장도 더 넓혀 간다는 생각이었는데, 지금은 그런 것이 제대로 이행되지 못한 것이다. 3년 일하다가 다시 온다는 게 (그 사람들 입장에서는) 보통 어려운 것이 아니다.

Q 이명박 정부 때 법 개정이 되어, 3년이 지나면 다시 일정 기간 연장을 할 수 있게 바뀌었다.

A 처음 법 만들 때는 국제사회에서도, 우리 사회에서도 좋은 선례를 남길 수 있다는 생각을 했었다. 난민 등 생계를 위해서 한국을 찾는 사람을 구제해야 하는 인권의 측면도 중요했다. 제가 아는 필리핀 사람은 마석에서 20년이 넘게 살아 이미 한국 사람이지만 아직도 불법이다. 이때 고용허가제에 의해 (합법체류자 신분이 되지 못했기 때문에) 안 되었으니까 길이 없어진 것이다.

A′ 지금이라도 잘 활용하면 국가적 자산일 수 있는데…

A 아주 좋은 자산이다.

Q 제도변화를 너무 일찍 제기한 것이라는 생각을 하시는가?

A 그런 셈이다. IMF 직후 아직 안정적이지 못하던 경제상황에서 불법체류 노동문제가 우리사회의 취업을 오히려 막는 게 아니냐는 주장들에 대해 반론을 제기하기가 어려웠다. 사회적 상황이 좋지 않고 고용이나 경제상황도 좋지 않았기 때문에, 어려움이 컸다. 두 번째는 외국인과 같이 산다는 것에 대해 (우리사회가 아직) 이해가 없었다. 우리는 우리 사람들이 나가서 일하는 것이지, 외국인들이

우리사회에 와서 일한다는 걸 적극적으로 생각할 수 없었던 것이다. 제가 2000년 하반기부터 문제제기를 해서 2003년 법을 통과시키는데…

Q 절충과정에서 특히 역할을 하셨던 분이 있었나?
A 신계륜 (환노위) 위원장의 역할이 컸다. 산업연수생 제도도 그대로 두고 연한도 낮추고 허용범위도 제한하고 그랬으니. 참 어리석은 것이, 4년 넘은 사람들을 보장해줘야 했다. 이 사람들은 숙련공들인데, 산업현장 상황을 고려하지 않은 것이다.

Q 그런 부정적인 태도가 만연했음에도 어떻게 당 내에서 통과시킬 수 있었나?
A 제가 현장경험을 가지고 있었고, 제가 당시 (열린우리당) 창당의 주역이었기 때문에 그런 영향력을 미칠 수 있었다고 본다. 초대 정책위의장을 역임했기 때문에 당내에서 제 이야기가 소홀하게 들리지는 않았을 테니까.
A′ (이재정 의원이) 추진력이 있으셨고, 발의하고 마는 게 아니라 기필코 하겠다는 의지가 분명했다. 결국 조정되는 과정에서는 유연성이 있었다.
A 이렇게라도 통과시키는 게 좋은가? 그런 생각은 했는데 고용허가제를 열어주는 건 필요했다고 봤다. 합법적으로 외국인 노동을 유입하는 방식이 필요했다.
A′ 긍정적으로 갈 수 있을 것이라고 봤다. 고용허가제와 산업연수생 제도가 병행한다면 산업연수생 제도는 사라지고 합리적인 고용허가제가 자리 잡을 것이라고 보았는데, 우리사회가 그만큼 발전하지는 못한 것이다. 어쨌든 고용허가제가 들어왔으니까…

Q 당내에서는 어떤 과정을 거쳤나?
A 당론으로 결정하도록 추진을 했다. 정책위를 통해서 당론으로 추진하는 법으로 내용을 삼았다. 그리고 당론으로 결정했다. 그러니까 가능했던 것이다. 당시만 해도 당론의 (구속력)은 강했다.

Q 통과 시점에도 정책위 의장이셨나?
A 아니다. 제 후임으로 이해찬, 남궁석 의원이 정책위 의장을 했는데 남궁석 의원이 정책위 의장할 때 통과된 것 같다. 당시 우리 사무실 보좌진들이 열심히 뛰었다.

Q 당론의 형성과정은 어땠나?

A 3차례 공청회가 있었고, 각국의 대사가 참석해서 외국의 사례를 발표했다. 당시 법에 의하면, 신법(제정법)에는 공청회가 필수였다.

Q 이해당사자들도 참여했나?
A 중기업중앙회, 학자들, 고용업체 대표들이 참석했다.

Q 당시 학계에서는 어떤 입장이었나?
A 학계는 긍정적이었지만, 노동계도 부정적이지는 않았다. 몇 가지 고용시장의 문제에 대해 우려하는 소리들은 있었지만 공청회가 비교적 무난했던 걸로 기억한다.

Q 반대 입장으로는 이인제 의원이 대표적이었나?
A 그랬다. 하지만 당시 이인제 의원은 무소속이었고. 한나라당 내부에서 계속 반대의견을 냈다. 조직적으로 반대를 한 것이다. 그 외 변수 가운데 정부에서는 법무부의 반대 의견이 있었다. 하지만 다행히 여당이었기 때문에 법무부가 조정안을 가지고 왔다. 여당이었기 때문에 통과될 수 있었던 것이다.

Q 노동부는 어땠나?
A (노동부의) 뚜렷한 입장이 기억나지 않는다.
A' 환노위에서 많은 난관이 있었고, 중기협에서 적극적으로 반대했기 때문에 노동부는 한 발 빼고 있었던 것으로 기억한다. (환노위에서 통과된 뒤) 법사위에서 또 하지 않겠다고 해서 법무부가 또 문제제기를 했다. 이렇게 사회적 여건이 마련되지도 않은 상황에서 결국 통과되었다는 것이…

Q 연구팀이 이 문제를 더 심도 있게 연구하려면 어떤 분들을 인터뷰해야 할지 추천을 부탁드린다.
A 남양주에는 이정호 신부가 있는 '남양주 외국인 근로자 복지 센터'가 있다. 성남에는 김해성 목사가 외국인 근로자를 위한 프로젝트를 해 온 핵심인물이다. 이 분들을 만나면 고용허가제의 문제나 산업연수생 문제나 바닥의 문제를 다 들을 수 있다. 이정호 신부 연락처는 000-000-000이다. 김해성 목사 연락처는 확인해 보시라.

Q 감사하다.

Ⓐ 외국인근로자 지원활동은 외국인근로자들 밀집지역을 중심으로 남양주, 성남, 안산, 의정부 등으로 퍼져 나갔다. 지역에 따라 밀집한 게 다르다. 이런 상황을 반영해 새로운 프로젝트를 추진하려고 한다. 근로자 중심 다문화 문화축제를 한 번 하자, 서울시 각 구가 한 나라씩 맡아서 하면 어떻겠냐는 것이다. 구로구 하면 중국인들이다(중국동포들이 많다). 중국인들의 파빌리온을 만들어서 축제를 하는 거다. 남양주는 필리핀 사람이 많으니까 이들을 중심으로 하고, 어느 지역은 몽골사람이 많다. 이런 식으로 서울 시내 10개 지역에 동시에 하는 문화축제를 하면 그 사람들의 커뮤니티도 형성이 되고 한국인들도 문화를 접할 수 있는 기회가 되고 이해의 폭이 넓어지지 않겠냐.

Ⓠ 외국인노동자들의 분포에 관한 구체적인 데이터 등을 가지고 있는가?
Ⓐ 분포 통계나 데이터는 지방자치단체에 물어보는 게 빠를 것이다. 구청이나 자치단체에 훨씬 더 많은 자료를 가지고 있을 가능성이 있다. 법무부나 행자부도 불법체류자 데이터를 가지고 있진 않을 것이다.

Ⓠ 단체들은 어떨까?
Ⓐ 두 사람과 접촉을 해 보면 분포도 알 수 있을 것이다. 20년 이상 이 일에 역할을 해 온 사람들이다. 저는 밖에서 역할을 했고 그 사람들은 안에서 역할을 했다.
Ⓐ′ 현장에 계신 분들과 이야기를 하면 출입국관리당국이 데이터를 가지고 있을 것이다.

Ⓠ 산업연수생 제도의 연혁은 언제부터 추적을 해야 할까?
Ⓐ 14대, 13대부터 따져 올라가야 한다. 16대에서는 풀려고 애쓴 시작이었고.
Ⓐ′ 16대에 이르면 산업연수생으로 인한 불법체류자를 더 이상 방치할 수 없다는 시기에 이르렀다.
Ⓐ 아무튼 1993년 11월 제도가 공식 도입되었다.

Ⓠ 마지막으로 다문화정책의 큰 방향에 대해 말씀해 달라.
Ⓐ 나는 (한국이) 아시아에 속해야 한다고 본다. 탈 아시아하지 말라는 것이다. 이것이 우리나라 외교관계의 첫 출발이 되어야 한다. 인도네시아나 베트남이나 필리핀이나 이런 데 공장 짓고 경제활동을 하고 이익을 추구하면서, 그 쪽 근로자들을 상당수 데려다 놓았다. 100만 명이 온다고 해도 사회적 문제가 되겠는가. 다만 노 대통령이 걱정했듯이 혼혈문제나 문화적 충돌 문제는 있을 수 있

다. 하지만 우리가 선진국 대열에 서기 위한 단계로서 불법체류자는 사면하고 가야 한다. 그 사람들은 숙련공이고 한국어도 잘한다. 이런 인력들을 방치해서는 안 된다.

---

* A′는 인터뷰 대상자의 당시 비서임.

2. 정책집행자 인터뷰

> • 인터뷰 대상: 고용노동부 외국인력관리팀 OOO 서기관
> • 일　　　자: 2013년 4월 3일 2시~3시 30분
> • 장　　　소: 고용노동부 회의실

Q 프로젝트에 관한 설명… 다문화정책 가운데 외국인 고용정책과 관련해 질의 드리겠다. 먼저 담당직무에 대해 설명을 부탁드린다.

A 제가 하는 일은 베트남이나 인도네시아 등 15개 인력송출국가에서 우리나라 산업현상에 필요한 단순노무인력, 비(非)전문인력들을 선발해서 국내에 들어오게 하고, 기업에 알선을 하는 일을 하고 있다. 이 일을 한 지는 2년 반 정도 되었다. 저희는 외국인근로자의 도입, 기업에 공급, 국내에서 취업활동과 체류, 귀국할 때까지의 과정을 돌본다. 그 과정에서 사업주의 불편이나 현장에서 발생하는 문제점, 이런 것에 대한 요구가 있으면 그것에 대해 반영하고 고쳐나가는 그런 일을 하고 있다.

Q 그것이 고용노동부 인력관리의 내용이라고 보면 되나?

A 저는 그 가운데에서도 법, 제도 담당이고, 그 밖에 도입규모 결정이나 도입인력들을 연중 배분하는 계획, 외국인을 고용할 수 있는 업종의 지정과 사업장별 고용한도의 결정 등 도입계획 전반을 담당한다.

Q 법, 제도라고 하면 '외국인 고용 등에 관한 법률'을 말하는 것인가?

A 그렇다. 그 법과 시행령, 시행규칙까지를 포괄한다. 그리고 출입국관리법에 비자 관련 규정이 포함되어 있다. 어떤 인력을 선발해서 도입하느냐에 초점이 있다기보다 찾아오는 사람들, 기업이 고용하겠다는 사람들을 대상으로 그 사람이 우리사회에 해악이 될지, 그렇지 않을 지를 판단해서 비자를 발급하는 방식으로 외국인력이 들어온다. 1991년부터 해외투자기업 산업연수생 제도가 있었고, 1993년부터 산업연수생 제도가 있다가 고용허가제로 바뀌었다.

Q 제도변화에 대해 좀 더 상세히 설명을 부탁드린다.

A 해외투자기업 산업연수생 제도는 해외에 현지기업이 있는 한국기업에서 해외에

서 고용한 현지인을 본사에 데려와 교육시켜 보낸다는 취지의 연수생 제도였다. 해외에서 한국기업에 일을 하려면 본사에서 교육을 해야 한다는 명분이었지만, 실제로는 본사의 인력부족을 해결하는 방안으로 활용되었다. 이 제도는 1993년 도입된 산업연수생제도의 기원이었지만 원형은 아니었다.

1993년 11월 산업연수생 제도가 생기면서 본격적으로 외국인근로자를 직접 선발해서 들여오는 시스템을 취하게 되었다. 그런데 산업연수생 제도는 여러 문제가 있었다. 현장에 필요한 건 근로자인데, 말 그대로 연수생을 들여오다 보니까 시장과 맞지 않는 제도가 된 것이다. 연수생과 근로자는 전혀 다르다. 근로자는 노동법 상의 지위를 다 누릴 수 있어야 하지만 연수생은 그런 지위를 하나도 누릴 수 없었다. 근로자는 한국에 돈을 벌러 들어오는데, 한국에서 근로자의 지위를 전혀 인정받지 못했고 사업주는 원하는 일을 다 시키면서도 연수수당만을 주면 되었다. 이러다 보니 연수생으로 들어온 외국인 근로자들이 연수대상 사업장을 이탈해 다른 사업장으로 갔다. 불법체류자 문제가 생겼던 것이다. 또한 송출과정에서도 문제가 있었다. 민간기관이 운영을 하면서 서로 뒷돈을 주고 받는 등 부작용이 심각했다. 뒷돈을 주고 들어왔으니 불법체류를 하면서 본전을 찾으려 들 수밖에 없었고, 역시 불법체류 문제가 발생했다.

2004년에 고용허가제가 도입되었고, 2004년부터 2006년 말까지는 두 제도를 병행하다가 현재는 고용허가제만 시행하고 있다. 2003년 말 기준으로 국내에 있는 외국인근로자 가운데 80%가 불법체류자로 파악되었고, 인권침해, 임금체불, 폭행 등 국제사회에서 비판을 많이 받았다. 그러면서 고용허가제로 바뀌었다. 민간이 개입을 하지 못하게 하고 공공부문이 운영을 하는 방향으로 바뀐 것이다.

Q 지금 불법체류 외국인의 상황은 어떤가?

A 전체 체류 외국인 가운데 17% 정도로 파악되고 있는데, 최근 증가추세에 있다. 취업기간이 만료되는 사람이 2010년 하반기부터 발생하기 시작했기 때문이다. 그 사람들 가운데 본국으로 돌아가지 않고 불법체류자가 누적이 되면 다시 수치가 올라가지 않을까 전망을 하고 있다.

Q 제도가 바뀌면서 송출과정에서의 비리나 불법체류 문제는 많이 해결되었나?

A 송출과정에서의 비리는 많이 개선된 것으로 판단한다. 당시에는 국내에 들어오기 위해 3천6백 불이 필요했지만 지금은 1천2백 불 정도면 들어올 수 있다.

Q 공식비용이 그렇다는 것인가?

A 그렇다. 합법적인 비용이다. 건강검진 비용, 취업교육 비용, 한국어 시험 응시 수수료, 항공료까지 모두 포함된 가격이다.

Q 고용허가제가 되고 난 이후. 도입 인력의 규모는 어떻게 결정이 되고 있나?

A 규모 결정을 위해 외국인력정책위원회가 설치되어 있다. 국무총리실장, 지금은 국무조정실장이 위원장이고 외교부, 법무부, 기재부, 고용노동부 등 차관 10명과 중기청장이 위원이다. 거기에서 국내 경기상황, 노동시장 동향, 국내 기업의 인력부족 상황, 내국인 취업문제, 불법체류 추이 등을 전체적으로 종합해서 적절한 수준의 도입규모를 정하고 있다.

결정과정은 맨 처음 각 부처에 문서를 띄워서, 도입규모 결정을 위한 정책위원회를 열 예정이므로 의견을 내라고 한다. 그리고 취업교육 담당기관들이, 관련 사업주들의 고용허가신청이나 신고를 하는 일들을 대항하기도 하는데, 그 기관들에서도 의견을 보내온다. 그게 어디냐면, 중소기업중앙회, 농축산업은 농협, 어업은 수협, 건설은 건설협회다. 이들 대행기관들과는 수시로 연락을 하면서 필요한 것들을 요청받는다. 이들은 (외국인근로자를 고용할 수 있는) 업종을 늘려달라, 규모를 키워 달라, 어업도 더 인력을 달라는 등의 의견을 제출한다. 이렇게 부처 의견과 대행기관 의견을 고려하고, 국내경기 상황, 귀국예상자, 불법체류자 규모 등을 고려해서 업종별 도입규모를 정하고 실무자들 사이에 협의를 진행한다. 쟁점이 다 걸러지면 좋은데, 안 걸러지면 실무위원회에 안건을 먼저 올린다. 외국인력정책실무위원회는 고용노동부 차관이 위원장이고, 10개 부처 국장급과 경영계, 노동자단계 추천위원들, NGO 추천위원들도 있고 대한상공회의소, 중기중앙회가 들어와 22명의 위원으로 구성된다. 위원회(정책위원회)에서 나온 의견을 가지고 실무위에서 수정을 하거나 부처 조율을 해서 다시 정책위원회에 안을 올리고 있다.

정책위원회에 올라가서도 부처 간의 쟁점이 해결이 안 되면 위원들 간에 논의를 해서 다시 최종결정을 하게 되지만, 그런 경우는 흔치 않고 대개 실무위에서 최종안이 조정되어 올라가는 형태다.

Q 각 부처나 단체별로 인력도입에 대한 의견은 어떻게 갈라지나?

A 업종별로 보면 중소기업협회는 제조업 인력을, 농협이나 수협은 자기 업종에 대한 인력을 더 많이 요구한다. 반대로 법무부에서는 외국인근로자 인원수가 많아지면 관리가 어려우므로 소극적인 편이다.

Q 단체 추천 위원들의 입장은 어떤가?

A 한국노총이나 공공노조 등에서도 오는데, 그 분들은 도입규모에 대해 민감하게 반응하지는 않는다. 우리나라도 예전에는 인력을 수출하는 국가였지 않나. 파독광부나 간호사, 중동 건설근로자 등이 있었다. 1980년대 중반 이후 우리나라에도 외국인력을 들여와야 한다는 게 경영계 중심으로 논의가 되었지만, 당시에는 노동계를 중심으로 반대가 많았다. 국내 노동자들의 일자리가 뺏길 수 있고 노동조건을 개선하는데 악영향을 줄 수 있다는 게 핵심적인 문제로 지적되곤 했다.

(경영계의 외국인근로자 수요와 노동계의 반대 사이에) 타협안으로 만들어진 것이 1993년 산업연수생 제도였다. 경영계는 요구하고 노동계는 반대하니까 피해가는 방법으로 도입했던 것이다. 지금은 노동계에서 외국인력 도입규모를 정한다든지 하는 문제에 대해 민감하게 반응하지 않는다. 오히려 노동계에서 관심을 갖는 건 외국인근로자 처우개선 등의 문제다. 다만 이런 건 있다. 노동자단체나 상급단체에서는 이런 태도를 취하지만, 현장에 내려가면 외국인 근로자 때문에 피해를 보고 있다고 생각하는 사람들이 수시로 민원을 넣고 항의를 하기도 한다.

Q 현장 민원의 많은 업종은 주로 어떤 업종인가?

A 건설업종 종사자들이 많다. 새벽시장에 가서 일을 하려고 했는데, 봉고차가 오더니 조선족 동포들만 태워서 갔다는 것이다. 나도 돈을 벌어서 생계를 유지해야 하는데 조선족들만 일을 하게 하니 당신들이 대한민국 공무원이냐, 외국인 데려다 풀어놓고서 누구를 위해서 일을 하는 것이냐는 항의를 한다.

Q 시민단체 추천 위원들은 어떤가?

A 역시 규모에 대해서는 민감하지 않다. 시민단체들은 외국인근로자 보호조치 등에 대해 요구를 하는 편이다.

Q 1990년대 이후 외국인근로자 도입이나 체류자 규모의 추이는 어떤가?

A 그 추이에 관해서는 자료를 드릴 수 있다.

Q 감사하다.

A 향후 추이에 대한 질문을 받곤 하는데, 우리는 5~10년 후를 보고 가지는 않는다. 저출산 고령화 이야기도 있고, 2016년이 지나면 생산가능인구가 이렇게 줄

어든다는 이야기, 50년 후까지 예측을 하면서 장기적 안목에서 외국인을 활용하고 정책을 펴야 하지 않느냐는 등의 이야기를 한다. 그런데 사회통합이나 체류지원 등의 문제는 국민정서의 변화와 함께 긴 호흡을 가지고 가야 하는 분야이고, 당장 몇 명의 인력을 들여올 것이냐 하는 문제는 10년 후를 예상해서 할 수는 없는 일이다. 당장 필요한 인력을 중심으로 운용될 수밖에 없다. 2004년 고용허가제도 도입 이후 5~8년 정도 늘어나다가 2008년 말 금융위기가 오면서 국내 노동시장에도 타격이 컸고 2009~2010년 외국인력 도입규모가 3만 4천 명 정도로 줄어들었다. 그러다가 2011년부터 조금씩 늘어나고 있는 추세에 있다. 하지만 도입인력의 변화는 큰 의미가 있다고 생각하지 않는다. 현상이 그럴 뿐이라는 것이다. 무슨 이야기냐면, 금융위기가 와서 줄어든 것은 맞고 그 다음 늘어나는 게 경기회복과 직접 연관되기도 하지만 사실 귀국예상자를 중심으로 도입규모를 정하기 때문에 귀국자 숫자에 따라 새로 들어오는 인력규모가 달라진다는 것이다.

Q 외국인 근로자들의 계약기간 실태는 어떤가?

A 정확한 통계를 뽑은 적은 없다. 규정상으로는 그렇다. 처음에 들어오면 입국 후 4년 취업활동을 할 수 있고, 근로계약은 취업활동 기간 안에서 자유롭게 맺을 수 있다. 그런데 과정을 보면, 외국인근로자가 현지에서 한국어 시험을 본다. 시험에 통과한 사람들을 중심으로 현지에 구직자 인력풀을 만들어 놓는다. 그런 다음 한국에서 사업주에게 고용허가 신청을 받는다. 당국이 구직자 풀에 있는 사람들 가운데 사업주에게 근로자를 추천해 주면 그 가운데 사업주가 선택을 하고, 선택한 사람들에게 당국은 고용허가서를 발급해 준다. 그러면 사업주는 표준근로계약서를 작성해서 산업인력공단을 통해 송출국가로 계약서를 보내고, 근로계약서를 받은 그 나라 송출기관에서 확인을 한 뒤 해당 근로자가 동의를 하면 서명을 한다. 이렇게 근로계약이 체결되는 거다. 근로계약이 체결되면 계약서가 다시 한국으로 돌아와 사업주에게 전달된다.

그런데 여기에서 문제가 있기는 하다. 현지 근로자들은 한국의 사업주들이 쓴 근로계약서를 수용할 수밖에 없는 조건에 처해 있다. 한국어시험을 통과해 구직자 인력풀에 들어가 있어도 실제로 선택을 받아 근로계약을 체결해서 한국에 들어오는 기간은 6개월이나 1년 이상이 걸린다. 선택을 받지 못해서 명부 유효기간이 지나가 버리면 인력풀에서도 나가야 하는 경우도 있다. 그렇기 때문에 근로계약서가 오면 대개는 수용을 하고 받아들이게 되는 것이다. 물론 강제하는 건 아니고 거절할 수도 있다. 하지만 대개 한국에 들어오면 자국보다 10배

이상의 임금을 받을 수 있다. 5년을 있으면 자국에서 50년 일해 벌 수 있는 돈을 번다는 이야기다. 거기다 그 나라에서는 1/10을 버는 데다 엥겔지수도 높다. 하지만 한국에서는 버는 대로 저축해서 무언가를 할 수 있으니까 들어오고 싶어 한다.

Q 취업 후 3년이 지나면 어떻게 되나?

A 근로계약은 당사자 간(사업주-근로자)의 자율로 맺는데, 대개는 3년 기간을 많이 정한다. 저희가 총괄조사는 해보지는 않았지만 개별 사례들을 보면 3년을 많이 쓰더라. 들어오면 취업활동기간이 3년이고, 근로계약 3년 안에 사유가 있을 때는 사업장을 옮길 수 있다. 3년이 다 지나면, 사업주가 더 길게 고용하고 싶다는 재고용 허가요청을 할 수 있다. 재고용 허가요청이 들어오면 저희가(노동부가) 재고용 허가를 해준다. 그러면 취업활동기간이 1년 10개월 더 늘어난다. 재고용 상태에서 사업장을 옮길 수 있고, 1년 10개월이 지나면 나가야 한다. 그리고 다시 취업을 해서 한국에 들어오려면 6개월이 지나야 한다. 다시 들어오는 과정은 처음부터 밟아야 하는데, 한국어 시험부터 다시 거쳐야 한다는 것이다. 다만 작년 7월에 특례 규정을 도입했는데, 국내에서 4년 10개월 일을 하면서 한 번도 사업장을 옮기지 않고 농축산업, 어업, 50인 이하 제조업에서 성실하게 일한 경우는 사업주가 재고용을 하겠다고 하면 재입국 허가를 해준다. 일단 나갔다가 3개월 후에 다시 들어와 그 사업장에서 일을 할 수 있게 했다. 한국어 시험과 취업교육은 면제받는다.

Q 왜 4년 10개월인가?

A 유엔에서도 이 문제를 제기하기도 했다. 그런데 우리나라 국적법에 따르면 국적 취득요건이 정해져 있는데, 그 가운데 국내주소지를 5년 이상 두고 있어야 한다는 요건이 있다. 물론 품행이나 자산 등 다른 요건도 있지만, 5년 이상 취업활동을 허용하면 국적취득을 위한 중요한 요건을 충족하게 되는 거다. 결과는 같지만 국적취득을 막는데 목적이 있는 게 아니라 우리사회를 생각하기 때문에 제도를 그렇게 만든 것이다. 비(非)전문인력들이다 보니까, 모두 우리나라 국적을 취득하게 되면 취약계층을 형성하게 되고 양극화나 통합저해 등의 문제를 유발할 수 있다. 현재 18만 명 정도 들어와 있고 매년 5~6만 명이 들어온다. 이 사람들이 모두 국적을 취득하면 현지에 있는 가족을 동반하게 되고, 자녀들의 교육문제 등이 발생한다. 그런데 아직 우리사회가 사회안전망이 충분하지 않은 상황에서 이들이 정주를 하게 되면 앞으로 5~10년은 괜찮을지 모르지만

15~20년이 지나면 문제가 될 수 있다. 비(非)전문인력들이라 시간이 지날수록 노동력의 질을 떨어질 것이기 때문에 우리사회가 부양해야 할 인구가 될 수 있다. 외국인노동자들이 미워서 그런 게 아니라 사회전체적인 것을 고려해서 합리적인 범위에서 정한다는 개념에서 접근하는 것이다. 외국인근로자들의 입장에서도 5년이면 해당국의 50년 정도의 벌이를 할 수 있으므로 서로의 이해관계가 맞는다고 보는 것이다.

Q 담당하시는 외국인노동자들 가운데 소련동포나 중국동포도 들어 있나?

A 소련 쪽은 아니고 중국동포는 들어있다. 외국인노동자들은 베트남이나 인도네시아 등지에서 선발을 하고, 특례 고용허가제라고 해서 중국과 구 소련지역 동포들도 포함이 된다. 중국에서 오는 사람들은 조선족도 있고 고용허가제로 들어오는 한족도 있다. 조선족인 경우도 특례 고용허가제가 아니라 일반 고용허가제로 들어오기도 한다. 동포를 대상으로 내어주는 방문취업제가 있는데, 법무부에서 신청하는 모든 사람에게 사증을 내어주는 게 아니라 총량을 제한한다. 너무 많은 인력이 들어오면 문제가 있기 때문이다.

전에는 한국어시험 합격자 가운데 전산추첨을 했는데 지금은 그냥 신청을 다 받아서 전산추첨을 하고 있다. 그런데 전산추첨에서 계속 당첨이 안 되면, 한국에는 들어오고 싶은데 막연히 기다릴 수 없으니 한국어시험공부를 해서 일반 고용허가제로 들어오는 경우도 있다.

Q 재외동포와 다른 지역 외국인노동자들의 비율은 어떤가?

A 좀 복잡한 문제가 있다. 합법적인 기준에서만 보면, E-9 사증(비전문 취업비자)을 받고 들어오는 사람이 15개 국가에서 들어오고, 조선족 동포들은 방문취업비자인 H-2비자로 들어온다. E-9비자는 평균 18~19만 명 정도이고, H-2비자는 총량은 30만 3천 명으로 제한하고 있다. 대개 국내체류자 기준으로 H-2비자는 20만~30만 전후를 오간다. 그런데 현재 실제 체류인원을 기준으로 보면 최근에는 23만 명 정도로 추산된다.

그런데 흥미로운 상황이 발생했다. H-2비자는 원래 E-9비자와 마찬가지로 4년 10개월 후에는 돌아가도록 되어 있었다. 그런데 법무부와 노동부의 의견이 대립되는 상황이 발생했다. 예전에는 조선족 동포들이 농축산업, 어업, 제조업, 가사간병인 이런 직종에 1년 이상 일을 하면 법무부에서 H-2비자를 F-4비자로 바꾸어 줬다. F-4비자는 재외동포비자다. F4비자로 바뀌면 3년마다 체류기간을 갱신하면서 계속 체류할 수 있고 취업이 자유롭게 된다. 단 이 비자로는 단순노무직에 취업할 수 없게 되어 있었다. 단순노무직종에서 한국인들과 취업경쟁을 하지 않도록 마련한 장치다. 그런데 실제로는 F-4비자로 단순노무직에 다 취업을 하고 있는 실정이다.

H-2비자는 E-9비자와 함께 총량 관리를 하면서 국내노동시장에 피해가 없도록 관리해야 한다고 규정되어 있지만, F-4비자는 총량제한을 받지 않는다. 그런데 몇 년 사이 F-4비자를 받은 사람이 엄청나게 늘어났다. 전 부처 함께 관리하는 H-2비자의 총량을 30만 3천 명이라고 공표했는데, 이 사람들에게 F4비자를 내어주고 그렇게 H-2비자 인원이 줄어들게 되면(H-2비자에서 F-4비자로 바뀌는 바람에 H-2비자의 총량이 줄어들게 되면) 다시 중국에서 H-2비자로 입국자를 들여오게 되면 문제가 된다.

그래서 노동부에서 법무부에 문제를 제기했고, H-2비자를 F-4비자로 바꾸어주는 요건을 1년 이상에서 2년 이상으로 바꾸고, 가사간병인 직종을 빼고 농축산·어업, 제빵·제조업 분야로 한정해서 허가하도록 했다. 이렇게 제도가 바뀌다 보니 작년 8월부터 올 8월까지는 (H-2비자를 F4비자로 바꾸어 주는 사례가) 일시 소강상태에 있다.

F4비자를 가진 사람들이 2009년 말까지만 해도 중국 국적자 5천 명 정도밖에 되지 않았다. 그런데 지금은 11만 5천 명까지 늘어났다. 2012년 7월까지 기하급수적으로 늘어난 것이다. 2011년 7월 법무부와 협의를 했고, 그 해 8월 1일 이후 취업자에 대해서는 2년 요건을 적용한다고 결론을 내렸다. 그래서 2012년 8월부터는 F4비자 전환자가 줄어든 것이다. 그런데 2013년 8월이 되면 다시 2년 요건 충족자들이 생기면서 전환자들이 늘어날 것이다. 이건 문제가 될 것으로 보고 주시하고 있는 상황이다.

Q 전환자가 생기면 국내체류 외국인노동자 인력관리의 문제가 심각해진다고 보는가?

A 또 다른 문제가 있다. 중국동포들의 전체 숫자가 2백만 명이 안 된다. 이것은 중국에 있거나 한국에 들어와 있는 사람을 모두 합한 것이다. 그런데 재외동포 정책의 핵심은 해외 나가 있는 동포들이 현지에서 뿌리를 내리고 핍박받지 않고 기를 펴고 잘 살 수 있도록 도와주고, 정보도 제공하고 네트워크도 제공함으로서 해외로 뻗어나가기 위한 발판을 마련하기 위한 것이다.

그런데 지금 한국에 체류 중인 중국동포들에게는 F-4비자로 바꿔주고, 방문비자인 H2비자도 E-9비자보다 더 많은 숫자를 허용하고 있다. 거기에다 관광비자로 들어온 사람까지 문제가 된다. 현재 우리나라에 E-9비자, H-2비자, F4비자에다 관광비자로 들어와 있는 사람의 총 숫자는 145만 명 정도가 된다. 이 가운데 46~7만 명 정도가 중국동포들이다. H-2비자를 30만 3천 명으로 제한을 해도 그런 것이다. 중국동포 가운데 생산 가능 인력을 모두 한국으로 불러들이다 보니까 중국 현지에서는 가정 붕괴가 일어난다. 게다가 조선족들이 가졌던 부동산과 땅이 한족들에게 넘어가고 있고, 조선족 학교도 한족들이 더 많아지고 심지어 조선족 자치구가 붕괴될 위험에 처해 있다고 한다. 중국동포들이 그 곳에서 착근할 수 있게 도와야 하는데 불러 들여서 그 곳은 붕괴되고 여기에서는 국내 근로자들과 일자리 다툼을 하고 있는 상황이 발생하고 있는 것이다.

Q 상황이 이렇게 된 데에는 어떤 사회적 원인이 있었나? 예를 들면 민간단체의 적극적인 개입이나 활동들 같은 게 있었나?

A 법무부에서도 고민이 있었다. 재외동포법이 1999년 생기고 곧바로 위헌판결을 받았다. 당시 법안에 동포를 어떻게 정의를 했냐면, 광복 이후 외국으로 간 사람들로 한정했다. 그러다 보니 중국 쪽으로 간 동포들은 광복 이전에 갔기 때문에 이들이 배제되는 결과가 나타났다. 그래서 차별이라는 위헌판결을 받게 되었다. 그 뒤로 만든 것이 2002년 동포 취업관리제다. 중국동포들을 불러 들여서 서비스업종에 취업을 하게 해 주자는 취지였다. 이것이 2004년 고용허가제가 생기면서 고용허가제에 포함되었다. 그리고 중국동포들은 서비스 업종만이 아니라 건설업 취업도 허용이 되었다. 이 사람들은 원래 F-1-4(거주비자)를 받고 들어왔다. 일단 들어와서 고용허가제에 따라 취업을 하려고 하면 다시 E-9비자로 바꾸어서 취업을 해야 했다. 그런 것들이 불만을 야기했고, 동포들에게 더 넓은 기회를 주자는 취지에서 2007년 3월 방문취업제로 바뀐 것이다.
그 전에 동포들의 취업에는 업종제한이 있었다. 허용업종은 서비스업 중심이었는데, 방문취업제 도입 이후 업종제한을 완화하고 사업장 이동을 자유롭게 하는 조치를 취해 왔다. 아직도 문제가 뭐냐면, 미국이나 일본 등 선진국 동포들에게는 방문취업비자를 주지 않고 곧바로 F4비자를 내어주는데 이것이 차별이라는 것이다. 중국동포들에게는 F4를 바로 주지 않고 H2비자를 준 다음에 F4비자로 전환하도록 해 놓았는데, 이것이 차별이라고 해서 지금 헌법소원에 들어가 있는 상태다. 법무부도 국적에 따른 차별이 문제가 되고 헌법소원도 들어가 있는 상황에서 H2비자를 일정부분 F4비자로 전환해 주면 반대를 누그러뜨리는 효과가 있지 않겠느냐고 생각을 해서 F4비자 전환을 확대한 것이다.

Q OOO님은 이 조치에 대해 다른 의견을 가지신 것 같다.

A 그렇다. 저는 다르게 생각한다. 차별이 문제가 되면 똑같이 F4비자를 주되 취업

제한을 하면 된다고 생각한다. 우리나라 기준에서 재외동포는 2가지가 있다. 한 가지는 재외국민이고 다른 한 가지는 외국국적 동포다. 재외국민은 우리나라 국적자 가운데 해외체류중인 사람이지만, 외국국적 동포는 F4비자를 통해 들어와야 하는 말 그대로 외국 국적자들이다. 그런데 F4비자를 외국국적 동포 비자라고 하지 않고 재외동포비자라고 한다. 재외동포비자라고 하면 모두 포용을 해야만 하는 이미지를 갖게 되는데, 명칭부터 문제가 있다고 본다. 외국국적 동포라고 명확히 해야 한다.

그리고 외국국적 동포 간에 국적에 따른 차별이 문제가 되면 F4비자를 똑같이 주되, 비자를 준 다음 취업활동을 제한하면 된다. 동포라 하더라도 우리나라 국민과 같을 수는 없으므로 F4를 주면서 업종이나 규모 등에 제한을 둬서 부정적인 영향을 최소화할 수 있도록 하면 되지 않겠나. 이렇게 하면 일자리 문제도 해결되지 않겠는가 하는 생각인데 아직은 동의를 얻기가 쉽지 않다.

이런 고민들을 공론화해야 하는데, 동포 포용도 필요하고 일자리 문제 해결도 필요하고 헌법소원도 걸려 있고 하니 공론화하길 꺼린다. 총량만 제한하고 갈 수도 없고, 총량제한 체제를 고수할 것인지 아니면 다른 방안을 찾을 것인지 해결책을 찾아야 한다. 어떤 방향이든 정부의 일관된 방침을 정해야 하는데, 공론화를 시도하지 않은 채 자기 부처 안에서 H2비자를 F4비자로 전환해주는 지침을 슬그머니 운영하다 보니 어느날 F4비자가 급작스럽게 늘어나버린 것이다. 이걸 2011년 4~5월초에 (고용노동부에서) 발견을 했는데 발견을 하고보니 (법무부에서는 이미) 1년을 시행하고 있던 거였다.

당시 저희가 문제제기를 해서 취업활동 기한이 3년이니까 3년 지나서 전환해주자고 했더니 법무부도 동포사회의 반발 때문에 어렵다며 2년을 제안해서 현재 2년 후 전환을 하게 된 것이다. 이것도 재검토해야 할 문제다.

Q 부처 안에서 정책을 결정하는 문제도 동포사회의 압력을 받는다고 했다. 어떤 내용인가?

A 고용노동부는 동포들을 직접 상대로 하지는 않는다. 직접 대하는 것은 법무부다. 헌법소원이라든가 이런 문제는 동포들이 직접 제기한다. 법무부에서는 정책이 바뀌면 동포들에게 가서 정책변화를 설명하고 그런다고 한다. 동포신문, 관련단체들과 회의를 하고 만남을 갖지 않겠나.

Q 국내 인권단체들이 동포들의 의견을 대변해서 활동하는 것인가? 아니면 동포들이 직접 대정부 활동을 하나?

A 고용노동부는 국내 단체들과 접촉을 많이 하는 편이다. NGO라든지 외국인 관련 일을 하는, 상담이나 지원을 하는 단체들과 만나서 이야기하고 듣고 한다. 저희가 최근 한 일 가운데 색다른 일들은, 외국 인력을 신규로 공급할 때 점수제 방식으로 공급한다든지, 사업장 변경방식을 바꾼다든지 하는 일이 있었다.

Q 사업장 변경방식이 어떤 문제인가?

A 사업장 변경문제는 외국인근로자, 관련단체, 사업주, 관리당국이 모두 관련되어 있는 현안 가운데 하나다. 외국인근로자의 사업장 변경을 자유롭게 허용하면 여러 가지 문제가 발생하기 때문에, 외국인근로자가 사업장 변경을 하려면 다음과 같은 절차를 거치게 되어 있다. 근로자가 변경신청을 당국에 하면 우리는 이 사람을 변경신청자 풀에 넣고, 사업장 변경자를 고용하겠다는 사업주에게 변경자 풀 가운데 3배수를 추천한다. 사업주가 이 가운데 선택을 하면 근로자에게 이를 통보하고, 양 측이 근로계약 협의를 진행하게 하고 서로 마음에 들지 않으면 다시 그 과정을 반복한다.

원래 외국인근로자 고용은 한국에 있는 사업주와 해당국가 외국인 근로자 사이에 고용관계를 전제로 비자를 내줌으로써 이루어지는 것이다. 따라서 원래 사업주와 고용관계가 끝나면 비자도 끝나는 것이다. 그런데 이렇게 되면 큰 기대를 가지고 왔다가 기대를 충족하지 못하고 돌아가는 외국인이 속출할 수 있고, 이 사람들을 다 돌려보내버리면 새로운 사람을 뽑기 위한 비용도 추가로 들게 된다. 따라서 일정한 요건을 충족하면 사업장을 옮길 수 있도록 했다. 요건은 사업주가 계약을 해지하거나 계약이 종료된 경우, 사업장이 휴업을 하거나 폐업을 하거나, 사업주가 임금체불을 하거나 부당처우를 하거나 상해를 당하는 경우 등이다.

이 가운데 근로계약 해지가 주로 문제가 된다. 사용자가 근로계약을 해지하는 경우 사업장을 옮길 수 있는데, 근로자가 계약해지를 요구하는 경우가 있다. 한국에 들어와 일하고 있던 근로자가 다른 사업주를 만나 임금을 더 주겠다는 유인을 받으면 원래 사업주에게 계약해지를 요구하는 것이다. 외국인근로자에게 사업장변경을 요구하는 다른 사업주의 입장에서는, 인력난이 심하니까 원래 들어와 있던 외국인근로자가 자기 사업장으로 옮기면 돈을 더 주겠다고 하는 것이다.

이러면 외국인근로자는 사업주에게 계약해지를 요구한다. 그런데 원래 사업주는 이 사람을 데려오려고 돈 들어서 교육을 시키고 절차를 밟았으므로 계약해지에 응하지 않는다. 그러면 외국인근로자는 고의태업을 하고 병가를 낸다. 사업주가 병원에 데려가서 진단을 받으면 이상이 없다고 하는 사례가 있다. 이렇게 해도 해지를 해주지 않으면 무단이탈을 한다. 사업장을 5일 이상 무단이탈하면 본국으로 돌아가야 하므로 3일 이탈했다가 돌아오고, 기물손괴나 폭언 등을 하면서 사업주의 폭력을 유도하기도 한다. 그런 후에 경찰서나 인권단체를 찾아간다. 이렇게 떼를 쓰면 사업주가 옮겨줄 수밖에 없다고 생각을 하는 것이다. 이런 일들이 점차 확산되면서 사업장 변경 붐이 일어났다. 왜 그런가를 살펴보니, 다른 사업장에 가면 더 많이 받을 수 있다는 확신을 가지는 것이다. 노동부도 운영을 잘못 했던 게 있었다. 변경신청을 하면 풀을 만들고 추천을 해야 하는데, 변경을 희망하는 근로자에게 변경근로자 구인을 원하는 기업의 명단을 넘겨준 것이다. 그러면 사업장 변경을 원하는 근로자는 그 중에서 골라서 갈 수 있다고 생각을 한다. 미리 그 지역 사업장 리스트를 받았다가 이야기를 해놓고, 변경신청을 한 다음 옮겨갈 사업장이 나올 때까지 계속 변경신청을 하는 것이다. 구인기업 명단을 사업장 변경 희망자에게 줬던 게 사업장 변경을 파행으로 운영되게 만든 것이다. 이러다 보니 브로커들이 끼어들어 20만 원에서 50만 원까지 받고 사업장 변경을 알선하는 일이 성행하게 되었다.
저희가 2012년 8월 명단을 넘기는 걸 중단했다. 그러자 NGO들 가운데 한 쪽 그룹에서 반발이 심하게 들어왔다. 다른 쪽에서는 사전에 서로 이야기를 나누어서 별다른 움직임이 없었는데 특정 그룹에서 수십 개의 민원이 들어왔다. 전국적으로 집회도 하고 서울역에서 모아 집회를 하고 청사 앞에서도 시위를 했다. 이런 일들로 작년에 상당히 시끄러운 한 해를 보냈다. 이 분들이 유엔에 가서 이야기도 하고 해서 국제적인 문제가 되기도 했다.

Q 어떻게 변경방식을 바꾼 것인가?

A 그 분들이 유엔에 가서 이야기한 것은 한쪽 면만 이야기한 것이다. 우리는 명단 제공을 중단하는 대신 변경풀 운영방식을 획기적으로 개선해서 변경신청이 들어오면 확실히 옮겨주겠다는 취지였다. 문제는 변경신청을 한 후 3개월 안에 사업장 변경을 못 하면 한국을 떠나야 하기 때문이었는데, 우리는 3개월 안에 해결해 주겠다는 것이었다.
우선 변경을 원하는 업종, 지역, 임금수준, 근로환경에 관한 요구를 받아서 가장 적합한 사업장을 검색해서 알선한다. 알선할 때는 근로자에게도 문자 메시지를 발송하고, 자기들까리 면접을 봐서 사업주가 싫거나 근로자가 싫으면 다른 사업장을 추천해 주겠다고 했다. 그렇게 해서 성사될 때까지 계속 알선을 한다는 것이다. 그래서 외국인근로자가 변경신청을 하면 알선담당자를 정하고 3개월 가운데 마지막 1달은 집중 알선기간으로 정해서 한 달 동안 5개 이상의 알선을 해 주는 것으로 시스템을 바꾸었다.

그런데 이 사람들(사업장변경을 원하는 외국인근로자와 이들을 옹호하는 단체들)이 스토리를 만들었다. '명단을 안 준다, 골라서 가지도 못하게 하고 고용센터에서 연락이 오기만을 기다려야 한다, 근로자가 할 수 있는 일은 없다, 사업주에게 연락이 오기만을 기다리다가 3개월이 지나면 나가야 한다.'이렇게 말하니까 유엔이든 그런 곳에서는 그런 이야기만 듣고 비난을 한다. 나름대로 우리도 이런 부분에 대해 설명을 하고 그랬는데 설득이 어려웠다.

지금 보면, 예전에는 3개월 안에 사업장을 못 구해서 한국을 떠나야 하는 사람들이 1달에 230명에서 250명이 발생했는데, 지금은 150명으로 줄었다. 지난달에는 132명까지 줄어들었다고 한다. 대신 사업장 변경신청건수 자체가 많이 줄어들었다. 고의적인 태업이나 이런 행위들도 줄어들었다. 이 시스템이 도입되니까, 예전에는 미리 획득한 명단으로 더 좋은 데 갈 수 있다고 생각했지만 지금은 어디로 갈지 모른다고 생각하니 굳이 이동하려는 사람이 줄어든 것이다. 물론 지금 현재 상태가 너무 열악해서 어디든 여기보다는 낫다고 생각하는 사람은 변경을 하려고 할 것이다. 이 사람들에게는 알선을 정확히 해주면 된다. 정책적으로 보면 평균이하의 사업장이 문제다. 사업주들도 각성을 해야 한다. 그런 사업장은 고의태업을 해서라도 옮겨가려고 할 것이다.

Q 사업주와 외국인노동자들이 이해당사자들인데 이 문제에 대한 사업주들의 입장은 무엇인가.

A 사업장 변경은 이해관계가 엇갈리는 첨예한 분야다. 사업주들은 1년이면 1년 아예 못 움직이게 막아달라고 요구한다. 새 정부 들어서면서 중기중앙회에서 발표한 '손톱 밑 가시' 정책요구 230건 가운데 17건 정도가 외국인노동자문제였다.[2] 그 중에 사업장 변경에 해당하는 문제가 5~6건이었다. 사업주들을 만나보면, 사업장 변경에 대해서 자기는 이용만 당했다, 근로계약서, 도입대행비, 취업교육비를 내고 외국인근로자를 받았는데 들어올 때부터 다른 곳에 가려고 마음먹고 들어왔더라, 3개월 이상 체류하려면 외국인등록을 해야 하는데 3개월이 넘어 등록을 마치고 나면 마음이 바뀐다, 다른 데 가려고 태업을 하고⋯

---

2) 박근혜 대통령이 중소기업인을 만나 '거창한 정책보다 '손톱 밑 가시'를 빼는 게 중요하다'고 발언한 이후 중기중앙회와 중기청에서는 '손톱 밑 가시 힐링캠프'를 개최했고 중기중앙회는 '손톱 밑 가시'에 해당하는 정책요구사항들을 발표했다.

Q 왜 그런 일들이 발생하는 것인가?

A 여러 가지다. 먼저 일하고 있던 외국인근로자친구가 일하는 사업장의 사업주를 만나서 제안을 받기도 하고, 주말에 직접 사업장을 찾아나서기도 한다.

Q 이런 사업주들의 고충을 이야기하는 창구는 어디인가? 중앙회?

A 공식창구를 만들어 두는 것은 아니지만, 중기중앙회나 농협 등을 통해 많이 들어오고 개별민원도 들어온다. 노동부 홈페이지에도 올라오고, 신문고를 통한 민원도 있다. 민원이 가장 많다. '손톱 밑 가시' 요구도 있고 권익위원회 이동신고센터를 통해서 들어오기도 한다. 지난 정부에서는 규제개혁추진단에서 현장에 나가 각종 현안에 대한 의견을 수렴해서 각 부처에 뿌리기도 했다. 그런 것들이 의미가 있기도 하지만, 엄청난 부처업무 과부하를 초래한다. 청와대에서는 사회통합을 위해 오만 가지 요구사항들을 가져와서 부처에 늘어놓기도 한다.

Q 저희는 고용노동부가 관련 정책을 결정하면서 어떤 네트워크를 갖는지 궁금했다. 이익단체, 민간단체 등…

A 그런 의미의 창구라고 하면, 중기협, 농협, 수협, 어협과 관계부처들이 있다. 현장에 나갈 때도 있고, 정책제도 개선 건의들을 통해 만나기도 한다.

Q 관련 민간단체들은 어떻게 만나나?

A 정기적인 만남은 없지만 몇 달에 한 번씩 만나 의견을 주고 받는다. 그 쪽에서 이슈가 있어 보자고 하면 만나서 의견을 수렴하는 식이다.

Q 자주 만나는 단체는 어떤 게 있나?

A 지구촌 사랑나눔은 수시로 연락을 하고, 김해성 목사님은 원로급이다. 그분들같은 원로급들이 있고, 활동가들을 만나기도 한다.

Q 중기협은 어떤가?

A 중기협은 취업교육과 대행업무를 담당한다.

Q 취업교육의 내용은?

A E-9비자를 받고 들어오면 무조건 취업교육을 받아야 하고, 제조업종이 가장 큰데 중기는 계속 취업교육을 담당해 왔다. 취업교육장만 4개가 있다.

Q 혹시 담당자를 소개해 줄 수 있나?
A 인사이동이 있었다. 담당자가 이동을 했고, 새로운 담당자와는 연락을 못했다.

Q 취업교육의 비용은 어떻게 처리되나?
A 취업교육비 처리방식은 정확히 기억이 나지 않는다. 아마 도입대행을 신청할 때에는 공단에 4만 원을 내고 취업교육은 교육기관에 (사업주가) 내는 것 같다. 동포는 자기부담이고 그외 외국인근로자의 경우는 사업주 부담이었던 것 같다. 확인이 필요하다.

Q 국내노동자들의 이익을 대변하는 단체, 한국노총이나 민주노총의 태도는 어떤가? 공식적으로는 인권문제가 잘 되어야 한다고 하지만 아래로부터의 항의가 있고 그런 상황이라면 다른 이야기들도 있을 수 있을 텐데…
A 저희에게 그런 부분에 대한 항의는 없었다. 독특한 게, 지난 번 사업장 변경 건과 관련해서 NGO들은 민주노총과 함께 움직였다. 사업장 변경을 자유롭게 해주면 국내 취약계층의 일자리를 위협할 수도 있는데 말이다. 아무튼 그런 태도는 한국노총도 마찬가지였다.

Q 다른 정부 부처와의 관계는 어떤가? 산자부나 기재부나…
A 기재부와 산업통상부와 접촉을 하는데, 기재부는 법무부처럼 보수적인 입장이다. 산업통상부는 중기청과 함께 기업입장을 대변하는 편이고, 특히 중기청이 심하다. 산업통상부는 중기청처럼 적극적이지는 않은데 굳이 분류를 하자면 그렇다. 농림부 경우는 농업이나 어업분야에 외국인근로자 자리를 많이 달라고 요구한다. 건설 쪽은 좀 변화가 있었다. 예전에는 국토부에서 인력을 더 달라고 했었다. 그런데 작년에는 건설현장에서 문제가 일어나니까 입장이 좀 바뀐 것 같다.
건설현장에는 구조적인 문제가 있다. 동포들이나 외국인근로자들이 장악을 하다 보니까 국내건설인력의 기반이 붕괴되고 있다. 건설현장은 하도급-재하도급-일명 오야지로 이어지는 구조다. 요즘은 팀장들이 조선족이 된다. 이런 곳이 많은데, 팀장이 조선족이 되면 팀원은 모두 조선족으로 구성된다. 사업주들은 하도급이 문제인데, 하도급 단가가 싼 쪽을 선호하다보니 단가가 싼 조선족 동포 팀을 쓴다. 하도급-재하도급 문제가 구조적으로 해결되지 않는 한 동포들은 더 확산이 될 것이다. 그런데 건설일이라고 하는 것이 맨 바닥일부터 기능이 축적이 되어 피라미드처럼 올라가는 구조라서, 이렇게 되면 가장 아래층의 기반이 붕괴되는 문제가 생긴다. 건설기능인력 기반이 붕괴되는 거다.

국토부도 이런 인식이 생겼다. 그래서 작년에 도입규모를 결정할 때는 건설 쪽에 더 자리를 달라는 요구를 하지 않았다. 제조업, 농림어업, 건설업계의 요구는 여전히 강하다. 하지만 정부부처의 입장은 이처럼 조금씩 다를 수 있다. 어쨌든 작년에는 인력도입규모를 동결시켰다.

Q 전반적인 외국인근로자문제 개선방향에 관한 의견을 말씀해 달라.

A 저희가 생각하는 문제 중 하나는 동포문제를 정리할 때가 되었다는 것이고, 다른 하나는 전문 인력분야의 문제를 생각해야 한다는 것이다. 현재 외국인력도입은 비(非)전문인력과 전문인력으로 구분되어 있고, 전문인력은 적극적으로 유치해야 한다는 입장에서 접근하고 있다. 그런데, 적극적으로 유치해야 한다는 인력들의 구성을 들여다보면, 단순기능인력에서 고급인력까지 스펙트럼이 너무 다양하다. 탁월한 능력을 가지고 세계적으로 저명한 인력들은 끌어들여야 마땅하겠지만, 그게 아닌 단순기능인력 이상의 사람들은 국가적 차원에서 활용해야 할 고급인력으로 보기는 어렵다.

기업에선 필요로 하겠지만, 현재 전문인력으로 분류되는 용접공을 국가가 필요로 하는 인력으로 볼 수는 없지 않은가. 기업이 필요로 하더라도 허가를 해줘야 할지, 말아야 할지는 결정이 필요한 문제다. 정부가 고용허가를 할 것인지를 결정할 때는 기업들이 국내노동시장에서 그런 인력을 찾을 수 없을 때 하는 것이지, 그 사람이 들어옴으로써 국내노동자들의 근로조건에 악영향을 미친다면 관리가 필요한 것이다.

비전문인력에 대해서는 현재 관리를 하고 있지만, 전문인력은 개별기업이 찾아 신청하면 바로 비자를 내주고 있는데 이 부분도 노동시장과 연계해서 검토하는 접근이 필요하다. 기업은 (임금이) 싸니까 쓴다고 하지만 이런 접근은 위험하다고 생각한다. 오히려 비(非)전문인력들은 국내 일자리 침해가 덜할 수 있지만, 숙련공 등의 인력들이야말로 국내인력 양성정책이나 특성화고등학교, 마이스터고, 대학구조조정문제 등을 고려해서 판단해야 한다. 그 인력들이 몰리는 분야를 고려해서 국내시장에서 어떻게 소화할 것인지를 감안해서 먼저 검토해야 한다.

Q 고용노동부에서 전문인력 도입 담당분야는 있나?

A 고용노동부에 담당부서도 없다. 현재 '외국…법률'은 정확히 말해 외국인력정책이 아니라 비(非)전문분야 외국인력정책이며, 위원회도 마찬가지다. 다 똑같이

노동시장에 들어오는 인력임에도, 후자는 관리범위에서 벗어나 있는 것이다. 앞으로는 세분화해서 노동시장과 연계시켜서 살펴보고 국내인력을 우선 활용해야 한다. 비전문, 전문인력으로 나누는 접근이 아니라 전문인력분야 자체를 세분화해서 글로벌 인재는 따로 분류하더라도 준전문인력 그룹을 만들어 노동시장 테스트 기능을 도입해야 한다.

Q 현재 숫자는 어느 정도인가?

A 현재는 많지 않다. 하지만 빠르게 늘어나고 있다는 게 문제다. 전문인력이 현재는 4만 6천 명 정도인데, 이 가운데 교수라든지 이런 사람들은 노동시장에 영향이 미미하다. 하지만 특정 활동 비자라고 해서 세부직종이 79가지나 있는데 이 가운데에는 용접공, 요리사, 주방장 등이 포함된다.

Q 긴 말씀 감사하다.

A 또 하나 더 말씀드리고 싶다. 지금 틀에서도 계속 고민하고 있는 것인데, 외국인 근로자들을 우리 필요에 의해서 도입하지만 이들에 대한 체류지원이나 돌봄에 대한 부분을 고려해야 한다. 우리나라에서 일하고 돌아간 다음에도 좋은 감정과 기억을 가지고 돌아갈 수 있도록 해야 한다는 것이다. 지금도 도입할 때부터 취업교육을 통해 노동법이라든지 출입국법을 안내해 주고 불이익을 받았을 때 권익구제절차 안내를 해주고 있다. 노동법의 골자를 설명해주고 권리나 산업안전에 대해 알려주고 있다. 그래서 근로자들이 생활하는데 기초지식이 될 수 있도록 하고, 일하는 동안에는 체류지원이라고 해서 외국인력지원센터를 전국에 34개 운영하고 있다.

이 센터는 위탁운영되는데, 각종 생활이라든지 노동법 상 문제가 있을 때 상담을 해준다. 또 한국어나 문화에 대한 무료강화를 진행하고 무상의료지원, 쉼터 등을 제공한다. 이 활동들은 고용노동부가 예산을 지원하고 NGO를 지정해서 이루어진다. 그곳에서는 현지어로 상담을 할 수 있게 한다. 그리고 매년 외국인을 고용하는 사업주들이 임금체불이나 노동법 위반을 하고 있는 사례를 4~5천 개 정도 발굴해서 지도, 점검하고 있다. 그 외에도 통역원을 201명 채용해서 지원하고 통역풀을 670명 구축하고 있다. 이 사람들을 활용해서 현장에 문제가 있을 때 통역지원을 한다.

또 다른 하나는 직업훈련도 시켜준다. 사업장에 일하면서 직업훈련을 받고 싶다고 하면 자동차 정비나 중장비 기술, 컴퓨터 등 직업훈련을 받게 해서 직업능력 향상을 도모한다. 돌아갈 때에는 현지 맞춤형 직업훈련이라고 해서 현지 진출한 우리 기업들에 필요한 적합한 직업훈련을 하고 취업을 알선한다. 귀국자들의 모임이나 커뮤니티를 만들어서 지원을 하기도 한다. 이런 식으로 입국해서 돈 잘 벌고 돌아가서 잘 정착하도록 하는 일련의 과정을 지원하는 것이다. 기본은 우리 이익을 침해하면서까지 할 수는 없다는 것이다. 사업장 변경 등의 문제는 그런 취지에서 접근하는 것이고, 이것이 외국인근로자 고용제도의 근간이다. 하지만 체류지원이라든가 다른 보호들은 해줘야 한다. 우리나라도 과거에 인력을 송출했는데, 파독광부들의 이야기를 들어보면 지금 우리나라에 와 있는 외국인근로자들하고 비슷하다. 파독광부들은 거기에 가서 훨씬 더 열악한 환경에서 일을 했다. 수천 미터 지하 갱도에서 엄청난 온도와 압력에서 일을 했지만 돌아와서 독일에 대해 좋은 감정을 가지고 있었다. 돈은 벌었지만 한국 사람들이 나쁘다는 이미지는 가지지 않게 해줘야 한다.

Q 긴 말씀 감사드린다.

3. 이해관계자 인터뷰

- 인터뷰 대상: 남양주시 외국인복지센터 관장
- 일   자: 2013년 4월 8일
- 장   소: 서울시 정동 000성당 사무실

Q 프로젝트에 대한 소개… 처음 이주민 문제에 관심을 가지시게 된 계기에 관해서부터 말씀을 시작해 달라.

A 사제가 되어 곧바로 사목현장에 가지 않고 주교 교구장 비서신부를 했는데, 주교님께서 사제는 사목현장에 있어야 한다고 나환자촌으로 가라고 하셨다. 그곳이 남양주 마석에 있는 성생공단이었다. 그때부터 월~토요일에는 (비서신부로) 근무를 하고, 토요일에 (성생공단에) 들어가서 일요일 미사를 하고 나오는 사제 생활을 시작했다.

얼마 지나서 보니까, (성생공단 성당에) 한센인들이 아닌 못 보던 사람들이 많더라. 이 사람들은 뭔가 했다. 그때가 1990년이었는데 관광비자로 들어온 이주노동자들이었다. 이 사람들을 만나면서 도울 수 있는 게 뭐가 있겠나 하면서 시작되었다. 당시에는 이주노동자들의 유입구조나 지위에 관해 전혀 알지 못했다. 이야기를 해 보니까 주로 필리핀 사람들이 많았는데, 이 사람들은 로만 카톨릭 신자들이니까 미사를 해 달라고 해서, 하기 시작했다. 이재정 신부님도 그렇게 연결된 것이다. 미사를 시작하면서 만나다 보니까, 노동을 제공하면서도 노동법 문제에 대해 (이주노동자들이) 전혀 알지 못했고, 법의 지원도 받지 못하고 있었다. 완전히 황무지라는 느낌이었다. 노동비자가 아니라 관광비자로 들어와 불법체류자가 되어 있었기 때문이다.

그 사람들의 코리안 드림은 황당하게 이루어지고 있었다. 여행비자도 (본국에서) 700~800불, 비싸면 1,500불을 줘야 얻을 수 있었다.

Q 고용비자가 아니라 관광비자인데?

A 그렇다. 뭔가 개입되어 있을 거라는 생각이 들었다. 정부 담당자든 개인이든 개입되어 있는 비리가 아니고서는 여행 비자를 1,500불씩 주고 들어올 수 있는가. 실제로 이 문제가 2003년~2004년에 터졌다. 당시 이주노동자들의 출입국 관련 비리가 터졌고, 출입국관리소장 등이 개입되어 있다는 게 밝혀졌다.

1990년대 초반 산업연수생 제도의 폐해도 심각했다. 그래서 당시 김해성 목사, 박천웅 목사(안산이주민센터) 등이 연대해서 JCMK(Joint Committee Migration in Korea)을 만들었다. 처음에는 그런 힘의 관계(이주민정책을 둘러싼)를 몰랐고, 사제로서 도와야겠다는 생각에서 시작했다. 임금체불 문제도 있고 산업재해 문제도 있었다. 사고가 나고 문제가 터졌을 때, 불법체류자나 미등록노동자들이 당해야 하는 일들이 황당했다. 이 사람들을 돕는 일이 교회공동체가 해야 할 일이라고 생각해서 시작을 했다.

Q 남양주시 외국인복지센터는 어떻게 시작되었나.

A 성공회교회에서 땅 800평을 기부하고 여기에 정부가 건물을 지어주었다. 원래 남양주 나환자촌에 있는 성공회교회가 4만여 평의 땅을 가지고 있었다. 그런데 당시(1970년대) 신부님이 나환자들의 독립을 위해서 이 땅을 개인들에게 몇백 평씩 분양을 해 주었다. 그러다 땅을 분양받았던 나환자 교인들이 다시 그 땅의 일부를 교회에 기부했고, 교회가 3천여 평의 땅을 소유하게 되었다. 이 땅에 처음엔 '샬롬의 집'을 시작했다. 샬롬은 평화(peace)와 비슷한 개념이다. 2005년도까지 샬롬의 집을 운영하다가, 2005년 교인들과 합의를 해서 이 땅의 일부를 기부한 것이다.

당시 손학규 씨가 경기도지사를 할 때였는데, 경기도에서는 원래 외국인 관련 시설 건립을 위해 성남시에 15억을 지원하겠다고 했다. 그런데 성남시의회가 혐오시설이라고 이를 반대했고, 남양주시는 이를 받아들였다. 그래서 우리 땅 800평에 22억을 들여 센터를 지었다. 지금도 7명의 인건비는 남양주시에서 지원을 받는다.

Q 센터에서는 주로 어떤 활동을 하나?

A 건물만 570평 정도가 되는데, 주말에 잠깐씩 찾아오는 외국인노동자만을 위한 공간으로는 너무 크다. 초창기에 이걸 외국인노동자만을 위해 운영하는 건 비효율적이라고 판단해, 다양한 프로그램을 도입해 보자고 시도했다. 종합복지관 컨셉이었다. 그래서 행복나눔 도시락 배달 사업을 시작했다. 월요일부터 금요일까지 하는데, 이걸 위해서 60평 정도 되는 식당을 도시락제조공장으로 개조했다. 학기 중에는 400여 명에게 밥을 배달하고, 방학 때는 800~1,200개의 도시락을 배달한다. 그리고 외국인노동자의 자녀를 보육하기 위해 지역아동센터를 만들었고, 레인보우 보육실도 만들었다. 그리고 외국인들을 위한 도서실, 병원, 이주여성을 위한 대학, 컴퓨터 교육실 등을 운영하고 있다. 현재 레인보우

보육실에는 19명의 아이들이 있다. 모두 불법체류자들의 자녀들인데, 적절한 기관의 후원을 받아 운영하고 있다.

Q 신부님께서 직접 관여하셨던 정책은 어떤 것이 있었나?

A 정책… 그런 것에 깊이 관여를 했고, 그 덕분에 싸움도 하고 전과를 얻기도 했다. 도로교통법 위반, 집회 및 시위에 관한 법률 위반, 특수 공무집행 방해죄 등의 전과다. 하지만 예전에는 JCMK를 법무부가 창구로 인정을 하기도 했다. 지금은 법무부를 법무(法無)부라고 부른다. 외국인노동자인권위원으로 임명을 받은 적도 있다. 그런데 임명을 해놓고 한 번도 안 부르더라. 인권문제가 없어서 안 부른 게 아니라, 파트너로 생각을 하지 않고 적절히 이용만 하려고 했던 거다.

산업연수생 제도 폐지와 고용허가제 도입 과정에서 깊숙이 개입을 했다. 그 과정에서 나와 OOO(경남이주민센터 대표), OOO 이런 친구들이 불려 다니면서 파트너 역할을 했다. 그런데 그때뿐이었다. (회의에 오라고 해서) 가서 보면 (실무를 추진하는) 스탭이 바뀌어 있다. 1년 일을 해 놓으면 또 바뀌어 있어서 처음부터 다시 해야 하는 거다. 게다가 일이 발생하면 고용노동부, 법무부, 행안부 등이 책임을 둘러싸고 핑퐁게임을 벌였다. 이런 과정을 보면서 우리사회가 저들을 끌어안을 준비를 하고 있는가에 대해 전망이 보이지 않는다는 생각을 했다. 형식적이고 보여주기식 행정을 하고 있다는 생각이 드는 거다. 지금은 10년 이상, 20년 넘은 불법체류자, 미등록노동자들에 대해 그들이 가진 경험을 인정해 줄 필요가 있다. 그런데 이명박 정부 초창기 아주 야비한 짓을 했다.

후보자로(2007년 대선 당시) 우리 동네에 왔었고, 와서는 외국인들을 만나 이렇게 약속을 했다. 자기가 당선이 되어 권한을 갖게 되면 적극적으로 이 문제(불법체류자 문제 등)를 해결하겠다고. 당시 외국인들은 또렷하지 않은 발음으로 '이명박'을 연호하면서 그에게 기대를 걸었다. 그런데 취임 후 얼마 안 되어 비서관들과 국가경쟁력 제고회의라는 걸 하면서, 임기 내 불법체류자를 10% 이내로 줄이겠다고 했다. 그리고는 우리 동네를 덮쳤다. 법무부와 경찰 300~400명이 몰려와서 동네를 아수라장으로 만들고 불법체류자들을 끌고 갔다. 그 과정에서 엄청난 인권유린행위들이 있었다. 여성들의 가슴을 만지고, 허리 안쪽으로 손을 넣어 끌고 가고, 소변이 마렵다고 하니 노상방뇨를 시켰다. 결국 이 문제를 인권위에 제소를 했고, 인권위는 문제가 있다고 판정을 했다. 그 뒤로 검찰 수사관이 나와서 조사를 하기도 했지만 그뿐이었다.

노무현 정부 때도 크게 다르진 않았다. 당시에도 법무부는… 그래서 대통령이 바뀐다고 해서 해결될 문제는 아니라는 생각이 든다. 제가 김영삼 정부 때부터 김대중, 노무현, 이명박 정부를 계속 봐 왔다. 23년을 이 일에 관여했는데, 노무현 정부에서는 경찰에 얻어 맞아서 병원에 입원을 하기도 했다. 국가를 상대로 고소를 하기도 했고, 결국 고소를 해지하는 조건으로 제 요구사항을 몇 가지 들어준 적도 있다. 이명박 정부 때는 앞서 말한 것처럼 이 곳을 덮쳤다. 지금도, 국제결혼이주민, 고용허가제로 들어온 이주노동자, 미등록노동자들, 난민들을 위한 법 한 줄이 없다.

각 부서들이 경쟁적으로 돈을 들여서 지원 프로그램을 만들기는 하는데 쇼처럼 보인다. 제기차기, 한복입고 메주 담그는 시범을 보이고, 한글을 가르치고… 이런 프로그램들은 한국의 가부장적 제도에 이주민들을 구겨넣는 발상인데 이런 프로그램을 위해 500만 원, 1천만 원씩 낭비를 한다. 미래를 예측한다면 이런 것들은 멈추고 정말 노동을 제공하는 노동자들에겐 건강한 노동권을 부여해야 한다.

Q 남양주에 있는 이주노동자들의 사업장 실태는 어떤가?

A 마석 가구단지에 가보면, 한국인들은 일을 하지 않는다. 그래서 (사업주들은) 이주노동자들을 쓸 수밖에 없는데, 정부에 신청해서 고용TO를 받으려면 숨이 넘어간다. 기다리는데 지쳐 불법체류자, 미등록노동자를 쓰는 거다. 이런 구조를 그대로 둔 채, 불법체류자들만 잡는다고 해서 이 문제는 해결이 되지 않는다. 지금 일본에서 외국인정책이 자리를 잡아나간다고 하는데, 그 이유를 들여다보니까 고용주를 잡았다고 하더라. 불법체류자, 미등록노동자를 고용하는 고용주에게 엄하게 벌금을 물리고 실형까지 선고를 하니까 불법체류자 고용이 줄어든 거다. 국가정책이라는 게 뭔가 보여줄 필요가 있는데, 우리의 경우는 암암리에 불법체류자 고용을 할 수밖에 없는 구조를 그대로 둔 채 이십 몇 년을 지나다 보니까…

Q 우리나라에선 불법체류자를 고용한 사업주에게 제재방안이 없나?

A 있기는 한데, 법적으로는 2천만 원인가가 상한이다. 그런데 고용주가 가서 빌면 100만 원 받고 끝내기도 한다. 고용주들은 금요일만 되면 빨리 일을 마치고 주말을 보내려고 하는 한국인 노동자들보다 불법체류라도 외국인노동자들이 훨씬 낫다. 요즘 우리 동네엔 공장장도 외국인인 경우도 많다. 이 사람들에게 (고용주는) 공장 열쇠를 아예 준다. 그러면 (고용주가) 아침에 출근할 때, 물 뿌려서 청소 다 해 놓고 당장 일을 할 수 있게 해 놓는다. 저녁에 야근을 시키기도 수월하다. 가구공장은 시간싸움으로 납품을 해서 먹고 산다. 그러니 위험하더

라도 미등록 노동자를 고용하는 것이다. 우리 동네에만 미등록 노동자들이 800명 정도가 있다.

Q 고용허가제 등 이주노동자정책의 문제점에 관해 말씀해 달라.

A 고용허가제의 가장 큰 문제는 우리 위주로만 만들어져 있다는 거다. 노동자들의 권한을 보장해야 한다. 이것을 송출국의 문제라고 치부할 게 아니라, 건강하게 노동할 수 있도록 하는 시스템을 개발해야 한다. 정부는 말한다. 방글라데시를 비롯한 동남아 노동자들이 (한국에 들어오기 위해) 100만 명이 줄을 서 있다고. 그런데 이게 자랑할 일이 아니다.

한국에 꼭 필요한 사람들이 고용허가를 받아 정당하게 들어올 수 있는 시스템을 만들어야 하는데, (송출국에서) 소위 줄 서기 하는 과정 중에 이미 비리가 발생한다. 그게 어떤 방식으로 이루어지는지 우리도 모르고 정부도 모르게 암암리에 이루어지고 있다. 그런데 여기에서 모든 문제의 근원이 싹튼다.

한국에 들어오기 위해 얼마가 들었나의 문제다. 1천만 원 이상을 들여 한국에 들어왔으면, 그걸 벌충하기 전엔 한국에서 나갈 수 없다. 정해진 기간을 넘어 불법체류자가 되는 이유다. 그래서 (송출국에서 비리가 발생하는 과정에 대한) 관리가 필요하다. 한국정부는 이것을 송출국의 문제라고 치부하는데, 이래서는 해결이 안 된다. 모르긴 해도 한국인들이 관여되지 않았을까? 외국인노동자를 고용해서 산업발전에 기여하게 하려면 이 구조를 정비할 필요가 있다.

당시 고용허가제를 도입할 때 이재정 전 국회의원이 발의를 한 것이다. 저랑 같이 마석에서 (제도 개편에 관해) 함께 논의도 하고 그랬다. 사실 더 전문성이 있고 깊이 있게 논의가 되었어야 했는데, (아무도 하지 않으려고 해서) 밀리고 밀려 이재정 장관이 발의를 한 것이다. (당시 고용허가제도 문제가 많았지만) 하여간 그때 제도가 도입이 되었다. 이후 수정에 수정을 거듭하고 있지만, 현재도 문제가 많다. 노동자 위주로 재편이 되어야 하고, 건강한 노동권을 보장하는 방향으로 가야 하는데, 싼 값으로 노동력을 불러다 쓰려고만 하는 거다.

Q 대안이 뭐라고 생각하나?

A 건강하게 잘 지키고 체류기간도 연장할 수 있는 제도는 있다. 그런데 현실에서는 적용이 안 된다. 우선 (이주노동자의 입장에서) 들어간 비용이 있는데 이걸 벌충하려면 불법체류를 하게 된다. 불법체류를 하면서 노동을 계속하면 인건비가 올라간다. 불법체류자는 숙련도가 높아지니까 더 받는다. 그러니 불법체류자로 남는 거다. (고용주의 입장에서) 고용허가제로 외국인노동자를 새로 받으

려면 숨이 넘어간다. 고용주는 까다로운 과정을 밟으면서 기다려도 순서가 오지 않으니까, 위험해도 여기저기 돌아다니는 불법체류자를 쓰겠다는 거다. 이런 구조를 정비하려면 불법체류자를 고용하지 못하게 해야 하는데, 정부의 규제가 제대로 작동하지도 않는다. 정부가 단속을 어떻게 하냐면, 신고가 들어갈 때 (불법체류자를) 잡아간다. 단속자가 나온 지역이나 동네에 불법체류자가 100명도 더 있는데 딱 신고가 들어온 그 사람만 잡아가는 거다. 마트에 쇼핑하러 나온 사람들을 임의로 잡아가기도 한다. 정부 단속지침에는 오전 9시부터 오후 5시까지만 단속을 하라는 내용이 있다. 그런데 밤 11시에도 들이닥쳐서 잡아간다. 오가는 이주민들을 마구잡이로 잡았다가 등록증이 있으면 풀어준다. 이런 식으로 하니, 인권유린이 일어날 수밖에 없다. 한국 사람들에게 이런 식으로 단속을 하면 난리가 날 것 아닌가. 그런데 이주민들은 너무 쉽게 그런 취급을 당한다. 이명박 정부에서도 여러 사람이 그런 취급을 당했다.

박근혜 정부는 아직 힘이 있을 때 인센티브를 주고 정비를 하는 정책을 폈으면 좋겠다. 오랜 불법체류자들에게 한 번 기회를 주는 거다. 다시 들어올 수 있는 기회를 줄 테니까 귀국을 했다가 1년 뒤 정도에 다시 들어오라는 거다. 다시 들어오는 기회에 대해서는 우리 정부가 송출국 정부와 협의를 하겠다, 대신 한국에서 노동을 하려면 건강해야 하고 한국어 능력이 필요하니 시험을 보겠다든지, 이런 옵션을 달아서 인센티브를 주는 거다. 불법체류자들에게 물어보면 이런 정도의 인센티브가 있으면 다 나갔다 오겠다고 한다.

우리나라도 예전에 노동자들이 중동이 나갔을 때 국내 가정의 문제가 있었지 않은가? 지금 우리나라에 와 있는 불법체류 노동자들도 본국의 가족을 보지 못하고 지낸다. 그러니 걱정도 되고 가고 싶은 거다. 하지만 나가면 다시 들어올 수가 없으니 가지를 못한다. 우리 동네에 20여 년이 된 불법체류자가 있는데, 이 사람은 같은 이주노동자와 여기서 결혼을 해서 아이를 낳았다. 아이를 낳은 후 부인과 아이는 본국으로 바로 돌려보냈는데, 여태 이들을 못 보고 지낸다. (불법체류 노동자들은) 갔다가 다시 들어올 수만 있다면 가겠다고 한다. 그 정책(다시 들어올 수 있는 인센티브를 주는 대신 불법체류자를 정리하는)을 써야 한다. 물론 이 정책을 쓰면 다른 문제가 발생할 수 있지만, 그건 그 때 가서 걱정하면 될 일이다. 지난 이십 몇 년 동안 어설프게 정책을 집행하다 보니, 우리나라의 품격이 떨어져 버렸다. 정부가 이걸 수습해야 한다.

Q 지금은 어떤 정책에 관여하시나?

A 산업연수생 제도 없애고 고용허가제 입안할 때 열심히 쫒아 다녔지만 지금은

해도 해도 안 되니까 손을 놓고 있다. 나도 이제 이럭저럭 00세가 되었다. 30대에 시작을 했으니 이 활동만 24년을 한 셈이다. 제가 일을 시작할 당시 출입국 담당자들은 이미 정년퇴직을 했다.

Q 남양주 마석에 사는 이주민들의 규모는 얼마나 되나?

A 이주민이 8천여 명 정도 산다. 결혼이주자, 고용허가제로 인한 이주자, 불법체류자 모두 합해서 그렇고, 내가 사는 동네에만 1천여 명이 산다. 센터가 동네에서 가장 높은 위치에 있다. 센터에서 불법체류 단속이 나왔다고 종을 치면 불법체류자들이 일하다가 산으로, 어디로 도망을 다니면서 그렇게 살아가고 있다.

Q 결혼이주자들은 센터와 어떤 관계를 맺고 있나?

A 결혼이주자들은 화요일과 목요일, 차량을 이용해 한글교실, 바리스타 교육, 퀼트 교육 등에 참여하러 온다. 이주여성 문제도 심각하다. 미등록 노동자 문제만큼이나 심각하다. 이 사람들은 외국인도 아니고 한국인 아닌가. 그런데 (가정에서, 사회에서) 박해가 심하다. 한국 사람들이 생각하기에는, 러브인 아시아에 나오는 크리스티나 같은 사람만 보니까 잘 살고 있는 줄 알지만 (해외에서 한국으로) 시집온 여성들의 40%가 망가져서 산다. 남편과 나이차이가 40살이 나기도 한다. 시부모들은 한국인 며느리들과도 갈등이 있는데 오죽하겠는가. 얻어맞고 사는 이주여성들이 많다. 독립을 하려면 직업을 가져야 하는데, 직업교육이 되어 있지 않으니 식당에서 설거지, 서빙을 한다. 그래서 이 사람들에게 한국어교육을 하되 직업교육을 함께 병행하고 있는 상황이다. 바리스타나 퀼트교육을 하면서 보육실에서는 이 사람들의 아이들을 돌본다.

아이들이 한국말을 훨씬 빨리 배우니까 아이들은 엄마와 놀지 않는다. 시어머니는 시어머니대로, 남편은 남편대로, 아이는 아이대로 따돌리니 이주여성들이 갈 곳이 없다. 게다가 한국에 들어올 때부터 정신이상자랑 결혼한 사람, 40살 정도 나이차이가 나는 배우자랑 결혼한 사람들이 있다. 몇 해 전 캄보디아에서는 정부가 한국인과 결혼을 금지했다. 지금은 해제되었지만, 당시 (한국으로 시집온) 캄보디아 여성이 임신을 한 상태에서 칼에 찔려 죽은 채 부산에서 발견되었다. 이 사건으로 캄보디아 정부가 결혼금지정책을 시행한 것이다.

그런데 캄보디아 같은 곳에서는 (한국인과 결혼을 하려는) 여성들이 번호판을 들고 서서 기다리다가 뽑혀서 들어온다는 거다. 그런 식으로 국제결혼을 하는 건 문제가 크다.

Q 결혼이주와 관련된 법은 다문화가족법인데, 이 제도의 문제는 무엇인가?

A 그렇다. 결혼이주여성들에 대한 법적인 장치는 있지만 한국인에게만 유리하게 되어 있다는 게 문제다. 한국인들 사이에서도 부부 사이의 문제가 생기면 오래 간다. (이혼을 하려고 해도 시간이 오래 걸리고) 그 시간 동안 특히 이주여성들에겐 견디기 어려운 상황들이 발생한다. 그런 부분에 대해 사례나 표본을 연구하고 적극적으로 대책을 강구해야 하는데, 그런 게 없다. 너무 배려가 없는 것이다. 국제결혼이주여성들이 들어오는 건, 가난한 나라 사람들을 데려오는 건데 그렇다면 그만큼 대우를 해줘야 한다. 러브인 아시아에 나오는 크리스티나는 정말 행복한 거다. 그런데 대개 현실은 그렇지 않다. 우리 동네 국제결혼여성의 남편들은 교회나 센터에 나타나지를 못한다. 나이차이가 많이 나고 직업도 변변하지 않다고 생각하기 때문이다.

Q 마석에도 중국동포들이 거주하나?

A 중국동포들은 거의 없다. 중국동포들은 안산에 많이 가 있다.

Q 그럼 마석에 주로 사는 이주민들의 국적은 어떤가?

A 우리 동네는 방글라데시, 필리핀, 네팔 국적의 이주민이 주로 많이 살고, 스리랑카, 인도네시아, 파키스탄, 러시아, 키르기스스탄 사람들도 있다.

Q 불법체류를 하게 되는 경로에 대해 좀 더 구체적으로 말씀해 달라.

A 불법체류자들은 고용허가제로 들어와 이탈한 사람들도 있지만, 70% 이상이 관광비자로 들어와 주저앉은 사람들이다. 우리가 예전에 미국에 여행을 가려면 서류를 다 꾸미고도 거부당하는 사례들이 많았지 않은가. 통장잔고를 보고 충분하지 않으면 미국에 여행가서 불법체류자가 될 가능성이 크다고 해서 입국을 허락하지 않았다. 우리나라 입국도 지금 그렇게 한다. 한국에 들어갈 여행 비자를 받으려면 '이 돈 벌어서 한국에 갈 수 있겠냐?' 하고 거부를 한다. 방글라데시나 이런 나라 대사관에서 실제 그렇게 하고 있다. 그런데도 브로커들이 장난을 해서 여행 비자를 발급받을 수 있게 해주고, 한국에 입국을 하는 거다. 인천공항에서 입국수속을 하면서 이 사람들(한국에 불법체류 노동자가 되기 위해 여행 온 사람들)을 보고 모를까? 그렇지 않다고 본다. 실제로 지난 월드컵 기간에 동남아시아에서 온 여행객 가운데 2만여 명을 돌려보냈다고 한다. 그 나라에서 여행 비자를 받고 들어온 사람들 중에서도 골라서 돌려보낸 거다. 우리 정부가 동남아에서 들어오는 관광객들에게 이처럼 엄격한 기준과 잣대를 들

이댔다면, 불법체류자가 이렇게 성행하지는 않았을 것이다.

이런 일도 있었다. 불법체류자가 2주 정도 전에 당국에 잡혀서 출국당했다. 그런데 며칠 전에 다시 나타난 거다. 어떻게 된 것이냐고 물었더니, 여권을 위조해서 다시 들어왔다고 했다. 이런 상황을 우리 정부가 모를까? 지금은 지문감식을 한다는데, 그렇게 해도 들어오는 거다. 이건 어딘지 모르지만 어딘가 (정부 감독 망이) 뚫려 있다는 거다.

Q 정부에서 알고 묵인을 한다는 것인가?

A 10년도 더 전에, 국회도서관에서 이주노동자 관련 공청회를 국회도서관에서 한 적이 있었다. 거기에 참석해서 내가 그랬다. 여기 국회의원들, 출입국 담당자들 모두 범법자라고. 알고도 묵인하지 않았으면 이럴 수는 없다고 말이다. 결국 2003~4년 조·중·동 신문에서 대대적으로 보도를 했고 출입국 비리 관련해서 관리국장 등 여러 사람이 직위해제가 되었다. 그런데 지금도 그런 불법과 묵인이 이루어지고 있다는 거다. 그러니 그렇게 들어온 사람들이 계속 나타나는 것이다.

Q 고용허가제에 대해 여쭙겠다. 신부님이 생각하시기에, 고용허가제 도입 당시 사회적인 압력이 컸나? 아니면 정부가 필요해서였나? 제도도입의 동력이 무엇이었다고 생각하나?

A 그 당시에는 밀려서 하게 된 것 같다는 생각이 든다. 당시 소위 산업연수생 제도 때문에 발생한 문제들이 많이 드러나 있었다. 정당한 노동을 제공하는데도 시궁창 같은 곳에서 생활을 하고 따귀를 때리고 심지어 김치공장에 이들을 보냈다. 산업연수생이라고 하면 본국에서 필요한 산업에서 연수를 해야 하는데, 한국 사람들만 먹는 김치공장에서 연수를 해서 무슨 소용이 있겠는가. 말만 산업연수지 저임금 노동을 위한 것이라는 게 다 드러난 거다. 특히 당시에는 산업연수생 관리는 중소기업협회에서 담당했는데 문제가 심각했다.

그래서 바꿔야 한다는 여론이 있었는데, 고용허가제라는 대안에서는 밀렸다. 저는 그때 교육위원회 의원이 아니라 환경노동위원회 같은 곳에서 전문적으로 다루어야 한다고 생각했지만 제대로 검토가 되지 않았다. 통과될 때도 문제가 많았다. 통과된 내용에 문제가 많으니, 제대로 바꾸는 데 시간이 더 걸리고 힘이 들게 되었다. 좋은 법이 아니라고 생각했지만 어쨌든 통과가 되어버린 것이다. 그 당시부터 제도개정에는 손을 떼고 현장에서 힘든 사람들을 더 돌보는 게 낫겠다고 생각을 했다.

지금도 방법이 있다면, 박근혜 정부가 초창기 힘이 있을 때 이 문제(오래된 불법체류자 문제를)를 일단 털고 가야 한다. 방법이 필요한 때라고 생각하는데 정부가 어떻게 생각을 하는지는 모르겠다.

Q 현재 담당부서는 법무부인데…
A 그런데 법무부는 또 자기들 담당이 아니라고 한다. 자기들은 출입국 업무만 하고 불법체류 문제는 아니라는 거다. 고용허가는 고용노동부에서 하는데 불법체류는 아니라고 하고, 그러면 행안부에서 해야 하는데… 다문화정책 관련 부처만 9개다. 문화관광부, 가족여성부, 보건복지부, 고용노동부, 행정안전부… 게다가 해양수산부와 농림부도 고용허가로 들어오는 일자리가 있으니 관여가 된다.

Q 부처들 사이의 조정 문제를 말씀하시는 것인가?
A 그렇다. 조정이 안 된다. 제가 지난 24년 동안 가장 힘들었던 것이, 1년 이상 같은 담당자를 두는 부서를 본 적이 없다는 거다. 담당자가 계속 바뀐다. 3개월 뒤에 오라고 해서 가 보면 또 바뀌어 있고, 그 다음에 가면 또 바뀌어 있다. 이렇게 시간이 지나다 보면 아예 부르지도 않는다. 그동안 외국인 인권위원회도 했고 외국인력도입위원회 위원도 했고 별 것을 다 해 봤지만 (문제해결에는) 도움이 안 되었다. 뽑아놓고 (아무런 활동도 하지 않고) 해임된 직위도 많다. 지금도 국가인권위원회 전문위원을 하는데, 부르지도 않는다.

Q 관련단체들 간의 연대활동은 어떤가?
A 처음에 이 사람들을 도와야겠다고 마음먹으면서 너무 문제가 많으니까 NCC 사람들과 모여 함께 일을 했고 김해성이나 박천응 목사와 함께 JCMK를 꾸렸고 지금도 있다. 지금도 우리 센터는 JCMK에 가입되어 회비도 1년에 120만 원씩 낸다. 하지만 사무실은 없어졌고 사무처 운영이 어렵다. 어쨌든 고용허가 난맥상이나 외국인이 억울하게 죽었다던가 하는 일이 발생하면 모이고 활동을 계속하고 있다. 예전엔 이런 활동을 할 때 정부가 파트너로 인정을 해 줬지만 지금은 그런 것도 없어져 버렸다.

Q 정당 쪽과의 관계는 어떤가?
A 정당은 사건별로 만남이 이루어지고, 의원별로 연계가 있는 편이다. 민주당이라고 해서 특별히 우호적인 것도 아니고 새누리당이라고 해서 모두 비우호적인

것도 아니다. 2008년 (우리 동네에서 불법체류자 116명이 연행되었을 때) 민주통합당 송영길 인천시장이랑 함께 위원회도 만들고 했는데, 실제 해 준 건 없었다. 당시 새누리당을 찾아가면 관심을 가져줘서 고맙다는 말만 하고 끝이었다. 당시 청와대에 7번 메일을 보냈는데 계속 답변이 없다가 7번째에 답을 해서는 법무부 000과로 연락을 하라고 하더라.

Q 2008년 당시 일이 충격이 크셨던 것 같다.

A 그땐 전쟁이었다. 내가 피마름병이라고 진단을 받기도 했다. 일상에서 바들바들 떨리는 증상이 멈추지를 않았고, 청와대 앞에서 분신을 하려는 생각도 했다. 이명박 대통령이 후보자로 왔을 때 이 문제를 적극적으로 해결하겠다고 약속했고 사진도 엄청나게 찍어갔다. 그러더니 대통령이 되자마자 3월에 제1 타깃으로 우리 동네를 덮친 거다. 결국 116명은 모두 강제출국을 당했다. 당시 과정에서 벌어진 인권유린행위를 국가인권위에 제소했고 과도한 연행이라는 판결이 난 뒤 정부 측에서 조사관이 나왔더라. 그런데 조사라는 수준이 너무 한심해서 그냥 가시라 했다. 한 달 있다가 결과가 왔는데 위법사실이 있었다고 인정했지만 그것으로 그냥 끝이었다.

Q 국회의원들이 소극적인 이유는 무엇이라고 생각하나?

A 표가 되지 않으니까 그렇지 않겠나. 이율배반적이기도 하다. 이런 일도 있었다. 고용허가 문제로 김문수 도지사가 국회의원이었을 때 의원실을 점거한 적이 있었다. 그때 김문수 전 의원이 그러더라. 자기가 고용허가제를 발의하게 해 주면 돕겠다고. 그런데 당시 고용허가제를 한나라당 김문수 의원이 발의를 하게 되면 통과가 난망한 상황이었다. 그래서 거부를 했던 적이 있었다. 소속정당이 꼭 중요한 것도 아니라는 거다.

Q 사업주들은 불법체류자를 고용해야 할 상황이라면 이 문제에 적극적이지 않을까?

A 그 사람들도 큰 힘이 없다. 성생공단에 있는 가구업자들은 영세자영업자들이 많다. 이 사람들은 외국인고용을 신청해도 고용허가로 들어올 사람들을 받을 자격이 없다고 해서 TO를 받지 못하는 사람들이다. 외국인들에 대한 후생이나 복리기준에 못 미친다는 거다. 그러니 한국 사람들은 더 안 한다.
우리 동네에서 이런 일도 있었다. 고용주가 불법체류자를 데려가면서 하는 말이었다. 한국 사람을 고용해서 15일 일을 했는데 납품 때문에 유독 바쁜 날 출근을 하지 않아 전화를 했더니 너무 힘들어서 더 이상 못하겠다고 했단다.

그래서 15일 일한 급여를 받아 가라고 했더니, 사장님도 힘드시니 그냥 쓰라고 했다는 거다. 이런 걸 보면 적어도 우리 동네에서는 외국인노동자 때문에 한국인 일자리가 없다는 건 말이 안 된다. 우리 동네 사업자들을 보면 외국인노동자들이 너무나 필요하다. 저 사람들이 없으면 영세공장들은 모두 문을 닫아야 한다.

물론 불법체류자를 고용한 고용주에게 높은 벌금을 부과하면 불법체류자 고용 문제는 줄어들 수 있다. 그러면 가구업자들은 문을 닫거나 기계화를 하거나 대책을 마련해야 할 것이다.

Q 마석 가구공장의 규모는 얼마나 되나?

A 3명에서 70명까지 다양한데, 3명이 최저 단위다. 부인과 가족 중 1인, 외국인노동자 3인 이렇게 5명이 일하는 공장이 최저단위다. 그런데 이 공장들은 외국인을 고용하지 않으면 유지가 어렵다. 예를 들어, 컵을 하나 만드는데 한국인을 고용하면 2만 원에 팔아야 한다. 외국인을 고용해 만들면 1만 원에 팔 수 있다. 한국인을 고용하면 4대 보험 들어줘야 하고 경조사 챙겨야 하니까 더 들 수밖에 없다. 그런데 신규외국인이 아니라 불법체류 외국인을 고용하면 1만 2천 원 정도에 물건을 만들 수 있다. 물론 지금도 중국산 더 싼 제품이 들어오는데, 한국 소비자들은 그래도 한국에서 만들어진 걸 더 선호한다. 중국산은 애프터서비스도 잘 안 되고 품질도 떨어진다고 생각한다. 그래서 중국산 1만 원짜리 컵과 한국산 1만 2천 원짜리 컵이 있으면 한국산을 사는 거다. 그러니 고용주들은 불법체류자를 고용해서라도 컵을 생산하는 거고.

Q 꼭 필요한 사람들이고 그런 사람들이라면 업자들도 정상적으로 되기를 바라지 않나?

A 말했듯이 (마석단지 고용주들은) 별 힘이 없고 소리 내어 말하지도 않는다. 김문수 의원실 점거 후 김문수씨와 친해졌고, 도지사가 된 후에는 현장의 소리를 들어야 한다면서 국장회의를 현장에서 개최한 적이 있었다. 우리 사무실에서 회의를 할 때 고용주가 참석해서 이야기를 했는데, 그 사람이 이명박 정부 욕을 하면서 (외국인들을 고용해서 먹고 사는) 한국인들도 살려줘야지 이렇게 일을 할 수 있느냐고 했다. 하지만 대개 고용주들은 이런 직접적인 발언을 하지 않는다. 그 사람들은 사회적 이슈에 민감하지 않고 운동권 출신도 아니다. 노무현 정부 때도 우리 동네에서 33명을 잡아간 적이 있었고, 그 일을 막느라 11시간 대치를 했다. 그때도 고용주들은 아무런 행동을 하지 않았고, 한국인노동자, 외국인노동자들만 나와서 잡아가는 걸 말렸다.

Q 왜 그렇게 소극적일까?

A 글쎄… 내가 고용주면 외국인노동자들 체육대회 할 때 후원이라도 하고 그러겠는데 그런 사람은 거의 없다. 나도 고용주들과는 만나지 않는 편이다. 외국인노동자 산업재해 문제가 나면 노동자 편에 서서 싸워야 하니까.

Q 그런 영세자영업자들의 미래는 어떤가?

A 나는 10~20년이 지나면 우리 동네 외국이주민들이 감소될 것이라고 생각한다. 그때가 되면 나이든 고용주들이 죽을 텐데, 그 자녀들은 가구 만드는 걸 배우지 않기 때문이다. 그렇게 되면 모두 다 수입을 하지 않을까? 아직은 저가의 수입품 경쟁력이 한국산에 밀리니까 만들지만 그 차이가 없어지면 수입을 하게 되지 않겠는가. 아직은 유명 브랜드를 흉내 낸 사품의 가치가 있다. 정교하게 사품을 만들어 놓으면 사람들은 그걸 산다. 아직은 이런 수요들이 있는데 10년 이내엔 상당히 문을 닫을 것 같다. 우리 동네도 재개발 이야기가 나온다. 공장도 점점 비어가고 사람들은 떠나니까 그런 이야기가 나온다. 마치 예전 이곳이 나환자들이 닭을 키우던 농장이었다가 닭 키울 사람이 없어지면서 임대업을 하게 되고, 가구공장들이 임대해 들어오면서 성생공단이 되었듯이 그런 변화가 일어날 것으로 본다.

Q 저희가 연구 목적으로 이주민들을 인터뷰를 하고 싶은데 가능할지 여쭙고 싶다.

A 가능하다. 우리 동네에 1천 명 정도 사니까 500명 정도는 받을 수 있을 것이다. 언어는 영어로 하는 게 좋다. 그러면 그 나라 언어로 바꾸어서 조사할 수 있다.

제10장

국민의식조사 기초통계

Ⅰ. 고령자정책 국민의식조사

1. 조사개요

본 조사는 구조화된 설문지를 통해 2011년 10월 22일부터 27일까지 「한국리서치」에 의뢰하여 시행하였다. 조사방법은 컴퓨터를 이용한 전화면접조사(CATI)였으며, 표본은 성, 연령, 거주 지역에 따라 비례할당한 후 무작위추출방식으로 구성하되 만 40세 이상 국민으로 한정하였다. 총 표본 수는 1,200명이었다. 응답자를 40세 이상 국민으로 한정한 이유는 고령층과 미래 고령층의 정책만족도를 비교하는 데 중점을 두었기 때문이다. 물론 장기적으로 보면 20~30대도 미래 고령층일 수 있지만, 고령사회 대비 정책에 대한 최소한의 정보와 부모세대의 정책 경험을 공유할 수 있을 때 보다 정확한 정책평가가 가능하다는 판단에서 응답자 집단을 구성한 것이다.

2. 조사결과

1) 고령사회정책에 대한 중요도, 성취도 평가

고령사회를 대비하는 8개 정책 사안들에 대한 중요도와 성취도 조사결과(4점 척도)를 살펴보면 전자보다 후자의 평가가 낮은 것이 공통점이다(〈표 1-1〉).

먼저 중요도 평가의 경우, 국민연금의 안정화(3.54)가 가장 높으며, 다음으로 기초노령연금의 정착(3.41), 노인장기요양보험의 정착(3.39), 노인요양병원의 정부지원(3.29), 노인의 공공일자리 창출(3.28), 고령자 주거 안정화(3.25), 정년연장 등 고령자 경제활동 보장(3.19), 노인여가활동지원

〈표 1-1〉 고령사회정책에 대한 중요도, 성취도 평가

근로빈곤정책	중요도			성취도		
	전체	40세~64세	65세 이상	전체	40세~64세	65세 이상
1) 국민연금의 안정화	3.54 (1194)	3.54 (924)	3.53 (270)	2.57 (1174)	2.50 (911)	2.81 (263)
2) 기초노령연금의 정착	3.41 (1190)	3.39 (918)	3.45 (272)	2.51 (1156)	2.44 (896)	2.75 (260)
3) 노인장기요양보험의 정착	3.39 (1182)	3.37 (917)	3.46 (265)	2.46 (1135)	2.42 (888)	2.57 (247)
4) 노인요양병원의 정부지원	3.29 (1192)	3.25 (922)	3.45 (270)	2.43 (1107)	2.38 (860)	2.59 (247)
5) 노인의 공공일자리 창출	3.28 (1193)	3.30 (924)	3.22 (269)	2.23 (1168)	2.18 (904)	2.40 (264)
6) 노인여가활동지원	2.95 (1189)	2.93 (923)	3.01 (266)	2.30 (1164)	2.19 (903)	2.65 (261)
7) 고령자 주거 안정화	3.25 (1190)	3.23 (924)	3.29 (266)	2.06 (1151)	2.01 (895)	2.23 (256)
8) 정년연장 등 고령자 경제활동 보장	3.19 (1190)	3.19 (924)	3.20 (266)	2.08 (1167)	2.02 (908)	2.32 (259)

(2.95)의 순을 보인다. 이를 두 연령층, 즉 40세~64세 노령준비 세대와 65세 이상의 노령세대로 비교해 보면, 뚜렷한 차이는 노인장기요양보험의 정착에 대하여 노령준비세대(3.37)보다 노령세대(3.46)가 더 중요하다는 인식을 보이며($t=2.05$, $p<.05$), 노인요양병원의 정부지원에 대해서도 노령준비세대(3.25)보다 노령세대(3.45)가 더 중요하다는 인식을 나타낸 것이다($t=4.25$, $p<.001$).

한편 성취도 평가의 경우도 국민연금의 안정화(2.57)가 가장 높고, 다음으로 기초노령연금의 정착(2.51), 노인장기요양보험의 정착(2.46), 노인요양병원의 정부지원(2.43), 노인여가활동지원(2.30), 노인의 공공일자리 창출(2.23), 정년연장 등 고령자 경제활동 보장(2.08), 고령자 주거 안정화(2.06)의 순을 나타낸다. 이를 두 연령층으로 비교해 보았을 때, 모든 정책 사안들에 대하여 노령준비세대보다 노령세대에서 성취도 평가가 더 높은 차이를 발견할 수 있다. 국민연금의 안정화에 대하여 노령세대(2.81)가 노령준비세대(2.50)보다 높으며($t=6.29$, $p<.001$), 기초노령연금의 정착도 노령세대(2.75)가 노령준비세대(2.44)보다($t=6.49$, $p<.001$), 노인장기요양보험의 정착도 노령세대(2.57)가 노령준비세대(2.42)보다($t=2.73$, $p<.01$), 노인요양병원의 정부지원도 노령세대(2.59)가 노령준비세대(2.38)보다 높다($t=3.82$, $p<.001$). 노인여가활동지원 역시 노령세대(2.65)가 노령준비세대(2.19)보다 높으며($t=8.03$, $p<.001$), 노인의 공공일자리 창출도 노령세대(2.40)가 노령준비세대(2.18)보다($t=4.48$, $p<.001$), 정년연장 등 고령자 경제활동 보장도 노령세대(2.32)가 노령준비세대(2.02)보다($t=5.86$, $p<.001$), 그리고 고령자 주거 안정화도 노령세대(2.23)가 노령준비세대(2.01)보다 높다($t=4.44$, $p<.001$).

2) 노인복지 확대를 위한 비용부담 의사

노인복지 확대에 대한 절문으로 "선생님께서는 지금보다 세금이나 보험료를 더 내더라도 노인복지 혜택을 확대해야 한다는 주장에 대하여 어떻게 생각하십니까?"라는 응답을 살펴보면, 동의하는 사람(60.9%)이 그렇지 않

〈표 1-2-1〉 노인복지 확대를 위한 세금/보험 지불과 인구사회학적 요인

지불 의견	전체	계층			학력			성별		연령층	
		상+ 중상	중간	하+ 중하	중졸	고졸	대재	남	여	40~ 64세	65세 이상
동의한다	60.9 (719)	58.5 (79)	58.2 (294)	63.8 (339)	54.0 (75)	62.2 (243)	61.8 (397)	70.6 (583)	51.7 (136)	63.4 (583)	52.1 (136)
동의하지 않는다	39.1 (461)	41.5 (56)	41.8 (211)	36.2 (192)	46.0 (64)	37.8 (148)	38.2 (245)	29.4 (336)	48.3 (125)	36.6 (336)	47.9 (125)

은 사람(39.1)보다 월등히 많다(〈표 1-2-1).

이를 인구사회학적 요인으로 살펴보면, 주관적 계층에 따라서는 중하층을 포함한 하층의 동의 비율(63.8%)이 중간층(58.2%)이나 중상층을 포함한 상층(58.5%)보다 많지만 통계적으로 유의한 차이를 보이지는 않았다. 학력의 경우도 중졸 이하의 동의비율(54%)이 고졸(62.2%)이나 대재 이상(61.8%)보다 적지만 통계적인 차이를 보이지는 않았다. 그러나 성별에 있어서는 남성의 동의 비율(70.6%)이 여성(51.7%)보다 훨씬 높은 차이를 보인다(X^2= *44.11, p〈.001*). 연령층의 경우에도 노령준비세대(40~64세)의 찬성비율(63.4%)은 65세 이상 노령세대(52.1%)보다 뚜렷이 많은 특징을 나타낸다(X^2=*10.96, p〈.001*). 이 점은 다가올 노령사회의 복지확대가 이를 준비하는 세대에게 매우 중요한 이슈임을 시사해 주는 것일 수 있다.

〈표 1-2-2〉 노인복지 확대를 위한 세금/보험 지불과 경제적 요인

지불 의견	전체	노후경제준비			월평균 가계소득 (단위: 만 원)					
		거의 못함	어느 정도	충분	120 미만	120~ 250	250~ 350	350~ 450	450~ 700	700 이상
동의한다	60.9 (719)	63.8 (192)	59.5 (457)	63.1 (70)	54.2 (96)	62.1 (123)	62.5 (140)	63.5 (132)	63.8 (141)	62.1 (59)
동의하지 않는다	39.1 (461)	36.2 (109)	40.5 (311)	36.9 (41)	45.8 (81)	37.9 (75)	37.5 (84)	36.5 (76)	36.2 (80)	37.9 (36)

한편 경제적 변인에 따른 노인복지 확대에 대한 의견을 살펴보면, "선생님께서는 노후를 위한 경제적 준비를 어느 정도 하고 계십니까?"라는 질문에 대하여 '부족하지만 어느 정도는 하고 있다'는 응답자가 768명으로 다수(65.1%)를 차지하는데, 이들 중에 노인복지 확대를 위해 세금이나 보험료를 더 내자는 주장에 동의하는 비율(59.5%)은 '거의 못하고 있다'는 사람(63.8%)이나 '충분히 하고 있다'는 사람(63.1)보다 낮은 특징을 보인다(〈표 1-2-2〉). 이러한 차이는 통계적으로 유의한 수준에는 미치지 못하였지만, 노후 준비를 거의 못하고 있다는 응답자가 전체 25.5%(301명)를 차지하고 있다는 점이나 충분히 하고 있다는 응답자가 전체 9.4%(111명)에 불과하다는 점에 주목할 필요가 있다.

월평균 가계소득에 따른 노인복지 확대에 대한 동의 비율을 보면, 소득이 높아질수록 동의비율이 약간씩 증가하는 경향을 나타낸다. 그러나 이러한 차이가 통계적인 유의수준에 미치지 못하는 것은 경제적 능력이 노인복지 확대에 필요한 세금이나 보험료를 더 내는 문제에 중요한 요인은 아닐 수 있다는 점에 주의를 요한다.

끝으로 정치적 성향에 따라서도 노인복지 확대에 대한 의견에 뚜렷한 차이를 발견할 수 있다(〈표 1-2-3〉). 이념성향에서 노인복지 확대에 동의하는 비율은 스스로 진보적으로 평가하는 사람들(70.8%)이 중도(58.7%)나 보수(55.6%)보다 훨씬 높은 것으로 나타난다($X^2=18.75$, $p<.001$). 또 정당성향에서는 집권당인 한나라당을 지지하는 사람들의 동의 비율(55.3%)보다 그

〈표 1-2-3〉 노인복지 확대를 위한 세금/보험 지불과 정치적 요인

지불 의견	전체	이념성향			집권당 지지여부	
		진보	중도	보수	지지	비 지지
동의한다	60.9 (719)	70.8 (230)	58.7 (266)	55.6 (210)	55.3 (194)	63.3 (525)
동의하지 않는다	39.1 (461)	29.2 (95)	41.3 (453)	44.4 (168)	44.7 (157)	36.7 (304)

렇지 않는 경우(63.3%)가 높다(X^2=6.73, p<.01).

3) 노인복지정책 만족도

정부의 전반적인 노인복지정책에 대한 만족도에 대하여 5점 척도(매우 불만 1점 – 매우 만족 5점)로 측정한 결과, 평균 2.64(표준편차 0.92)로 보통 이하 수준을 나타낸다(〈표 1-3-1〉). 노인복지정책에 대한 종합만족도는 인구사회학적 요인에 따라 뚜렷한 차이를 보여주는데, 주관적 계층인식에서는 중하층을 포함한 하층의 종합만족도 평균 점수(2.55)가 중간층(2.71)이나 중상층을 포함한 상층(2.79)보다 낮다(F=5.78, p<.01).

〈표 1-3-1〉 노인복지정책 종합만족도와 인구사회학적 요인

종합 만족도	전체	계층			학력			성별		연령층	
		상+ 중상	중	하+ 중하	중졸	고졸	대재	남성	여성	40~ 64세	65세 이상
평균 (N)	2.64 (1178)	2.79 (134)	2.71 (502)	2.55 (532)	3.01 (146)	2.66 (389)	2.55 (636)	2.50 (569)	2.78 (609)	2.57 (910)	2.89 (268)
표준편차	0.92	1.03	0.89	0.91	0.93	0.89	0.91	0.90	0.92	0.90	0.96

그러나 학력의 경우는 중졸 이하의 만족도(3.01)가 고졸(2.66)이나 대재이상(2.55)보다 높은 차이를 보여준다(F=15.47, p<.001). 성별에 따라서도 남성의 만족도(2.50)가 여성(2.78)가 낮은 것으로 나타난다(t=5.20, p<.001). 연령층에 따른 차이도 노령준비세대(40~64세)의 만족도(2.57)가 65세 이상 노령세대(2.89)보다 뚜렷이 낮은 특징을 나타낸다(t=5.08, p<.001). 이러한 차이는 노인복지정책에 대한 기대수준이 계층인식이 낮은 경우라든가 높은 학력, 남성, 노령준비세대에서 상대적으로 더 높기 때문에 만족도가 떨어지는 것으로 해석된다.

한편 경제적 변인에 따라서도 노인복지정책의 만족도 평가가 뚜렷한 차이를 나타낸다(〈표 1-3-2〉). 노후를 위한 경제적 준비가 부족할수록 노인복

〈표 1-3-2〉 노인복지정책 종합만족도와 경제적 요인

종합 만족도	전체	노후경제준비			월평균 가계소득 (단위: 만 원)					
		거의 못함	어느 정도	충분	120 미만	120~ 250	250~ 350	350~ 450	450~ 700	700 이상
평균 (N)	2.64 (1178)	2.48 (306)	2.66 (767)	2.98 (105)	2.84 (185)	2.63 (196)	2.75 (221)	2.53 (208)	2.52 (218)	2.53 (94)
표준편차	0.92	0.92	0.90	0.99	0.93	0.95	0.82	0.91	0.91	0.95

지정책 만족도가 낮은 것을 살필 수 있는데, 노후경제준비를 '거의 못하고 있다'는 응답자들의 평균 만족도 점수(2.48)는 '부족하지만 어느 정도 하고 있다'는 경우(2.66)보다 낮으며, 이는 또 '충분히 하고 있다'는 사람들(2.98)보다 낮은 것으로 나타난다($F=12.04$, $p<.001$). 그러나 월평균 가계소득은 대체로 소득이 높을수록 만족도가 떨어지는 경향을 발견할 수 있다($F=3.99$, $p<.01$). 특히 350만원 이상의 가계소득자들의 만족도 점수(2.53)가 120만원 미만의 경우(2.84)보다 뚜렷한 낮은 것은 기대수준에 따른 차이로 해석된다.

끝으로 정치성향에 따른 노인복지정책의 만족도는 보수적일수록 만족도가 높은 것을 볼 수 있다(〈표 1-3-3〉). 이념성향의 경우 보수층의 만족도 평균(2.84)로 중도(2.60)보다 높으며, 이는 또 진보(2.45)보다 높은 것으로 나타난다($F=17.02$, $p<.001$). 정당성향 역시 집권당(한나라당)을 지지하는 사람들의 만족도(2.92)가 그렇지 않은 경우(2.52)보다 뚜렷이 높다($t=6.99$, $p<.001$).

〈표 1-3-3〉 노인복지정책 종합만족도와 정치적 요인

종합 만족도	전체	이념성향			집권당 지지여부	
		진보	중도	보수	지지	비 지지
평균 (N)	2.64 (1178)	2.45 (325)	2.60 (451)	2.84 (374)	2.92 (354)	2.52 (824)
표준편차	0.92	0.91	0.88	0.92	0.88	0.91

II. 근로빈곤층정책 국민의식조사

1. 조사개요

본 조사는 구조화된 설문지를 통해 2012년 9월 22일부터 26일까지 「한국리서치」에 의뢰하여 시행하였다. 조사방식은 컴퓨터를 이용한 전화면접조사(CATI)였으며, 표본은 2012년 8월 기준 주민등록인구현황을 토대로 성별, 연령별, 지역별 인구구성비에 따라 비례할당한 후 무작위 추출하는 방식으로 구성되었다. 총 표본 수는 1,200명으로 95% 신뢰수준에서 최대허용 표집오차는 ±2.8%이다.

2. 조사결과

1) 근로빈곤정책에 대한 인지도, 중요도, 성취도 평가

근로빈곤정책이란 경제활동을 하지만 경제적으로 빈곤한 사람들을 대상으로 한 정책을 뜻하는 것으로, 정부의 6가지 주요 근로빈곤정책에 대한 일반 국민의 인지도, 중요도, 성취도 평가(5점 척도)를 살펴보면 대체로 중요도 점수가 가장 높고, 다음으로 인지도, 성취도 순의 결과를 보여준다(〈표 2-1〉).

먼저 인지도 평가를 살펴보면, 직업훈련제도 확대 등 실직자 자활정책(3.21)이 가장 높고, 다음으로 고용보험 확대 등 사회안전망 구축정책(3.17)과 공공서비스 확대 등 정부가 직접 일자리를 만드는 공공 일자리정책(3.09), 최저임금인상 등 기업이 적정 소득을 보장하게 하는 정책(3.00), 그리고 근로장려세제 확대 등 정부가 빈곤계층의 소득을 직접 보전해 주는 정책(2.73)과 대기업 규제와 중소기업 보호 등으로 민간의 일자리를 보장하는 정책(2.73) 순으로 나타난다.

〈표 2-1〉 근로빈곤정책에 대한 인지도, 중요도, 성취도 평가

근로빈곤정책	인지도	중요도	성취도
1) 최저임금인상 등 기업이 적정 소득을 보장하게 하는 정책	3.00 (1196)	4.26 (1193)	2.54 (1172)
2) 근로장려세제 확대 등 정부가 빈곤계층의 소득을 직접 보전해 주는 정책	2.73 (1196)	3.82 (1191)	2.55 (1153)
3) 대기업 규제, 중소기업 보호 등으로 민간의 일자리를 보장하는 정책	2.73 (1195)	4.09 (1188)	2.39 (1155)
4) 공공서비스 확대 등 정부가 직접 일자리를 만드는 정책	3.09 (1197)	3.97 (1190)	2.71 (1174)
5) 고용보험 확대 등 실직에 대해 사회안전망을 구축하는 정책	3.17 (1196)	4.08 (1184)	2.86 (1167)
6) 직업훈련제도 확대 등 실직자 자활정책	3.21 (1196)	4.11 (1187)	2.89 (1149)

중요도 평가의 경우는 최저임금정책(4.26)이 가장 높으며, 다음으로 직업훈련제도 확대정책(4.11)과 민간 일자리 보장정책(4.09), 고용보험 확대 등의 사회안전망 구축정책(4.08), 정부의 공공 일자리정책(3.97), 근로장려세제정책(3.82)의 순을 보여준다.

한편 성취도 평가에서는 직업훈련제도 확대정책(2.89)이 가장 높으며, 다음으로 고용보험 확대 등 사회안전망 구축정책(2.86), 정부의 공공 일자리정책(2.71), 근로장려세제정책(2.55), 최저임금정책(2.54), 민간 일자리 보장정책(2.39)의 순을 발견할 수 있다.

종합하면, 중요도와 성취도 평가를 비교해 볼 때 특히 최저임금정책은 중요도 평가에서 가장 높은 점수를 받은 것과 달리 성취도 평가가 매우 낮은 수준이며, 인지도 역시 그리 높지 않은 점에서 개선의 필요성이 주목된다. 반면에 직업훈련제도 확대정책은 중요도와 성취도가 비교적 높은 점수를 받고 있으며 인지도 측면에서도 가장 높은 수준이라는 점에서 가장 긍정적인 근로빈곤층정책으로 평가된다.

2) 빈곤층 지원 확대를 위한 비용부담 의사

빈곤층 지원 확대에 대한 질문으로 "선생님께서는 빈곤층에 대한 지원을 확대하기 위해 지금보다 세금이나 보험료를 더 낼 의향이 있으십니까?"라는 응답을 살펴보면, '그렇다'는 사람(38.9%)이 '그렇지 않다'는 사람(61.1%)보다 매우 적은 것을 볼 수 있다(〈표 2-2-1〉). 이를 인구사회학적 요인으로 살펴보면, 주관적 계층에 따라서는 중상-중하층의 동의 비율(42.2%)이 상상-상하층(33.3%)이나 하상-하하층(33.1%)보다 많은 것으로 나타난다($X^2=9.38, p<.01$). 다른 계층에 비해 빈곤층 지원에 대한 중간층의 이러한 태도는 경제적 양극화의 문제 해결에 상대적으로 적극적인 입장을 지니고 있음을 시사해주는 것일 수 있다.

학력은 높을수록 빈곤층 지원 확대를 위한 비용부담의 동의 비율이 증가하는 경향을 볼 수 있는 데, 중졸 이하(21.9%)이나 고졸(32.8%)보다 대재 이상(49.3%)에서 뚜렷이 높은 것을 확인할 수 있다($X^2=46.40, p<.001$). 성별에 있어서도 남성의 동의 비율(49.3%)이 여성(28.6%)보다 훨씬 높은 차이를 보인다($X^2=54.39, p<.001$). 연령층에 따라서는 젊은 층에서 빈곤층 지원의 비용부담 의사가 높을 것을 발견할 수 있는데, 30대 이하의 동의 비율(47.6%)이 40~50대(35%)보다 훨씬 높으며, 이들보다 60대 이상(30.5%)에서는 더 낮은 것으로 나타난다($X^2=25.31, p<.001$).

한편 〈표 2-2-2〉에서 경제적 변인에 따른 빈곤층 지원확대의 부담 의사

〈표 2-2-1〉 빈곤층 지원확대를 위한 세금/보험 지불 의향과 인구사회학적 요인

지불 의향	전체	계층			학력			성별		연령층		
		상	중	하	중졸	고졸	대재	남	여	30대 이하	40~ 50대	60대 이상
그렇다	38.9 (467)	33.3 (5)	42.2 (325)	33.1 (134)	21.9 (25)	32.8 (186)	49.3 (256)	49.3 (295)	28.6 (172)	47.6 (220)	35.0 (172)	30.5 (75)
그렇지 않다	61.1 (733)	66.7 (10)	57.8 (446)	66.9 (271)	79.1 (89)	67.2 (381)	50.7 (263)	50.7 (303)	71.4 (430)	52.4 (242)	65.0 (320)	69.5 (171)

〈표 2-2-2〉 빈곤층 지원확대를 위한 세금/보험 지불 의향과 경제적 요인

지불 의향	전체	5년 후 개인경제전망			월평균 가계소득 (단위: 만 원)					
		호전	동일	악화	120 미만	120~ 250	250~ 350	350~ 450	450~ 700	700 이상
그렇다	38.9 (467)	47.7 (277)	29.7 (123)	33.2 (67)	31.7 (39)	31.9 (88)	40.5 (115)	41.9 (93)	45.0 (90)	48.7 (38)
그렇지 않다	61.1 (733)	52.3 (304)	70.3 (291)	68.8 (135)	68.3 (84)	38.1 (188)	59.5 (169)	58.1 (129)	55.0 (110)	51.3 (40)

를 살펴보면 다음과 같다. 먼저 5년 후 개인경제 상태에 대한 전망과 관련하여 '호전될 것'이라는 응답자의 동의 비율(47.7%)이 '동일할 것'으로 전망하는 사람들(29.7%)이나 '악화될 것'이라 예상하는 경우(33.2%)보다 훨씬 높다(X^2=36.29, p<.001). 이러한 차이는 경제적 요인이 빈곤층 지원확대에 필요한 세금이나 보험료를 더 부담할 수 있는 능력과 밀접한 관련이 있음을 보여주는 것으로, 가계소득의 차이에서도 잘 나타난다. 즉 월평균 가계소득이 증가할수록 빈곤층 지원확대의 비용부담 의사가 증가하는 경향은 250만 원 미만 구간의 동의 비율이 약 32%인데 비하여 250만 원~450만 원은 그보다 약 10%p 더 높고, 450만 원~700만 원은 45%, 그리고 700만 원 이상 경우는 49%로 약간씩 증가하는 것을 볼 수 있다(X^2=15.76, p<.01).

〈표 2-2-3〉 빈곤층 지원확대를 위한 세금/보험 지불과 정치적 요인

지불 의견	전체	이념성향			대통령 국정운영 평가	
		진보	중도	보수	잘함	잘못함
동의 한다	38.9 (467)	49.6 (201)	32.8 (138)	34.2 (128)	31.9 (93)	42.0 (368)
동의하지 않는다	61.1 (733)	50.4 (204)	37.2 (283)	65.8 (246)	68.1 (199)	58.0 (508)

끝으로 정치적 성향에 따라서도 빈곤층 지원확대를 위한 비용부담 의사에 뚜렷한 차이를 발견할 수 있다(〈표 2-2-3〉). 이념성향은 특히 스스로를 진보적이라 여기는 사람들에게서 동의 비율(49.6%)이 중도(32.8%)나 보수(34.2%)보다 훨씬 높은 특징을 보인다(X2=29.69, p〈.001). 또한 지난 5년간 이명박 정부의 국정운영에 대한 평가도 중요한 영향을 미치는 것으로 나타나는데, 부정적인 평가를 내리는 사람들의 동의 비율(42.0%)이 긍정적인 평가를 내리는 사람들(31.9%)보다 높은 차이를 보여준다($X^2=9.46$, $p<.01$).

3) 근로빈곤정책 만족도

정부의 전반적인 근로빈곤정책에 대한 만족도에 대하여 11점 척도(매우 불만 0점 - 매우 만족 10점)로 측정한 결과, 평균 4.09(표준편차 1.85)로 보통 이하 수준을 나타낸다(〈표 2-3-1〉). 근로빈곤정책에 대한 종합만족도를 인구사회학적 요인에 따라 살펴보면, 주관적 계층인식에서는 계층 간 만족도 차이가 뚜렷한 것을 볼 수 있다($F=10.11$, $p<.001$). 상상과 상하의 상층 종합만족도 평균 점수(4.33)는 중상과 중하의 중간층(4.26)보다 높으며, 이는 또 하상과 하하의 하층(3.75)보다 높다.

그러나 학력의 경우는 중졸이하의 만족도(4.13)가 고졸(4.09)이나 대재이상(4.09)보다 약간 높지만 통계적 차이를 보이지는 않았다. 성별에 따라서는 남성의 만족도(3.98)가 여성(4.20)보다 낮은 것으로 나타난다($t=2.04$,

〈표 2-3-1〉 근로빈곤정책 종합만족도와 인구사회학적 요인

종합 만족도	전체	계층			학력			성별		연령층		
		상	중	하	중졸	고졸	대재	남	여	30대 이하	40~ 50대	60대 이상
평균 (N)	4.09 (1200)	4.33 (15)	4.26 (771)	3.75 (405)	4.13 (114)	4.09 (567)	4.09 (519)	3.98 (598)	4.20 (602)	4.00 (462)	4.04 (492)	4.36 (246)
표준편차	1.85	2.53	1.74	1.99	2.09	1.84	1.86	1.90	1.80	1.78	1.85	1.97

〈표 2-3-2〉 근로빈곤정책 종합만족도와 경제적 요인

종합 만족도	전체	5년 후 개인경제전망			월평균 가계소득 (단위: 만 원)					
		호전	동일	악화	120 미만	120~ 250	250~ 350	350~ 450	450~ 700	700 이상
평균 (N)	4.09 (1200)	4.24 (581)	4.12 (414)	3.65 (202)	3.92 (123)	3.89 (276)	4.11 (284)	4.41 (222)	3.95 (200)	4.29 (78)
표준편차	1.85	1.82	1.73	2.07	2.28	1.86	1.84	1.69	1.77	1.76

$p\langle.05\rangle$. 연령층에 따른 차이는 60대 이상의 만족도(4.36)가 30대 이하 (4.00)이나 40대~50대(4.04)보다 높은 특징을 보인다($F=3.39$, $p\langle.05\rangle$. 이 는 근로빈곤정책에 대하여 거는 기대가 계층인식이 낮을수록, 남성이 여성 보다, 연령층이 젊을수록 상대적으로 더 높기 때문에 만족도가 낮은 것으로 해석된다.

한편 경제적 변인에 따라서도 근로빈곤정책의 만족도 평가가 뚜렷한 차 이를 발견할 수 있다(〈표 2-3-2〉). 5년 후 개인경제 상태에 대한 전망을 부 정적으로 할수록 만족도가 낮아지는 경향을 보이는데, 특히 악화될 것이라 예상하는 응답자의 만족도(3.65)가 '호전될 것'이라는 사람(4.24)이나 '동일 할 것'으로 전망하는 경우(4.12)보다 낮다($F=7.80$, $p\langle.001\rangle$). 월평균 가계 소득은 대체로 높아질수록 만족도가 높은 경향을 보이지만, 특히 350만~ 450만 원 구간의 만족도(4.41)가 가장 높고, 250만 원 미만 구간(3.9)에서

〈표 2-3-3〉 근로빈곤정책 종합만족도와 정치적 요인

종합 만족도	전체	이념성향			대통령 국정운영 평가	
		진보	중도	보수	잘함	잘못함
평균 (N)	4.09 (1200)	3.72 (405)	4.05 (421)	4.53 (374)	4.85 (292)	3.83 (876)
표준편차	1.85	1.84	1.76	1.88	1.71	1.83

가장 낮은 것으로 나타난다($F=2.62$, $p<.05$). 소득이 낮은 경우 만족도가 떨어지는 것은 근로빈곤정책에 대한 수요와 기대가 높기 때문으로 해석된다.

끝으로 정치성향과 근로빈곤정책에 대한 만족도는 밀접한 관련이 있는 것을 볼 수 있다(〈표 2-3-3〉). 이념성향은 보수층의 만족도 평균(4.53)이 가장 높으며, 중도층의 만족도(4.05)가 진보층(3.72)보다 높은 것으로 나타난다($F=19.11$, $p<.001$).

또한 대통령의 국정운영에 대한 평가도 만족도에 중요한 영향을 미치는 것을 볼 수 있다. 지난 5년간 이명박 정부의 국정운영에 대하여 긍정적인 평가를 내리는 사람들의 만족도 평균(4.85)이 부정적인 평가를 내리는 사람들(3.83)보다 높은 차이를 보여준다($t=8.40$, $p<.001$).

조사 설문과 응답 결과

- **SSK(한국사회과학발전방안연구) 설문조사**
    - I. 고령화정책 국민의식조사 (40세 이상)
    - II. 근로빈곤정책 관련 국민의식조사
    - III. 근로빈곤정책 의식조사 [단체회원용]

- **산학협력연구(내일신문/현대정치연구소) 설문조사**
    - IV. 자영업자 정치인식조사
    - V. 한국사회 세대인식조사

【SSK(한국사회과학발전방안연구) 설문조사】

I. 고령화정책 국민의식조사(40세 이상)

모집단	전국 16개 광역시도에 거주하는 만 40세 이상 남녀
표본크기	1,200명
표본추출	통계청 '주민등록인구현황' 2011년 6월 기준 성별/연령별/지역별 인구구성비에 따라 비례 할당한 후 무작위 추출
표집오차	무작위추출을 전제할 경우, 95% 신뢰수준에서 최대허용 표집오차는 ±2.83%
조사방법	컴퓨터를 이용한 전화면접조사(CATI)
조사기간	2011.10.22~10.27
조사기관	(주)한국리서치(대표이사 노익상)

[1] 40세~64세(926명)

〈선문 1〉 귀하께서 현재 사시는 곳은 어디입니까?(%)
　① 서울(20.5)　　　② 인천·경기(28.4)　　　③ 대전·충청(9.4)
　④ 광주·전라(10.0)　　⑤ 대구·경북(10.7)　　⑥ 부산·울산·경남(16.7)
　⑦ 강원·제주(4.2)

〈선문1_1〉 귀하의 현재 사시는 곳은 어디입니까?(%)
　① 자치구(46.2)　　② 시(47.5)　　③ 군(6.3)　　　[면접원: 면접원 Check]

〈선문 2〉 귀하의 성별은 무엇입니까? (%)
　① 남자(50.3)　　　　　② 여자(49.7)　　　[면접원: 묻지 않고 면접원 Check]

〈선문 3〉 귀하의 출생년도는 어떻게 되십니까? ____________ 년
　[programmer: 1971년 이후 출생자는 면접 종료, 1946년 이전 출생자는
　65세 이상 설문지 응답] 연령대별(%)
　① 만40~44세(24.6)　　② 만45~49세(22.9)　　③ 만50~54세(22.9)
　④ 만54~59세(16.8)　　⑤ 만60~64세(12.7)

[노후준비에 대한 인식과 실태]

〈문 1〉 선생님께서는 노후생활 중 어떤 부분이 가장 염려가 되십니까?
　　　　가장 염려되시는 것 2가지만 골라주십시오.(%)
　① 경제적으로 어렵게 되는 것(35.5)
　② 일자리가 없어지는 것(12.3)
　③ 교류할 사람이 줄거나 소일거리가 없어지는 것(5.9)
　④ 아프거나 건강을 잃게 되는 것(38.1)
　⑤ 혼자 살게 되는 것(8.2)

〈문 2〉 선생님께서는 현실적으로 선생님 가정의 노후소득원이 어떻게 구성될 것으로
　　　　예상하십니까? 전체가 100이라면 각각의 구성 비율을 말씀해 주십시오.(%)

영역	구성 비율
공적 연금(국민연금, 공무원연금/사학연금/군인연금 등 직역연금, 기초노령연금)	10% 미만(6.5) 10%~20% 미만(7.5) 20%~30% 미만(12.3) 30%~50% 미만(28.5) 50%~70% 미만(24.9) 70%~90% 미만(14.8) 90% 이상(5.5)
개인이 준비한 소득원(예금·펀드·주식·부동산 임대수입·개인/퇴직/주택연금 등)	10% 미만(7.5) 10%~20% 미만(4.5) 20%~30% 미만(10.2) 30%~50% 미만(24.9) 50%~70% 미만(27.6) 70%~90% 미만(18.3) 90% 이상(7.0)
자녀로부터의 경제적 지원	10% 미만(52.8) 10%~20% 미만(14.3) 20%~30% 미만(18.1) 30%~50% 미만(9.9) 50%~70% 미만(3.1) 70%~90% 미만(0.8) 90% 이상(1.0)

〈문 3〉 만약 바꿀 수 있다면, 선생님 가정의 노후소득원이 어떻게 구성될 때 가장 만족하시겠습니까? <u>전체가 100이라면 각각의 구성 비율을 말씀해 주십시오</u>.(%)

영역	구성 비율
공적 연금(국민연금, 공무원연금/사학연금/군인연금 등 직역연금, 기초노령연금)	10% 미만(5.0) 10%~20% 미만(2.9) 20%~30% 미만(5.6) 30%~50% 미만(18.0) 50%~70% 미만(37.5) 70%~90% 미만(21.7) 90% 이상(9.3)
개인이 준비한 소득원(예금·펀드·주식·부동산 임대수입·개인/퇴직/주택연금 등)	10% 미만(9.1) 10%~20% 미만(4.0) 20%~30% 미만(13.4) 30%~50% 미만(29.5) 50%~70% 미만(29.5) 70%~90% 미만(8.6) 90% 이상(5.9)
자녀로부터의 경제적 지원	10% 미만(66.4) 10%~20% 미만(14.5) 20%~30% 미만(10.8) 30%~50% 미만(6.6) 50%~70% 미만(1.5) 70%~90% 미만(0.2) 90% 이상(0.0)

〈문 4〉 선생님께서는 <u>노후를 위한 경제적 준비를 어느 정도</u> 하고 계십니까?(%)

거의 못하고 있다	부족하지만 어느 정도는 하고 있다	충분히 하고 있다
①(22.7)	②(68.5)	③(8.9)

〈문 5〉 선생님께서는 노후대책을 마련하는데 정부의 지원이 어느 정도가 적절하다고 보십니까?(%)

① 개인준비 3 : 정부지원 7(25.5)
② 개인준비 5 : 정부지원 5(43.7)
③ 개인준비 7 : 정부지원 3(30.5)
　모름/무응답(0.3)

[고령사회 정책사항의 중요도와 성취도]

〈문 6〉 선생님께서는 정부의 전반적인 노인복지정책에 대하여 어떻게 평가하십니까?(%)

매우 불만이다	불만족하는 편이다	보통이다	만족하는 편이다	매우 만족한다	모름/무응답 (읽지 마시오)
①(11.6)	②(33.5)	③(40.4)	④(11.3)	⑤(1.5)	⑨(1.7)

〈문 7〉 흔히 고령사회 대책이라고 하면 출산율을 높이는 정책과 노인복시를 확충하는
정책이 필요하다고 합니다. 선생님께서는 우리나라 정부가 앞으로 저출산/육아정
책과 노인복지정책에 대해 어떤 방향에서 접근해야 한다고 생각하십니까?(%)
　① 저출산/육아정책에 지금보다 더 관심을 기울여야 한다.(58.2)
　② 노인복지정책에 지금보다 더 관심을 기울여야 한다.(36.8)
　③ 현재 상태가 적당하다.(3.9)
　　모름/무응답(1.1)

〈문 8〉 최근 우리사회에서는 청년실업 문제와 노인 일자리 문제가 심각해지고 있습니다.
선생님께서는 우리나라 정부가 이 문제에 대해 어떻게 접근해야 한다고 보십니까?(%)
　① 노인 일자리 보장을 우선적으로 고려해야 한다.(12.6)
　② 청년 실업문제 해결을 우선적으로 고려해야 한다.(84.4)
　③ 현재 상태가 적당하다.(2.3)
　　모름/무응답(0.6)

〈문 9〉 선생님께서는 '지금보다 세금이나 보험료를 더 내더라도 노인복지 혜택을
확대해야 한다.'는 주장에 대해 어떻게 생각하십니까?(%)
　① 동의한다.(63.0)　　② 동의하지 않는다.(36.3)　　모름/무응답(0.8)

〈문 10〉 선생님께서는 정부가 앞으로 기초노령연금정책을 어떻게 운영해야 한다고
생각하십니까?(%)
　① 액수가 적더라도, 더 많은 사람에게 혜택을 주는 것이 중요하다.(31.3)
　② 대상이 줄더라도, 필요한 사람에게 더 많은 혜택을 주는 게 중요하다.(62.6)
　③ 현재 상태가 적당하다.(5.1)
　　모름/무응답(1.0)

〈문 11〉 선생님께서는 고령사회를 대비하는 정책영역 중 어느 것이 가장 중요하다고
　　　　느끼십니까?(%)
　　① 공적 연금제도 개선(22.7)
　　② 의료보장제도 확충(28.2)
　　③ 노인 일자리 확보(31.3)
　　④ 여가·문화 활동 지원(4.8)
　　⑤ 노인 주거 안정화(12.4)
　　　모름/무응답(0.6)

〈문 12〉 선생님께서는 고령사회를 대비하는 다음의 정책 사안들이 얼마나 중요하다고
　　　　생각하십니까?(%)

	전혀 중요하지 않음	별로 중요하지 않음	어느 정도 중요	매우 중요	모름 / 무응답 (읽지 말 것)
1) 국민연금의 안정화	①(2.8)	②(3.3)	③(30.8)	④(62.9)	⑨(0.2)
2) 기초노령연금의 정착	①(1.3)	②(7.2)	③(41.8)	④(48.8)	⑨(0.9)
3) 노인장기요양보험의 정착	①(1.2)	②(9.0)	③(40.9)	④(47.9)	⑨(1.0)
4) 노인요양병원의 정부지원	①(2.6)	②(11.9)	③(43.3)	④(41.8)	⑨(0.4)
5) 노인의 공공 일자리 창출	①(0.8)	②(11.2)	③(45.4)	④(42.4)	⑨(0.2)
6) 노인여가활동 지원	①(3.3)	②(24.3)	③(48.1)	④(24.0)	⑨(0.3)
7) 고령자 주거 안정화	①(1.8)	②(12.4)	③(46.0)	④(39.5)	⑨(0.2)
8) 정년연장 등 고령자 경제활동 보장	①(3.5)	②(14.8)	③(40.9)	④(40.6)	⑨(0.2)

〈문 13〉 선생님께서는 고령사회를 대비하는 다음의 정책 사안들이 얼마나 잘 이루어지고
　　　　있다고 생각하십니까?(%)

	전혀 이루어지지 않음	별로 이루어지지 않음	어느 정도 이루어짐	상당히 이루어짐	모름/ 무응답 (읽지 말 것)
1) 국민연금의 안정화	①(5.8)	②(43.5)	③(43.0)	④(6.0)	⑨(1.6)
2) 기초노령연금의 정착	①(5.8)	②(46.5)	③(40.1)	④(4.3)	⑨(3.2)
3) 노인장기요양보험의 정착	①(8.2)	②(44.5)	③(37.5)	④(5.7)	⑨(4.1)
4) 노인요양병원의 정부지원	①(9.6)	②(44.1)	③(33.3)	④(5.9)	⑨(7.1)

5) 노인의 공공 일자리 창출	①(14.3)	②(55.1)	③(24.9)	④(3.3)	⑨(2.4)
6) 노인여가활동 지원	①(18.6)	②(46.7)	③(27.0)	④(5.3)	⑨(2.5)
7) 고령자 주거 안정화	①(21.9)	②(54.2)	③(18.4)	④(2.2)	⑨(3.3)
8) 정년연장 등 고령자 경제활동 보장	①(22.9)	②(53.2)	③(19.3)	④(2.6)	⑨(1.9)

〈문 14〉 선생님께서는 다음 정치주체들이 노인복지정책에 얼마나 관심을 기울이고 있다고 생각하십니까? 관심을 기울이고 있는 정도에 대해 1점에서 5점 사이에서 점수를 매겨 주십시오.(%)

관심 ←—————————————————————————→ 무관심					모름/무응답 (읽지 마시오)
1(7.8)	2(12.7)	3(33.5)	4(23.0)	5	99

직책	점수					
대통령	1(7.8)	2(12.7)	3(33.5)	4(23.0)	5(22.6)	모름/무응답 (0.4)
내가 사는 곳 지역구 국회의원	1(5.3)	2(11.7)	3(26.1)	4(26.9)	5(28.0)	모름/무응답 (2.1)
내가 사는 곳 광역시장/ 도지사	1(6.4)	2(14.9)	3(31.4)	4(24.9)	5(20.1)	모름/무응답 (2.3)
내가 사는 곳 시장/ 군수/구청장	1(6.2)	2(15.2)	3(32.5)	4(24.3)	5(18.9)	모름/무응답 (2.5)

〈문 15〉 선생님은 자신의 정치적 이념성향에 대해 어떻게 생각하십니까?(%)
   ① 매우 진보(3.9)　　② 진보적인 편(26.7)　　③ 중도(40.8)
   ④ 보수적인 편(24.6)　　⑤ 매우 보수(3.0)　　모름/무응답(2.5)

〈문 16〉 선생님께서는 평소 어떤 정당에 호감을 가지고 계십니까?(%)
   ① 한나라당(25.1)　　② 민주당(18.0)　　③ 자유선진당(0.9)
   ④ 미래희망연대(친박연대)(1.6)　　⑤ 민주노동당(5.4)　　⑥ 창조한국당(0.4)
   ⑦ 국민중심연합(0.3)　　⑧ 진보신당(1.3)　　⑨ 국민참여당(1.1)
   ⑩ 그 외 정당(1.9)　　⑪ 없다(43.3)　　모름/무응답(0.6)

[노인복지 서비스 만족도]

〈문 17〉 선생님께서는 노후를 위해 다음의 어떤 대책을 마련하고 계십니까?
아래 질문에 대답해 주십시오.(%)

	했다	안했다	모름/무응답 (읽지 말 것)
1) 국민연금 가입	①(78.2)	②(21.8)	⑨(0.0)
2) 특수직연금(공무원연금, 사학연금, 군인연금) 가입	①(21.5)	②(78.5)	⑨(0.0)
3) 개인적으로 금융기관에 연금을 가입하는 개인연금 가입	①(57.6)	②(42.1)	⑨(0.3)
4) 퇴직금을 연금으로 받는 퇴직연금 가입	①(22.9)	②(76.6)	⑨(0.5)
5) 부동산 임대수입이나 이자소득 준비	①(33.0)	②(66.7)	⑨(0.2)

〈문 18〉 선생님이나 선생님의 부모님께서는 다음 서비스를 신청해보신 적이
있으십니까?(%)

	했다	안했다	모름/무응답 (읽지 말 것)
1 기초노령연금 수급 신청	①(35.7)	②(61.9)	⑨(2.4)
2 정부제공 노인일자리 활동 신청	①(8.7)	②(90.3)	⑨(1.0)
3 노인복지관 제공 프로그램 신청	①(16.2)	②(82.5)	⑨(1.3)
4 장기요양보험 등급판정 신청	①(12.1)	②(86.5)	⑨(1.4)

〈문 19〉 선생님이나 선생님의 부모님께서는 이런 서비스에 대해 주로 어떤 경로를
통해 접하셨습니까?(%)
① 언론 보도(TV/라디오/신문/잡지)(33.8)
② 정부 기관(구청, 주민센터, 보험공단 등)(15.1)
③ 친지나 주변 사람(28.6)
④ 민간 기관(병원, 복지서비스 관계자 등)(5.0)
⑤ 들어본 적 없다.(17.5)

〈문 20〉 선생님의 부모님께서는 다음 정책의 혜택을 받아보신 적이 있으십니까?(%)

	있다	없다	모름/무응답 (읽지 말 것)
1) 기초노령연금 수급	①(40.6)	②(55.6)	⑨(3.8)
2) 정부제공 노인일자리 활동	①(7.2)	②(90.2)	⑨(2.6)
3) 노인복지관 제공 프로그램	①(16.4)	②(80.1)	⑨(3.5)
4) 장기요양보험 제공 서비스	①(10.9)	②(86.0)	⑨(3.1)

〈문 21〉 선생님의 부모님께서 받아보신 서비스에 대해 만족도는 어느 정도입니까?(%)
　① 매우 만족(2.8)　　② 만족하는 편(14.4)　　③ 보통(22.8)
　④ 만족하지 않는 편(7.7)　　⑤ 매우 불만족(2.4)
　해당없음(44.4)　　　　　　모름/무응답 (5.6)

〈문 22〉 선생님께서는 노인복지 관련 일선 공무원들에 대하여 어느 정도
　　　　만족하십니까?(%)
　① 매우 만족(1.8)　　② 만족하는 편(11.8)　　③ 보통(47.1)
　④ 만족하지 않는 편(20.8)　　⑤ 매우 불만족(7.2)　　모름/무응답 (11.2)

[통계분류를 위한 질문]

〈배문 12〉 선생님께서는 자신의 재산이나 소득을 고려할 때 본인이 어떤 계층에
　　　　　속한다고 생각하십니까?(%)

상층	중상층	중간층	중하층	하층	모름/무응답 (읽지 마시오)
①(0.9)	②(11.3)	③(45.0)	④(32.8)	⑤(9.2)	⑨(0.8)

〈배문 10〉 선생님의 최종 학력은 어떻게 되십니까?(%)
　① 초졸 이하(1.0)　　② 중졸(4.4)　　　　③ 고졸(34.1)
　④ 대학 재학 이상(59.6)　　⑨ 모름/무응답(읽지 마시오)(0.9)

〈배문 3〉 선생님의 현재 직업은 무엇입니까?(%)
① 농업/임업/어업(1.3)　　② 자영업(20.2)　　③ 판매/영업/서비스직(11.6)
④ 생산/기능/노무직(5.3)　　⑤ 사무/관리/전문직(28.4)
⑥ 주부(24.9)　　⑦ 학생(0.4)　　⑧ 무직/퇴직/기타(6.8)
⑨ 모름/무응답(1.1)

〈배문 8〉 선생님의 현재 거주형태는 무엇입니까?(%)
① 혼자 거주(4.8)　　② 부부 거주(17.3)　　③ 자녀와 함께 거주(63.4)
④ 부모님과 함께 거주(5.7%)　　⑤ 부모님/자녀와 함께 거주(8.6)
⑥ 기타(0.2)

〈배문 11〉 선생님 가구의 부채를 제외한 순자산액(부채-금융부채, 주택임대료 제외)은
　　　　　　어느 정도입니까?(%)
① 1천만 원 미만(6.6)　　② 1천만 원~2천5백만 원 미만(3.2)
③ 2천5백만 원~5천만 원 미만(6.6)　　④ 5천만 원~7천5백만 원 미만(5.1)
⑤ 7천5백만 원~1억 원 미만(7.9)　　⑥ 1억 원~2억 원 미만(17.5)
⑦ 2억 원~3억 원 미만(11.3)　　⑧ 3억 원~4억 원 미만(8.4)
⑨ 4억 원~5억 원 미만(7.9)　　⑩ 5억 원~10억 원 미만(9.5)
⑪ 10억 원 이상(4.1)　　99) 모름/무응답(11.9)

〈배문 7〉 선생님 댁의 월 평균 가계소득은 어느 정도입니까?
　　　　　　세전 소득을 말씀해 주십시오.(%)
① 120만 원 미만(4.4)　　② 120~250만 원 미만(14.8)
③ 250~350만 원 미만(20.3)　　④ 350~450만 원 미만(21.4)
⑤ 450~700만 원 미만(22.7)　　⑥ 700만 원 이상(10.3)
⑦ 소득 없음(1.3)　　99 모름/무응답(4.9)

♣ 설문에 응해 주셔서 대단히 감사합니다.

[2] 65세 이상(274명)

〈선문 1〉 귀하께서 현재 사시는 곳은 어디입니까?(%)
① 서울(17.9)　　② 인천·경기(23.4)　　③ 대전·충청(11.3)
④ 광주·전라(13.5)　　⑤ 대구·경북(12.8)　　⑥ 부산·울산·경남(15.3)
⑦ 강원·제주(5.8)

〈선문 1_1〉 귀하의 현재 사시는 곳은 어디입니까?(%)
① 자치구(39.1)　　② 시(46.4)　　③군 (14.6)　　[면접원: 면접원 Check]

〈선문 2〉 귀하의 성별은 무엇입니까?(%)
① 남자(41.2)　　　　② 여자(58.8)
[면접원: 묻지 않고 면접원 Check]

〈선문 3〉 귀하의 출생년도는 어떻게 되십니까? ＿＿＿＿＿＿년
[programmer: 1946년 이후 출생자는 면접 종료]

[노후준비에 대한 인식과 실태]

〈문 1〉 선생님께서는 노후생활 중 어떤 부분을 가장 염려하고 계십니까?
　　　가장 염려되시는 것 2가지만 골라주십시오.(%)
① 경제적으로 어렵게 되는 것(29.0)
② 일자리가 없어지는 것(11.2)
③ 교류할 사람이 줄거나 소일거리가 없어지는 것(4.1)
④ 아프거나 건강을 잃게 되는 것(39.6)
⑤ 혼자 살게 되는 것(16.1)

〈문 2〉 현재 선생님 가정의 노후소득원은 어떻게 구성되어 있습니까?
전체가 100이라면 각각의 구성 비율을 말씀해 주십시오.(%)

영역	구성 비율
공적 연금(국민연금, 공무원연금/사학연금/군인연금 등 직역연금, 기초노령연금)	10% 미만(22.6) 10%~20% 미만(8.8) 20%~30% 미만(12.8) 30%~50% 미만(14.2) 50%~70% 미만(16.4) 70%~90% 미만(11.7) 90% 이상(13.5)
개인이 준비한 소득원(예금·펀드·주식·부동산 임대수입·개인/퇴직/주택연금 등)	10% 미만(29.6) 10%~20% 미만(6.2) 20%~30% 미만(9.5) 30%~50% 미만(17.2) 50%~70% 미만(15.0) 70%~90% 미만(10.2) 90% 이상(12.4)
자녀로부터의 경제적 지원	10% 미만(46.0) 10%~20% 미만(9.5) 20%~30% 미만(9.5) 30%~50% 미만(11.3) 50%~70% 미만(7.7) 70%~90% 미만(8.4) 90% 이상(7.7)

〈문 3〉 만약 바꿀 수 있다면, 선생님 가정의 노후소득원이 어떻게 구성될 때 가장 만족하시겠습니까? 전체가 100이라면 각각의 구성 비율을 말씀해 주십시오.(%)

영역	구성 비율
공적 연금(국민연금, 공무원연금/사학연금/군인연금 등 직역연금, 기초노령연금)	10% 미만(9.9) 10%~20% 미만(4.0) 20%~30% 미만(7.7) 30%~50% 미만(15.3) 50%~70% 미만(32.5) 70%~90% 미만(18.6) 90% 이상(12.0)

개인이 준비한 소득원(예금·펀드·주식·부동산 임대수입·개인/퇴직/주택연금 등)	10% 미만(20.1) 10%~20% 미만(4.4) 20%~30% 미만(12.8) 30%~50% 미만(26.3) 50%~70% 미만(21.2) 70%~90% 미만(8.4) 90% 이상(6.9)
자녀로부터의 경제적 지원	10% 미만(54.7) 10%~20% 미만(12.0) 20%~30% 미만(12.0) 30%~50% 미만(11.7) 50%~70% 미만(4.7) 70%~90% 미만(3.3) 90% 이상(1.5)

〈문 4〉 선생님께서는 <u>노후를 위한 경제적 준비를 어느 정도</u> 하셨습니까?(%)

거의 못했다	부족하지만 어느 정도는 했다	충분히 했다
①(38.0)	②(51.5)	③(10.6)

〈문 5〉 선생님께서는 노후대책을 마련하는데 정부의 지원이 어느 정도가 적절하다고
　　　　보십니까?(%)
　　① 개인준비 3 : 정부지원 7(25.5)
　　② 개인준비 5 : 정부지원 5(37.2)
　　③ 개인준비 7 : 정부지원 3(32.8)
　　　　모름/무응답(4.4)

[고령사회 정책사항의 중요도와 성취도]

〈문 6〉 선생님께서는 정부의 전반적인 노인복지정책에 대하여 어떻게 평가하십니까?(%)

매우 불만이다	불만족하는 편이다	보통이다	만족하는 편이다	매우 만족한다	모름/무응답 (읽지 마시오)
①(6.6)	②(26.6)	③(39.4)	④(21.2)	⑤(4.0)	⑨(2.2)

〈문 7〉 흔히 고령사회 대책이라고 하면 출산율을 높이는 정책과 노인복지를 확충하는
　　　　정책이 필요하다고 합니다. 선생님께서는 우리나라 정부가 앞으로 저출산/육아
　　　　정책과 노인복지정책에 대해 어떤 방향에서 접근해야 한다고 생각하십니까?(%)
　　① 저출산/육아정책에 지금보다 더 관심을 기울여야 한다.(62.8)
　　② 노인복지정책에 지금보다 더 관심을 기울여야 한다.(29.2)
　　③ 현재 상태가 적당하다.(5.8)
　　　　모름/무응답(2.2)

〈문 8〉 최근 우리사회에서는 청년실업 문제와 노인 일자리 문제가 심각해지고 있습니다.
　　　　선생님께서는 우리나라 정부가 이 문제에 대해 어떻게 접근해야 한다고
　　　　보십니까?(%)
　　① 노인 일자리 보장을 우선적으로 고려해야 한다.(10.2)
　　② 청년 실업문제 해결을 우선적으로 고려해야 한다.(85.0)
　　③ 현재 상태가 적당하다.(2.9)
　　　　모름/무응답(1.8)

〈문 9〉 선생님께서는 '지금보다 세금이나 보험료를 더 내더라도 노인복지 혜택을
　　　　확대해야 한다.'는 주장에 대해 어떻게 생각하십니까?(%)
　　① 동의한다.(49.6)　　　② 동의하지 않는다.(45.6)　　　　모름/무응답(4.7)

〈문 10〉 선생님께서는 정부가 앞으로 기초노령연금정책을 어떻게 운영해야 한다고
　　　　　생각하십니까?(%)
　　① 액수가 적더라도, 더 많은 사람에게 혜택을 주는 것이 중요하다.(23.7)
　　② 대상이 줄더라도, 필요한 사람에게 더 많은 혜택을 주는 게 중요하다.(69.0)
　　③ 현재 상태가 적당하다.(5.8)
　　　　모름/무응답(1.5)

〈문 11〉 선생님께서는 <u>고령사회를 대비하는 정책영역 중 어느 것이 가장 중요</u>하다고
느끼십니까?(%)
① 공적 연금제도 개선(23.0)
② 의료보장제도 확충(29.2)
③ 노인 일자리 확보(27.7)
④ 여가·문화 활동 지원(4.7)
⑤ 노인 주거 안정화(13.5)
　모름/무응답(1.8)

〈문 12〉 선생님께서는 고령사회를 대비하는 다음의 정책 사안들이 얼마나
중요하다고 생각하십니까?(%)

	전혀 중요하지 않음	별로 중요하지 않음	어느 정도 중요	매우 중요	모름/ 무응답 (읽지 말 것)
1) 국민연금의 안정화	①(3.6)	②(1.5)	③(32.5)	④(60.9)	⑨(1.5)
2) 기초노령연금의 정착	①(2.6)	②(5.8)	③(35.0)	④(55.8)	⑨(0.7)
3) 노인장기요양보험의 정착	①(0.4)	②(5.1)	③(40.9)	④(50.4)	⑨(3.3)
4) 노인요양병원의 정부지원	①(0.7)	②(6.6)	③(39.1)	④(52.2)	⑨(1.5)
5) 노인의 공공 일자리 창출	①(2.2)	②(10.6)	③(48.9)	④(36.5)	⑨(1.8)
6) 노인여가활동 지원	①(3.6)	②(17.5)	③(50.4)	④(25.5)	⑨(2.9)
7) 고령자 주거 안정화	①(1.1)	②(8.0)	③(49.3)	④(38.7)	⑨(2.9)
8) 정년연장 등 고령자 경제활동 보장	①(2.2)	②(14.6)	③(42.0)	④(38.3)	⑨(2.9)

〈문 13〉 선생님께서는 고령사회를 대비하는 다음의 정책 사안들이 얼마나 잘 이루어지고
있다고 생각하십니까?(%)

	전혀 이루어지지 않음	별로 이루어지지 않음	어느 정도 이루어짐	상당히 이루어짐	모름/ 무응답 (읽지 말 것)
1) 국민연금의 안정화	①(3.3)	②(27.4)	③(49.3)	④(16.1)	⑨(4.0)
2) 기초노령연금의 정착	①(2.6)	②(29.6)	③(51.5)	④(11.3)	⑨(5.1)
3) 노인장기요양보험의 정착	①(7.7)	②(32.5)	③(40.9)	④(9.1)	⑨(9.9)
4) 노인요양병원의 정부지원	①(5.8)	②(33.9)	③(41.6)	④(8.8)	⑨(9.9)
5) 노인의 공공 일자리 창출	①(8.0)	②(46.4)	③(37.2)	④(4.7)	⑨(3.6)

6) 노인여가활동 지원	①(6.2)	②(33.9)	③(42.3)	④(12.8)	⑨(4.7)
7) 고령자 주거 안정화	①(13.9)	②(47.4)	③(28.5)	④(3.6)	⑨(6.6)
8) 정년연장 등 고령자 경제활동 보장	①(10.9)	②(47.4)	③(31.0)	④(5.1)	⑨(5.5)

〈문 14〉 선생님께서는 다음 정치주체들이 노인복지정책에 얼마나 관심을 기울이고
있다고 생각하십니까? 관심을 기울이고 있는 정도에 대해 1점에서 5점
사이에서 점수를 매겨 주십시오.(%)

관심 ←--→ 무관심					모름/무응답 (읽지 마시오)
1	2	3	4	5	99

직책	점수				
대통령	1(20.1)	2(19.0)	3(34.7)	4(10.6)	5(10.6)	모름/무응답 (5.1)
내가 사는 곳 국회의원	1(9.5)	2(11.7)	3(22.6)	4(19.3)	5(25.9)	모름/무응답 (10.9)
내가 사는 곳 광역시장/ 도지사	1(9.5)	2(16.8)	3(29.9)	4(19.0)	5(14.6)	모름/무응답 (10.2)
내가 사는 곳 시장/ 군수/구청장	1(12.4)	2(14.6)	3(32.1)	4(18.2)	5(15.0)	모름/무응답 (7.7)

〈문 15〉 선생님은 자신의 정치적 이념성향에 대해 어떻게 생각하십니까?(%)
① 매우 진보(2.6)   ② 진보적인 편(14.2)   ③ 중도(29.6)
④ 보수적인 편(33.9)   ⑤ 매우 보수(11.7)   모름/무응답(8.0)

〈문 16〉 선생님께서는 평소 어떤 정당에 호감을 가지고 계십니까?(%)
① 한나라당(45.3)   ② 민주당(10.6)   ③ 자유선진당(2.6)
④ 미래희망연대(친박연대)(1.5)   ⑤ 민주노동당(0.0)
⑥ 창조한국당(0.0)   ⑦ 국민중심연합(0.0) ⑧ 진보신당(0.4)
⑨ 국민참여당(0.0)   ⑩ 그 외 정당(1.8)   ⑪ 없다(36.9)
모름/무응답(1.1)

[노인복지 서비스 만족도]

〈문 17〉 선생님께서는 노후를 위해 다음의 어떤 대책을 마련하셨습니까?
아래 질문에 대답해 주십시오.(%)

	했다	안했다	모름/무응답 (읽지 말 것)
1) 국민연금 가입	①(47.4)	②(52.6)	⑨(0.0)
2) 특수직연금(공무원연금, 사학연금, 군인연금) 가입	①(18.6)	②(81.4)	⑨(0.0)
3) 개인적으로 금융기관에 연금을 가입하는 개인연금 가입	①(17.2)	②(81.0)	⑨(1.8)
4) 퇴직금을 연금으로 받는 퇴직연금 가입	①(15.3)	②(83.2)	⑨(1.5)
5) 부동산 임대수입이나 이자소득 준비	①(31.8)	②(66.8)	⑨(1.5)

〈문 18〉 선생님께서는 다음 서비스를 신청해보신 적이 있으십니까?(%)

	했다	안했다	모름/무응답 (읽지 말 것)
1 기초노령연금 수급 신청	①(45.6)	②(54.4)	⑨(0.0)
2 정부제공 노인일자리 활동 신청	①(21.2)	②(78.5)	⑨(0.4)
3 노인복지관 제공 프로그램 신청	①(24.5)	②(75.2)	⑨(0.4)
4 장기요양보험 등급판정 신청	①(4.4)	②(95.6)	⑨(0.0)

〈문 19〉 선생님께서는 이런 서비스에 대해 주로 어떤 경로를 통해 접하셨습니까?(%)
① 언론 보도(TV/라디오/신문/잡지)(49.6)
② 정부 기관(구청, 주민센터, 보험공단 등)(15.0)
③ 친지나 주변 사람(18.2)
④ 민간 기관(병원, 복지서비스 관계자 등)(5.5)
⑤ 들어본 적 없다.(11.7)

〈문 20〉 선생님께서는 다음 정책의 혜택을 받아보신 적이 있으십니까?(%)

	있다	없다	모름/무응답 (읽지 말 것)
1) 기초노령연금 수급	①(41.2)	②(58.8)	⑨(0.0)
2) 정부제공 노인일자리 활동	①(13.1)	②(86.9)	⑨(0.0)
3) 노인복지관 제공 프로그램	①(20.4)	②(79.6)	⑨(0.0)
4) 장기요양보험 제공 서비스	①(4.0)	②(96.0)	⑨(0.0)

〈문 21〉 선생님께서 받아보신 서비스에 대해 만족도는 어느 정도입니까?(%)
  ① 매우 만족(3.3)　② 만족하는 편(16.1)　③ 보통(25.5)
  ④ 만족하지 않는 편(8.0)　⑤ 매우 불만족(2.2)
  해당없음(41.6)　모름/무응답(3.3)

〈문 22〉 선생님께서는 노인복지 관련 일선 공무원들에 대하여
    어느 정도 만족하십니까?(%)
  ① 매우 만족(3.3)　② 만족하는 편(15.3)　③ 보통(49.3)
  ④ 만족하지 않는 편(14.6)　⑤ 매우 불만족(3.6)
  ⑥ 만나본적 없다(0.0)　모름/무응답(13.9)

[통계분류를 위한 질문]

〈배문 12〉 선생님께서는 자신의 재산이나 소득을 고려할 때 본인이 어떤 계층에
    속한다고 생각하십니까?(%)

상층	중상층	중간층	중하층	하층	모름/무응답 (읽지 마시오)
①(0.4)	②(8.0)	③(33.6)	④(28.5)	⑤(28.1)	⑨(1.5)

〈배문 10〉 선생님의 최종 학력은 어떻게 되십니까?(%)
  ① 초졸이하(19.7)　② 중졸(16.8)　③ 고졸(28.8)
  ④ 대학 재학 이상(34.7)　⑨ 모름/무응답(읽지 마시오)(0.0)

〈배문 3〉 선생님의 현재 직업은 무엇입니까?(%)
　① 농업/임업/어업(4.7)　　② 자영업(7.7)　　③ 판매/영업/서비스직(3.3)
　④ 생산/기능/노무직(2.2)　⑤ 사무/관리/전문직(4.7)
　⑥ 주부(35.4)　　　　　　⑦ 학생(0.4)　　　　⑧ 무직/퇴직/기타(41.6)
　⑨ 모름/무응답(0.0)

〈배문 8〉 선생님의 현재 거주형태는 무엇입니까?(%)
　① 혼자 거주(19.7)　　② 부부 거주(53.6)　　③ 자녀와 함께 거주(23.0)
　④ 부모님과 함께 거주(1.8)　⑤ 부모/자녀와 함께 거주(1.1)
　⑥ 기타(0.7)

〈배문 11〉 선생님 가구의 부채를 제외한 순자산액(부채-금융부채, 주택임대료 제외)은
　　　　　　어느 정도입니까?(%)
　① 1천만 원 미만(10.2)　　　　② 1천만 원~2천5백만 원 미만(3.6)
　③ 2천5백만 원~5천만 원 미만(6.2)　④ 5천만 원~7천5백만 원 미만(4.7)
　⑤ 7천5백만 원~1억 원 미만(9.1　⑥ 1억 원~2억 원 미만(14.2)
　⑦ 2억 원~3억 원 미만(10.9)　　⑧ 3억 원~4억 원 미만(4.7)
　⑨ 4억 원~5억 원 미만(5.5)　　⑩ 5억 원~10억 원 미만(9.9)
　⑪ 10억 원 이상(4.7)　　　　　99 모름/무응답(16.1)

〈배문 7〉 선생님 댁의 월 평균 가계소득은 어느 정도입니까? 세전 소득을 말씀해
　　　　　　주십시오.(%)
　① 120만 원 미만(30.7)　　② 120~250만 원 미만(22.6)
　③ 250~350만 원 미만913.9)　④ 350~450만 원 미만(4.7)
　⑤ 450~700만 원 미만(4.4)　⑥ 700만 원 이상(0.0)
　⑦ 소득 없음(19.0)　　　　99) 모름/무응답(4.7)

II. 근로빈곤정책 관련 국민의식조사

모집단	전국 16개 광역시도에 거주하는 만 19세 이상 남녀
표본크기	1,200명
표본추출	통계청 '주민등록인구현황' 2012년 8월 기준 성별/연령별/지역별 인구구성비에 따라 비례 할당한 후 무작위 추출
표집오차	무작위추출을 전제할 경우, 95% 신뢰수준에서 최대허용 표집오차는 ±2.8%
조사방법	컴퓨터를 이용한 전화면접조사(CATI)
조사기간	2012.9.22~9.26
조사기관	(주)한국리서치(대표이사 노익상)

〈선문 1〉 귀하께서 현재 사시는 곳은 어디입니까?

① 서울　　② 부산　　③ 대구　　④ 인천
⑤ 광주　　⑥ 대전　　⑦ 울산　　⑧ 경기
⑨ 강원　　⑩ 충북　　⑪ 충남　　⑫ 전북
⑬ 전남　　⑭ 경북　　⑮ 경남　　⑯ 제주

〈선문 1_1〉 귀하의 현재 사시는 곳은 어디입니까?

① 자치구　　② 시　　③ 군　　[면접원: 면접원 Check]

〈선문 2〉 귀하의 성별은 무엇입니까?

① 남자　　　　　　　② 여자
[면접원: 묻지 않고 면접원 Check]

〈선문 3〉 귀하의 출생년도는 어떻게 되십니까? ___________년
[programmer: 1995년 이후 출생자는 면접 종료_만19세 기준]

[빈곤문제에 대한 의견]

〈문 1〉 선생님께서는 5년 후 자신의 경제적 상태가 지금과 비교해 어떨 것이라고
생각하십니까?(%)

① 훨씬 좋아질 것이다(7.6)　　② 어느 정도 좋아질 것이다(40.8)
③ 지금과 같을 것이다(34.6)　　④ 어느 정도 나빠질 것이다(13.9)
⑤ 훨씬 나빠질 것이다(2.8)　　99) 모름/무응답(읽지 마시오)(0.2)

〈문 2〉 선생님께서는 가난의 책임이 누구에게 있다고 생각하십니까? 0번은 전적으로 개인
책임, 10번은 전적으로 국가책임입니다. 0-10사이에 하나를 선택해 주세요.(%)

개인〈--〉국가

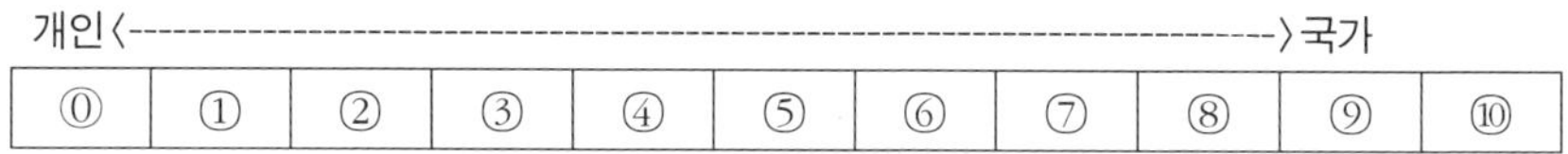

0~2 (17.0)　3(10.6)　4(8.8)　5(31.5)　6(10.0)　7(12.5)　8~10(9.7)

〈문 3〉 선생님께서는 빈곤층에 대한 지원을 확대하기 위해 지금보다 세금이나 보험료를
더 낼 의향이 있으십니까?(%)

① 그렇다(38.9)　　　　　　　② 그렇지 않다(61.1)

[근로빈곤정책에 대한 의견]

〈문 4〉 근로빈곤정책이란 경제활동을 하지만 경제적으로 빈곤한 사람들을 대상으로 한 정책
을 말합니다. 선생님께서는 다음의 근로빈곤정책들에 대해 얼마나 알고 계십니까?(%)

항목	① 매우 잘 안다	② 아는 편이다	③ 보통이다	④ 잘 모르는 편이다	⑤ 전혀 모른다	99) 모름/ 무응답
1) 최저임금 인상 등 기업이 　 적정소득을 보장하게 하는 정책	①(7.0)	②(23.7)	③(39.1)	④(22.1)	⑤(7.8)	99)(0.3)
2) 근로장려세제 확대 등 정부가 빈곤 　 계층의 소득을 직접 보전해 주는 정책	①(5.9)	②(17.7)	③(31.9)	④(32.1)	⑤(12.1)	99)(0.3)

	①	②	③	④	⑤	99)
3) 대기업 규제, 중소기업 보호 등으로 민간의 일자리를 보장하는 정책	①(5.0)	②(18.9)	③(32.4)	④(30.8)	⑤(12.5)	99)(0.4)
4) 공공서비스 확대 등 정부가 직접 일자리를 만드는 정책	①(8.1)	②(27.6)	③(34.8)	④(23.7)	⑤(5.6)	99)(0.2)
5) 고용보험 확대 등 실직에 대한 사회안전망을 구축하는 정책	①(10.2)	②(30.2)	③(31.3)	④22.1()	⑤(5.8)	99)(0.3)
6) 직업훈련제도 확대 등 실직자 자활정책	①(10.3)	②(32.8)	③(29.8)	④(21.2)	⑤(5.5)	99)(0.3)

〈문 5〉 선생님께서는 다음 근로빈곤정책들이 얼마나 중요하다고 생각하십니까?(%)

항목	① 전혀 중요하지 않다	② 별로 중요하지 않다	③ 보통 이다	④ 어느 정도 중요하다	⑤ 매우 중요하다	99) 모름/ 무응답 (읽지 마시오)
1) 최저임금 인상 등 기업이 적정소득을 보장하게 하는 정책	①(0.6)	②(2.3)	③(13.1)	④(38.0)	⑤(45.4)	99)(0.6)
2) 근로장려세제 확대 등 정부가 빈곤계층의 소득을 직접 보전해주는 정책	①(1.8)	②(7.6)	③(25.0)	④(37.6)	⑤(27.3)	99)(0.7)
3) 대기업 규제, 중소기업 보호 등으로 민간의 일자리를 보장하는 정책	①(1.1)	②(2.6)	③(20.2)	④(37.5)	⑤(37.6)	99)(1.0)
4) 공공서비스 확대 등 정부가 직접 일자리를 만드는 정책	①(1.5)	②(6.6)	③(21.9)	④(32.1)	⑤(37.0)	99)(0.8)
5) 고용보험 확대 등 실직에 대한 사회안전망을 구축하는 정책	①(1.0)	②(5.2)	③(18.8)	④(33.6)	⑤(40.1)	99)(1.3)
6) 직업훈련제도 확대 등 실직자 자활정책	①(1.2)	②(4.3)	③(16.8)	④(36.6)	⑤(40.0)	99)(1.1)

〈문 6〉 선생님께서는 다음 근로빈곤정책들이 얼마나 잘 이루어지고 있다고 생각하십니까?(%)

항목	① 전혀 이루어지고 있지 않다	② 별로 이루어지고 있지 않다	③ 보통 이다	④ 어느 정도 이루어지고 있다	⑤ 상당히 이루어지고 있다	99) 모름/ 무응답 (읽지 마시오)
1) 최저임금 인상 등 기업이 적정소득을 보장하게 하는 정책	①(9.0)	②(40.5)	③(36.5)	④(10.0)	⑤(1.8)	99)(2.3)

2) 근로장려세제 확대 등 정부가 빈곤 계층의 소득을 직접 보전해주는 정책	①(7.8)	②(39.4)	③(38.3)	④(8.9)	⑤(1.7)	99)(3.9)
3) 대기업 규제, 중소기업 보호 등으로 민간의 일자리를 보장하는 정책	①(13.5)	②(41.1)	③(33.7)	④(6.7)	⑤(1.3)	99)(3.7)
4) 공공서비스 확대 등 정부가 직접 일자리를 만드는 정책	①(7.7)	②(33.2)	③(39.0)	④(15.4)	⑤(2.5)	99)(2.1)
5) 고용보험 확대 등 실직에 대한 사회안전망을 구축하는 정책	①(5.4)	②(29.6)	③(39.8)	④(18.3)	⑤(4.1)	99)(2.7)
6) 직업훈련제도 확대 등 실직자 자활정책	①(4.9)	②(27.9)	③(38.7)	④(21.5)	⑤(2.7)	99)(4.3)

〈문 7〉 선생님께서는 정부의 전반적인 근로빈곤정책에 대하여 얼마나 만족하십니까? 0번은 '매우 불만족', 10번은 '매우 만족'입니다. 1-10사이에 하나를 선택해 주세요.(%)

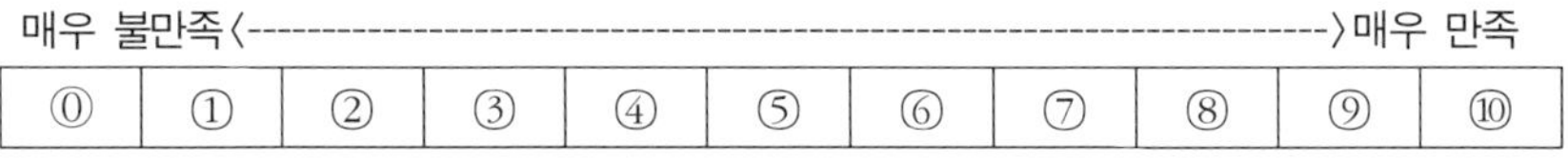

0~2(16.6)   3(15.7) 4(21.2) 5(28.0) 6(11.0)   7(5.6)   8~10(1.8)

〈문 8〉 선생님께서는 근로빈곤을 극복하는데 누구의 역할이 가장 중요하다고 생각하십니까?(%)

① 개인(36.4)　　　　　② 기업(19.7)　　　　　③ 정부(42.7)
99) 모름/무응답(읽지 마시오)(1.1)

〈문 9〉 선생님께서는 비정규직 문제를 해결하기 위해 어떤 방법이 가장 적절하다고 보십니까?(%)

① 비정규직의 소득을 올려야 한다.(10.3)
② 비정규직의 고용기간을 늘려야 한다.(21.0)
③ 비정규직을 정규직으로 전환해야 한다.(59.2)
④ 정부가 개입할 일이 아니다.(7.8)
99) 모름/무응답(읽지 마시오)(1.6)

〈문 10〉 2012년 우리나라 근로자의 최저임금은 시간당 4,580원입니다. 선생님께서는 현재 최저임금 수준에 대해 어떻게 생각하십니까?(%)

① 매우 낮다(26.9)　　　　② 낮은 편이다(57.8)　　　③ 적당하다(14.3)
④ 높은 편이다(0.9)　　　　⑤ 매우 높다(0.1)

〈문 11〉 선생님께서는 실업급여제도에 대한 다음 개선방안 가운데, 어떤 것이 가장
　　　　 시급하다고 생각하십니까?(%)
　　① 실업급여의 지급기간을 더 늘려야 한다(12.6)
　　② 실업급여의 지급액을 더 높여야 한다(14.9)
　　③ 실직 상태의 자영업자도 실업급여를 받을 수 있게 해야 한다(21.1)
　　④ 실업급여를 받을 수 있는 자격제한요건을 완화해야 한다(44.7)
　　99) 모름/무응답(읽지 마시오)(6.6)

〈문 12〉 선생님께서는 청년실업 문제의 가장 큰 원인이 무엇이라고 보십니까?(%)
　　① 기업들이 제공하는 일자리가 부족해서(13.2)
　　② 정부가 청년실업문제 해결에 적극적이지 않아서(16.1)
　　③ 일자리에 대한 청년들의 눈높이가 너무 높아서(69.7)
　　99) 모름/무응답(읽지 마시오)(1.1)

〈문 13〉 선생님은 자신의 정치적 이념성향에 대해 어떻게 생각하십니까? 매우 진보라고
　　　　 생각하시면 0, 매우 보수라고 생각하시면 10입니다. 0-10 사이의 값을 선택해
　　　　 주십시오.(%)

매우 진보〈---〉매우 보수

⓪	①	②	③	④	⑤	⑥	⑦	⑧	⑨	⑩

　　　　0~2(8.0)　　3(12.4) 4(13.4) 5(35.1) 6(10.5) 7(10.1) 8~10(10.6)

〈문 14-1〉 선생님께서는 평소 새누리당에 대해서 어떻게 생각하십니까? 매우 싫으면
　　　　 0, 매우 좋으면 10입니다. 0-10 사이의 값을 선택해 주십시오.(%)

매우 싫음〈---〉매우 좋음

⓪	①	②	③	④	⑤	⑥	⑦	⑧	⑨	⑩

　　　　0~2(24.7)　　3(11.1) 4(7.4) 5(28.6) 6(8.3) 7(8.2) 8~10(11.7)

〈문 14-2〉 선생님께서는 평소 민주통합당에 대해서 어떻게 생각하십니까? 매우 싫으면
　　　　 0, 매우 좋으면 10입니다. 0-10 사이의 값을 선택해 주십시오. (%)

매우 싫음〈---〉매우 좋음

⓪	①	②	③	④	⑤	⑥	⑦	⑧	⑨	⑩

　　　　0~2(18.6)　　3(14.2) 4(11.5) 5(37.0) 6(7.5) 7(6.4) 8~10(4.8)

〈문 15〉 선생님께서는 지난 5년간 이명박 정부의 국정운영에 대해
　　　　 어떻게 평가하십니까?(%)

　　① 매우 잘 하였다(0.6)　　　　② 잘 한 편이다(23.8)
　　③ 잘못한 편이다(45.0)　　　　④ 매우 잘못하였다(27.9)
　　99) 모름/무응답(읽지 마시오)(2.7)

〈문 16〉 선생님이나 선생님 가족 중에 다음 정책들의 혜택을 받거나, 참여한 경우가
　　　　 있으십니까?(%)

항목	있다	없다	99) 모름/무응답 (읽지 마시오)
1) 근로장려세제	①(7.2)	②(91.4)	99)(1.3)
2) 실업급여	①(22.9)	②(76.8)	99)(0.3)
3) 정부 제공 직업훈련 및 직업알선	①(12.2)	②(87.4)	99)(0.3)
4) 중앙, 지방정부의 일자리 제공	①(3.1)	②(96.6)	99)(0.3)
5) 정부 지원 사회적 기업 활동	①(2.4)	②(97.2)	99)(0.3)
6) 고용 상 차별시정에 대한 조치	①(1.1)	②(98.0)	99)(0.9)

[통계분류를 위한 질문]

〈배문 1〉 선생님께서는 자신의 재산이나 소득을 고려할 때 본인이 어떤 계층에 속한다고
　　　　　생각하십니까? 계층을 총 6개로 나눌 때 자신이 속한다고 생각하는 계층을
　　　　　답해 주십시오.

상상	상하	중상	중하	하상	하하
①	②	③	④	⑤	⑥

〈배문 2〉 선생님의 최종 학력은 어떻게 되십니까?

　　① 중졸 이하　　　　　　　② 고졸
　　③ 대학 재학 이상　　　　　99) 모름/무응답(읽지 마시오)

〈배문 3〉 선생님의 현재 직업은 무엇입니까?
① 농업/임업/어업　　② 자영업　　　　　③ 판매/영업/서비스직
④ 생산/기능/노무직　⑤ 사무/관리/전문직　⑥ 주부
⑦ 학생　　　　　　　⑧ 무직/퇴직/기타　 99) 모름/무응답(읽지 마시오)
(1, 2, 6, 7, 8, 99번 응답자는 〈배문 5〉로, 3, 4, 5번 응답자는 〈배문 4〉로)

〈배문 4〉 선생님께서는 현재 어떤 상태로 경제활동에 참여하고 계십니까?
① 정규직 근로자　　　　② 임시직 근로자　　　③ 일용직 근로자
99) 모름/무응답(읽지 마시오)

〈배문 5〉 선생님 댁의 월 평균 가계소득은 어느 정도입니까? 세전 소득을 말씀해 주십시오.
① 120만 원 미만　　② 120~250만 원 미만　③ 250~350만 원 미만
④ 350~450만 원 미만　⑤ 450~700만 원 미만　⑥ 700만 원 이상
99) 모름/무응답(읽지 마시오)

〈배문 6〉 선생님 가구의 부채를 제외한 순자산액은 어느 정도입니까? 금융부채,
　　　　　 주택임대료 등 부채는 제외한 금액을 말씀해주십시오.
① 1천만 원 미만　　　　　　② 1천만 원~2천5백만 원 미만
③ 2천5백만 원~5천만 원 미만　④ 5천만 원~7천5백만 원 미만
⑤ 7천5백만 원~1억 원 미만　　⑥ 1억 원~2억 원 미만
⑦ 2억 원~3억 원 미만　　　　⑧ 3억 원~4억 원 미만
⑨ 4억 원~5억 원 미만　　　　⑩ 5억 원~10억 원 미만
⑪ 10억 원 이상　　　　　　　99) 모름/무응답(읽지 마시오)

〈배문 7〉 선생님 가구의 가장이 부양해야 하는 가족의 숫자는 몇 명입니까?
　　　　　 가장은 귀 댁의 경제생활 책임자를 말합니다.
① 1~2명　　　　　　　② 3~4명　　　　　　③ 5~7명
④ 8명 이상　　　　　　99) 모름/무응답(읽지 마시오)

♣ 설문에 응해 주셔서 대단히 감사합니다.

III. 근로빈곤정책 의식조사 [단체회원용]

모집단	단체 [청년 유니온] 회원
표본크기	127명
조사방법	웹 메일을 이용한 조사
조사기간	2012.6.14~6.25
조사기관	[청년 유니온] 사무국

** 질문의 끝에 있는 밑줄 친 곳에 해당하는 번호를 기입하시고 회신하여 주시기
바랍니다. 표로 되어 있는 질문은 해당 번호의 칸 안에 동그라미를 표시해 주십시오.

〈선문 1〉 귀하께서 현재 사시는 곳은 어디입니까? ___________________
　① 서울　　② 부산　　③ 대구　　④ 인천
　⑤ 광주　　⑥ 대전　　⑦ 울산　　⑧ 경기
　⑨ 강원　　⑩ 충북　　⑪ 충남　　⑫ 전북
　⑬ 전남　　⑭ 경북　　⑮ 경남　　⑯ 제주

〈선문 1_1〉 귀하의 현재 사시는 곳은 어디입니까? ___________________
　① 자치구　　　　② 시　　　　③ 군

〈선문 2〉 귀하의 성별은 무엇입니까? ___________________
　① 남자　　　　　　　　② 여자

〈선문 3〉 귀하의 나이는 어떻게 되십니까? __________ 세

[근로빈곤에 대한 인식과 실태]

〈문 1〉 선생님께서는 사람들이 생활의 빈곤을 느낄 때 그 기준은 무엇이라고
    생각하십니까?(%)
　① 끼니가 걱정된다.(37.0)
　② 교육비 충당이 힘들다.(1.6)
　③ 거처가 불안정하다.(29.9)
　④ 병원비나 약값이 걱정된다.(15.7)
　⑤ 영화관람 등 문화생활을 위해 돈을 쓸 수 없다.(15.7)

〈문 2〉 일반적으로 사람들이 생활의 빈곤을 느낄 때 어떤 상태라고 생각하십니까?(%)
　① 자신이 절대적으로 가난하다고 느끼는 상태(39.9)
　② 주변 사람들과 비교해서 가난하다고 느끼는 상태(70.1)

〈문 3〉 선생님께서는 결혼할 의사가 있으십니까?(%)
　① 있다(69.3)　　　　② 없다(22.0)　　　　③ 해당사항 없음(기혼자)(8.7)

〈문 3-1〉 선생님께서는 결혼을 위한 경제적 준비가 어느 정도 되어 있습니까?(%)
　① 거의 안 되어 있다.(78.7)
　② 부족하지만 어느 정도 되어 있다.(11.8)
　③ 충분히 되어 있다.(0.8)
　④ 해당사항 없음(기혼자)(8.7)

〈문 4〉 선생님께서는 외국인 노동자들이 한국 사람들의 일자리에 어떤 영향을 미친다고
    생각하십니까?(%) ＿＿＿＿＿＿＿＿＿＿
　① 매우 긍정적(11.0)　　　② 약간 긍정적(43.3)　　　③ 부정적(17.3)
　④ 매우 부정적(3.1)　　　⑤ 잘 모름(25.2)

〈문 5〉 선생님께서 일자리를 구할 때, 외국인 노동자들이 많이 일하는 곳을 만나게
    되면 어떻게 하시겠습니까?(%)
　① 지원한다.(69.3)
　② 지원하지 않는다(문 5-1로).(30.7)

〈문 5-1〉 외국인 노동자들이 많이 일하는 직장을 구하지 않는 이유는 무엇입니까?(%)
　① 소득이 너무 낮기 때문에(46.2)
　② 일이 너무 힘들기 때문에(38.5)
　③ 외국인 노동자들과 같이 취급받는 것이 싫어서(15.4)

〈문 6〉 다음은 사람들이 생활을 위해 돈을 쓰는 내용입니다. 선생님께서는 이들의
　　　각각에 대해 부담스러운 정도를 말씀해 주십시오.(%)

	① 매우 부담스러움	② 부담스러운 편	③ 부담스럽지 않는 편	④ 전혀 부담스럽지 않음
식비	(10.2)	(46.5)	(35.4)	(7.9)
주거비	(46.5)	(33.9)	(11.8)	(7.9)
교육비	(32.3)	(43.3)	(16.5)	(7.9)
의료비	(17.3)	(44.1)	(29.9)	(8.7)
유흥비(술값 등)	(19.7)	(48.8)	(29.1)	(2.4)
문화비(영화, 공연 등)	(19.7)	(54.3)	(22.0)	(3.9)
교통·통신비 (인터넷, 핸드폰 등)	(31.5)	(48.0)	(18.9)	(1.6)

〈문 6-1〉 선생님께서는 위의 지출 내용 중 가장 부담스러운 지출은 무엇입니까?(%)
　① 식비(13.4)　　② 주거비(41.7)　　③ 교육비(7.1)　　④ 의료비(6.3)
　⑤ 유흥비(11.0)　　⑥ 문화비(4.7)　　⑦ 교통통신비(15.7)

〈문 7〉 선생님께서는 가난의 책임에 대해 어떻게 생각하십니까? 가장 개인 책임이라고
　　　생각하시면 1, 가장 정부의 책임이라고 생각하시면 4입니다. 1번에서 4번까지
　　　하나를 선택해 주세요.(%)

|〈---------- 개인 책임-- 정부 책임------------〉|

①(0.0)	②(3.9)	③(40.9)	④(55.1)

〈문 8〉 선생님께서는 5년 후 자신의 경제적 상태가 지금보다 더 나아질 수 있다고
　　　생각하십니까?(%)
　① 많이 나아질 것이다.(7.1)　　　② 어느 정도 나아질 것이다.(39.4)
　③ 그리 나아지지 않을 것이다.(44.9)　　④ 전혀 나아지지 않을 것이다.(8.7)

[근로빈곤 정책사항의 중요도와 성취도]

〈문 9〉 선생님께서는 다음 중 어떤 정책사안이 가장 중요하다고 생각하십니까?(%)
　① 최저임금제 등 적정한 소득보장(59.8)
　② 고용보험 등 실직에 대한 안정망 구축(11.0)
　③ 직업훈련제도 등 실직자의 자활훈련(0.0)
　④ 근로장려세제 등 차상위계층의 소득보전(2.4)
　⑤ 공공서비스 확대를 통한 안정적 일자리 창출(26.8)

〈문 10〉 선생님께서는 오늘날 근로빈곤문제를 해결하기 위한 다음의 정책사안들이
　　　　얼마나 중요하다고 생각하십니까?(%)

	전혀 중요하지 않음 ①	별로 중요하지 않음 ②	어느 정도 중요함 ③	매우 중요함 ④	잘 모름 ⑨
1)최저임금제 등 적정한 소득보장	(0.8)	(0.0)	(3.9)	(95.3)	(0.0)
2)고용보험 등 실직에 대한 안정망 구축	(0.8)	(1.6)	(24.4)	(73.2)	(0.0)
3)직업훈련제도 등 실직자의 자활훈련	(2.4)	(10.2)	(53.5)	(33.1)	(0.8)
4)근로장려세제 등 차상위계층의 소득보전	(1.6)	(11.8)	(35.4)	(48.8)	(2.4)
5)공공서비스 확대를 통한 일자리 창출	(0.8)	(7.1)	(18.9)	(72.4)	(0.8)

〈문 11〉 선생님께서는 근로빈곤문제를 해결하기 위한 다음의 정책사안들이 얼마나
　　　　잘 이루어지고 있다고 생각하십니까?(%)

	전혀 이루어지지 않음 ①	별로 이루어지지 않음 ②	어느 정도 이루어짐 ③	상당히 이루어짐 ④	잘 모름 ⑨
1)최저임금제 등 적정한 소득보장	(55.9)	(40.9)	(1.6)	(1.6)	(0.0)
2)고용보험 등 실직에 대한 안정망 구축	(32.3)	(47.2)	(16.5)	(2.4)	(1.6)
3)직업훈련제도 등 실직자의 자활훈련	(24.4)	(34.6)	(32.3)	(3.9)	(4.7)
4)근로장려세제 등 차상위계층의 소득보전	(26.0)	(51.2)	(11.8)	(1.6)	(9.4)
5)공공서비스 확대를 통한 일자리 창출	(44.9)	(44.9)	(6.3)	(3.1)	(0.8)

〈문 12〉 선생님께서는 근로빈곤문제를 해결하기 위한 다음의 정부정책에 대해
얼마나 알고 계십니까?(%)

	매우 잘 알고 있음 ①	어느 정도 알고 있음 ②	잘 모르는 편 ③	전혀 모름 ④
1)최저임금제 등 적정한 소득보장	(33.1)	(55.1)	(11.0)	(0.8)
2)고용보험 등 실직에 대한 안정망 구축	(15.0)	(64.6)	(18.9)	(1.6)
3)직업훈련제도 등 실직자의 자활훈련	(5.5)	(59.8)	(29.9)	(4.7)
4)근로장려세제 등 차상위계층의 소득보전	(5.5)	(39.4)	(44.9)	(10.2)
5)공공서비스 확대를 통한 일자리 창출	(10.2)	(55.1)	(30.7)	(3.9)

〈문 13〉 선생님께서는 근로빈곤문제를 완화하기 위한 다음의 정부정책에 대해
얼마나 만족하십니까?(%)

	매우 불만 ①	불만족한 편 ②	만족하는 편 ③	매우 만족 ④	잘 모름 ⑨
1)최저임금제 등 적정한 소득보장	(70.1)	(27.6)	(0.8)	(0.0)	(1.6)
2)고용보험 등 실직에 대한 안정망 구축	(51.2)	(39.4)	(6.3)	(0.0)	(3.1)
3)직업훈련제도 등 실직자의 자활훈련	(34.6)	(44.1)	(11.8)	(0.0)	(9.4)
4)근로장려세제 등 차상위계층의 소득보전	(35.4)	(44.1)	(5.5)	(0.0)	(15.0)
5)공공서비스 확대를 통한 일자리 창출	(62.2)	(32.3)	(1.6)	(0.0)	(3.9)

〈문 14〉 선생님께서는 정부의 전반적인 근로빈곤정책에 대하여 어떻게
평가하십니까?(%)

매우 불만이다	불만족하는 편이다	만족하는 편이다	매우 만족한다	모름/무응답 (읽지 마시오)
①(62.2)	②(36.2)	③(0.0)	④(0.0)	⑨(1.6)

[통계분류를 위한 질문]

〈배문 1〉 선생님의 월소득은 얼마나 되십니까?　＿＿＿＿＿＿＿＿＿만원

〈배문 1-1〉 선생님은 자신의 생활을 위한 적정 소득이 얼마라고 생각하십니까?
　＿＿＿＿＿＿＿＿＿만원

〈배문 2〉 선생님의 개인 빚은 얼마나 되십니까?　＿＿＿＿＿＿＿＿＿만원

〈배문 3〉 선생님의 최종 학력은 어떻게 되십니까?　＿＿＿＿＿＿＿＿＿
　① 초졸 이하　　② 중졸　　　③ 고졸　　　④ 대학 재학 이상

〈배문 4〉 선생님의 현재 직업은 무엇입니까?　＿＿＿＿＿＿＿＿＿
　① 농업/임업/어업　　② 자영업　　③ 판매/영업/서비스직
　④ 생산/기능/노무직　　⑤ 사무/관리/전문직　⑥ 주부
　⑦ 학생　　　　　　　⑧ 무직　　　　　　　⑨ 기타

〈배문 5〉 선생님의 혼인 상태는 어떻습니까?　＿＿＿＿＿＿＿＿＿
　① 미혼　　　② 기혼　　　③ 이혼　　　④ 사별

〈배문 6〉 선생님의 현재 거주형태는 무엇입니까?　＿＿＿＿＿＿＿＿＿
　① 혼자 거주　　　② 부부 거주　　　　③ 자녀와 함께 거주
　④ 부모님과 함께 거주　⑤ 부모님, 자녀와 함께 거주　⑥ 기타

〈배문 7〉 선생님은 현재 신앙생활을 하고 계십니까?　＿＿＿＿＿＿＿＿＿
　① 한다　　　　② 안한다

〈배문 7-1〉 신앙생활을 하신다면 교회나, 성당 및 절 등에 얼마나 자주 다니십니까?

　＿＿＿＿＿＿＿＿＿
　① 주 2회 이상　　② 주 1회　　③ 한 달에 1~2회　　④ 일 년에 1~2회

【산학협력연구(내일신문/현대정치연구소) 설문조사】

IV. 자영업자 정치인식조사

모집단	수도권 자영업자 중 종업원 10인 미만 자영업자
표본크기	1,000명
표본추출	2009년 산업직업별 고용구조 조사의 자영업자 현황에 따라 산업별, 지역별, 고용형태별 비례할당 후 무작위 추출
표집오차	무작위추출을 전제할 경우, 95% 신뢰수준에서 최대허용 표집오차는 ±3.1%
조사방법	컴퓨터를 이용한 전화면접조사(CATI)
조사기간	2011.7.12~7.15
조사기관	(주)한국리서치(대표이사 노익상)

〈선문 1〉 귀하의 성별은 무엇입니까?(%)
 ① 남자(70.0) ② 여자(30.0)
 [면접원: 묻지 않고 면접원 Check]

〈선문 2〉 귀하의 나이는 만으로 어떻게 되십니까?(%)
  만______ 세
 ① 만20~29세(3.3) ② 만30~39세(14.6) ③ 만40~49세(35.4)
 ④ 만50~59세(36.2) ⑤ 만60세 이상(10.6)
 [programmer: 만19세 미만 면접 종료]

〈선문 3〉 선생님의 사업장 소재지는 어디입니까?(%)
 ① 서울특별시(38.9) ② 인천광역시(9.8) ③ 경기도(51.3)

〈선문 4〉 선생님께서 하시는 사업의 업종은 무엇입니까?(%)
 ① 농/임/어업(7.3) ② 제조업(8.3) ③ 도매 및 소매업(29.8)
 ④ 건설업(5.4) ⑤ 숙박 및 음식점업(11.8) ⑥ 부동산업 및 임대업(3.3)
 ⑦ 운수업(8.7) ⑧ 서비스업(22.7) ⑨ 기타(2.7)

〈선문 5〉 선생님의 직장에서의 지위는 무엇입니까?
　① 종업원이 없는 자영업자(58.3)　　　　② 종업원을 둔 고용주(28.8)
　③ 무급가족종사자(12.9)
　[programmer: 〈선문 5〉에서 ②와 ③으로 응답한 경우만 〈선문 5-1〉 질문]

〈선문 5-1〉 선생님의 사업장에서 고용된 종업원은 몇 명입니까? 임금을 받지 않고
　　　　　　일하는 가족/친지, 일시적으로 고용되어 일하는 사람은 제외하고 말씀해
　　　　　　주십시오(%)

　　　　　　　　　　　　　　　　　명

〈선문 6〉 선생님께서 현재 운영하고 계시는 사업은 언제부터 운영하셨습니까?(%)

　　　　　　　　　　　　　　　년　　　　　　　　　　　　월
　① 1년 미만(7.0)　　　② 1~3년 미만(15.2)　　　③ 3~5년 미만(12.2)
　④ 5~10년 미만(24.0)　⑤ 10~20년 미만(24.2)　⑥ 20년 이상(15.6)
　　모름/무응답(1.8)

〈선문 7〉 직종과 관계없이 자영업을 시작하신지는 얼마나 되셨습니까?(%)

　　　　　　　　　　　년　　　　　　　　　　　개월
　① 1년 미만(3.4)　　　② 1~3년 미만(9.1)　　　③ 3~5년 미만(10.6)
　④ 5~10년 미만(21.6)　⑤ 10~20년 미만(26.3)　⑥ 20년 이상(25.7)
　　모름/무응답(3.2)

[정부와 정책]

[programmer: 〈선문 4〉의 기간이 2011년 6월 기준으로 5년이 안된 경우
〈문 1〉 질문 안하고 ⑨ 해당없음 자동 Check]

〈문 1〉 선생님께서는 5년 전과 비교하여 사업체 운영하시기가 어떠십니까?(%)

매우 좋아졌다	좋아진 편이다	비슷하다	나빠진 편이다	매우 나빠졌다	해당사항 없음
①(0.6)	②(3.2)	③(10.5)	④(23.3)	⑤(27.8)	⑨(34.6)

〈문 1-1〉로

[programmer: ④ 나빠진 편이다와 ⑤ 매우 나빠졌다로 응답한 경우만 〈문 1-1〉 질문]

〈문 1-1〉 나빠지셨다면, 그 이유는 무엇입니까?(%)
　　① 전반적으로 경기가 나빠져서(60.5)
　　② 정부의 정책이 잘못되어서(28.6)
　　③ 자본이 부족해서(3.4)
　　④ 사업운영을 잘못해서(3.3)
　　⑤ 대기업의 시장진입(2.2)
　　⑥ 원자재 값의 상승(1.6)
　　⑦ 기타(0.4)

〈문 2-1〉 지난 정부와 비교해서, 일선 공무원들의 행정규제나 간섭의 정도는
　　　　 어떠하십니까?(%)

매우 강화되었다	조금 강화된 편이다	비슷하다	조금 완화된 편이다	매우 완화되었다
①(6.8)	②(18.9)	③(61.2)	④(10.1)	⑤(2.9)

〈문 2-2〉 지난 정부와 비교해서, 사업체 운영의 세금부담 정도는 어떠하십니까?(%)

매우 늘어났다	늘어난 편이다	비슷하다	줄어든 편이다	매우 줄어들었다
①(17.4)	②(36.2)	③(40.7)	④(4.0)	⑤(1.6)

〈문 2-3〉 지난 정부와 비교해서, 공무원들의 부패 정도는 어떻습니까?(%)

매우 나빠졌다	조금 나빠진 편이다	비슷하다	조금 좋아진 편이다	매우 좋아졌다
①(12.2)	②(16.4)	③(55.4)	④(13.7)	⑤(2.2)

〈문 2-4〉 지난 정부와 비교해서, 자영업자에 대한 정부의 배려 정도는 어떻습니까?(%)

매우 나빠졌다	조금 나빠진 편이다	비슷하다	조금 좋아진 편이다	매우 좋아졌다
①(20.9)	②(25.8)	③(43.3)	④(9.2)	⑤(0.7)

[정치적 의견]

〈문 3〉 선생님께서는 이명박 대통령의 국정운영에 대해 어떻게 평가하십니까?(%)

매우 잘하고 있다	잘하고 있는 편이다	잘못하고 있는 편이다	매우 잘못하고 있다
①(2.9)	②(33.2)	③(38.6)	④(25.3)

〈문 4〉 선생님께서는 자영업자의 이익을 대변하는 정당이 있다고 생각하십니까?(%)
　① 있다(8.5) ⇒ 〈문 4-1〉로
　② 없다(91.5)
　[programmer: ① 있다로 응답한 경우 〈문 4-1〉로 이동]

〈문 4-1〉 있다면 어느 정당입니까?(%)
　① 한나라당(39.2)　　② 민주당(27.1)　　③ 자유선진당(0.0)
　④ 민주노동당(17.0)　⑤ 미래희망연대(찬박연대)(0.0)　⑥ 창조한국당(0.0)
　⑦ 진보신당(7.6)　　⑧ 국민참여당(2.2)　　⑨ 기타(0.0)
　　모름/무응답(6.9)

〈문 5〉 흔히 정치나 정책을 진보적이다 혹은 보수적이라고 표현합니다. 가장 진보를 0,
　　　가장 보수를 10이라고 했을 때 선생님 자신의 이념 성향은 어디쯤 된다고
　　　생각하십니까? 숫자로 답해 주십시오.(%)

진보 ←———————————————— 중도 ————————————————→ 보수										
0(5.1)	1(1.4)	2(4.4)	3(8.3)	4(6.4)	5(39.7)	6(8.9)	7(11.1)	8(6.2)	9(1.4)	10(6.9)

〈문 6〉 선생님께서는 지난 17대 대통령선거에서 투표하셨습니까?(%)

① 투표했다(90.0) ⇒ 〈문 6-1〉로

② 투표하지 않았다(10.0)

[programmer: ① 투표했다로 응답한 경우 〈문 6-1〉로 이동]

〈문 6-1〉 투표하셨다면 어느 후보를 선택하셨습니까?(%)

① 정동영 후보(15.2) ② 이명박 후보(58.2) ③ 권영길 후보(2.8)

④ 이인제 후보(0.3) ⑤ 문국현 후보(4.1) ⑥ 이회창 후보(4.3)

⑦ 기타 후보(1.9) 모름/무응답(13.1)

〈문 7〉 선생님께서는 작년 지방선거에서 투표하셨습니까?(%)

① 투표했다(76.3) ⇒ 〈문 7-1〉로

② 투표하지 않았다(23.7)

〈문 7-1〉 투표하셨다면 어느 정당의 광역단체장 후보를 선택하셨습니까?(%)

① 한나라당(40.8) ② 민주당(42.5) ③ 자유선진당(0.9)

④ 미래희망연대(친박연대)(0.7) ⑤ 민주노동당(2.9) ⑥ 창조한국당(0.0)

⑦ 국민중심연합(0.0) ⑧ 진보신당(0.5) ⑨ 국민참여당(1.7)

⑩ 기타(5.1) ⑪ 없음(4.9)

〈문 8〉 내년 18대 대통령선거에서 투표를 하신다면 어느 정당의 후보를 선택하실
의향이십니까?(%)

① 한나라당 후보(20.5) ② 민주당 후보(20.3)

③ 그 외 후보(16.6) 모름/무응답(42.5)

[programmer: 〈문 6-1〉의 ② 응답자 중 〈문 8〉에 ② 또는 ③을 응답한 경우만
〈문 9-1〉 질문]

[programmer: 〈문 6-1〉에서 ② 응답자에게는 _____안에 [민주당 후보],

③ 응답자에게는 _____안에 [그 외 후보]라고 제시]

〈문 9-1〉 ________________를 선택하시겠다는 이유는 무엇입니까?(%)
① 이명박 대통령에게 실망해서(29.9)
② 한나라당의 정책이 마음에 들지 않아서(43.0)
③ 다른 정당에 마음에 드는 대권후보가 생겨서(11.9)
④ 다른 정당의 정책이 마음에 들어서(15.2)
[programmer: 〈문 6-1〉의 ①, ③, ④, ⑤, ⑥, ⑦ 응답자 중 〈문 8〉에 ①을 응답한 경우만 〈문 9-2〉 질문]

〈문 9-2〉 한나라당 후보를 선택하시겠다는 이유는 무엇입니까?(%)
① 야당에 실망해서(11.2)
② 야당의 정책이 맘에 들지 않아서(25.8)
③ 이명박 대통령이 맘에 들어서(10.9)
④ 한나라당 대권도전 정치인 중 맘에 드는 인물이 있어서(52.0)
⑤ 한나라당의 정책이 맘에 들어서(0.0)

〈문 10〉 ○○님께서는 한나라당의 차기 대통령 후보 중 가장 경쟁력이 있는 인물은 누구라고 생각하십니까? (면접원: 돌려 읽어주세요)(%)
① 김문수(8.8)   ② 박근혜(53.2)   ③ 오세훈(9.0)   ④ 이재오(0.7)
⑤ 정몽준(4.0)   ⑥ 기타(여당인물이 없다(10.1)/생각해본 적이 없다(3.0))
⑨ (읽지말것)모름/무응답(11.3)
[programmer: 〈문 10〉의 ①, ②, ③을 응답한 경우만 〈문 11〉 질문]

〈문 11〉 그럼, ○○님께서는 야권에서의 차기 대통령 후보 중 가장 경쟁력이 있는 인물은 누구라고 생각하십니까? (면접원: 돌려 읽어주세요)(%)
① 문재인(9.5)   ② 손학규(44.4)   ③ 유시민(6.2)
④ 정동영(5.4)   ⑤ 정세균(1.2)
⑥ 기타(그 외 인물(0.6)/야당 중 인물이 없다(12.4)/생각해본 적이 없다(4.9)
⑨ (읽지말것)모름/무응답(15.4)

〈문 12〉 선생님께서는 지금까지 정당이나 정치인과 관련을 맺은 적이 있습니까? 해당사항에 모두 응답해주십시오.(%)
있다(13.3)   없다(86.7)
① 정당에 당원으로 가입(6.5) ⇒ 〈문 11〉로
② 전당대회나 후원인의 밤 등 정당행사 참여(3.6) ⇒ 〈문 11〉로
③ 경선 또는 선거운동 참여(4.4) ⇒ 〈문 11〉로

④ 정치 후원금 제공(3.2) ⇒ 〈문 12〉로
⑤ 관련 맺은 적 없다(86.7) ⇒ 〈문 12〉로

〈문 13〉 정당 및 정치인과 관련을 맺게 된 배경은 무엇입니까?(%)
① 개인적인 친분(51.8)
② 직능 관련 협회나 단체(14.4)
③ 상가번영회(2.3)
④ 향우회 등(4.0)
⑤ 기타 (지인의 권유(4.8)/개인적 관심(18.7))
　　모름/무응답(4.0)

〈문 14〉 다음 주장들에 대해 선생님은 어떤 의견을 가지고 계십니까?(%)

내용	매우 찬성	찬성하는 편이다	반대하는 편이다	매우 반대
(1) 유통·소상공인 시장에 대한 대기업은 진출은 억제되어야 한다	①	②	④	⑤
(2) 자영업자도 노력하면 기업형 수퍼마켓에 맞설 경쟁력이 있다	①	②	④	⑤
(3) 자본주의에서 무한경쟁은 어쩔 수 없다	①	②	④	⑤
(4) 자식이 원한다면 내 사업을 물려줄 생각이 있다	①	②	④	⑤
(5) 세금을 더 내더라도 복지는 확대되어야 한다	①	②	④	⑤
(6) 우리사회에서 노력한 만큼 대가를 얻을 수 있다	①	②	④	⑤

[사업과 경제상황]

〈문 15〉 선생님께서는 현재 사업에 대해 만족하십니까?(%)

매우 만족한다	만족하는 편이다	만족하지 않는 편이다	전혀 만족하지 않는다
①(7.9)	②(43.6)	③(36.2)	④(12.2)

〈문 16〉 선생님께서는 5년 후 선생님의 사업에 대해 어떻게 전망하십니까?(%)

매우 좋아질 것이다	좋아질 것이다	비슷할 것이다	나빠질 것이다	매우 나빠질 것이다
①(4.3)	②(21.1)	③(32.6)	④(31.)	⑤(10.6)

〈문 16_1〉 선생님께서는 5년 후 현재의 사업을 계속할 예정이십니까?(%)
　　① 그렇다(54.3)　　　② 아니다(27.5)　　　③ 모르겠다(18.2)

〈문 17〉 선생님께서는 최초의 경제활동을 자영업으로 시작하셨습니까?(%)
　　① 그렇다(38.2) ⇒ 〈문 16〉으로
　　② 아니다(61.8) ⇒ 〈문 15-1〉로

〈문 17-1〉 자영업을 선택하시기 전에는 어떤 직종에 종사하셨습니까?(%)
　　① 관리자(15.1)　　　　　　　② 전문가 및 관련 종사자(21.9)
　　③ 사무 종사자(32.9)　　　　　④ 판매종사자(9.9)
　　⑤ 농림어업 숙련종사자(1.6)　　⑥ 기능원 및 관련 기능종사자(9.2)
　　⑦ 장치, 기계조작 및 조립종사자(5.3)　　⑧ 단순노무 종사자(4.2)

〈문 17-2〉 그 직종을 그만두신 이유는 무엇입니까?(%)
　　① 개인, 가족관련 이유(25.6)　　② 출산, 육아(5.6)
　　③ 가사(1.4)　　　　　　　　　④ 심신장애(1.4)
　　⑤ 정년퇴직, 연로(4.2)　　　　⑥ 작업여건(시간/보수 등)(11.8)
　　⑦ 직장의 휴업, 폐업(8.6)　　　⑧ 명예/조기퇴직, 정리해고(7.6)
　　⑨ 임시 또는 계절적 일의 완료(0.9)　　⑩ 일가리가 없어서, 사업경영악화(8.3)
　　⑪ 창업을 위해(23.1)　　　　　⑫ 기타(0.3)
　　모름/무응답 (1.2)
　　[programmer: 〈문 17〉의 ①~⑦을 응답한 경우만 〈문 18〉 질문]

〈문 18〉 선생님 사업의 월평균 소득은 얼마입니까? 순수입만을 말씀해 주십시오.
　　　　　순수입은 총수입에서 영업비용/세금/제반활동비 등 총비용을 뺀 금액입니다.(%)
　　① 120만 원 미만(16.5)　　　② 120~250만 원 미만(25.7)
　　③ 250~350만 원 미만(19.7)　④ 350~450만 원 미만(12.0)
　　⑤ 450~700만 원 미만(10.0)　⑥ 700만 원 이상(6.0)
　　⑦ 적자(손해)를 보고 있다(10.1)

〈문 19〉 선생님이 갖고 계신 총 부채는 어느 정도입니까?(%)
　　① 1천만 원 미만(9.7)　　　　　　② 1천만 원~3천만 원 미만(13.8)
　　③ 3천만 원~5천만 원 미만(10.8)　④ 5천만 원~1억 원 미만(15.3)
　　⑤ 1억 원~2억 원 미만(15.3)　　　⑥ 2억 원~3억 원 미만(5.6)
　　⑦ 3억 원~5억 원 미만(4.2)　　　⑧ 5억 원 이상(3.2)
　　⑨ 부채 없음(22.1) ⇒ 〈배문 1〉로

〈문 20〉 선생님께서는 다음 중 어디에서 금융대출을 받으셨습니까?
　　　　모두 선택해 주십시오.(%)
　　① 시중은행 등 제1금융권(77.0)　　② 저축은행 등 제2금융권(22.8)
　　③ 사채(3.5)　　　　　　　　　　④ 가족이나 친척, 지인에게 빌렸다(13.3)
　　⑤ 기타(0.0)　　　　　　　　　　모름/무응답(0.7)

〈문 21〉 선생님께서 한 달에 감당하시는 금융이자는 어느 정도입니까?(%)
　　① 10만 원 미만(13.5)　　　　　　② 10~50만 원 미만(34.1)
　　③ 50~100만 원 미만(25.0)　　　④ 100~150만 원 미만(11.3)
　　⑤ 150~200만 원 미만(6.7)　　　⑥ 200~300만 원 미만(3.5)
　　⑦ 300~400만 원 미만(2.1)　　　⑧ 400만 원 이상(3.7)

[통계분류를 위한 질문]

〈배문 1〉 선생님께서 태어난 곳은 어디입니까?(%)
　　① 서울/인천/경기(47.5)　　② 대전/충청(15.1)　　③ 광주/전라(18.8)
　　④ 대구/경북(7.0)　　　　　⑤ 부산/울산/경남(5.9)　⑥ 기타(5.7)

〈배문 2〉 귀하께서는 학교를 어디까지 다니셨습니까?(중퇴 포함)(%)
　　① 중졸이하(9.1)　　　② 고졸(39.6)　　　③ 대학 재학 이상(51.2)

♣ 설문에 응해 주셔서 대단히 감사합니다.

V. 한국사회 세대인식조사

모집단	전국 16개 광역시도에 거주하는 만 19세 이상 남녀
표본크기	1,000명
표본추출	통계청 '주민등록인구현황' 2012년 8월 기준 성별/연령별/지역별 인구구성비에 따라 비례 할당한 후 무작위 추출
표집오차	무작위추출을 전제할 경우, 95% 신뢰수준에서 최대허용 표집오차는 ±3.1%
조사방법	컴퓨터를 이용한 전화면접조사(CATI)
조사기간	2011.12.20~12.23
조사기관	(주)한국리서치(대표이사 노익상)

〈선문 1〉 귀하께서 현재 사시는 곳은 어디입니까?(%)
① 서울(21)　　　　② 인천·경기(28.2)　　　　③ 대전·충청(10.1)
④ 광주·전라(10.3)　　　⑤ 대구·경북(10.4)　　　⑥ 부산·울산·경남(16.0)
⑦ 강원·제주(4.0)

〈선문 2〉 귀하의 성별은 무엇입니까?(%)
① 남자(49.3)　　　　② 여자(50.7)

〈선문 3〉 귀하의 나이는 만으로 어떻게 되십니까?(%)
　　　　　만______ 세
① 만19~29세(18.7)　　② 만30~34세(8.6)　　③ 만35~39세(12.4)
④ 만40~44세(12.5)　　⑤ 만45~49세(9.5)　　⑥ 만50~54세(11.8)
⑦ 만54~59세(6.7)　　　⑧ 만60세 이상(19.8)

[갈등인식]

〈문 1〉 선생님께서는 다음 두 집단들 사이에 갈등이 얼마나 크다고 생각하십니까?(%)

	아주 작다	작은 편이다	큰 편이다	아주 크다	모름/무응답 (읽지 마시오)
1) 나이든 세대와 젊은 세대	①(2.0)	②(20.8)	③(60.4)	④(16.6)	⑨(0.2)
2) 부유층과 서민층	①(1.6)	②(6.3)	③(49.7)	④(41.8)	⑨(0.6)
3) 영남과 호남	①(3.7)	②(36.5)	③(42.1)	④(14.3)	⑨(3.4)
4) 진보와 보수	①(1.3)	②(9.7)	③(50.4)	④(37.5)	⑨(1.1)
5) 수도권과 지방	①(2.7)	②(30.7)	③(47.7)	④(16.9)	⑨(2.0)

〈문 2〉 선생님께서는 최근 선거에서 세대 간에 투표선택이 달라졌던 이유가 무엇이라고 생각하십니까?(%)
   ① 세대 간 향유하는 문화가 달라서(18.6)
   ② 세대 간 경제적인 이해가 달라서(26.6)
   ③ 세대 간 이념적인 성향이 달라서(53.5)
   ⑨ 모름/무응답(읽지 마시오)(1.3)

〈문 3〉 선생님께서는 다음의 의견에 대해서 어떻게 생각하십니까?(%)

	동의한다	동의하지 않는다	모름/무응답 (읽지 마시오)
1) 60세 이상으로 정년을 늘리게 되면 청년실업 문제가 더 심각해질 수 있다	①(46.7)	②(52.9)	⑨(0.4)
2) 노인복지 확대를 위해 젊은 세대가 세금이나 보험료를 더 부담해야 한다	①(57.3)	②(41.3)	⑨(1.4)

〈문 4〉 사람들은 자신과 다른 세대에 대해 거리감을 느낄 수 있습니다. 본인의 세대를 포함하여 각 세대에 대해 느끼시는 거리감 정도를 0에서 10으로 평가해 주십시오. 매우 가깝다고 느끼시면 0, 보통이면 5, 매우 멀다고 느끼시면 10입니다.(%)

| | 가깝다 〈--〉 멀다 | | | | | | | 모름/무응답 (읽지 마시오) |
	0 1 2	3	4	5	6	7	8 9 10	99
1)20대	(20.2)	(12.1)	(6.9)	(21.7)	(7.1)	(12.9)	(19.1)	(0.0)
2)30대	(30.8)	(13.9)	(8.7)	(20.2)	(8.7)	(9.0)	(8.7)	(0.0)
3)40대	(30.6)	(14.9)	(10.0)	(26.1)	(8.6)	(5.2)	(4.6)	(0.0)
4)50대	(29.9)	(13.0)	(6.9)	(20.3)	(10.2)	(11.0)	(8.7)	(0.0)
5)60대 이상	(25.2)	(8.2)	(5.0)	(11.7)	(7.5)	(15.5)	(26.6)	(0.3)

[가치관과 정책선호]

〈문 5〉 선생님께서는 우리사회가 어떤 사회를 지향해야 한다고 생각하십니까?(%)
① 자유로운 사회(8.0)　　② 공정한 사회(66.6)　　③ 평등한 사회(23.6)
④ 기타(1.6)　　⑨ 모름/무응답(읽지 마시오)(0.2)

〈문 6〉 선생님께서는 현재 한국이 가장 협력해야 할 국가가 다음 중 어디라고 생각하십니까?(%)
① 미국(46.5)　　② 중국(25.7)　　③ 북한(18.6)
④ 일본(3.5)　　⑤ 기타(4.2)　　⑨ 모름/무응답(읽지 마시오)(1.5)

〈문 7〉 선생님께서는 차기 정부가 경제성장과 복지확대 중 어디에 더 집중해야 한다고 보십니까?(%)
① 경제성장을 더 우선해야 한다(52.0)
② 복지확대를 더 우선해야 한다(47.4)
⑨ 모름/무응답(읽지 마시오)(0.6)

〈문 8〉 선생님께서는 '복지재정을 확보하기 위해 부자들에게 세금을 더 걷어야 한다.'는
　　　　주장에 대해 어떻게 생각하십니까?(%)

매우 공감한다	공감하는 편이다	공감하지 않는 편이다	전혀 공감하지 않는다	모름/무응답 (읽지 마시오)
①(51.3)	②(41.1)	③(5.9)	④(1.4)	⑨(0.3)

〈문 9〉 선생님께서는 차기 정부가 한-미 FTA에 대해 어떤 태도를 취해야 한다고
　　　　보십니까?(%)
　　① 현행대로 유지해야 한다(15.9)
　　② 재협상을 요구하되, 받아들여지지 않으면 그대로 유지한다(30.8)
　　③ 재협상을 요구하되, 끝까지 관철해야 한다(45.0)
　　④ 폐기해야 한다(7.0)
　　⑨ 모름/무응답(읽지 마시오)(1.3)

〈문 10〉 선생님께서는 비정규직 문제를 어떻게 해결하는 것이 가장 바람직하다고
　　　　　생각하십니까?(%)
　　① 정규직으로 전환한다.(17.4)
　　② 고용이 불안정하더라도, 정규직과 동일한 처우를 받게 한다.(32.4)
　　③ 처우에 차이가 있더라도, 고용이 안정되도록 한다.(49.6)
　　⑨ 모름/무응답(읽지 마시오)(0.6)

〈문 11〉 선생님께서는 다음 주장들을 어떻게 생각하십니까?(%)

	동의한다	동의하지 않는다	모름/무응답 (읽지 마시오)
1) 60세 이상으로 정년을 의무화 하는 　 제도를 도입해야 한다	①(62.1)	②(37.1)	⑨(0.8)
2) 일정 연령이 되면 임금을 삭감하되 정년을 　 보장해주는 임금피크제도를 확대해야 한다	①(86.2)	②(13.3)	⑨(0.5)
3) 청년실업은 청년들의 기대수준이 너무 　 높기 때문이다	①(74.8)	②(24.7)	⑨(0.5)

〈문 12〉 선생님께서는 우리나라 대북정책의 목표로 다음 중 어느 것이 더 바람직하다고
　　　　보십니까?(%)
　　① 남한과 북한의 실질적인 통일(25.1)
　　② 남한과 북한의 평화적인 공존(74.5)
　　⑨ 모름/무응답(읽지 마시오)(0.4)

〈문 13〉 2011년 12월 17일 김정일 국방위원장의 사망이 남북관계에 군사적 긴장을
　　　　고조시킬 것이라는 주장에 대해 어떻게 생각하십니까?(%)

매우 동의한다	대체로 동의한다	별로 동의하지 않는다	전혀 동의하지 않는다	모름/무응답 (읽지 마시오)
①(9.1)	②(36.0)	③(46.2)	④(8.2)	⑨(0.5)

〈문 14〉 선생님께서는 김정일 국방위원장의 사망 이후 북한사회가 어떨 것이라고
　　　　전망하십니까?(%)
　　① 동요가 커질 것이다.(64.3)
　　② 안정이 유지될 것이다.(33.5)
　　⑨ 모름/무응답(읽지 마시오)(2.2)

〈문 15〉 선생님께서는 김정일 국방위원장 장례식에 정부가 조문단을 보내는 문제를
　　　　어떻게 생각하십니까?(%)
　　① 보내야 한다.(53.1)
　　② 보내지 말아야 한다.(44.7)
　　⑨ 모름/무응답(읽지 마시오)(2.2)

[정치행태]

〈문 16〉 선생님께서는 평소 정치에 대하여 얼마나 관심이 있으십니까?(%)

아주 관심이 많다	어느 정도 관심이 있는 편이다	별로 관심이 없는 편이다	전혀 관심이 없다	모름/무응답 (읽지 마시오)
①(13.9)	②(62.0)	③(21.9)	④(2.1)	⑨(0.1)

〈문 17〉 선생님께서는 "나 같은 사람이 정치가 하는일에 대해 뭐라고 얘기해 봤자 아무 소용이 없다"는 견해에 대하여 어떻게 생각하십니까?(%)

매우 공감한다	공감하는 편이다	공감하지 않는 편이다	전혀 공감하지 않는다	모름/무응답 (읽지 마시오)
①(20.0)	②(42.2)	③(28.8)	④(8.9)	⑨(0.1)

〈문 18〉 선생님께서는 현재 지지하는 정당이 있으십니까?(%)
　　① 있다(35.5)　　　② 없다(64.4)　　　⑨ 모름/무응답(읽지 말 것)(0.1)

〈문 19〉 선생님께서 현재 각 정당들에 대해 느끼시는 호감 정도를 0에서 10으로 평가해 주십시오. 매우 싫으시면 0, 보통이시면 5, 매우 좋으시면 10입니다.(%)
　　※ 민주통합당은 민주당과 시민통합당, 한국노총이 통합하여 12월 16일 출범한 정당이며, 통합진보당은 민주노동당, 국민참여당, 새진보통합연대가 통합하여 12월 11일 출범한 정당을 말합니다.

	싫다 〈--〉 좋다								모름/무응답 (읽지 마시오)
	0	1	2	3	4	5	6	7	8	9	10	99
1) 한나라당	(39.1)			(12.5)	(6.1)	(21.3)	(7.0)	(6.2)	(7.3)			(0.5)
2) 민주통합당	(25.6)			(15.9)	(11.0)	(27.0)	(7.1)	(5.9)	(5.6)			(1.9)
3) 통합진보당	(32.9)			(15.3)	(8.9)	(23.3)	(5.3)	(5.8)	(4.9)			(3.6)

〈문 20〉 선생님께서는 지난 2007년 대통령선거에서 어느 후보에 투표하셨습니까? (후보자 기호 순)(%)
　　① 정동영 후보(15.9)　　② 이명박 후보(43.0)　　③ 권영길 후보(4.4)
　　④ 문국현 후보(7.9)　　⑤ 이회창 후보(8.4)　　⑥ 기타 후보(4.1)
　　⑦ 기권(10.4)　　⑧ 투표권 없었음(2.7)
　　⑨ 모름/무응답(읽지 말 것)(3.2)

〈문 21〉 선생님께서는 내년 4월 국회의원선거에서 어느 정당의 후보에게 투표하시겠습니까?(%)
　　① 한나라당(16.4)　　② 통합민주당(16.6)　　③ 통합진보당(5.8)
　　④ 기타 정당(5.6)　　⑤ 미결정(51.8)　　⑥ 투표 불참(2.1)
　　⑨ 모름/무응답(읽지 마시오)(1.7)

[programmer: 〈문 21〉에서 (1)(2)(3)(4)응답자만 〈문 22〉로 이동하시오]

〈문 22〉 그렇다면, 그 정당을 지지하는 이유는 무엇입니까?(%)
　　① 집권 가능성이 커서(21.8)　② 정책이 좋아서(38.1)　③ 인물이 좋아서(8.8)
　　④ 기타(30.4)　　　　　⑨ 모름/무응답(읽지 마시오)(0.9)

	① 집권 가능성이 커서	② 정책이 좋아서	③ 인물이 좋아서	④ 기타	⑨ 모름/무응답
한나라당	(37.8)	(23.2)	(9.1)	(28.7)	(1.2)
민주통합당	(17.5)	(43.4)	(4.8)	(34.3)	(0.0)
통합진보당	(3.4)	(79.3)	(3.4)	(13.8)	(0.0)

〈문 23〉 선생님께서는 다음의 사회적 가치에 가장 잘 맞는다고 생각하는 인물은
　　　　누구입니까?(%)

	박근혜	손학규	문재인	안철수	김문수	모름/무응답 (읽지 마시오)
	①	②	③	④	⑤	⑨
1) 자유	(22.0)	(5.9)	(11.1)	(43.5)	(7.3)	(10.2)
2) 공정	(25.7)	(6.4)	(11.8)	(40.4)	(6.6)	(9.1)
3) 평등	(21.1)	(6.7)	(13.1)	(41.6)	(4.8)	(12.7)

〈문 24〉 선생님께서는 다음의 국가적 과제 수행능력에 대해 어떻게 평가하십니까?
　　　　각 정치인들의 수행능력이 매우 낮으면 0점, 매우 높으면 10점으로 0점부터
　　　　10점까지 점수를 매겨주시기 바랍니다.(%)

24-1〉 한반도 평화관리	낮다 〈--〉 높다						모름/무응답 (읽지 마시오)
1) 박근혜	0~2(14.6)	3(9.4)	4(7.6)	5(23.9)	6(12.0)	7(15.2)	8~10(15.9)	99(1.4)
2) 손학규	0~2(15.2)	3(13.8)	4(12.3)	5(30.9)	6(12.1)	7(8.2)	8~10(4.8)	99(2.7)
3) 문재인	0~2(14.5)	3(11.3)	4(11.7)	5(26.7)	6(9.1)	7(10.9)	8~10(8.8)	99(7.0)
4) 김문수	0~2(15.5)	3(14.8)	4(10.8)	5(29.3)	6(10.4)	7(8.7)	8~10(3.9)	99(6.6)
5) 안철수	0~2(11.4)	3(8.9)	4(9.7)	5(26.5)	6(10.3)	7(13.7)	8~10(12.9)	99(6.6)

24-2〉 복지국가	낮다 〈--〉 높다							모름/무응답 (읽지 마시오)
1) 박근혜	0~2(13.0)	3(7.9)	4(7.8)	5(24.0)	6(13.7)	7(14.4)	8~10(14.8)	99(2.4)
2) 손학규	0~2(11.5)	3(9.6)	4(12.0)	5(31.3)	6(14.4)	7(11.4)	8~10(6.4)	99(3.4)
3) 문재인	0~2(10.0)	3(8.6)	4(10.8)	5(28.5)	6(10.8)	7(12.6)	8~10(10.5)	99(8.2)
4) 김문수	0~2(12.1)	3(11.7)	4(12.0)	5(28.8)	6(13.1)	7(10.4)	8~10(5.9)	99(6.0)
5) 안철수	0~2(7.2)	3(5.3)	4(5.3)	5(20.0)	6(13.4)	7(20.1)	8~10(23.3)	99(5.4)

24-3〉 경제성장	낮나 〈----------- --------------------------〉 높다							모름/무응답 (읽지 마시오)
1) 박근혜	0~2(9.7)	3(8.1)	4(6.5)	5(23.6)	6(14.2)	7(17.8)	8~10(17.4)	99(2.7)
2) 손학규	0~2(11.4)	3(9.6)	4(13.3)	5(32.5)	6(14.2)	7(10.5)	8~10(5.0)	99(3.5)
3) 문재인	0~2(11.6)	3(11.7)	4(13.1)	5(32.2)	6(11.5)	7(6.7)	8~10(5.1)	99(8.1)
4) 김문수	0~2(11.7)	3(10.0)	4(10.2)	5(31.0)	6(14.3)	7(11.2)	8~10(5.9)	99(5.7)
5) 안철수	0~2(7.3)	3(5.1)	4(6.5)	5(23.7)	6(14.8)	7(18.9)	8~10(18.1)	99(5.6)

[배경문항]

〈배문 1〉 선생님은 자신의 이념성향에 대해 어떻게 생각하십니까? 가장 진보는 0점, 가장 보수는 10점으로 0점부터 10점까지 점수를 매겨주시기 바랍니다.

(　　　　　　　　　)(%)

진보 ←--------------------------- 중도 ---------------------------→ 보수											모름/무응답 (읽지 마시오)
0	1	2	3	4	5	6	7	8	9	10	99

진보(0~3)(31.3)　　　　중도(4~6)(34.8)　　　　보수(7~10)(33.0)

〈배문 2〉 선생님께서는 자신의 재산이나 소득을 고려할 때 본인이 어떤 계층에 속한다고 생각하십니까?(%)

상층	중상층	중간층	중하층	하층	모름/무응답 (읽지 마시오)
①(0.4)	②(11.3)	③(43.8)	④(34.9)	⑤(9.1)	⑨(0.5)

〈배문 3〉 선생님의 출신지는 어디입니까?(%)
① 서울/인천/경기(32.8) ② 강원(4.8) ③ 대전/충청(13.0)
④ 광주/전라/제주(16.7) ⑤ 대구/경북(13.2) ⑥ 부산/울산/경남(18.7)
⑦ 이북/해외(0.6) 99. 모름/무응답(읽지 마시오)(0.2)

〈배문 4〉 학력 선생님의 최종 학력은 어떻게 되십니까?(%)
① 중졸이하(5.7) ② 고졸(26.9) ③ 대학 재학 이상(67.3)
⑨ 모름/무응답(읽지 마시오)(0.1)

〈배문 5〉 선생님의 현재 직업은 무엇입니까?(%)
① 농업/임업/어업(1.2) ② 자영업(13.0)
③ 판매/영업/서비스직(8.8) ④ 생산/기능/노무직(4.1)
⑤ 사무/관리/전문직(3.4) ⑥ 주부(22.6)
⑦ 학생(6.5) ⑧ 무직/퇴직/기타(9.3)
⑨ 모름/무응답(읽지 마시오)(0.1)

〈배문 6〉 선생님 가구의 부채를 제외한 순자산액(부채-금융부채, 주택임대료 제외)은
　　　　 어느 정도입니까?(%)
① 1천만 원 미만(5.3) ② 1천만 원~2천5백만 원 미만(3.3)
③ 2천5백만 원~5천만 원 미만(5.9) ④ 5천만 원~7천5백만 원 미만(5.3)
⑤ 7천5백만 원~1억 원 미만(7.8) ⑥ 1억 원~2억 원 미만(18.2)
⑦ 2억 원~3억 원 미만(12.9) ⑧ 3억 원~4억 원 미만(8.5)
⑨ 4억 원~5억 원 미만(8.8) ⑩ 5억 원~10억 원 미만(8.1)
⑪ 10억 원 이상(6.0) 99 모름/무응답(읽지 마시오)(9.9)

〈배문 7〉 선생님 댁의 월 평균 가계소득은 어느 정도입니까? 세전 소득을
　　　　 말씀해 주십시오.(%)
① 120만 원 미만(6.4) ② 120~250만 원 미만(16.3)
③ 250~350만 원 미만(21.3) ④ 350~450만 원 미만(19.9)
⑤ 450~700만 원 미만(24.0) ⑥ 700만 원 이상(9.4)
⑦ 소득 없음(0.4) 99 모름/무응답(읽지 마시오)(2.3)

♣ 설문에 응해 주셔서 대단히 감사합니다.

색인

| ㄱ |

| ㅊ |